高科技营销

High-tech Marketing

主　编　刘世雄　袁靖波
副主编　刘雁妮　周影辉　桂丹阳

暨南大学出版社
JINAN UNIVERSITY PRESS

中国·广州

图书在版编目（CIP）数据

高科技营销／刘世雄，袁靖波主编；刘雁妮，周影辉，桂丹阳副主编. —广州：暨南大学出版社，2023.12

ISBN 978-7-5668-3820-9

Ⅰ.①高…　Ⅱ.①刘…②袁…③刘…④周…⑤桂…　Ⅲ.①高技术产品—市场营销学　Ⅳ.①F713.50

中国国家版本馆 CIP 数据核字（2023）第 231363 号

高科技营销

GAOKEJI YINGXIAO

主编：刘世雄　袁靖波　副主编：刘雁妮　周影辉　桂丹阳

出 版 人：阳　翼
责任编辑：曾鑫华　彭琳惠
责任校对：孙劭贤　王燕丽　陈慧妍
责任印制：周一丹　郑玉婷

出版发行：暨南大学出版社（511443）
电　　话：总编室（8620）37332601
　　　　　营销部（8620）37332680　37332681　37332682　37332683
传　　真：（8620）37332660（办公室）　37332684（营销部）
网　　址：http://www.jnupress.com
排　　版：广州市广知园教育科技有限公司
印　　刷：广东信源文化科技有限公司
开　　本：787mm×1092mm　1/16
印　　张：20
字　　数：450 千
版　　次：2023 年 12 月第 1 版
印　　次：2023 年 12 月第 1 次
定　　价：69.80 元

序

相关研究表明，高技术产业对其他行业的生产和就业具有明显的拉动作用，对传统制造业的拉动效果尤其突出。促进高技术产业快速发展，对于缓解经济下行和转变发展方式具有重要意义，而掌握高科技营销的理论和方法，对于助推高科技企业的创新和发展更是意义非凡。本书封面用图是由 AI 设计生成的，这本身也为以上观点新增了一个完美注脚。

本书认为高科技营销主要有两层意思：第一层意思是市场营销的科技化；第二层意思是高科技产品的市场营销。前者是指如何用高科技提高营销管理效率和开展市场运营活动，后者是指如何根据高科技产品的特点，有针对性地开展营销，提高营销效果。

与普通消费品相比，高科技产品一般具有以下特征：产品研发和（或）生产的技术门槛较高、产品利润高、产品技术更新快、产品的研发周期长且成本高、规模经济效益明显等。这些特征决定了高科技产品的营销也有一些独特性，值得单独探讨。

在市场营销的科技化方面，本书主要介绍了神经科学在营销管理中的应用、大数据分析和人工智能如何赋能市场营销。在神经科学赋能市场营销部分，本书重点介绍了当前主流的神经营销、神经影像技术及其营销实践中的应用。在大数据分析赋能市场营销部分，本书主要介绍了营销实践和研究中常见的文本、图像、视频等非结构化大数据，以及大数据赋能营销实践的流程和方法等，并提供了一些关于文本、图像、视频分析的简单方法与技巧，有助于学生快速入门。此外，本书也提供了一些简单易用的爬取网络数据和进行文本分析的工具，通过对这些常见工具的学习，读者可以快速从网络上爬取自己感兴趣的文本数据，并能进行简单的词频统计和绘制词云图等。在人工智能赋能市场营销部分，本书结合典型案例，深入浅出地介绍了人工智能营销在管理实践中的具体运作，以及人工智能营销在营销研究中的应用情况。

易学性和实操性是本书在编写时力图突出的两个重要特征，对于新能源汽车营销、互联网营销、大数据营销等新兴营销领域，编写团队更进行了浓墨重彩的讲解。本书通过导入大量鲜活的管理案例，配以详细的操作流程和方法介绍、全真的案例分析，使读者可以结合本书配套的大数据现学演练，迅速掌握相关理论和操作技能。因此，本书试图努力提高教学内容的丰富度和生动性，进而激发读者的学习兴趣，帮助读者克服在学习大数据分析等有一定难度的内容时可能存在的心理障碍。因此，本书可以视为读者迈入高科技营销殿堂的入门之作。

本书主要成稿于新冠疫情流行期间，编写团队通力合作，克服了交通不便、身体抱恙等诸多困难，经过两年多的努力终于顺利完稿，实属不易。为此，我衷心感谢编写团队的各位成员，感谢他们的付出和贡献。作为第二主编，深圳大学市场营销系的袁靖波老师，不但编写了本书第四章和第八章，还承担了大量的统编和校改工作，其细致、专注的工作态度令人称赞。三位副主编也承担了本书的部分编写工作：刘雁妮老师编写第三章，周影辉老师编写了第五章、第七章以及第九章的第一节和第二节，桂丹阳老师编写了第六章。我负责编写第一章和第二章，并与桂丹阳老师及我的研究生周凯绵共同编写了第九章的第三节。由于各位老师在写作中精益求精，反复查证、修改，本书成稿时间较长，但希望本书不负读者期盼。

此外，我要感谢企业界人士为本书编写所提供的支持！腾讯公司管理团队的资深成员吴海源先生，在法律法规允许的框架下为本书提供了大量鲜活的微信营销案例，我对此深表谢意。深圳市六方新材科技有限公司总经理王政先生作为新能源行业磷酸铁锂电池专利纠纷的亲历者，在百忙中为本书撰写了一手案例，在此致以深深的谢意。深圳大学管理学院的研究生黄慧莹、胡月儿、陈凤仪、陈德华、王亚琴协助撰写了部分案例和素材，研究生肖云剑、李君荣以及本科生黄美玲和陈宇凡协助完成了部分资料的收集和整理工作，对以上同学的工作支持，在此表示真诚的谢意。

最后，特别感谢暨南大学出版社以及阳翼教授、曾鑫华副编审为本书出版提供的帮助。暨南大学出版社工作团队高效、高质量地完成了本书的编辑出版工作，其专业精神令人钦佩，在此我代表本书编写组全体成员向负责出版工作的老师们致敬。

一方面，我衷心希望本书能为中国营销理论和实践的高质量发展添砖加瓦；另一方面，由于本书作为高科技营销管理领域的抛砖引玉之作，可能尚有瑕疵，非常欢迎学界同行和企业界人士提出宝贵意见。人类科学技术本身一直处于迭代创新之中，因此本书中的一些理论和方法未来也需要更新完善，与时俱进。

刘世雄
（深圳大学市场营销系主任　教授）
2023 年 11 月 30 日于深圳大学丽湖

目　录

第三编　高科技赋能营销

第四编　高科技营销实务

第一编 总 论

第一章 高科技营销概述

有关研究表明[1]，从 1996 年到 2014 年，在这近 20 年里，我国高技术产业投资年均增长率高达 25.17%，其不变价增加值的年均增长率达到 22.05%。中国企业对高科技投入的重视从未放松，国家统计局公布的《中华人民共和国 2022 年国民经济和社会发展统计公报》显示，2022 年我国高技术产业投资增长了 18.9%，快于全部投资（固定资产投资）13.8 个百分点。在经济下行阶段，高技术产业投资对 GDP 增长的贡献率高达 46.92%。另外，高技术产业对其他行业的生产和就业也具有明显的拉动作用，对传统制造业的拉动效果尤其突出。可见，促进高技术产业快速发展，对于缓解经济下行和转变发展方式具有重要意义。而高科技产品营销正是推动高技术产业化大发展的催化剂，探索高科技营销技术和策略，对高科技企业把高技术转化为产品能力和盈利能力具有重要战略价值。

什么是高科技营销？本书认为它包含两层意思：第一层意思是市场营销的科技化；第二层意思是高科技产品的市场营销。前者是指如何用高科技提高营销管理效率和开展市场运营活动，后者是指如何根据高科技产品的特点，有针对性地开展营销，提高营销效果。

现代信息技术的发展对人们的社交和消费行为产生了深远影响。直播、短视频、小红书和小程序等新媒体营销形式纷纷出现，与 20 世纪的情形相比，消费者的媒体消费行为已经出现了根本性变化。在移动互联网时代，人们接触的媒体资讯、数字消费呈现出多样化和个性化趋势，目前的消费者尤其是年轻消费者群体，不再满足于蹲守固定的、有限的电视频道、纸媒体和电台广播等传统媒体，更青睐能够随时、随地实现自己期望的数字消费行为，这些数字消费行为包括在手机等移动端观看新闻资讯、电影节目、直播、短视频，以及购物、玩游戏、在线社交、在线办公等。这导致市场实践中曾经屡试不爽的传统营销战法彻底失灵，大量受众的流失导致传统媒体的营销投入产出比降低。随着消费者渐渐远离传统广告的轰炸，处于相对真空状态的消费者就很容易被各种新兴数字媒体"种草"，这也给大量新兴品牌带来了无限机会。正是依靠新媒体的助力，近年来，大陆市场涌现出喜茶等一大批新兴本土品牌。可见，如果企业能够掌握更大、更新的营销科技，就更容易在市场竞争中抢占先机，获取更大的竞争优势。

在探讨高科技产品营销之前，首先需要定义什么是高科技产品？本书认为，高科技产品是高科技企业生产的具有一定科技含量的产品。那么，哪些企业属于高科技企业呢？我们可以从狭义和广义两个层面来讨论。

狭义的高科技企业是指，在特定时期内拥有领先于行业的专利技术或专有技术，并具备优秀的成长性和营利性（或潜在营利性）的企业。比如，在爱迪生刚发明电灯的若干年里，只有少数企业能生产电灯泡，这些能生产普通电灯泡的企业就是高科技企业，但放在今天，这些企业都只能算作传统企业。此外，有的高科技企业生命周期比较短，而有的高科技企业生命周期比较长，原因是各个行业的技术壁垒高度不同。例如，制造电脑芯片需要超高的技术水平，涉及的技术极为复杂，这就导致与芯片制造相关的核心企业在未来相当长的一段时间里都将具有高科技企业特征。另外，高科技企业拥有的技术必须具有巨大的、现实的或潜在的市场需求，因而具有高成长性。换言之，如果一家企业的技术看起来创新性很强，但市场并不需要这样的技术，那么，这样的企业并不是本书所讨论的高科技企业。最后，之所以强调高科技企业的营利性，是因为高科技企业往往具有一定的技术垄断性，故而在供需双方的市场议价中往往具有竞争力，获取高额利润的能力更强。即使有的高科技企业可能在发展初期采取低价换市场的策略，但从长期看，其仍然拥有稳定的高额利润获取能力。例如，滴滴出行公司在入市初期采用补贴的方式来吸引用户和平台司机，但在完成市场攻坚战后则通过提价快速赚取利润。

广义的高科技企业是指，生产和销售高科技产品（服务）的企业。这里的高科技产品是指基于用户感知的高科技产品，即用户通过使用体验产品感知其为高科技产品。在本书中，对于狭义的高科技企业，其定义基于企业视角；对于广义的高科技企业，其定义则基于市场视角。前者强调客观性，后者强调主观性。站在市场营销的视角，后者的定义更符合本书的分析逻辑。因此，后文所探讨的高科技企业都基于广义上的定义。

第一节　高科技产品的基本特征

一般来说，与普通消费品相比，高科技产品具备以下特征：

一、产品研发和（或）生产的技术门槛较高

通常，高科技产品的研发周期比较长、投资金额巨大、需要专业技术人才，这些特点共同决定了高科技产品的研发和（或）生产的技术门槛较高，一般的企业难以企及。例如，即使在新冠疫情严重的 2020 年，华为公司依然重视研发，一年的研发投入就高达 1 418.93 亿元，研发投入对营收的占比达到 15.9%，比 2019 年增长了 7.78%，远高于其营收、利润的年增长率。与其他企业相比，华为公司 2020 年的研发投入超过了百度、阿里、腾讯、京东这四大互联网公司的研发投入之和。在 2020 年之前的 10 年里，华为累计研发投入高达 7 266 亿元左右。华为公司的研发投入如此之高的原因有二：第一，华为公司具有完整且庞大的研发组织体系，研发人员数量众多，相关数据披露，截至 2020 年，华为从事研发工作的员工已达到 10.5 万名，占公司员工总数的 53.4%；第二，华为重视研发工作，研发人员待遇丰厚，从华为披露的薪酬数据来看，其在职员工的人均年薪达到了 70.6 万元，而研发人员的薪酬更高，这也会导致研发投入增加。正是这种巨量的研发投入，让华为拥有远超同行的专利成果，进而形成了专利技术护城河。从技术产出来看，华为是全球拥有 5G 专利最多的企业，华为的 5G 专利就占了全球的 15% 左右。

此外，华为也是全球持有专利最多的企业，持有专利超过 10 万件，绝大部分为发明专利。[2]

进军高科技产品市场，对企业家而言也是一项挑战。例如，我们所熟悉的品牌东芝，它曾是日本最大的半导体制造商，也是第二大综合电机制造商，多年来，东芝家电等产品受到广大消费者的青睐。然而许多人不知道的是，它同时还曾是一家赫赫有名的芯片巨头，公司生产的内存芯片曾经在全球占有 19.8% 的市场份额，仅次于三星。但是，谁会想到，作为三星曾经最强的对手，东芝在短短几年内就沦落到平均每月亏损 50 亿元。2018 年，东芝宣布裁员其全球 5% 的员工，以扭转业务运营不利的局面。与此同时，东芝还决定关闭旗下设在英国的核电公司，并出售美国的液化天然气业务部门。在此前，东芝还出售了芯片、电视、电脑等业务模块，而这一切均是为了弥补其作为高科技业务板块之一的核电业务的亏损。[3]进军核电业务的战略失败，是东芝走向亏损的一个重要导火索。

进入一个全新的业务领域，需要企业投入巨额的资金成本和时间成本才能跨过行业门槛，其中伴随的还有经营风险。面对全球新能源汽车的风口，2021 年 3 月 30 日，小米公司总裁雷军向全社会公告，公司正式投资智能电动汽车领域，雷军将其称为自己的二次创业，预计 10 年投入 100 亿美元。当日，港交所也发布公告，首期投资为 100 亿元，雷军兼任智能电动汽车业务的首席执行官。[4]这一投资决策无论是对小米还是对雷军，都具有重要的战略转折意义，具体结果尚需时间来检验。

高科技产品所需的巨额投入，往往会超出常人的视野。但是，风险与收益总是如影随形的。1979 年 12 月，乔布斯为了换取参观施乐帕洛阿尔托研究中心（PARC）的机会，给施乐以 100 万美元买 10 万股苹果 Pre-IPO 股票的权利。1980 年 12 月，苹果上市，这笔股票值 1 700 万美元。苹果得到的则是划时代的图形界面创意，这正是乔布斯"舍得"的结果。同样，任正非愿意拿出几十亿元学习 IBM 的先进经验[5]，因而成就了华为今天在芯片、操作系统、手机、通信等高科技领域的领先地位。

前面介绍的案例都是大公司，所涉及的产品领域技术门槛非常高，容易理解。其实，即使是位于垂直细分赛道的小公司，仍然会面临很高的技术壁垒。比如，深圳一家名叫特利耳（Teleheer）的公司，专业生产户外运动型蓝牙耳机。公司负责人孟贤福介绍，公司近年来专注于研发一种长距离蓝牙传输的耳机，尽管在核心技术方面经过多年的沉淀积累，已可以批量投产，但受制于工艺技术，良品率较低，因而大大提高了成本，也延长了交货周期。即使其产品在市场上极受欢迎，但在交货压力之下，仍然力不从心。

为了提高技术门槛，建立自身核心竞争力，着力打造专利护城河就成了众多高科技企业的首选。也因此，专利技术纠纷和诉讼也容易在高科技企业之间发生（更多介绍，请参阅本章章末案例"新能源行业专利纠争：磷酸铁锂电池"）。

二、产品利润高——强者恒强

正是由于高科技产品的技术门槛较高，身处其中的高科技企业就可以建立自己的护城河，进而维持行业竞争优势。在行业竞争维度多元化、竞争领域细分化的时代，每个行业都已形成了众多的细分赛道，在任何一个细分赛道上具有优势的企业，都可以获得足以让同行眼红的高额利润。

由于新冠疫情的严重影响，2020 年，许多企业的经营业绩大幅下滑。即使外部形势如此严峻，作为高科技企业标杆的华为公司，仍然取得了骄人的业绩：公司 2020 年营收为 8 914 亿元，利润为 646 亿元，实现了双增长。这是因为高科技企业的技术壁垒，确保了其盈利的可持续性。

苹果公司公开的财务报告显示，2020 年，归属于母公司的普通股股东净利润为574.11 亿美元，同比增长 3.9%；营业收入为 2 745.15 亿美元，同比上涨 5.51%。2021年，公司净利润更是达到了惊人的 946.8 亿美元，同比增长 64.92%，营业收入为3 658.17 亿美元，同比增长 33.26%。这样的利润超过很多国家的 GDP，也超过了我国很多省份的工业利润总和。相比于 2010 年 140.13 亿美元的利润水平，在过去的 11 年间，苹果公司利润增长了 6 倍多，这也正是该公司近年来股价迭创新高的原因。在 2022年的第一周，苹果一举成为全球首个市值冲破 3 万亿美元的上市公司。作为公司 CEO，蒂姆·库克也得到了丰厚的回报：2022 年新年伊始，公司董事会的薪酬委员会宣布给库克涨薪逾 6 倍，库克的年薪自此将近 1 亿美元。[6]

最近几年，站在新能源汽车风口浪尖上的电池制造商宁德时代，其公司股价从 2018年上市开盘价 29.57 元一路涨至 2021 年的最高价 692 元，不到四年时间涨了 20 多倍，这源于资本市场对该公司高营利性和成长性的肯定。

作为无人机行业的全球龙头，深圳大疆公司的业绩同样风光无限。前瞻产业研究院发布的《2018—2023 年中国无人机行业市场需求预测及投资战略规划分析报告》对其公开统计资料汇总显示，2013—2017 年，大疆科技的销售收入不断增加，且呈现每年约一倍的速度增长。2013 年，大疆公司的销售收入只有 8.2 亿元，但一年后，销售额就增长了近 4 倍，达到 30.7 亿元。2015—2017 年，大疆营收分别达 59.8 亿、97.8 亿元、175.7 亿元，增速维持在 60% 以上。在净利润方面，2015—2017 年大疆从 14.2 亿元飞速增长至 19.3 亿元和 43 亿元，2017 年，大疆科技的净利润为 43 亿元，同比增长了122.8%。可见，在宏观经济进入新常态的发展过程中，公司的无人机产品仍为公司带来较高的盈利，依靠公司强大的技术实力，公司的盈利能力长期处于较高水平。在国外市场 1 000~2 000 美元的无人机价格区间，大疆无人机的市场份额为 66%；在 2 000~4 000美元的相对高端机市场，大疆无人机的市场份额占比达到 67%。与国外市场相比，大疆无人机在国内的影响力更强，其中，在 6 500~9 000 元的无人机价格区间，大疆产品的市场份额接近 100%。由此可见，大疆科技在无人机领域的"独角兽"地位有较为明确的说服力。[7]根据无人机行业情报企业 Drone Industry Insights 提供的数据，对全球 500 多家无人机制造商的调查分析显示，大疆公司仍然是商业无人机制造商中无可争议的领导者，尽管受到美国内政部和国防部的制裁，但它在全球商业无人机领域仍然拥有 70%~80% 的市场份额。[8]

三、产品技术更新快

技术领先者往往能获取远高于竞争对手的利润率。为了抢夺技术制高点，高科技企业往往需要在研发和制造环节持续加大投入，确保企业不会在下一轮的技术竞争中落于下风。换言之，企业推动产品技术更新的动力，主要来自两个方面：一是高额利润的驱使；二是同业竞争带来的压力。前者是促进技术创新的主动力量，后者是促进技术创新的被动力量。

例如，为了维持自己在芯片领域的竞争优势，台积电在2021年宣称，公司将在未来三年内持续投入1 000亿美元，用以增加产能并支持领先技术的制造和研发。按照公司的战略计划，截至2025年，公司在2nm技术的密度与能效将位居行业领先地位，台积电CEO魏哲家自信地表示："不评论对手的技术蓝图，不过相信台积电持续拥有最具竞争力的技术乃至2nm技术。"作为芯片行业的王者之一，三星公司同样不甘示弱。在2021年10月举办的晶圆代工论坛上，三星宣布了先进制程技术蓝图——2022年上半年推出全新的3nm GAA工艺，在2025年，公司将基于全新的GAA纳米片结构进化出的MBCFET（多桥通道场效应管）实现2nm工艺量产。与此同时，"不安分"的还有曾经的"王者"英特尔。众所周知，英特尔是第一个踏入14nm时代的，但谁能想到，自此之后，英特尔留给人们的只有"挤牙膏"的标签与印象。一直到2020年年底，英特尔仍旧带着这一标签，被视作"突破"的7nm制程也是一再拖延。但从2021年年初开始，英特尔开始"求变"，其中，最大变化就是全面开放代工业务，并为此计划投入资金扩建、新建工厂。英特尔CEO基辛格更是"放言"，表示希望能够赢回苹果电脑芯片业务以及许多其他业务。显然，英特尔这是要从台积电"虎口夺食"。至于先进制程方面，英特尔也公布了改名后的发展路线：10nm之后是Intel 7，接着是Intel 4、Intel 3、Intel 20A（相当于5nm技术水平）、Intel 18A，同时立下flag：在2025年重登王座，夺回领先的制程地位。[9]最终谁将成为未来的芯片之王，时间会揭晓答案。曾经有人慨叹企业经营变化无常，相对于基业长青，"三十年河东，三十年河西"才是常态，而对于高科技企业，技术在三五年时间内就可能发生翻天覆地的变化，因此时刻保持技术迭代更新是一种常态。对于高科技企业，或许"快鱼吃慢鱼""唯快不破"是最贴切的真实写照。

【链接案例1-1】 中美高科技头部公司的研发投入比较①

美国有五家全球知名的高科技公司：Amazon、Apple、Google、Microsoft和Meta（曾用名为Facebook）。它们合计的市值超过了5万亿美元，超过标普500市值的20%以上。对标中国的高科技公司，阿里巴巴、腾讯、百度、京东，再加上没有上市的华为公司，总体市值大大落后于美国同行。这种差距在未来具有可持续性吗？我们可以从双方的研

---

① 沈凌. 中美高科技头部公司的比较与展望［EB/OL］.（2020-10-20）［2023-09-21］. https://finance.eastmoney.com/a/202010201668539441.html.

发投入数据去分析未来的发展趋势。

　　研发投入是衡量高科技公司发展潜力的一个核心指标。公司当前的投入，代表了其未来在行业的持续竞争力。因此，我们可以把高科技公司的研发投入视为一种金融投资，当然其中也存在研发失败、市场变化等各种风险和不确定性。这就要求公司权衡现实和未来，为了未来发展敢于投入。当一个公司卖掉了产品，再把生产成本和营销成本扣掉，就获得了毛利润，之后，提取一部分毛利润投入研发中，最后剩下的就当期净利润。由此，这里使用的毛利润概念即是"净利润+研发费用"，不同于传统的毛利润指标。我们认为研发费用占毛利润的比例，才能真正代表"研发强度"。这里比较的研发强度等于研发开支占毛利润的比例，毛利润则等于年报中的净利润加研发开支。以下分析基于2019年中美十家公司的财务报告展开。

　　上述五家美国公司的营收合计达到9 000亿美元（约6.3万亿元），是中国对标公司的2.59倍，其合计研发费用高达7 609亿元，是中国同行的3.2倍，超过了营收总和的领先倍数。换言之，在一般的研发强度（研发费用占营收总和的比例）层面，美国企业明显比中国同行更大。究其原因，主要是中国公司的毛利率比较低，呈23% VS 30%的局面，这是作为后起者的中国企业必须面对的现实问题。虽然中美公司毛利率的差别不大，但有一个问题值得深思：假如美国企业仍然维持三倍于中国同行的研发费用，那么中国公司不但难以超越美国公司，两者的差距还可能加大。

　　2014年五家中国企业的研发费用总共大约为600亿元。五年之后，这一数字增长至2 380亿元，增长了大约3倍。而五年间美国高科技企业对比中国同行的研发优势也明显缩小了：从4.12倍缩小到了3.2倍。

　　尽管以上分析结果让中国企业振奋，但需注意，在以上的五年研究期内，中美企业差异缩小的原因有一部分是中国市场扩张带来的红利，从财务数据上看，表现为中国企业营收总和的增速比美国企业更快。然而，中国企业研发费用与营收总和是成比例增长的，因此企业的研发强度并未增加，但是，美国同行企业的研发强度提高了22%。可见，中国企业要追平美国企业的研发开支水平，还要下大力气，也需要决心和勇气，任重道远。

四、产品的研发周期长、成本高，但规模经济效益明显

　　高科技产品的技术门槛高，研发周期也较长。比如，研发一种新药可能需要10年以上的时间，并且成本高昂。创新程度越强的产品，失败的风险也相应上升，由此带来的成本也越大。塔夫茨药物开发研发中心（CSDD）的研究报告表明，一种新药从药物研发阶段到FDA批准上市平均需10~15年的时间，并且每种新药获批上市所需的平均投入大约是25.58亿美元，其中包括直接投入的资金13.95亿美元，还有同期因研发失败所产生的11.63亿美元的间接投入。这项报告还发现，在一种药物成功上市之后，还需平均投入3.12亿美元以开展后续的评估研究，其目的是验证新药的适应证、剂型以及剂量等。因此，在一个研发周期内，一种新药可能一共需要消耗掉近29亿美元资金。[10]

正是由于高科技产品的研发成本高，在高科技产品上市之后的最初阶段，其产品价格往往非常高。在 20 世纪，笨重如砖且功能单一的移动电话刚上市时，售价高达 1 万元以上。即使是在手机产品丰富的今天，具有技术领先优势的华为 Mate 折叠屏新型手机在京东平台的售价也高达 13 288 元。在高科技产品的成本构成中，研发成本占比较高。产品上市之后，随着生产技术的进步以及销量提升带来的规模经济效应，高科技产品的制造成本会迅速降低，实现量产之后，单个产品所承担的研发成本就大大降低了，这也是在产品生命周期的后期，科技产品的售价远低于其初始定价的原因。

高科技产品的高昂定价在治癌药物领域尤为突出。2021 年，在我国的一次药品招标现场，有一种治疗罕见病脊髓性肌萎缩症的药物名叫诺西那生钠注射液，厂家代表提出了每瓶 53 680 元的报价，国家医保局谈判代表经过一个半小时艰难的 8 轮磋商谈判，最终达成了每瓶 33 000 元的成交价。[11]而这种药品在 2019 年刚引进中国时，患者打一针的价格是惊人的 70 万元，一年共需要 110 多万元。[12]对于全社会而言，药品专利技术是一把双刃剑，虽然保护了企业利益、鼓励了企业的研发投入，但也会带来有病不能治的社会问题。电影《我不是药神》也充分反映了高药价所带来的社会问题，该电影还反映了一个事实：印度的药品确实非常便宜。而药品之所以如此便宜，源于印度生产的药品主要为仿制药，如果不考虑研发成本，药品原料和生产成本就很低了，这个事实也充分反映了在药品大规模生产之后，其成本可以大幅下降。

高科技产品在生产过程中存在规模经济效应，这在互联网行业尤为突出。比如，当一家公司完成了一款新的网络游戏产品的研发之后，对于公司而言，在拥有一定客户群体（比如 100 万人）后，再增加一个用户所新增的成本几乎可以忽略不计，即这类纯粹的网络体验产品的边际生产成本非常低，这也正是互联网公司往往盈利能力远高于传统行业的重要原因。

高科技产品在生产方面的规模经济效应，对其产品定价策略具有重要指导意义：企业可以通过阶段性降价来吸引更多的用户，再通过规模化生产大幅降低成本，进而为再一次的降价吸引新用户做准备，如此就能形成以价换量的良性循环。事实上，目前汽车行业市值排名全球第一且远超对手的特斯拉公司，正是通过以上营销策略，以摧枯拉朽之势一举击败对手，确立了其当之无愧的新能源汽车王者地位。如表 1-1 所示，特斯拉汽车除了因材料涨价而调高价格之外，大多数情况下，公司都采用了降价策略，并且其主力车型 Model 3 在 4 年内从最高 36.39 万元降至 22.99 万元，降幅高达 36.82%。这种成功的价格策略对特斯拉的成功发挥了至关重要的作用，公司实现了产销两旺，并且经常出现产品供不应求的情况。2021 年，特斯拉公司一跃成为全球市值最高的汽车公司：在 2021 年全球汽车公司市值排行榜上，特斯拉以 10 900 亿美元排名第一，大致相当于从第二名的丰田（2 547 亿美元）一直到第十名的宝马（668 亿美元）这 9 家车企加在一起的市值。2022 年特斯拉全球交付量达到 131 万辆，取得了 40%同比增长的成绩。2023 年仅第二季度，特斯拉电动车的生产量就达到 47.97 万辆，同比增长约 86%，交付量达到 46.61 万辆，同比增长约 83%，预估 2023 年全年销售量可达 196.5 万辆，朝着全年交付同比增长 50% 的目标大步前进。

表 1-1　特斯拉汽车近年价格变动情况

车型	调价时间	调价幅度	调后价格
Model 3	2019.08	涨 0.8 万元	36.39 万元
	2019.11	降 0.81 万元	35.58 万元
	2019.12	降 2.48 万元	33.1 万元
	2020.01	降 3.2 万元	29.99 万元
	2020.05	降 3.8 万元	27.155 万元
	2020.10	降 2.165 万元	24.99 万元
	2021.05	涨 0.1 万元	25.09 万元
	2021.07	降 1.5 万元	23.59 万元
	2021.11	涨 1.5 万元	25.09 万元
	2021.12	涨 1.47 万元	26.56 万元
	2022.03	涨 1.43 万元	27.99 万元
	2022.10	降 1.4 万元	26.59 万元
	2023.01	降 3.6 万元	22.99 万元
	2023.05	涨 0.2 万元	23.19 万元
	2023.07	降 0.2 万元	22.99 万元
Model X	2021.07	涨 3 万元	90.99 万元
	2023.07	降 4.6 万元	86.39 万元
	2023.08	降 2.7 万元	83.69 万元
Model Y	2021.03	涨 0.8 万元	34.79 万元
	2021.07	降 7.19 万元	27.6 万元
	2022.03	涨 4.09 万元	31.69 万元
	2022.10	降 2.8 万元	28.89 万元
	2023.01	降 2.9 万元	25.99 万元
	2023.05	涨 0.4 万元	26.39 万元
	2023.07	降 0.4 万元	25.99 万元
Model S	2021.07	涨 3 万元	85.99 万元
	2023.07	降 8.6 万元	77.39 万元
	2023.08	降 1.9 万元	75.49 万元

资料来源：根据特斯拉公司官网价格变动情况整理。

第二节 高科技营销中的伦理及法制

一、科技向善是发展科技的基本守则

科技是推进人类社会发展进步的重要工具和载体，科技向善从科技诞生之日起，就是科技发展过程中必须遵守的基本原则。无论是基因编辑技术、克隆技术还是人工智能等高新技术的发展，人类都需要保持一颗敬畏之心、善良之心。尽管新科技也可能有负面效应，但人类在推动科技创新的过程中应当不忘初心，始终以提高人类生活质量、增强人类生活幸福感为终极目标。

比如，蒸汽机的出现，让人们获得了更加强大和便利的动力。在蒸汽机发明之前，人们主要从大自然中获取动力，比如水力、风力、畜力等。当人们以蒸汽机代替了传统动力源之后，工业、农业和交通运输业等获得了迅猛发展，其中工业革命的蓬勃发展让许多传统手工业以及马车等运输工具彻底出局，但是，让这些传统领域的劳动者失业并不是发明蒸汽机的初衷，这只是与科技进步伴生的负效应。同样，广泛使用蒸汽机带来的空气污染也是科技进步带来的负面产出。工业革命的主要燃料是煤炭，以煤炭发动的蒸汽机超过 10 万台，这些蒸汽机产生的烟雾量十分庞大，被污染的大气逐渐从伦敦向其他地区扩散，特别是英格兰的中部地区，它曾经因严重的大气污染被称为"黑乡"。

再比如，电子游戏极大地丰富了人类的文化生活，但沉迷于电子游戏很可能影响人们的健康和正常生活，即网络游戏成瘾本身也是文化科技创新的负效应。

以上谈到的科技创新伴生的负效应都是被动产生的，当然，掌握高科技的企业更不能主动利用其技术优势来危害社会。在古代，人们发明指南针来为航行指明方向，大幅提高工作效率；到了现代社会，人们可以使用手机导航软件来方便出行，但是，导航软件提供者不能利用其所拥有的消费者出行大数据来从事违法或违反商业伦理的活动。掌握高科技的企业更应该主动约束自身行为，避免科技为恶以至于降低人类的生活幸福感。

最近几年，人们在享受网络消费所带来便捷的同时，一些网络平台却引发了越来越多的消费者投诉，受到全社会的广泛关注，例如：一位消费者投诉，在一次使用某 App 团购套餐时，在同一时段选择一模一样的套餐，采用不同的手机下单，用户界面会显示出不同的消费金额；另外，还有消费者投诉，浏览网页时，线上预订酒店房间标价是每晚 87 元，当付完款之后页面标价却下降了 5 元。一位消费者称，在某购物软件上购买路由器时，自己以会员账号购买时，商品价格显示为 649 元，可普通账号购买仅需要 579 元。一位消费者投诉某外卖平台：自己在同一时间和同一地点，分别用会员账号和非会员账号点相同商家的外卖，其配送竟然有 4 元的差距，更让人惊掉下巴的是，会员没有更便宜，反而是开通会员的账号支付的配送费更高。事件发酵后的第二天，该公司股价大跌 3%，市值蒸发 400 多亿元。

复旦大学孙金云老师带领团队进行了一项关于"用手机打车软件打车"的调研。这项研究在全国 5 座城市花费 5 万多元采集了常规场景下 800 多个打车样本。研究发现：苹果机主更容易被专车、优享这类更贵的车型接单；如果机主使用的不是苹果手机，也呈现出相似的规律，手机越贵，越容易被更贵的车型接单。此外，苹果手机的用户比不使用苹果手机的用户所享受到的打车优惠要更少，而且差异很明显，前者平均只能获得 2.07 元的优惠，而后者可以得到 4.12 元的优惠。另外，用户在打车时的实际车费往往高于预估价，"熟人"打车比"新人"贵。[13]

归纳起来，"大数据杀熟"就是指当顾客购买同样的产品或服务时，企业对老顾客比新顾客收取更高价格的一种现象。显然，从短期看，"大数据杀熟"确实能让企业赚取更多的利润，但从长期来看，这种短视行为是以牺牲消费者的品牌信任和忠诚为代价的，如同杀鸡取卵，最终会让企业得不偿失。

俗话说，哪里有压迫哪里就有反抗。面对不公平的对待，消费者的反应不仅仅是抗议，有的消费者还会拿起法律武器，严正地对"大数据杀熟"说"No"，链接案例 1-2 是关于"大数据杀熟"引起诉讼的典型个案。

【链接案例 1-2】"大数据杀熟" 第一案[14]

胡女士是携程 App 的钻石贵宾客户，按规定享受平台上 8.5 折消费优惠价。2020 年 7 月，胡女士像往常一样，通过携程 App 订购了舟山希尔顿酒店的一间豪华湖景大床房，支付价款 2 889 元。但是，她离开酒店时无意中发现，同样的房间该酒店的实际挂牌价仅为 1 377.63 元。胡女士不仅没有享受到 VIP 客户应有的优惠，反而多支付了一倍的房费。胡女士向携程投诉后，携程以其为平台方、并非涉案订单的合同相对方等为由，仅退还了部分差价。

胡女士认为携程采集了其个人非必要信息，进行"大数据杀熟"，并将上海携程商务有限公司诉至法院。胡女士要求携程 App 退一赔三，并增加不同意"服务协议"和"隐私政策"时仍可继续使用的选项，以避免被告采集其个人信息，掌握原告数据。

法院审理后认为，携程 App 作为中介平台，有如实报告标的实际价值的义务。但是，携程在此过程中向胡女士展现了溢价 100% 的失实价格，没有价格监管措施，没有做到钻石贵宾享有优惠的承诺，并在处理投诉时告知无法退还全部差价的理由也与事实不符。

法院当庭判决，上海携程商务有限公司赔偿原告胡女士订房差价，并按房费差价部分的三倍支付赔偿金，总计 4 777.48 元。并且该公司在其运营的携程 App 中需为原告增加不同意其现有"服务协议"和"隐私政策"仍可继续使用的选项，或者为原告修订携程 App 的"服务协议"和"隐私政策"，删除对用户非必要信息采集和使用的相关内容，修订版本需经法院审定同意。

其实，"大数据杀熟"并不是中国企业的首创。这种现象最早可以追溯到 2000 年，其鼻祖为美国亚马逊公司。亚马逊曾做过一个著名的差别定价实验：以顾客过往的消费浏览记录作为参考，选择了 68 种 DVD 碟片，对不同消费者实行不同定价策略。如果你是新用户，租赁价格是 22 美元，如果是有购物意愿的老用户，价格自动调整为 26 美元。不过，这个实验很快就下线了，亚马逊对此还发布了道歉声明，并将差价退给了老用户们。亚马逊科技向善的态度值得肯定，某些滥用科技的企业必须深刻反思并回归科技向善的轨道。

腾讯研究院 2018 年 1 月 20 日在北京举办了 T-Meet 大会，并发起了 Tech for Social Good（科技向善）项目。2019 年，谈及公司新愿景和使命时，腾讯董事会主席兼首席执行官马化腾说："我们希望'科技向善'成为未来腾讯愿景与使命的一部分。我们相信，科技能够造福人类；人类应该善用科技，避免滥用，杜绝恶用；科技应该努力去解决自身发展带来的社会问题。"国家主席习近平在 2021 年中关村论坛视频致贺中也特别强调：塑造科技向善理念，完善全球科技治理，更好增进人类福祉。可见，仍在科技为恶的企业必将被消费者抛弃。

值得肯定的是，"大数据杀熟"也引起了消费者权益保护组织的注意。针对消费领域不合理的算法现象，中国消费者协会向全社会公开揭露了"大数据杀熟"的六种现象：

一是推荐算法。这是指互联网平台对消费者的消费行踪轨迹进行监测和分析，分析的内容包括消费者浏览过的网面、广告、产品或服务、感兴趣的话题等，再根据消费者心理和行为特征（用户画像）进行商业营销。行业里一般称为"精准推送"或"千人千面"。

二是价格算法。通俗地讲，就是"因人定价"。例如，对新老用户设定不同的价格，老用户或会员用户有可能比新用户或普通用户支付更高的价格；针对位于不同区域的消费者，根据消费能力水平的不同制定差异化的价格；根据用户行为习惯制定不同的价格，比如，对多次浏览页面的用户提高价格，因为这类用户购买的可能性更高；故意利用复杂的促销规则、优惠算法，让不同消费者算出的价格不同，等等。

三是评价算法。有的经营者为了争取更多的好评，在电商平台上采用刷单等方式，诱导买家给出虚假高分评价，虚构好评内容，以及隐匿中评、差评等。这些有违商业道德的操作，不但破坏了公平竞争环境，也误导了消费者，破坏了市场秩序，不利于市场规范发展。

四是排名算法。为了追求最大化利益，平台经营者制定了各种各样的排名榜，对外宣传这些排名是根据消费者好评率、销量等执行的，排名范围包括众多的行业、商品及服务种类，试图引导消费者决策；但事实上，消费者根本不知该平台具体是如何计算排名的，商家的广告费对排名的影响并不公开透明。甚至，也有一些平台直接把竞价排名与自然排名混淆，力图影响消费者决策。

五是概率算法。这是指一些平台及网络游戏公司，时而开展一些抽奖活动，如抽优惠券或奖品。这些企业只公示中奖概率，但对于抽奖过程、算法程序等都没有明示，消费者并不知情，实际中奖概率和中奖对象几乎都缺乏监管。

六是流量算法。还有一些平台利用自身的市场优势地位，通过算法在流量分配、搜索排名等方面故意设置障碍，并且限制消费者获得资讯的数量、范围等，以控制交易进程，最终影响公平竞争和消费者选择。[15]

二、保护个人信息是发展科技的基本要求

"大数据杀熟"是近年来的热词，一石激起千层浪，这一现象引发了人们对网络隐私和维护自身权益的广泛关注，人们开始认真审视网络科技企业利用算法推荐影响消费者购买决策的合理性，以及企业合理使用消费者隐私数据的边界。

对于算法越界行为，腾讯公司董事会主席马化腾认为，不能在不同的数据来源之间任意打通。因为在平台里面，存在大量人和人之间的通信、社交行为数据，如果数据可以任意打通，并提供给公司业务部门或者外部客户使用，将会带来灾难性的后果。[16]如果打通了，那么个人的日常生活很可能暴露在大众面前，每个人都将毫无隐私可言。比如，在新冠疫情期间，出于对公共安全的考虑，必要时需要对相关人群做行踪流调，这时大家会发现，每个人什么时候在哪里上班，在哪里吃饭，外卖吃的是什么，在哪里娱乐消费等，都是一览无余的。显然，类似这些个人生活消费的数据是不能被企业商业化运用的，并且必须严格保护，不能泄露。

从表面上看，"大数据杀熟"是指经营者利用大数据技术，根据消费者的消费心理和行为特征推送特定的商品或服务，以达到其获取更多经济利益的目的。从深层次看，"大数据杀熟"实际上反映了部分经营者对消费者个人信息的过度采集和随意使用，消费者的知情权、选择权、公平交易权和个人信息受保护的权利没有得到充分尊重和有效保障。[17]

北京市消费者协会通过3 000多份消费者调查并结合专家意见，对"大数据杀熟"给出了明确定义：经营者利用大数据技术采集用户信息，建立用户"画像"，并以谋取利益为目的，根据用户"画像"提供特定（非可选性）商品或服务的损害消费者权益行为。[18]

利用算法推荐对个人定制不同的信息和服务有两个主要的风险：一是用户个人信息保护风险，平台运营者可能违法违规收集、滥用公民个人信息；二是算法操纵风险，由于每个用户收到的信息、使用的服务都由互联网平台运营者定制，其引发舆论相关风险的可能性比较高。因此，加强算法推荐管理，既是维护公民个人权益的需要，也是维护国家安全的需要。可见，无论从微观的个体层面还是从宏观的国家层面看，加强个人信息保护是发展科技的基本要求。[19]

1.《中华人民共和国个人信息保护法》出台

可喜的是，在监管部门和立法机构的主导下，经过全社会的共同努力，2021年8月20日，《中华人民共和国个人信息保护法》由我国第十三届全国人民代表大会常务委员会第三十次会议通过，自2021年11月1日起施行。从此，个人信息安全有了法律保驾护航，企业的大数据营销活动也有法可依了。

个人信息保护法明确规定，企业不得过度收集个人信息或采用"大数据杀熟"，对

人脸等敏感个人信息的处理也做出了相关规制，同时完善了个人信息的保护和投诉机制——充分回应了社会关注的热点问题。比如，规定任何组织、个人不得非法收集、使用、加工、传输他人的个人信息，不得非法买卖、提供或者公开他人的个人信息。

针对过度收集信息和"大数据杀熟"的问题，法律要求，处理个人信息应当具有明确、合理的目的，并应当与处理目的直接相关，采取对个人权益影响最小的方式；个人信息处理者利用个人信息进行自动化决策，不得对个人在交易价格等交易条件上实行不合理的差别待遇。中国信息通信研究院互联网法律研究中心主任方禹认为，在反垄断法框架下，"大数据杀熟"是一种滥用市场支配地位的行为，反垄断法已有类似的规定。个人信息保护法对此做出规定，既能在反垄断规制以外提供新的保护路径，也能从个人信息收集、使用逻辑上应对"大数据杀熟"问题。[20]

针对滥用人脸识别技术问题，法律要求，在公共场所安装图像采集、个人身份识别设备，应设置显著的提示标识；任何人收集的个人图像、身份识别信息只能用于维护公共安全的目的。这样，相信不会再出现看似滑稽、实则无奈的戴着头盔买房的情景了（见链接案例1-3：戴着头盔买房的无奈）。

【链接案例1-3】　戴着头盔买房的无奈[21]

2020年年末，一段"男子戴头盔看房"的短视频流传于互联网平台。视频字幕显示，男子戴着头盔买房的原因就是要保护自己的人脸信息。事实上，如果在网上以"买房"搭配"头盔""墨镜"等词汇进行搜索，类似的新闻画面屡见不鲜。然而，不少购房者在走进售楼大厅后并不知道，自己正在被人脸识别系统"无感抓拍"。而这样抓拍的原因和购房者的现实利益有着实实在在的关系。

根据2019年重庆当地媒体报道，一个国内排名前十的开发商在年底推出活动，只要购房者第一次到访项目（此前没有被销售中心的摄像头拍到过）并当场下单，各种折扣综合计算，最高可在购房时少花30万元。

2020年6月，家住宁波的宋先生决定在某楼盘买房，据销售经理称，因为宋先生的姐姐之前购买了同款楼盘，因此他可以享受"老带新"返利两万元的优惠活动。为了获得这两万元的优惠，宋先生从去年7月开始一直按要求配合办理手续，但销售经理在今年6月告诉他，"老带新"优惠方案要求业主在备案一小时后到售楼处，而宋先生在备案后不到一小时就到达了售楼处，有人脸识别的拍照为证，因此宋先生无法享受这次优惠。

为何售楼处要使用人脸识别？房企之所以开始进入"看脸"模式，主要与其"分销模式"有关。新楼盘上市，房企除了投入大量资金做营销宣传外，还会联系各类卖房平台中介作为"分销渠道"。

举个例子，如果购房者是看了房企的宣传，自行前来买房，这种被称为"自然到访客户"；如果是渠道中介带客户看房并成功签约购买，这类被称为"渠道客户"，房企需要给中介一定的佣金。但这样的做法常常导致房企销售团队与渠道中介产生"混战"。例如：

"客户 A 与客户 B 一同前往售楼处，销售 A 接待了两人，但只登记了客户 A 的信息。但当客户 B 再次上门时，是在中介 B 的带领下。最终，客户 B 和中介 B 完成购房交易。销售 A 发现他曾接待过客户 B，因此销售和中介很容易就'这到底是谁的客户'产生争执。"

这也就解释了上文中，为什么被中介承诺可以获得价格优惠的购房者，在被人脸识别后，突然失去了福利。而人脸识别的存在，其实就是为了帮助房企判断购房者的类型、属于谁的客户，以及佣金应该发放给谁。

"戴头盔看房"的背后，更多的是人脸识别技术被滥用的现状映射。在未经消费者同意就"无感抓取"他人脸部照片涉嫌侵权，而这类数据一旦泄露危害极大。

对于提供重要互联网平台服务、用户数量巨大、业务类型复杂的个人信息处理者，个人信息保护法特别规定了其需要履行的义务，如建立健全个人信息保护合规制度体系，定期发布个人信息保护社会责任报告，接受社会监督等。

另外，在违法惩治方面，个人信息保护法明确规定：履行个人信息保护职责的部门在履行职责中，发现个人信息处理活动存在较大风险或者发生个人信息安全事件的，可以按照规定的权限和程序对该个人信息处理者的法定代表人或者主要负责人进行约谈，或者要求个人信息处理者委托专业机构对其个人信息处理活动进行合规审计。对违法处理个人信息的应用程序，责令暂停或者终止提供服务；拒不改正的，并处一百万元以下的罚款；对直接负责的主管人员和其他直接责任人员处一万元以上十万元以下的罚款。

2.《最高人民法院关于审理使用人脸识别技术处理个人信息相关民事案件适用法律若干问题的规定》出炉

人脸识别是一种生物识别技术，它利用人体的生理特征，通过计算机进行个人身份鉴定。如果说同为生物识别的指纹识别需要主动"画押"，人脸识别则可以在悄无声息中完成。一旦人脸及其相关信息"落入贼手"，民众的合法权益极易遭受侵害。[22]

公安机关侦查发现，有不法分子在电商平台低价打包出售人脸信息，一条信息只需五毛钱。被盗的人脸信息会被用于虚假注册、电信网络诈骗等违法犯罪活动。近年来，深圳等地警方破获的许多盗用公民个人信息案件中，犯罪嫌疑人都使用了"AI 换脸技术"，通过"照片活化"方式生成动态视频，进而骗过人脸核验机制，这就让科技成为犯罪分子的帮凶。更让人震惊的是，目前网络上非法出售的人脸信息，并非纯粹的"人脸照片"，还有受害者的身份证号、银行卡号、手机号等个人隐私信息。当人脸信息与其他身份信息或行踪信息相匹配，就极可能被不法分子利用，给个人带来极大伤害。存储环节是人脸信息泄露的高发地，目前，人脸数据通常存储在人脸识别应用的运营方或技术提供方的数据库中。这些数据可能在本地服务器或云端，如果企业安防措施有漏洞，一旦黑客入侵服务器，人脸数据就极可能泄露。出于对人脸数据泄露的担忧，IBM 主动放弃了人脸识别业务，并宣布将不再提供、开发或研究任何人脸识别和人脸分析软件；2019 年，微软公司把其最大的公开人脸识别数据库也清除掉了。[22]

尽管人脸识别技术存在安全隐患，但这种高科技的善性也不可否认。比如，游戏厂商通过引入人脸识别技术，加强了关于网络游戏账号实名注册的监管，可以防止未成年人冒用成年人身份进行游戏消费；退休老人可以通过支付宝刷脸的方式领取养老金，人脸识别为政务服务提供了诸多便利。对于新技术，我们不能因噎废食，但也必须高度重视人脸识别数据的安全性。[22] 对此，2021 年 7 月，我国最高人民法院发布了《最高人民法院关于审理使用人脸识别技术处理个人信息相关民事案件适用法律若干问题的规定》，对以"人脸识别"为代表的敏感个人信息案件审理进行全面规范，比如，"物业服务企业或者其他建筑物管理人以人脸识别作为业主或者物业使用人出入物业服务区域的唯一验证方式，不同意的业主或者物业使用人请求其提供其他合理验证方式的，人民法院依法予以支持"。也就是说，物业公司不能以工作、生活需要为由，强制要求业主必须提供人脸数据，这有利于业主保护自身重要的生物隐私数据。

3. 发布《互联网信息服务算法推荐管理规定》

对于互联网企业在经营中频频使用的算法推荐问题，我国工信部等四个部门也联合发布了《互联网信息服务算法推荐管理规定》（后文简称《规定》），自 2022 年 3 月 1 日起正式施行。这一《规定》的出台，标志着算法产业开始进入强监管模式，算法的使用有望回归技术向善、服务大众的初心。

"透明"是《规定》的一个重要诉求点，要求企业应当以显著方式把自己提供算法推荐服务的情况通知用户，并以适当方式公开其算法推荐服务的基本原理、目的意图和主要运行机制等。其中"（鼓励）优化检索、排序、选择、推送、展示等规则的透明度和可解释性"的要求，表明各大网络平台必须打开所谓的算法"黑箱"，将算法使用的目的和程序向用户据实以告。透明原则不仅能够有效保障用户知情权，还能在一定程度上降低算法推荐对网络舆论的影响。《规定》赋予了用户自主选择权与删除权，要求算法提供者应当"向用户提供不针对其个人特征的选项"，或者"提供便捷的关闭算法推荐服务的选项"。用户一旦执行关闭，"算法推荐服务提供者应当立即停止提供相关服务"。这意味着，算法推荐服务提供者应当向用户提供选择或者删除用于算法推荐服务的针对其个人特征的用户标签功能。用户可以有针对性地删除自己不想对外透露的个人"标签"。

关于弱势群体，《规定》还针对未成年人、老年人等群体的算法推荐服务内容进行了详细规定。例如要求为老年人提供智能化的适老服务、禁止诱导未成年人沉迷网络等，这也是落实科技向善的体现。从宏观层面看，《规定》的出台明确了算法推荐技术的定义，为治理算法推荐服务提供了诸多针对性举措，构建了算法安全风险监测、算法安全评估、算法备案管理和违法违规行为处置等多维一体的监管体系，为重塑数据要素市场秩序奠定了基础。具体而言，算法应用的两大主体——服务提供商和使用者将受到影响。对个人用户而言，《规定》构建了用户权益的保护机制，尤其是关于"算法服务提供者的告知义务""个人用户的算法服务选择权""完善人工干预和用户自主选择机制"等相关条款，可以有效解决用户关心的"大数据杀熟"等热点问题。对算法推荐服务提供者，《规定》对其基本价值导向、数据审核管理制度、用户模型与标签管理、算法推荐生态管理、用户自主选择机制、互联网新闻信息服务、信息垄断等都进行了严格规定，有利于规范算法推荐服务提供者的经营行为，积极促进算法推荐服务规范健康发展。总之，发布这一《规定》，有助于避免"算法"沦为"算计"，也有利于把算法推荐服务引导到科技向善的正轨上来。

第三节　高科技营销发展简史

伴随着移动互联网的渗透式发展，数字化浪潮势不可挡，市场大变革的冲锋号已经吹响。从 21 世纪元年至今，许多传统的市场营销理论需要在大数据等高科技营销技术面前重新接受检验，这对营销学学者而言既是挑战也是契机。进入 21 世纪的 20 多年，市场营销的内容、方式、载体等均发生了深刻变革，这些变革轨迹记录了市场营销生态的演变历程，也描绘了市场营销在科技驱动中突破转型、破茧成蝶的崭新图景。

一、传统触达时代（2000 年以前）

在传统营销场景下，企业依赖层层严密的渠道，通过大量人力与广告将产品或服务投入市场。[23]营销的主要目的是获取增量客户，其关注点在于对大范围消费者的"触达"。

其特点主要包括：

（1）渠道单一：传统营销主要依托大众媒体，依靠广告宣传（广播、电视、门户广告）覆盖广大的消费者群体，营销方案持续时间很长，营销反馈的即时性差。

（2）中间商赚差价：在传统营销模式下，中间商始终是产销之间必不可少的桥梁，甚至存在多个中间商，产品价格会高于生产商预期的零售价，导致消费者利益减少以及生产商竞争力削弱的局面。[24]

（3）信息不对称：一方面，企业囿于技术限制，用户基础数据较为分散或割裂，用户群体的消费行为和习惯不够精确，无法有的放矢地为客户提供契合的产品和服务。另一方面，消费者获得信息的渠道也很受限，很难做到货比三家或参考相关评价，双方供需较为被动。

（4）单向粗放：传统营销模式受领导层人员的管理思想影响较大，领导人员的观念直接决定了市场营销的走向，忽略对用户与产品的分析，普遍更重视产品宣传。[25]同时，企业无法全面快速收集用户反馈，不能从根本上了解消费者对产品的认知情况，营销策略优化缺乏根据，试错成本大幅增加。

20 世纪 90 年代末，网络技术和电子技术兴起，以此为依托，通过对技术新功能和商务新理念的双重整合，"电子商务"作为一种对社会经济生活有重大影响的商务模式开始在探索中前进：[26]

（1）1995 年，中国互联网开始商业化、互联网公司开始兴起；

（2）1996 年，"中国国际电子商务中心"成立；

（3）1997 年，广告商开始使用网络广告，"中国商品交易中心"成立，中国商品订货系统（CGOS）开始运行；

（4）1999 年，搜狐开辟新闻及内容频道，出现了综合门户网站的雏形。之后，新浪、网易、雅虎、网景、腾讯等网站相继建立，开启了中国电子商务的门户时代。

（5）2000—2001 年，不成熟的门户网络概念被炒作，国内 75% 以上的第一代电子商务模式或退出市场，或被平台收购[27]，互联网泡沫破灭。

在此阶段，互联网技术虽未对传统营销产生较大冲击，但历经网络概念股崩盘的人们对互联网有了更深刻的认识，开始尝试将电子商务转向实体市场，依托互联网的营销模式已经悄然出现。

二、"互联网+"交互时代（2001—2004）

随着腾讯、易趣、天涯、8848、盛大、新浪、搜狐等新一批门户网站的成长，以及第三方平台、信用认证体系、电子签名体系、网上支付体系、标准化体系和物流服务体系等新体系的完善，互联网拥有了多元化的商业新功能，也催生了以 B2B①、B2C②、C2C③ 为核心的互联网营销新模式。基于网络聊天、即时通信、搜索等功能，互联网营销自带交互性质。本阶段的营销模式开始打破传统营销中对消费者的"告知"模式，商家通过网络环境与消费者开始互动式交流，可以充分发挥消费者的主动性。[28]具体表现为搜索引擎营销④（如 Google AD Words、百度"十分"竞价排名）、社交媒体广告⑤（如新浪、TOM、MSN、盛大）的崛起。

搜索引擎工具的出现，从根本上改变了网民的上网习惯（从无目标浏览到有目标搜索），用"搜索"去"追随"他们感兴趣的产品和服务。通过 Cookie⑥、超链分析⑦和 IP 相关技术，搜索引擎在为用户实现内容匹配的同时，也为网民提供了更加便捷的信息获

---

① B2B 是企业与企业之间的电子商务。
② B2C 是企业与消费者之间的电子商务。
③ C2C 是消费者与消费者之间的电子商务。
④ 搜索引擎营销（Search Engine Marketing，SEM），是基于搜索引擎平台的网络营销，利用人们对搜索引擎的依赖和使用习惯，在人们检索信息的时候将信息传递给目标用户。其基本思想是让用户发现信息，并通过点击进入网页，进一步了解所需要的信息。企业通过搜索引擎付费推广，让用户可以直接与公司客服进行交流，实现交易。
⑤ 社交媒体广告是指以企业、媒体或是个人为发布者，以观念、产品或服务的文字、语音或视频，直接或隐晦通过社交媒体发布的信息传播。从外延上看，社交媒体广告包含在网络游戏、门户网站、电子邮件等一切具备社交属性的网络应用上的广告，其表现形式为原生广告、病毒广告、植入广告和 LBS 广告等。
⑥ Cookie，有时也用其复数形式 Cookies，类型为"小型文本文件"，是某些网站为了辨别用户身份，进行 Session 跟踪而储存在用户本地终端上的数据（通常经过加密），由用户客户端计算机暂时或永久保存的信息。
⑦ 超链分析是一种引用投票机制。对于静态网页或者网站主页，它具有一定的合量性，因为这样的网页容易根据其在互联网上受到的评价产生不同的超链指向量。超链分析的结果可以反映网页的重要程度，从而为用户提供更重要、更有价值的搜索结果。其基本原理是在某次搜索的所有结果中，被其他网页用超链指向得越多的网页，其价值就越高，在结果排序中就排得越前。

取路径。另外，搜索引擎通过汇集消费者搜索行为数据，为企业更敏锐地把握市场变化、洞悉消费者需求提供了真实、可靠的依据。[29]如百度系、谷歌等基于搜索行为的网络平台提供的营销推广服务，企业可以通过每天广告的点击量和点击率等，收集用户反馈、分析营销效果、精准优化营销策略。总体来看，企业使用CPC①机制可以使营销成本大大降低。

除了基于搜索引擎的广告外，网络社交媒体广告也开始崭露锋芒，社区的自发流量促成了营销广告影响力的指数级提升。2004年，淘宝和易趣（eBay）展开市场份额争夺大战，淘宝在成千上万个中小网站上展开无孔不入的广告宣传，以768%的上升速度攀升至行业第二名（仅次于易趣），累积了最初的220万用户，成为市场新秀，并于次年5月力压易趣，一举夺得我国C2C市场的主导地位。在此事件鼓舞下，企业对网络广告信心倍增，需求快速增长。相较于传统广告模式，效果为先的计费方式（CPC/CPM/CPS/CPA等②），也给长尾部企业带来"小成本也能产生大影响"的曙光，以互联网为纽带的商帮群体"网商"也由此开始扩张。

在政策冲击、经济驱动、社会需求、移动数字化等多重环境因素的推动下，市场营销领域的变革方兴未艾。

三、"大数据+"精准时代（2005—2012）

互联网技术帮助企业不断地拓展营销场景，扩大触达范围。在此基础上，企业开始追求更强的自主可控性与更高的传达效率。在互联网环境中，借助大数据分析，根据"物以类聚、人以群分"的原则，通过分析消费者数据及其需求偏好，已经可以描绘出用户画像，实现营销对象精准化。因此，"精准营销"成为此阶段的发力点。程序化广告和移动广告等也应运而生。

2006年，程序化广告③（Programmatic Advertising）闯入大众视野。以此为基础，企业可以向市场投放更精准的定向广告，确保把定制化的信息传递给正确的人。另外，媒体资源在技术分析后，可以呈现广告流量的分级，也便于商家进行差异化定价，进而实现营销资源的数字化。

2007—2008年，第一代iPhone和安卓手机HTC陆续发布，移动广告成为企业营销的新赛道。2010年，我国开始掀起第一股LBS④热潮，企业通过LBS定位，可以知道潜在目标顾客在哪里、喜欢什么，以此开展产品或服务的销售。最初的LBS营销并没有打通

---

① CPC是指点击计费，按照每次广告点击的价格计费，CPC总广告费＝竞价×点击次数。
② CPM是按照展示计费，广告每展现给一千个人所需花费的成本，因而又叫千人展现成本，CPM＝总消费/曝光量×1 000。CPS是以实际销售产品数量来计算广告费用，即根据每个订单/每次交易来收费的方式，就像淘宝客推广赚取佣金。CPA是按行动付费，一种按照广告投放实际效果计费的方式，CPA总广告费＝出价×行动次数。
③ 程序化广告指利用技术手段进行广告交易和管理，其主要内容为以人为本的精准广告定向、媒体资源的自动化、数字化售卖与采购。
④ LBS，Location Based Services，基于位置的服务，通过定位技术获得移动终端用户的位置信息，在GIS（地理信息系统）等平台支持下，为用户提供各种服务的技术。

消费者与企业之间的壁垒，因为模式仅为"签到+点评"，缺少对消费情景的考量。

2012 年，我国网络广告市场规模达到 753.1 亿元，较上一年增长 46.8%，网络广告走向成熟，正式迎来"中国网络广告 RTB[①] 元年"，与传统广告不同，网络广告不再以媒体为导向，而是以用户为导向。RTB 模式中附带有 DSP[②]、SSP[③]、AD Exchange[④]、DMP[⑤] 四大平台，分工明确，与媒体建立无缝对接，同时对网站广告位进行管理，针对目标人群精准投放，真正有效实现了广告投放的效益最大化，塑造了新一代的网络广告生态[30]，相关的网络平台包括阿里妈妈、亿玛—易博、传漾、等等。次年，移动 RTB 广告和移动 DMP 也随之出现，与 LBS 技术互补，移动广告让消费情景更加动态化，可以实时实地进行 360 度 O2O[⑥] 推广。基于 LBS 的消费情景也因此突破了时空限制，开始在实时营销（RTM）[⑦] 中发挥不可忽视的作用。

在这一阶段，随着大数据的挖掘和处理能力越发成熟，市场营销开始步入精细化运营的新阶段。

四、"AI+" 效率时代（2013—2018）

随着营销数据来源跨越线上和线下，营销活动中产生的数据量变大、维度增多，如何分析处理同源数据、提升营销 ROI，是企业关注的焦点，也是痛点。因此，营销"效率"成为企业此阶段营销的关注重点。

在营销中台出现之前，来自企业内部不同业务模块的数字营销业务一般都互相独立、数据较难打通（尤其是中小企业），不易进行营销全流程的统一管控和对比分析，而利用外部平台实施单项的数字营销活动，私域流量浮于表面，也难以将顾客真正变为自身的资产，营销效率低下。

---

① RTB，Real-Time Bidding 的缩写，即实时竞价，基于大数据，通过先进的人群定向算法和市场化的竞价机制，使得广告主以最低的成本获得最好的流量，并可以实现具体的目标人群投放，改变了数字广告的售卖方式。PC 互联网 RTB 模式广告生态圈主要包括以下六个环节：广告主、DSP、Ad Exchange、SSP、拥有广告位的网站、用户。其中，DSP（Demand-Side Platform，需求方平台）服务于广告主，SSP（Sell-Side Platform，供给方平台）服务于拥有广告位的媒体资源，Ad Exchange 则为广告交易平台，供 DSP 对广告曝光机会进行实时竞价。

② DSP，Demand-Side Platform，需求方平台，是为广告主、代理商提供一个综合性的管理平台，通过统一界面管理多个数字广告和数据交换账户。

③ SSP，Sell-Side Platform，供给方平台。常见平台有百度 SSP、360 SSP。

④ 这是一个广告交易平台，它联系着 DSP 和 SSP，通过接入 SSP 汇集大量媒体流量，收集处理属于广告目标客户的数据，Ad Exchange 是实现精准营销的交易场所。

⑤ DMP，Data Management Platform，数据管理平台，把分散的多方数据进行整合，纳入统一的技术平台，并对这些数据进行标准化和细分，让用户可以把这些细分结果推向现有的互动营销环境平台。

⑥ O2O，Online To Offline，将线下的商务机会与互联网结合，让互联网成为线下交易的平台。

⑦ RTM，Real Time Marketing，指根据特定消费者当前的个性需要，为其提供商品或服务，该商品或服务在被消费过程中可自动收集顾客信息，分析、了解消费者的偏好和习惯，自动调整产品或服务功能，实时地适应消费者变化着的需要。

随着基于 AI 技术的营销云①系统出现，这一难题得到破解。2012 年，国外 Adobe、甲骨文等公司开始推出各类营销云产品。此后，国内一些企业也相继推出营销云产品，为客户提供系统解决方案。目前，国内业界较有代表性的 AI 营销云供应商的类型有以下几种[31]：

（1）运用数字化、云端化进行整合与升级的传统头部服务商（珍岛集团 Marketing force 等）；

（2）以 BAT 为首的互联网巨头提供的云服务产品；

（3）完成业务转型后的传统数据监测与分析公司（99Click、Talking data 等）；

（4）在数字营销趋势下应运而生的主打技术营销的创业公司（智子云、果时信息等）。

2014 年起，我国国务院和科技部、工信部等国家部委相继出台人工智能发展规划及实施路线，加快推进人工智能的科学研究和应用落地。百度、腾讯、阿里巴巴、科大讯飞等典型企业纷纷成立 AI 研究机构，在语音、视觉、机器学习等基础领域不断取得突破。在市场营销领域，基于 AI 技术赋能，一些营销活动变得更加智能化、自动化，营销效率得到进一步提升。比如，在营销管理中，科大讯飞 AI 营销、百度营销等智能营销平台，以及纷享销客等智能 CRM 系统②，都展现了 AI 技术在提升资源利用效率、节省成本等方面的巨大优势。再比如，在营销推广中，信息流广告③开始投入使用，其基本原理是基于人工智能算法，通过互联网的大数据抓取、记录，分析消费者行为，再通过触发机制从后台大量的广告动态中找到与该用户相关的若干个广告，并根据广告与该用户的匹配度和相关度，将广告推送到用户的停留界面上。[32]对于消费者来说，这种定制化广告完全投其所好，刷不完，更放不下。

（1）2014 年 12 月，今日头条原生广告正式上线；

（2）2015 年，微信朋友圈和"一点资讯"上线；

（3）2016 年，阿里系 UC 浏览器、百度和爱奇艺均陆续上线信息流广告产品，各大手机厂商（如小米、OPPO 和魅族）加入信息流大队伍，推出自己的原生广告智能营销产品，由此信息流广告迎来爆发式增长；

---

① 一站式的数字营销平台，融通、拓展企业内外部各类数据源，提供数据收集管理、营销自动化、内容（数字资产）管理、实时分析、用户体验管理等一系列功能。在连接的场景中对潜在客户进行管理和培育，帮助营销人员衡量、科学优化营销活动和用户体验，切实提升营销转化率。

② CRM 系统，Customer Relationship Management System，客户关系管理系统，指利用软件、硬件和网络技术，为企业建立一个客户信息收集、管理、分析和利用的信息系统。以客户数据的管理为核心，记录企业在市场营销和销售过程中和客户发生的各种交互行为，以及各类有关活动的状态，提供各类数据模型，为后期的分析和决策提供支持。

③ 信息流广告是用户在使用互联网产品时，互联网产品主动推送并与其产品功能混排在一起的原生广告，常见于社交媒体和资讯类产品，包括文字、图片、视频及短视频等形式。信息流广告的技术特征是具有精确性。互联网、大数据抓取和分析技术使用户产生的数据变得更具有价值，避免了传统广告可能带来的用户广告回避行为。基于大数据的信息流广告，使广告"投其所好"，满足了用户的需求。同时，数据化的投放也使广告主可以直观地看到并分析广告的投放效果以及转换率，从而使广告主可以灵活应对与管理广告投放。

（4）短视频持续风靡的情况下，预计在2024年，我国信息流内容市场规模将会突破7 000亿元，2026年将突破万亿元①。

同时，AR/VR（虚拟现实/增强现实）技术加入AI战局，利用本身超强的体验性拉近企业营销与实际用户的距离，助力AI营销的落地。例如百度AI试妆、淘宝商品识别、VR看房、AR试衣等功能的出现，都让"AI+"营销拥有了全新的用户交互体验。

五、全域营销时代（2019年至今）

近年来，以云计算②、边缘计算③、物联网④、5G⑤、区块链⑥等为代表的技术不断发展与迭代。市场营销活动中的"人、货、场、内容"均得到全方位体现与融合，富有"生态"特质的全域营销⑦时代正式开启。

2019年，AI所需的大数据、算力和算法愈发成熟，营销云服务发展迅速，"数据中台"（CDP）概念成为行业焦点。数据中台是方法论、组织与工具的有机结合，是一种快、准、全、统、通的智能大数据体系，以"技术+业务"为双驱动，是企业开展新型运营的中枢系统[33]，相关企业包括神策数据根基平台、阿里云、百度智能云等。在营销活动中，数据中台可以做到：

（1）企业对消费群体实现更为细致的划分，对营销内容进行智能化管理，实现营销创意的"千人千面"；

（2）打破企业数据孤岛，可以多源、安全、实时地收集数据，在存储、计算、可视化呈现等工作中使用统一的数据标准；

（3）实行实时一对多的ID-Mapping，搭建全局统一的用户体系，串联碎片数据，构建360度用户画像；

（4）一站式内容自动分发和营销策略触达，完成营销精准投放，互动实时优化；

---

① 数据来自前瞻产业研究院官网文章《2021年中国信息流内容行业市场规模及发展前景分析 未来5年市场规模有望突破万亿元》。
② 云计算，分布式计算的一种，指的是通过网络"云"将巨大的数据计算处理程序分解成无数个小程序，然后，通过多部服务器组成的系统处理和分析这些小程序，得到结果并返回给用户。
③ 边缘计算，指在靠近物或数据源头的一侧，采用集网络、计算、存储、应用核心能力于一体的开放平台，就近提供最近端服务。其应用程序在边缘侧发起，产生更快的网络服务响应，满足行业在实时业务、应用智能、安全与隐私保护等方面的基本需求。
④ 物联网（Internet of Things，简称IoT），是指通过各种信息传感器、射频识别技术、全球定位系统、红外感应器、激光扫描器等装置与技术，实时采集任何需要监控、连接、互动的物体或过程，采集其声、光、热、电、力学、化学、生物、位置等各种需要的信息，通过各类可能的网络接入，实现物与物、物与人的泛在连接，实现对物品和过程的智能化感知、识别和管理。物联网是一个基于互联网、传统电信网等的信息承载体，它让所有能够被独立寻址的普通物理对象形成互联互通的网络。
⑤ 第五代移动通信技术（5th Generation Mobile Communication Technology，简称5G），是指具有高速率、低时延和大连接特点的新一代宽带移动通信技术，是实现人机物互联的网络基础设施。
⑥ 区块链是指分布式数据存储、点对点传输、共识机制、加密算法等计算机技术的新型应用模式。
⑦ 全域营销（Uni Marketing），是指能够覆盖公域和私域、线上线下全场景的闭环营销模式。企业通过全触点数据构建全域标签体系，对用户进行全洞察，以用户为核心，注重用户体验，在全链路营销中实现敏捷自动化管理，从而全方位加速企业营销数字化升级。

（5）基于长期视角，与用户双向传播互动，对用户进行全生命周期管理，提升用户体验与转化价值，全面评估营销效果。

2019 年 6 月 6 日，我国 5G 商用牌照的发放标志着 5G 时代的到来。5G 技术的高速率、高容量、低时延和低能耗等特色，让数据中台类的营销云服务得到了强有力的支撑，线下 VR、AR 等高科技营销场景（如天猫"VR 全景店铺"、联合利华"全景店铺展馆"、AR 扫描互动）和用户之间也形成愈加沉浸且体验感十足的沟通互动。借助 5G 技术，全域营销活动变得更加便捷、更加顺畅无阻。

此外，有了 5G 的支撑，除了以流量为核心的移动互联网营销，AIoT[①]，一个基于智能硬件生态和智能生活场景的营销赛道也浮出了水面。AIoT 可以渗透到消费者生活的方方面面，能够在主观体验最大化的场景中，潜移默化地影响消费者的心智与决策，助力企业实现全域全效的高速增长。具体应用表现为全场景传播、场景深度营销和场景价值共创[34]：

（1）全场景传播。AIoT 媒介接触点广泛，通过不同设备与用户建立联系，具有强大的触达能力，且存在于用户日常生活场景之中，接受度高、不易被排斥，实现了触点和渠道的合二为一。例如，小米和美年达合作开展 OTT 霸屏创意营销，将手机解锁与"果味大爆发"通过手机主题的方式结合在一起，每次开启手机，用户对美年达品牌资产和产品特性的印象都会得到强化。

（2）场景深度营销。根据用户需求选择场景，整合 AIoT 工具与资源，形成场景解决方案。通过品牌场景化传播，重塑用户体验，实现消费者融合。或通过为用户提供场景化服务，达成深度营销目标。借助场景植入、需求感知、AI 响应和智能匹配链路，保证营销目标达成，服务用户。例如，小米和必胜客的点餐联动，以小米 OTT 为核心媒介进行家庭场景点餐，再通过小爱的 AI 能力进行智能语音确认订单，最后通过其他物联网工具完成订单全链路服务。

（3）场景价值共创。主要形式为：品牌合作+软件服务+硬件定制，综合利用 AIoT 生态资源，帮助品牌实现精准曝光，并结合软硬件为用户提供定制服务，促进交互并提升客户留存率，加深品牌与用户生活场景的融合，实现持续深度营销。例如，小米与爱他美的生态共创，小米为爱他美定制智能摄像头和"美妈 AI 助手"App，妈妈们不仅能够直接对着屏幕进行语音交互，还能通过 App 的育儿平台，获得一站式智能育儿服务、爱他美品牌权益及福利信息。

如今，以数据与技术为支撑的高科技营销，已经表现出客户全生命周期价值经营、全景数据实时采集与安全共享、"立体+智慧"营销的趋势。[35]

（1）客户全生命周期价值经营：企业以客户为中心，进行 360 度全方位洞察，实时

---

① AIoT（人工智能物联网）= AI（人工智能）+IoT（物联网）。AIoT 融合 AI 技术和 IoT 技术，将通过物联网产生的、从不同维度收集到的、海量数据存储于云端、边缘端，再通过大数据分析，以及更高形式的人工智能，实现万物数据化、万物智联化。在该体系内，实现了不同智能终端设备之间、不同系统平台之间、不同应用场景之间的互融互通，万物互融。

动态调整全流程营销策略，构建以客户全生命周期价值经营为核心的营销闭环体系。

（2）全景数据实时采集与安全共享：基于线上线下全景，实现数据的实时采集，并进行多方数据安全共享，助力精细化营销。

（3）"立体+智慧"营销：以新技术赋能营销场景和触点，使客户洞察立体化，实现营销实时、精准和智能化。

截至 2023 年 6 月，我国网民规模高达 10.79 亿人，较 2022 年 12 月增长 1 109 万人，互联网普及率达 76.4%①。约十亿用户已经接入信息互联网，形成了全球最为庞大且生机勃勃的数字社会。在更多未知的机遇与冲击中，市场营销的未来还将会如何变化，你我共同拭目以待。

第四节　高科技企业的营销人员管理

高科技企业的营销人员管理有别于普通企业，这是由高科技企业自身的一系列特点决定的。高科技企业的产品具有较高的技术含量，需要了解专业技术的营销人员才能完成销售环节的工作。例如，复杂的医疗器械、高技术含量的大型工业设备、智慧医疗软件等产品，其销售人员往往需要具有一定的专业技术知识，并参加相关培训才能胜任，这类产品的营销队伍往往需要保持一定的稳定性，频繁的人事变动不利于销售工作的稳定和衔接（参阅链接案例 1-4：魅族手机的市场危机）。

【链接案例 1-4】魅族手机的市场危机[36]

魅族于 2003 年成立，曾致力于开发优质的 MP3 产品，2007 年，魅族放弃了 MP3 业务，转而进军互联网智能手机业务，全面开发高端智能手机。2009 年，公司第一款大屏幕全触屏智能手机魅族 M8 正式上市，并获得迅速成功。之后，魅族的销量和市场份额不断攀升。2011 年至 2014 年，魅族一共发布了 7 款手机，一年平均将近 2 款。2015 年年初，魅族获得阿里投资，在 2015—2017 年间，魅族及旗下魅蓝品牌合计发布了 25 款手机，仅仅在 2016 年就发布了 14 款手机，同年，魅族出货量达到了 2 000 多万台。

不过，2017 年，魅族相继经历了人事变动和事业部改革等，魅蓝品牌上市之后，也对原有的魅族品牌造成很大冲击，在以上多重因素的影响之下，魅族业绩受到严重影响。2016—2017 年间，魅族的国内排名徘徊在第六和第七位之间，市场份额已从 4.8% 下滑到了 3.8%。据 BCI 公布的数据，2020 年 12 月 28 日至 2021 年 1 月 31 日，魅族的市场份额仅剩 0.1%。

面向终端消费者的高科技产品，由于技术更新快，其产品生命周期比较短，因此如

---

① 数据来自中国互联网络信息中心（CNNIC）在北京发布的第 52 次《中国互联网络发展状况统计报告》。

何在产品上市后快速打开市场突破口、引发市场关注甚至成为爆款，对营销人员来说是一个重大挑战。如若不能抓住短暂且宝贵的市场真空期，一旦被友商注意到公司新产品潜藏的巨大市场机会，进而通过快速模仿、迭代创新推出同类产品，那么企业将痛失商机。可见，营销人员的策划、促销等市场操控能力对高科技产品的市场表现有着极为重要的影响。针对高科技企业营销人员，建立科学的选拔、培训和激励考核机制是高科技企业营销人员管理的重要内容。

一、高科技企业营销人员的选拔

由于高科技企业面对的市场环境和技术变革都充满了不确定性，在有些情况下，外部环境的剧变往往超出企业的战略预期。因此，高科技企业的营销人员通常需要具有突出的创新意识、优秀的团队精神、敏锐的市场嗅觉和快速灵活的应变能力（参阅链接案例1-5：死亡证明?）。高科技企业在招聘和选拔营销人员时，需要充分、全面考察候选人是否具有以上综合素质。

【链接案例1-5】死亡证明?[37]

一名商家因用了自己95岁外婆的身份证开了淘宝店，按照阿里巴巴公司的规定，过户时需要出具外婆双亲去世的证明。从出发点来说，让会员出具这一证明，是为了确认没有主张权利的第三方，使店铺过户之后的产权更加清晰。但是，具体到商家95岁的外婆，其父母在中华人民共和国成立前就已经去世了，再去开死亡证明几乎不可能。

一方面是规则，另一方面是现实，僵持不下，事情陷入无解。

最后，基层客服贞一申请了特批流程，以本人名义做了风险担保，还霸气地扔下一句话：这个流程谁不批，我就让他提供他外婆父母的死亡证明，无论是自己的领导还是业务方的领导！

同时，她就这件事发的内网帖也在阿里员工中"一石激起千层浪"……

"我们这么大的一个平台，连这点风险我们都不能承受吗？"

"按章办事情，不是不对，但不能太教条，规则优先，兼顾公平正义，这个公平正义是我们小二要做的事情，如果一个小二心里只有规则、只有流程，那我觉得完全可以用智能工具代替人工，也没必要给我们这么贵的工资。"

面对质疑，贞一有条有理，逐一回应，逻辑缜密，气场强大。当时争论激烈到什么程度呢？这么说吧，连阿里合伙人都被怼了……

最终，商家问题完美解决。此事，也推动了平台规则的细化和完善。

还需要特别指出的是，高科技企业营销人员选拔的第一关是人品，也即是说，营销人员的职业道德素养是最基本的要求。道德败坏的营销人员不但会给企业带来直接伤害，也可能在伤害顾客或合作伙伴的同时，给企业带来重大危机，这在信息高度发达的互联网时代尤其值得企业重视。以下链接案例1-6"阿里的反腐之路"，有助于读者理解营销人员坚守职业道德对企业可持续发展的重要意义。

【链接案例1-6】 阿里的反腐之路①

对于反腐，作为阿里系8万员工的掌门人，马云有一套严苛的管理准则和规定。

2009年，阿里出台《阿里巴巴集团商业行为准则》，目的是规范其员工与客户、业务伙伴、股东在业务关系中的行为。2012年，阿里成立专司腐败调查、预防及合规管理的廉正合规部，该部门具有充分的独立性，与各业务线以及内审、内控部门之间都保持充分的独立，廉正调查"上不封顶"，问责权限一视同仁。2012年5月4日，阿里公布反腐邮箱 lianzheng@taobao.com，并通过公开信表示，对动摇阿里诚信基石的行为采取"零容忍"的态度。

阿里巴巴集团廉正合规部负责人高登云曾表示：商业行为准则与员工纪律制度是阿里有且仅有的两条红线。作为一家互联网企业，无时无刻不在鼓励员工创新，因此内部不能设太多条条框框。阿里就这两条红线，明确规定了哪些事不能干。

历年来，阿里是怎样处理腐败问题的？基于以下案例，读者可以直观感受一下：

2011年2月，阿里巴巴B2B公司被曝光了大批欺诈事件，涉及100多名员工，公司CEO卫哲、COO李旭辉主动承担责任，向董事会申请辞职。同时，公司也严肃处理了近百名负有直接责任的销售人员。

2012年，阿里巴巴旗下的聚划算总经理阎利珉和多名小二被移交司法机关，阎利珉犯"非国家工作人员受贿罪"，被判处有期徒刑七年。

2015年10月，前阿里员工郑某某以店铺参加活动特批为由，向商家索要钱财，后因部门主管的警觉以及阿里廉正合规部的及时介入，未能得逞。经阿里廉正合规部教育劝导，郑某某主动向公安部门投案自首。

2016年6月28日，阿里巴巴集团廉正合规部公布一起小二受贿被法院判刑的案例。

2016年9月12日，阿里巴巴集团的5位员工用编写的脚本在公司内部秒杀月饼，违规抢到了133盒月饼。事后，公司认为其行为有违公司"价值观"，决定劝退上述员工。

2016年12月2日，阿里影业副总裁、淘票票总经理孔奇因贪污受贿被警方带走，受贿金额预估为千万元级别。

二、高科技企业营销人员的培训

高科技企业营销人员的培训除了包括常规的企业文化教育等内容外，还需要特别注意营销人员的心理素质、团队意识和业务能力等三个方面的岗前教育。

---

① 本文改编自微信公众号"BUstyle"，作者：Tony，原标题为《马云还没退休，阿里就爆出巨贪，涉案或上亿！》，https://www.sohu.com/a/280778442_768760，2018年12月10日。

1. 心理素质

高科技企业的营销环境是复杂多变的，这给营销人员的日常工作带来了极大的挑战，只有心理素质过硬、能够忍受挫折打击的人，才能胜任高科技企业的营销工作。例如，某种新产品可能因为创新性太强，一开始还不成熟，最初上市时很难受到用户的关注，这时如果营销人员稍遇挫折即放弃，那么很可能错失一个巨大的市场机会。毕竟，出道即巅峰的新产品是极少数的。比如，2000年前后，华为公司生产的手机并未占据高端市场，经常被用于电信运营商的"充话费送手机"活动，20年后，华为手机已成为中国科技创新的"模范生"。

喜欢新科技、新挑战且思维活跃的人比较适合从事高科技企业的营销工作。这种心理特征的人与高科技营销岗位更加吻合，职业认同感也更高，有利于员工全身心投入工作中，也更容易在市场上建功立业。

2. 团队意识

高科技企业面对的市场、客户和竞争异常复杂，管理难度大，一般都需要营销人员协同作战。这要求营销人员不但需要在自己部门内部形成团队作战能力，同时要具有跨部门协调能力。

在新员工培训中，高科技企业需要重点培养营销人员的团队意识，杜绝个人英雄主义、本位主义，逐步养成大局观念。培训人员需要结合工作事例及生活哲理，让新员工真正理解和认同团队精神的重要性和必要性。同时，为了在实践工作中进一步培养营销人员的团队意识，企业在考核员工的工作业绩时，让团队绩效在个人绩效总分中占有较高的比重。

"理解、信任、互助"是团队精神的核心。"理解"意味着营销人员要懂得换位思考，设身处地为其他团队成员考虑，具备良好的沟通能力。"信任"意味着营销人员在分工作业时，要敢于放手开展工作，充分相信队员的独立工作能力，就如同足球赛场上要信任队员的传球、助攻和射门技术一样。"互助"则要求每一个营销人员在团队工作中要有强烈的责任感，主动帮助队友克服困难，为完成共同的目标而努力。

3. 业务能力

企业招聘的营销人员从知识背景上看，主要有两类：第一类是专业技术出身的人员；第二类是营销专业出身的人员。新入职的这两类人员都需要参加全面、系统的岗前培训，只是培训的重点应有所不同。

第一类人员往往对本公司所属科技领域的专业知识比较丰富，比如医疗器械公司在招聘销售人员时，应聘者可能毕业于医学专业，对产品相关的医疗知识有扎实的基础，但对于营销技能可能还是空白，这就需要对其加强营销知识的重点培训。

第二类人员恰恰相反，应聘者可能毕业于营销专业，掌握了较为充分的营销知识，但对公司所在的科技行业及产品知识，可能还是门外汉，这时公司就需要重点培训员工产品相关的技术知识。

此外，随着行业技术的迭代革新，无论是公司的产品还是竞品都可能不断变化，因此需要对营销人员及时定期开展培训，确保营销人员拥有最新的产品知识和扎实的业务能力。

三、高科技企业营销人员的激励机制

高科技企业要求其营销人员的知识面要"广"且"深"，不但要了解本公司的产品特点，对于竞品的优点和缺点也要了如指掌，还要求营销人员具有沟通协调、决策管理等能力。当然对于不同层级的营销人员，其知识水平和能力水平会有不同要求。同时，营销人员工作中要承担的责任很多，需要辛苦付出，大多数营销人员不能拥有固定的作息时间，天猫双11、京东618等购物日，往往是营销人员最为忙碌的时刻，很可能要24小时随时待命。

总体来看，高科技企业对于营销人员综合素质的要求较高，需要营销人员在工作中更多地付出。反过来，企业也要对营销人员提供足够高的回报，才能吸引和激励优秀的营销人才。营销人员是奋斗在市场一线的企业员工，优秀的营销人才更为稀缺，只有优厚的待遇才可能吸引到优秀的人才。企业高层管理者必须深刻领悟到"大舍大得、小舍小得，有舍有得、不舍不得"之"舍得"管理哲学。在商品经济社会，高科技营销人才作为一种珍稀资源，需要企业的高度重视和资金投入。我们曾经调研过一家深圳高科技企业，因为采用家族企业管理模式，缺乏市场化的现代营销人才培养和激励机制，公司几乎没有工作年限超过3年的外来营销人才。缺少优秀营销人才的最终结果是，这家企业错失了行业大发展的十年契机，只能局限于原有的市场规模，并且面临市场萎缩的空前危机。

另外，在互联网营销领域，高科技营销人员因其特有的个人素养和魅力，可能也是企业核心竞争力的体现，是公司品牌价值的重要创造者和组成要素。比如，在直播带货领域，许多网红主播拥有强大的粉丝号召力，数百万甚至上千万的粉丝群体确保了产品销售渠道的通畅。例如，《合肥日报》报道，拥有全国过亿粉丝的网络红人"疯狂小杨哥"所创办的三羊网，在2022年上半年实现了约600亿元的成交额，销售额达到86亿元，税收高达2亿元。

拥有庞大粉丝数量的主播是企业的核心资源之一，因此企业应有"共建、共进、共享"之管理理念，充分尊重这类营销人才为企业带来的价值。否则，企业将失去可持续发展之动力。例如，头部网红李子柒由于得到的回报与其付出不成比例，与其老东家杭州微念公司产生纠纷，因而从2021年7月14日起直接停止了更新视频，迄今仍未恢复。① 这种业务停摆的状态显然对相关各方而言是"共输"的局面。从合约到合资，内容产出与商品变现应该如何平衡？"共建、共进、共享"是行之有效的基本原则，大量实践证明，有违这原则的合作模式都不具有可持续性。

---

① 丁萨. 国民大IP"李子柒"纠纷新进展，杭州微念2100万所持股权被冻结［EB/OL］.（2021-12-31）［2023-09-12］. http://zjnews.china.com.cn/yuanchuan/2021-12-31/321460.html.

【章末案例】

新能源行业专利纠争：磷酸铁锂电池①

潜伏的专利授权：2008 年 9 月 24 日，一篇名为"控制尺寸的涂敷碳的氧化还原材料的合成方法"的专利在中国授权，专利授权号：ZL 01816319. X。申请人为：魁北克水电公司、CNRS 公司、蒙特利尔联合公司，属加拿大的三家公司联合申请。这篇专利授权后，经中国新能源材料企业分析发现，这篇专利内容全面覆盖了磷酸铁锂材料碳包覆的合成方法，任何生产磷酸铁锂材料的企业均无法绕过该专利。经进一步对内容进行确认，发现这是一份包装性极强的专利申请，在全文内容中，碳包覆原材料及合成方法主要针对磷酸铁锂材料，但用"磷酸铁锂"以及分子式"$LiFePO_4$"来检索，检索不到这篇专利，说明申请人在申请时特别有意规避，别有用心（以下为该专利在中国授权的原文档第一页摘要）。

[19] 中华人民共和国国家知识产权局

[12] **发 明 专 利 说 明 书**

专利号 ZL　01816319. X

[51] Int. Cl.
H01M 4/48 (2006.01)
H01M 4/58 (2006.01)
H01M 4/62 (2006.01)
C01B 25/37 (2006.01)
C01B 33/20 (2006.01)

[45] 授权公告日　2008 年 9 月 24 日

[11] 授权公告号 CN 100421289C

[22] 申请日 2001.9.21　[21] 申请号 01816319. X
[30] 优先权
　　[32] 2000.9.26　[33] CA [31] 2,320,661
[86] 国际申请 PCT/CA2001/001349 2001.9.21
[87] 国际公布 WO2002/027823 法 2002.4.4
[85] 进入国家阶段日期 2003.3.26
[73] 专利权人　魁北克水电公司
　　地址　加拿大魁北克省
　　共同专利权人　CNRS 公司
　　　　　　　蒙特利尔联合公司
[72] 发明人　M·阿尔蒙　M·高铁尔
　　　　　　J-F·芒南　N·拉韦
[56] 参考文献
　　WO0031812A1　2000.6.2
　　US5958624A　1999.9.28

审查员　武绪丽
[74] 专利代理机构　北京纪凯知识产权代理有限公司

代理人　戈泊

权利要求书 16 页 说明书 27 页 附图 18 页

[54] 发明名称
　　控制尺寸的涂敷碳的氧化还原材料的合成方法

行业巨震：这项看似不经意的专利授权，很快在中国新能源行业引起了极大的震动！2008 年正是中国新能源行业发展的初期阶段，磷酸铁锂材料刚刚在少数国家产业化，中国是少数实现产业化的国家之一，磷酸铁锂材料安全、循环寿命长、成本低、环境友好，成为新一代的新能源行业动力与储能电池的正极材料。磷酸铁锂材料原始发明人是得克萨斯大学奥斯汀分校的 John Goodenough 教授，魁北克水电公司（Hydro-Quebec，HQ）将

---

① 本案例由诉讼亲历者深圳市六方新材科技有限公司总经理王政先生整理相关资料编写而得。

原始专利收购后，在全球进行专利布局，并形成一个所谓的专利联盟，向全球做磷酸铁锂材料的企业收取专利授权费用。当时该联盟向生产磷酸铁锂的企业发函，专利授权生产初始费用为1 000万美元，每生产一吨磷酸铁锂材料需要再缴纳2 500美元的费用。如此高昂的费用让从事新能源行业的人深深感受到"豺狼来了"。如果在如此重要的材料上被国外的企业卡脖子，未来中国新能源行业的发展将会受到很大的影响与制约。

磷酸铁锂材料的认识：磷酸铁锂材料（分子式 $LiFePO_4$）属新型的储能材料，晶体呈橄榄石结构，放电中值电压在3.2V左右，放电压平台非常平稳。但纯磷酸铁锂材料的导电性较差，锂离子脱嵌困难，需要做金属掺杂及表面导电性碳包覆，掺杂与包覆后，导电性增强，锂离子脱嵌变得容易，是一款非常适合动力及储能领域的应用新型正极材料，改性后能够实现安全的大倍率电流快速充电。磷酸铁锂的橄榄石晶体结构非常稳定，在400度的高温下，材料结构仍然稳定，从材料结构上看，这是一款非常安全的储能材料，未来市场应用空间巨大。

该专利的历史纷争：1993年得克萨斯大学奥斯汀分校John Goodenough教授与他的团队正在对新的储能材料进行研发，日本NTT公司派冈田重人到Goodenough教授的实验室做访问学者。NTT公司还为实验室提供了一笔实验经费。在随后几年的研究中，$LiFePO_4$作为新型的储能材料在Goodenough教授的实验室被开发出来，John Goodenough教授于1997年在美国申请专利US5910382与PTC WO 1997040541，并于1997年获得批准。而冈田重人所在的NTT公司于1995年就悄悄地在日本申请了该材料的发明专利，这为后面两家之间的专利之争埋下了导火索。

为什么美国得克萨斯大学奥斯汀分校发明的专利，最终卖给了加拿大HQ公司呢？我们继续探究他们的关系。当时开发出来的 $LiFePO_4$ 材料导电性非常差，初始充放电效率低，这时一位世界级的锂电池科学家Michel Armand出现了，他通过在 $LiFePO_4$ 材料上包覆1%的碳，极大地提升了材料的充放电效率与大倍率充放电性能，使 $LiFePO_4$ 材料真正能够使用。Michel Armand教授与Goodenough教授共同申请最基础的碳包覆专利。而Michel Armand在加拿大蒙特利尔大学担任化学系的教授，经Michel Armand教授的游说，当地政府所辖的魁北克水电公司非常看好此材料未来的前景，马上投资成立Phostech Lithium公司生产该材料。该公司也最早独家获得两项原始专利的授权。随后得克萨斯大学奥斯汀分校和HQ公司组成一个专利联盟，准备向全世界开征专利费。随着该材料的知名度越来越高，德国化工巨头南方化学公司（Sud-Chemie）将Phostech Lithium公司收购，形成了得克萨斯大学奥斯汀分校—HQ—德国南方化学的专利授权联盟。

在2001年，得克萨斯大学奥斯汀分校首先把NTT公司告上法庭，要NTT公司付10亿美元罚金。经过激励的拉锯战，最终双方在庭下和解，NTT公司向得克萨斯大学奥斯汀分校支付赔偿3 000万美元，并将相关的专利授权转让给得克萨斯大学奥斯汀分校。为此专利联盟尝到了甜头。

随后，专利联盟于2006年将美国A123公司告上法庭，与A123公司的纷争耗时最长，A123公司坚称他们的材料分子式是 $LiFe_{(1-X)}M_XPO_4$，其中的M金属是与得克萨斯大学奥斯汀分校不一样的，双方最终于 2011 年在美国达成和解，法院未判 A123 公司侵权。

美国 Valence 公司在美国及欧洲以磷酸盐及碳热还原法合成包覆的磷酸盐申请专利时间也较早，其中相关磷酸盐的专利 US5871866 的申请日是 1996 年 9 月 23 日，1999 年 2 月 16 日获授权。该公司在欧盟战场反诉得克萨斯大学奥斯汀分校专利无效，经过几年的较量，2009 年 12 月 9 日，欧盟专利局直接宣称取消得克萨斯大学奥斯汀分校对该原始专利的拥有权。这对专利联盟到处收专利费来讲是一个重挫。

在欧美战场开打过程中，专利联盟又将手伸向亚洲的日本、韩国、中国，很快在日本拿下了索尼、住友和三井造船，在韩国，三星与 LG 被迫暂停对磷酸铁锂材料及电池的应用开发。在中国台湾很快拿下立凯、长园等企业，每家公司不仅支付了上千万美元的专利授权费用，而且在后续需要按销售数量支付费用。在中国大陆，专利联盟向相关企业发函，要求停止生产相关产品，直到获得授权。整个亚洲新能源行业弥漫着战争的氛围。

怎么办：在 2009 年年初，中国相关企业与中国电池工业协会对此专利问题进行探讨，大家均高度重视此事件带来的影响。由中国电池工业协会牵头组织，邀请新能源行业的专家以及中国政法大学知识产权中心相关人员一起对该专利进行了认真分析，该专利多达 125 项权利要求，权利要求范围很广，对中国从事新能源行业的企业影响较大。在随后近 1 年的时间里，中国电池工业协会、中国相关企业人员以及国内的行业专家在北京、上海组织多次会议，通过查阅大量的中外文献和会议期刊，对专利问题进行了全面的分析与解剖，寻找专利中存在的不合法、不合规的地方，并商讨相关对策。经过大家的艰苦努力，工作组找到了此专利诸多不合规及不合法的地方。例如，专利文件的修改超出范围、权利要求扩大化，有些权利要求没有足够的例证与说明支撑。例如，对于专利的新颖性问题，工作组发现在夏威夷召开的第 196 届国际电化学协会会议中（1999 年 10 月 17—22 日，夏威夷州火奴鲁鲁），有人已将碳包覆在储能材料上的应用做了公开演讲与报道。而该专利的申请日是 2001 年在 9 月 21 日，优先权要求日期是 2000 年 9 月 26 日。申请日距离大型公开报道时间（1999 年 10 月）远超过了 6 个月时间。因此，新颖性作为发明专利中最重要的一条，对于该专利来讲是缺失的。中国专利法第 24 条规定：申请专利的发明创造在申请日以前六个月内，有下列情形之一的，不丧失新颖性：（1）在国家出现紧急状态或者非常情况时，为公众利益目的首次公开的；（2）在中国政府主办或者承认的国际展览会上首次展出的；（3）在规定的学术会议或者技术会议上首次发表的；（4）他人未经申请人同意而泄露其内容的。显然，该专利与中国专利法第 24 条第 3 点规定相违背，已超过 6 个月的时间，不具有新颖性。对发明专利的新颖性，各国对宽限期的规定有所不同，美国专利法第 102 条规定，新颖性的宽限期是 1 年；欧盟专利法第 55 条规定，新颖性的宽限期是 6 个月。

除了上述问题之外，工作人员也找到了该专利的其他一些问题。工作组开始共同商讨怎样进行有效的突破与反击，有部分人士主张废除专利部分权利要求条款，有部分人士主张以全部废除专利权利要求为上策。最终大家达成共识，以全部废除为主要行动目标，由中国电池工业协会主导专利无效申请行动。

诉讼对决：在准备充分后，中国电池工业协会于 2010 年 10 月 29 日对加拿大魁北克水电公司在中国申请的 ZL 01816319.X "控制尺寸的涂敷碳的氧化还原材料的合成方法"专利向中国专利局提出专利无效复审，并以"专利不具有新颖性""专利权利要求得不到说明书支持""专利文件修改超范围""专利技术缺乏创造性"等 7 个方面的理由提出申请。中国专利局收到相关资料后，由专利复审委员会对此案件展开调查复审。魁北克水电公司得知相关情况后，开始开展线下活动，想通过对一些企业的授权优惠及其他的合作预期等来瓦解、分裂整个诉讼阵营，并想办法让其中的成员撤销"专利无效复审申请"。在此过程中，有少部分企业退出诉讼并开始观望，然而，大部分成员没有被他们的糖衣炮弹所迷惑，诉讼团队始终坚持一致的行动目标，积极配合专利复审委的相关调查与取证。加拿大魁北克水电公司在应诉答辩期间的开始阶段要求撤销"专利无效复审申请"，但在诉讼方提供的非常清晰的证据与事实面前，不得不调整策略，主动提出在 125 项权利要求中，放弃其中 14 项权利要求，保留 111 项权利要求，以期保留专利。

经过紧张的复审，国家知识产权局复审委员会于 2011 年 5 月 8 日依据中国专利法第 33 条以及专利法 26 条第 4 款提出决定要点："如果申请的内容通过增加、改变和/或删除其中的一部分，致使所属技术领域的技术人员看到的信息与原申请记载的信息不同，而且又不能从原申请记载的信息中直接地、毫无疑义地确定，那么这种修改就是不允许的。如果权利要求的概括使所属技术领域的技术人员有理由怀疑该上位概括或并列概括所包含的一种或多种下位概念或选择方式不能解决发明所要解决的技术问题和达到相同的结果，则应当认为该权利要求没有得到说明书的支持。"对此专利做出全部无效宣告决定。决定号：16554 号。相关内容摘要如下：

中 华 人 民 共 和 国 国 家 知 识 产 权 局

中华人民共和国国家知识产权局专利复审委员会

无效宣告请求审查决定（第 16554 号）

案件编号	第 4W100559 号
决定日	2011 年 05 月 08 日
专利号	01816319.X
发明创造名称	控制尺寸的涂敷碳的氧化还原材料的合成方法
国际分类号	H01M 4/48，H01M 4/58，H01M 4/62，C01B 25/37，C01B 33/20
无效宣告请求人	中国电池工业协会
专利权人	魁北克水电公司、CNRS 公司、蒙特利尔联合公司
无效宣告请求日	2010 年 10 月 29 日
法律依据	中国专利法第 33 条、专利法第 26 条第 4 款
决定要点	如果申请的内容通过增加、改变和/或删除其中的一部分，致使所属技术领域的技术人员看到的信息与原申请记载的信息不同，而且又不能从原申请记载的信息中直接地、毫无疑义地确定，那么这种修改就是不允许的。 如果权利要求的概括使所属技术领域的技术人员有理由怀疑该上位概括或并列概括所包含的一种或多种下位概念或选择方式不能解决发明所要解决的技术问题和达到相同的结果，则应当认为该权利要求没有得到说明书的支持

虽然复审只采用了部分证据，但能取得这样的诉讼结果，工作组成员均为之前的辛苦付出感到值得！

专利权所有人魁北克水电公司、CNRS 公司、蒙特利尔联合公司不服复审委员会的决议，立即向北京市第一中级人民法院提起诉讼，主张撤销专利复审委员会对 ZL 01816319. X 专利判决无效的决议。北京同立钧成知识产权代理公司作为中方授权代表应诉，本次诉讼于 2012 年 4 月 9 日下午 2 点开庭，在论及对专利故意扩大保护范围的"化合物"描述时，双方进行了激烈辩论，对方声称属于笔误，要修改为"碳化物"。在这一轮的对决中，对方的相关理由明显站不住脚。随后，北京中院判决专利复审委员会对专利判决无效的决议过程没有违反相关法律法规，维持原判。专利权利人不服，再向北京高院申诉，最后高院维持原判。

结束语：在科技快速发展的时代，科技创新代表了一个国家的整体实力。中国在快速发展的道路上鼓励创新与发明。企业在知识产权的布局上要有前瞻性与全局思维。防止国外少数的恶意专利壁垒影响整个行业的发展。

案例讨论：中国企业应该如何提前布局，下好专利保护这盘棋，从而建立市场竞争优势？

思考题

1. 根据高科技产品的特点，你对特斯拉公司销售其自动驾驶软件升级包的定价策略有何建议？
2. 从营销视角看，你认为高科技产品跟普通消费品有哪些不同？
3. 你了解哪些高科技营销技术？企业应该如何避免这些技术对社会带来伤害？

参考文献

[1] 张钟文，叶银丹，许宪春. 高技术产业发展对经济增长和促进就业的作用研究 [J]. 统计研究，2017，34（7）：37-48.

[2] 只谈科技. 佩服，华为去年研发投入 1419 亿，超过 BATJ 之和 [EB/OL]. (2021-04-01) [2023-09-12]. https://baijiahao. baidu. com/s? id = 169581638988280 3477&wfr = spider&for = pc.

[3] 柳先说. 没落的日本科技巨头：一年亏掉 600 亿，它曾是三星最强的竞争对手 [EB/OL]. (2018-11-24) [2023-09-12]. https://baijiahao. baidu. com/s? id = 161799741223322 9433&wfr = spider&for = pc.

［4］电动汽车观察网.雷军带着小米进军电动汽车,预计10年投入100亿美元［EB/OL］.（2021-03-31）［2023-09-12］.https://baijiahao.baidu.com/s?id=1695705845829483564&wfr=spider&for=pc.

［5］老方说.华为近十年投入研发费用超7200亿!任正非的启示:做企业要算大账［EB/OL］.（2022-01-08）［2023-09-12］.https://zhuanlan.zhihu.com/p/454835097.

［6］新智元.3万亿美元市值的苹果,给CEO库克发了1亿美元大红包［EB/OL］.（2022-01-11）［2023-09-12］.https://36kr.com/p/1566385044000390.

［7］搜狐无人机.大疆无人机2015—2017年收入及利润分析［EB/OL］.（2018-04-19）［2023-09-12］.https://www.sohu.com/a/228750915_204321.

［8］我爱无人机网.2021年全球无人机企业排行榜（大疆极飞排进前三）［EB/OL］.（2022-12-11）［2023-09-12］.https://www.woiwrj.com/wurenjibaike/43822/.

［9］镁客网.2025年,芯片代工迎来"决战之巅"?［EB/OL］.（2021-10-26）［2023-09-12］.https://new.qq.com/rain/a/20211026A06F0M00.

［10］BARBER J.Study suggests that cost to develop, launch new drug is nearly ＄2.6 billion［EB/OL］.（2014-11-19)［2023-09-12］.https://old.firstwordpharma.com/node/1246777?tsid=28&region_id=2#axzz3JWnSD7H8.

［11］福建日报.70万→3.3万元,"灵魂砍价"救命药厦门开打!［EB/OL］.（2022-01-07）［2023-11-28］.https://baijiahao.baidu.com/s?id=1721295453203658995&wfr=spider&for=pc.

［12］舟山城事.舟山一8岁女孩终于有救了!罕见病救命药一针70万元,现在仅需33000元［EB/OL］.（2021-12-13）［2023-11-28］.https://mp.weixin.qq.com/s?__biz=MjM5MTU1Mjk5NA==&mid=2650945129&idx=4&sn=3f331867ffbbc1c27c904c42fe88a521&chksm=bd4552e48a32dbf2a1efb72600950478ff8e7621e32da6841e8b129cdce0979631b845f20fc6&scene=27.

［13］浙江日报."手机越贵打车越贵"真的吗?记者亲测15次 结果是这样［EB/OL］.（2021-03-04）［2023-09-12］.https://baijiahao.baidu.com/s?id=1693263979867959776&wfr=spider&for=pc.

［14］谢丞国.败诉!携程大数据杀熟实锤,曾多次被投诉［EB/OL］.（2021-07-20)［2023-09-12］.https://www.360kuai.com/pc/9560319edaf5ff5c8?cota=3&kuai_so=1&sign=360_57c3bbd1&refer_scene=so_1.

［15］任翀.权威发布:大数据杀熟,每个人都已经遇到,不只是偷偷提高价格……［EB/OL］.（2023-01-18）［2023-09-12］.https://export.shobserver.com/baijiahao/html/332805.html.

［16］陈洲."越界"大数据乱象频现,用户个人隐私该如何守护?［EB/OL］.（2021-01-12）［2023-09-12］.http://field.10jqka.com.cn/20220112/c635920720.shtml.

［17］杨召奎.经济观察:应尽快明确大数据"杀熟"的判断标准［EB/OL］.（2020-03-12）［2023-09-12］.https://baijiahao.baidu.com/s?id=1660925100572442960&wfr=spider&for=pc.

［18］央广网.北京消协调查显示:网购平台、在线旅游和网约车成大数据"杀熟"重灾区［EB/OL］.（2019-03-28）［2023-09-12］.https://baijiahao.baidu.com/s?id=

1629248579873927852&wfr=spider&for=pc.

[19] 澎湃新闻. 价格可"私人定制"、熟客价更高，大数据杀熟乱象何时休？[EB/OL]. (2022-01-10) [2023-09-12]. https://m. thepaper. cn/baijiahao_ 16216837.

[20] 彭训文. 个人信息保护有了"安全锁" [EB/OL]. (2021-09-03) [2023-09-12]. https://tech. huanqiu. com/article/44cB1omIsIj.

[21] 中国青年网. 戴头盔买房少花30万，"扎心"了！[EB/OL]. (2020-11-25) [2023-09-12]. https://baijiahao.baidu.com/s?id=16842967360712l0217&wfr=spider&for=pc.

[22] 经济日报. 人脸识别滥用引争议 使用要有温度更要守法度 [EB/OL]. (2020-12-03) [2023-09-12]. https://www.sohu.com/a/435971398_ 118392.

[23] 高小军. 网络营销的新四 P 策略 [J]. 企业改革与管理，2005 (9)：24-25.

[24] 赵永胜. 互联网背景下企业市场营销创新研究 [J]. 技术经济与管理研究，2020 (4)：72-79.

[25] 孟庆亮. "互联网+"背景下市场营销策略创新研究 [J]. 商业文化，2021 (28)：37-38.

[26] 郑淑蓉，吕庆华. 中国电子商务 20 年演进 [J]. 商业经济与管理，2013 (11)：5-16.

[27] 潘洪刚，吴吉义. 中国网络创业的发展轨迹及趋势研究 [J]. 科技进步与对策，2012，29 (3)：110-114.

[28] 陆立. 交互营销：挑战传统营销 [J]. 宁波经济（财经视点），2009 (6)：58-59.

[29] 青海新闻网. 互联网十年：搜索改变营销 [EB/OL]. (2014-02-17) [2023-09-12]. https://www.qingdaonews.com/content/2014-02/17/content_ 10278075.htm.

[30] 许正林，杨瑶. 基于大数据的移动互联网 RTB 广告精准投放模式及其营销策略探析 [J]. 上海大学学报（社会科学版），2015(6)：104-117.

[31] 郑丽勇. 营销云助推中小企业数字化转型升级 [J]. 国际品牌观察，2021 (5)：73-76.

[32] 刘欢. 基于大数据的信息流营销探讨 [J]. 中国管理信息化，2021，24 (22)：92-94.

[33] 36氪. 2020 年中国服装行业数据中台研究报告 [R]. 36氪研究院，2020.

[34] 小米营销. AIoT 智能生活场景营销研究报告 [R]. 中国传媒大学广告学院，2021.

[35] 中移智库. 2021 年数字化营销现状与趋势 [R]. 中国移动研究院，2021.

[36] 证券时报 e 公司. 魅族将"卖身"吉利？市场份额仅剩 0.1%，能否迎来新生？[EB/OL]. (2022-01-23) [2023-09-12]. https://www. 163. com/dy/article/GUBTFR4D0519D3V1. html?clickfrom=w_ tech.

[37] 秀秀的花艺坊. 阿里巴巴最会吵架，官方认证"灭绝师妹" [EB/OL]. (2019-12-08) [2023-09-12]. https://www.toutiao.com/article/6767946875464057355/.

第二编　高科技产品营销

第二章　洞察高科技产品的购买行为

在信息技术高度发达的当今社会，人们常常通过互联网获取商品信息。尤其在几乎人人拥有智能手机和购物 App 的情况下，人们对电视、广播、报纸、期刊等传统媒体的注意力大大降低，人们的媒体触达行为已发生根本性的变化。网络信息以及通过网络获取朋友圈信息已成为消费者购买决策的核心信息来源，因此关于消费者如何从网上获取产品信息，以及哪些因素会影响消费者的信息获取将是本章讨论的重点内容。在"流量为王"的时代，获取流量的成本日益增高，流量获得的难度也在增加，讨论这一问题具有重要的现实意义。

从产品内容看，人们购买的高科技产品主要包括：纯粹的服务、软件、原材料、半成品、设备以及上述产品的不同组合。而对于这些产品传递的价值而言，消费者获得的产品体验价值主要包括功能性价值、象征性价值和情感性价值，这三种价值的高低顺序为：功能性价值>象征性价值>情感性价值。并且，功能性价值在总的体验价值中占了大部分，对于工业品来说，后两种价值更是几乎可以忽略不计。也就是说，消费者从高科技产品的消费中获得的价值以功能性价值为主。正因如此，在商业实践案例上，凡是颠倒主次、过于强调象征性价值和情感性价值而忽略了功能性价值的营销运作，几乎都是步履蹒跚、难言成功的。例如，把高科技产品定位为奢侈品就很可能步入陷阱，因为高科技产品以技术性能为主且技术迭代更新很快，产品生命周期相对较短，这就有违奢侈品主打的稀缺性、经典性和收藏性特质（参阅链接案例 2-1：Vertu 手机艰难的奢侈品之路）。

【链接案例 2-1】 Vertu 手机艰难的奢侈品之路[1]

1998 年诺基亚创立 Vertu，并于 2002 年推出第一款手机。其产品包括入门级 Aster 系列、中端 Signature Touch 系列、顶级 Signature 签名系列以及个人定制系列，售价从数万元到百万元不等。在 Vertu 超过 400 个组件中，名贵的钻石、黄金、珠宝等材料全部由手工加工组装，背壳材质也有小牛皮、蜥蜴皮、鳄鱼皮等可供挑选。此外，24 小时私人助理服务能为用户提供交通、娱乐、酒店等多方面的个性化服务，Vertu 在生活服务方面还提供包括高端定制潜水历险假期、高端乃至限量奢侈品的优选权以及免费进入全球顶级私人会所的特权。但对于产品的科技含量，Vertu 并无出圈之处，当然这也不是品牌的诉求重点。

事实证明，高科技产品的奢华之路并不好走。2014 年，Vertu 的销售额只有 1.1 亿英镑，净亏损达到了 5 300 万英镑。从 1998 年品牌成立到 2015 年，Vertu 在全球仅卖出 45 万台手机。在短短五年时间内，Vertu 历经三次转手——2012 年，随着诺基亚在智能手机时代的衰落，Vertu 被转卖给了瑞典私募股权机构 EQT，当时的交易价约为 1.75 亿英镑，诺基亚保留了10%的股份；2015年，EQT又将其卖给了位于香港的戈丁控股，而本次交易价格只有5 000万英镑，3年间公司价值缩水约70%；2017年3月，Vertu再次易主，Baferton公司成为接盘者。

可见，深刻洞察高科技产品的购买行为，对于企业科学制定营销战略、找准市场定位意义非凡。影响消费者购买决策的因素既包括个人的动机、态度、认知等心理因素，也包括年龄、性别、职业、收入、所处的地理位置等个人因素，还包括社会文化、家庭、社交圈子、社会阶层等社会因素。这些因素都会影响消费者的购买决策行为，一般的消费者行为学教材对此都有较为详细的介绍。本书将侧重从消费者心理体验的视角，在移动互联网消费大背景下，从消费者购买决策过程出发，介绍消费者购买决策过程及其对市场营销的启示。

第一节　购前信息获取

最近十多年来，互联网信息技术和电子商务的空前繁荣，使人们的购物方式和商品获取途径发生了翻天覆地的变化。网上购物成为人们日常消费生活中越来越重要的购物方式，甚至对于某些消费群体，网购成了主要的购物方式。大到电冰箱、洗衣机、汽车、房屋装修，小到牛奶、方便面、牙膏、洗衣粉等日常消费品，都可以通过网购获得。人们获取信息的方式不再是传统的商家线下宣传单、优惠券，也不再是电视广告、报纸或报告。网络媒体尤其是移动网络媒体，如各类网站、移动App成为人们主要的信息获取通道。有业内专家指出，中国企业的营销推广费用中用于数字营销的部分已高达80%，而发达国家的这一数字仅为60%，这表明数字营销已成为中国企业营销竞争的主战场。

由于人们在消费决策时只能根据自己获得的有限信息进行决策，这就意味着人们获得的信息数量和信息内容在很大程度上会决定其购买的产品和品牌。对于企业而言，产品信息传递的通道意味着"流量"，这个流量又直接指向了珍贵的销售机会（销量）。因此，我们先介绍消费者购买行为的首要一环，即消费者对产品信息的获取途径。

一、信息获取途径

人们获取产品信息主要有两大途径：网络新媒体和传统媒体。关于传统媒体对消费者购买决策的影响，在现有的营销教科书中已有非常丰富、详细的介绍，因此本书将重点介绍网络新媒体这种信息途径对消费者的影响。归纳起来，影响购买决策的网络新媒体主要有以下几大类：各类网站、自媒体、社交媒体App、网络广告、各类电商平台、专业平台型App、自有流量型App、消费终端的智能设备。

1. 各类网站

现今的互联网已发展较为成熟，网站类型丰富多样，总体上可以分为以下三大类：

　　第一类是综合型门户网站，如新浪、搜狐、网易、hao123 等，门户网站一般涵盖了普通用户可能感兴趣的各种专题频道，例如汽车、旅游、美食、体育、新闻、娱乐、邮箱等。消费者通过门户网站获得的相关品牌和产品信息，通常会被大脑记忆储存起来，对消费者后续发生的相关购买决策产生影响。比如，一个汽车发烧友对汽车新科技很感兴趣，于是经常浏览搜狐网站的汽车频道，看了介绍磷酸铁锂刀片电池的文章，对于该种电池的安全性实验印象深刻，因此当他（她）下一次购买汽车时，就可能会重点关注采用这种电池的新能源汽车。

　　第二类是专业型网站，如汽车之家、爱奇艺、去哪儿网、QQ 音乐网站、唯品会等。这类网站的内容分属于特定的专业领域，浏览专业内容网站的消费者有特定的兴趣指向或购买偏好，比如经常浏览音乐网站的用户会很喜欢听音乐，经常浏览视频网站的用户可能很喜欢看电影或电视剧，这些用户成为网站付费用户的可能性很大。随着互联网内容丰富度的提高和网站的高速多样化发展，目前专业型网站的垂直细分特征非常明显，专业化程度极高，这也是流量白热化竞争的结果，如果缺乏特色和持续性的创新，网站很难拥有稳定的流量。专业型网站为用户提供的信息针对性更为突出，用户评论等信息与消费者购买决策的相关性更强，因而对购买决策的影响力也更大。

　　第三类是政府、学校、科研机构等非营利性组织的官方网站。这类网站的主要作用是介绍其单位的概况以及相关业务、行业动态等。对于消费者而言，这类网站提供的资讯，其可信度相对较高，尤其是政府、学校、科研机构等事业单位网站，是权威性和可信度很高的信息源。比如，对于一个计划置换新能源汽车的消费者，从政府官方网站了解到政府的新能源汽车购买补贴标准，会比从一般性的网站论坛看到网友的购车补贴信息感觉更可靠。因此，在营销实践中，为了提高信息的可靠性，可以把消费者导流到权威性高的网站以提高说服力。

　　2. 自媒体

　　2003 年 7 月，谢因·波曼与克里斯·威理斯联合提出了"We Media（自媒体）"研究报告，把"We Media"定义为："普通大众经由数字科技强化，与全球知识体系相连之后，由普通大众提供和分享与他们自身相关的事实、新闻的相关途径。"简言之，自媒体是公民用以发布自己亲眼所见、亲耳所闻事件的载体，如博客、微博、微信、百度贴吧、知乎、论坛/BBS 等网络社区。

　　相比传统媒体，自媒体一般具有以下特征：

　　（1）平民性。自媒体的进入门槛很低，顾名思义，我们每一个人都可以成为媒体主体，并不需要像进入传统的媒体一样，需要专业的训练、具备足够的知识素养和写作能力，才能成为记者、编辑等传媒工作者。自媒体的这一特征也决定了互联网上的信息质量参差不齐，数量庞大，真假混杂。对于普通消费者，如何筛选真实、有用的信息，有一定的挑战性。

　　（2）自由性。传统媒体对新闻稿的内容审核比较严格，自媒体在写作内容和形式方面相对自由，颇有"我的地盘我做主"的意味。但是，自媒体所传播的内容也必须在国家法律允许的框架内，凡是利用自媒体开展造谣等违法犯罪活动都会受到相应的法律制裁。严格、科学的信息管理在一定程度可以减少网络垃圾信息、有害信息的传播。

（3）多样性。自媒体内容的主要表现形式有文字、图片、音频、视频、符号等，与传统媒体相比，更加灵活多样，内容创作者可以发挥的空间更大，内容的生动性和趣味性得以大幅提升，因而更容易激发读者兴趣，吸引读者的注意力。

（4）碎片化。由于互联网时代信息过于丰富，而人们的信息承载能力有限，因此人们越来越习惯和乐于接受简短的、直观的信息，这是信息社会发展的必然趋势，而微博、短视频等自媒体的出现顺应了这种趋势。

（5）交互性。传统媒体是单向传播，受众无法简便快捷地向写作者提供反馈，而在网络时代，这几乎可以在弹指之间完成。自媒体的交互性有利于加强信息发送者与接收者之间的沟通，同时也有利于受众从双方的沟通中更为客观、全面地认识问题，辩明真理，因而用户体验更佳。

（6）强传性。这主要是指自媒体与传统媒体相比，具有超强的传播速度，社会热点问题可以在短期内（比如一两天）迅速传遍全国。这主要是因为自媒体的转发传播极为便利，在移动互联网时代，手机已有极高的普及率，网络口碑分享可以让信息以几何级数快速地在人群中进行传播。这也意味着在信息超载的时代，如何策划高质量话题引发关注、引爆网络是营销策划的一个重点和难点。

3. 社交媒体 App

社交媒体（Social Media），也叫社会化媒体，是指允许人们撰写、分享、评价、讨论、相互沟通的网络信息技术手段。社交媒体不但具有自媒体的功能特征，还有朋友圈文化。一般而言，社交媒体中的人际关系比自媒体更为亲近，后者更多表现为陌生人文化，而前者的核心则是圈子文化，多以"群"（例如微信群）等形式显现出来。本书所讲的社交媒体 App 是指，在移动互联网时代，人们广泛且频繁使用的微信、QQ、Meta 等社交媒体软件。沟通对于古往今来全世界不同种族的人们来说，都是生活中必不可少的一项重要内容。不同时代、不同种族的人们可能采用不同的沟通方式，但沟通本身从未缺位于人们的生活。社交媒体 App 的易用性、便捷性、即时性、免费性等优势特征，都决定了它远胜于传统的书信、电报、电话等沟通方式。社交媒体 App 真正实现了随时随地沟通，这也促使其成为许多消费者日常生活的重要组成部分。

根据中国社会科学院新闻与传播研究所、社会科学文献出版社共同发布的《新媒体蓝皮书：中国新媒体发展报告 No.12（2021）》，微信已成用户上网的时间"黑洞"，近九成用户每天使用微信。研究人员基于 2 566 份问卷调查样本数据分析发现，就每日情况而言，微信日使用时长在"4 小时以上"的受访者人数最多，占比为 25%；微信日使用时长在"0.5~1 小时"的受访者人数次之，占比为 13.6%。从每周使用微信天数来看，周使用天数在"7 天"的受访者人数最多，占比为 88.1%。对比而言，QQ 日使用时长在"0~0.5 小时"的受访者人数最多，占比为 65.6%；日使用时长在"3~3.5 小时"的受访者人数最少，占比为 1.2%。从每周使用 QQ 天数来看，周使用天数在"7 天"的受访者人数最多，占比为 31.8%；不使用该应用的受访者占比为 27.9%。[2]

对比以上微信和 QQ 的用户行为数据，可以发现在影响力上，微信更具有压倒性优势。微信具有更为强大的信息传递、移动支付、生活应用等方面的功能，对用户更具有黏性。在消费者时间资源稀缺的前提下，消费者用于微信的时间增多后，用于 QQ 等其他社交媒体 App 的时间自然就下降了，这种"跷跷板游戏"决定了微信未来必然会继续在社交媒体领域维持一家独大的自然垄断局面。这也意味着，微信庞大的用户群形成了一个宝贵的流量池，通过微信群、朋友圈、微信小程序等途径开展移动互联网营销是企业新营销的一个重要方向。对此进行科学的规划和执行往往能取得意想不到的效果。通过社交媒体 App 并基于用户画像的精准广告投放功能，能使企业的广告传播效果得到大幅提升。链接案例 2-2 是一个投放微信朋友圈广告的成功案例。

【链接案例 2-2】奔驰的朋友圈广告精准投放①

用户无论是首次购车还是复购，均高度关注产品广告。其中，社交媒体广告是网络时代一种行之有效的营销传播策略。艾瑞咨询在 2017 年中国首购车用户研究报告中指出，熟人口碑是影响首次购车决策的最重要因素。因此，如何借助以熟人社交为基础的微信进行口碑传播，是各大品牌关注的重点。

梅赛德斯——奔驰在新车发布时，选择了朋友圈卡片广告，推广 S 级旗舰车型。在投放策略上，企业选择了调性较高的平台合作，并且充分考虑平台的人群价值，对奔驰的老车主和同类高消费人群进行针对性的投放，根据不同用户的兴趣标签引导用户根据自身的需求选择喜欢的素材进行体验，提升了新车的品牌认同感。在创意上，用视频广告来完

图 2-1 奔驰朋友圈广告

整展示汽车的细节和该类车主向往的生活，这和奔驰的品牌理念较为一致。在整体投放效果上，对目标用户的有效触达高于行业水平，在用户有效点击率上也达到了 6%，比首发的均值高出 66%。

4. 网络广告

网络广告的呈现形式丰富多样，它可以在网络直播、电邮、各类网站、软件以及移动 App 等网络媒介中以页面广告、弹窗广告、视频内容的插播广告、UGC②（如淘宝的

---

① 本案例是作者根据调研腾讯公司后获得的真实数据编写而成的。

② UGC 是 User-generated Content 的缩写，译为用户生成内容。

种草秀）、搜索引擎竞价广告等方式呈现出来。

网络广告相比传统广告，在营销效率上更有优势。网络广告不但可以传播传统的平面广告、视频或音频广告，还可以采用搜索引擎广告等多种形式进行，并且可以更为精准地根据用户画像来投放广告，因而广告效率更胜一筹。例如，2017 年，在"互联网女皇"玛丽·米克尔的报告中，把地理位置关联广告提到了很高的位置，原因是：谷歌、Uber、Snap 等公司通过该项技术服务，在把广告精准地投放给客户群以便利用户的同时，自身也取得了巨大的商业成功。这些公司通过加入地理位置以及时间技术，为不同地区的用户分时段推送对应的广告，这种基于位置的广告（Location-based Advertising，LBA）实现了精准营销，推动了公司市值大涨。

随着信息技术的进一步升级，广告主可以更加精准地刻画用户画像，进而根据其人口统计特征、行为特征、价值观和生活方式有针对性地推送消费者感兴趣的产品广告，由此实现"货找人"的营销推广模式。例如，我们团队在最近访谈中接触了一个消费案例：在唯品会"双 12"大促销时，一位消费者在手机上收到了唯品会 App 推送的七匹狼男式夹克优惠信息，心动的价格和帅气的服装海报把他引流到了购物软件上，并促使他迅速完成了购买。软件推送该信息的原因是他一个多月前在唯品会 App 上搜索和浏览过不同款式的七匹狼男式夹克，所以系统根据其浏览记录推送相应价格区间的品牌优惠信息。大数据精准推送使导流和促使消费者达成交易都变得轻而易举。可见，在移动互联网时代，原有的逐步推进型消费决策模式发生了根本性变化，当产品价值、品牌价值、促销条件与消费者形成时空交集时，消费购买行为就会发生。

然而，以上个案并不意味着网络广告不需要广告创意策划了，也不意味着品牌形象宣传不重要了。恰恰相反，在信息超载的时代，人们习惯了忽略网络中的各种广告。在许多广告频繁曝光的情景下，消费者会采取选择性注意的策略，过滤掉大多数与己无关或不感兴趣的广告信息，这会造成企业投放的广告资源的大量浪费。

可见，数字化营销时代如何凸现品牌个性、彰显品牌形象将变得更加困难，挑战性也更大。因此，无论哪种广告形式，广告创意和设计是关键，吸引注意力和提高关注度是难点。优秀的广告创意，往往能有效吸引眼球，达到四两拨千斤的功效。无论是网络上广为流传的百雀灵民国复古风广告，还是无心插柳、红遍网络的小米总裁雷军的"Are you OK？"神曲，都因其独特的原创风格，引发大量网友转发。这种"病毒营销"天然适用于网络广告，不但极大地节约营销传播费用，而且取得了良好的品牌口碑。

5. 专业平台型 App

专业平台型 App 包括抖音、小红书、喜马拉雅、去哪儿、携程、途虎、高德地图、滴滴出行、美团外卖等。这类平台的"专业性"主要体现在两个层面：内容的专业性以及内容表现形式的专业性。

内容的专业性是指，专业平台只聚焦于某一行业的业务领域，比如途虎专注于汽车售后的维修保养市场，滴滴出行专注于租车业务。专业平台的功能定位非常精准明确，头部平台一般拥有数量庞大的、稳固的用户群，这些用户群形成了企业珍贵的顾客资产

（流量）。在核心业务经营稳健之后，专业平台往往会围绕核心业务进一步拓展相关业务，充分挖掘流量资产以提高平台盈利能力。例如，高德地图逐步进军打车、汽车加油、酒店预订、团餐预订等业务，这也是因为其通过地图导航软件的免费模式集聚了大量稳定的用户群体；再比如，美团从初始的外卖团餐业务拓展到了卖菜、生鲜、超市日用品、汽车维修、酒店预订、旅游产品销售等众多业务，几乎覆盖了生活的方方面面。可见，专业平台在其核心业务稳定并且拥有巨量的顾客资产后，就有一种天然的业务多元化的扩张趋势。这种首先打造服务平台、建立稳固的流量池，再开发流量以变现流量价值的战略发展路径，正是互联网商业模式的精髓所在。

内容表现形式的专业性是指，专业平台在呈现内容的形式上重点聚焦于某一方面，有其独特性。比如，喜马拉雅上的数字产品均以音频为主，这种"听"的方式对于消费者而言可以更好地释放视觉、解放双手，也更符合快节奏生活中的移动消费情景。再比如，抖音主要采用短视频的方式呈现内容，这对于既缺时间又缺耐心的人们来说，其极大地满足了人们的数字文化消费需要，同时其滑动手指切换内容的简便方式带来了绝佳的用户体验。中国互联网络信息中心（CNNIC）发布的第 51 次《中国互联网络发展状况统计报告》显示，截至 2022 年 12 月，中国短视频用户规模已高达 10.12 亿，较 2021 年 12 月增长 7 770 万，占网民整体的 94.8%。这也再次证明了互联网生态中的"适者生存"之道。

6. 自有流量型 App

自有流量是指企业自身拥有的用户群形成的流量池。基于自有流量打造的 App 就是自有流量型 App，比如各大银行推出的手机银行 App。这种自有流量是由企业提供的核心产品或服务所带来的，比如银行客户主要是因为需要使用查询账户余额、汇款转账、购买理财产品等金融服务才使用手机银行 App。银行对这种高频次使用的手机应用进一步拓展功能，增加"积分商城"、手机话费充值等多种消费功能就可以充分开发自有流量的商业价值，并且达到提升用户活跃度和忠诚度的效果。

自有流量不同于私域流量，私域流量是从公域流量中分离出来的，比如某淘宝商家在淘宝平台中积累的自有用户群。再比如，微信社交平台上建立的一个社区团购微信群，群主可以在群里发布商品促销信息，带动群员线上团购、线下取货，实现 O2O 营销。但是，这种群组形成的是一种弱关系，群员随时可以退群转而加入其他更优惠的团购群，其稳定性较差。此外，私域流量的规模一般较小，这主要是公域流量池被海量商家分流的结果。

自有流量完全被拥有者牢牢掌控，由于有核心业务的加持，这种流量具有三大优点：稳固性强（Stable）、触达便利（Convenient）、成本低廉（Cheap）。也就是说，自有流量的用户黏性比较高，不容易流失，并且拥有者可以非常方便地触达用户。企业通过自有流量型 App 向用户推送广告等信息不需要支付任何推广费用，在当前公域流量推广费用日益高涨的背景下，这种优势将越来越明显。当然，自有流量型 App 也有一个明显的缺陷，它通常只适用于企业具有一定规模，并且企业的用户数量庞大、产品使用频率较高的情景。

7. 传统媒体

尽管数字媒体已经成为当前中国消费者接触信息的主要渠道，但并不意味着传统媒体已无存在之必要。电视、报纸、期刊、广播电台等传统媒体虽然在数字媒体的影响下，触达率和影响力有了明显下降，但传统媒体的权威性这一优势仍然存在，中国消费者对传统媒体的信赖感并未降低。因此，营销人员在传统媒体上如何通过广告内容创新来提高消费者关注度，如何与新媒体实现互动整合来提高影响力，都是不可回避的挑战性问题。

一方面，营销人员可以设计新颖有趣、创造性强的广告来吸引人们的注意。比如，企业可以把户外的平面广告改造得更加立体、生动来吸引眼球，例如在球鞋广告中代言人伸出的脚上套一只真正的大号球鞋，更加能引起人们的注意，因为人们天然对新颖、立体的广告更感兴趣。当然，广告文案本身的趣味性和新颖性也可以提高大脑对信息加工的深度。例如，我们团队对网络语言广告的研究结果表明，在广告传播中适当使用网络语言可以提高广告效果。对于低卷入度产品，网络语言广告的说服效果优于标准汉语广告，但高卷入度产品的广告不能享受网络语言带来的福利。也就是说，像口香糖等低卷入度产品，在广告中使用网络语言比使用普通话更能对受众产生积极的广告态度和产品态度，这种影响效应是通过人们对网络语言的喜爱而产生的。但对于笔记本电脑等高卷入度产品，在广告中使用网络语言并不能带来积极效应。[3]对网络语言广告的眼动实验研究还发现：相较于标准语言，运用网络语言的广告文案更能吸引受众的注意，但在有限的广告观看时间里，广告语言会减少受众对于广告图片的注意。这意味着，如果是纯文本广告，采用网络语言是一种更好的选择，因为网络语言比标准语言（普通话）更能引起人们的注意。此外还发现：网络语言文案可以提升消费者对于广告产品的评价，这一效应受到受众的感知广告有趣性的部分中介。但是，随之也伴随着一个负面效应：网络语言文案会降低消费者的广告信任，这一效应受到受众的感知广告严谨性的完全中介。[4]以上研究都表明，营销人员需要洞悉前沿营销理论，根据营销战略目标来灵活运用相关理论制定营销策略，实现营销投入产出的最大化。

另一方面，"传统媒体+互联网"是传统媒体与时俱进、顺势而为的一种新的推广模式。比如，在传统的报刊、户外广告、电梯广告、电视广告中提供微信二维码，让消费者扫码领取优惠券进入购物链接，直接导流到购物界面，这样就能为传统广告注入新的活力。另外，把人工智能等新技术导入传统广告传播中也是一种可行的路线，比如，传统的电话推销是通过人工完成的，采用 AI 技术则可以实现智能机器人语音对话推销，大大节省人力成本，提高营销效率。

二、社交媒体中的信息传递

作为一种群居物种，人类从远古至今都保持着社会交往的需要。尽管在不同的时代，社会文明发展阶段不同，人们的社交方式和媒介可能有所不同，但社交作为一种需要始终存在。在信息技术高度发达的今天，即时通信软件因其高性能、低成本、方便快捷的特点成为人们日常社交的主要媒体。软件开发者在通过提供即时通信功能积累了稳固的用户群后，进一步拓展了软件的购物、移动支付、医疗社保等多种功能，这进一步提高了顾客黏性和活跃度。因此，微信等即时通信软件成为人们获得资讯的一种重要媒体。

目前的研究结果表明，积极感知的社交媒体营销活动（Social Media Marketing Activities，简称 SMMA）具有提高基于消费者的品牌资产和品牌喜爱度的巨大潜力。此外，研究还发现电子品牌体验（Electronic Brand Experience）是感知 SMMA 和品牌喜爱度之间的重要中介变量。[5]这就是说，企业可以通过积极开展社交媒体营销活动来提高消费者的品牌体验和品牌喜爱度。

1. 社交媒体中的品牌沟通

社交媒体不但为客户间的交流提供了便利，而且为品牌提供了与客户互动的新机会。研究人员发现，消费者与品牌之间的互动可以实现高品牌忠诚度。[6]举例来说，一个汽车品牌通过组建微信用户群，让车主互相交流用车心得和经验，并且让车主参与汽车品牌的新品设计、新车发布会、组团自驾游等相关营销活动，将提高消费者的品牌忠诚度，换车时重购该品牌的可能性将大大提高。

京东的微信朋友圈新年互动广告可谓通过顾客参与来提高品牌传播效果的标杆个案。2020 年伊始，京东凭借轻互动广告独有的样式，以"画个龙，开启你的 2020"这种有趣又似乎能带来好运的互动方式，使用户看到广告推送的时候不但不反感，反而颇有兴趣地参与品牌互动。如图 2-2 所示，京东和故宫的跨界联合，让两个不同的品牌碰撞，激发出更多文化创意产品。如此，以文化领域的超级 IP"故宫"为基奠，京东收获了超强的市场关注度和吸引力，强强联合不但让目标品牌获得了高关注度，而且让产品变得更接地气，强化了品牌认同感。这一传播活动突出中国年的元素，品牌广告创意非常应景，让京东的品牌形象在喜庆祥和的节日氛围中得到进一步的提升。

图 2-2　京东的微信朋友圈轻互动广告

另外，在广告设计上，策划人员采用了原生页为单页，在每一单页上以文化背景为创意，将9种故宫中的传统瑞兽转变成灵动的实体，给用户传递祥瑞寓意，破除了广告的生硬感，转而增加用户对品牌的好感。在投放策略上，把京东用户、故宫 IP 的粉丝以及中国传统文化爱好者作为种子用户，进行圈层式扩散，最终获得了良好的广告效果。后台统计结果显示，该次广告活动总的互动率是行业均值的6倍，点击率更是行业均值的3.6倍，用户在整个广告页面的停留时长高达12秒，表明本次品牌营销非常有效地加深了用户对广告主品牌的印象，牢牢巩固了品牌认知。

2. 企业领导人的社交媒体形象

企业领导人形象是品牌形象的一个重要影响因素，企业领导人的粉丝群体往往也是企业品牌的"死忠粉"。反之，当企业领导人的"人设"崩塌时，企业品牌往往也会受到致命打击。因此，企业需要高度重视企业领导人的公众形象塑造。尤其是在社交媒体时代，社会公众对 CEO 的要求越来越高，CEO 有责任和义务为企业向公众展现其具有魅力和风度的公众形象。除了常规的行政职责外，CEO 们还需要通过积极参与社交媒体来表现这一重要的"个人营销"角色。社交媒体在企业和个人层面为 CEO 提供了许多好处：更高的透明度和信任度、与公众的密切联系、真实感的产生和品牌的建设。此外，作为社会影响力突出的人群，千禧一代实际上希望企业 CEO 能够在社交媒体上与他们进行交流。[7]然而研究表明，CEO 尤其是 B2B 公司的 CEO，往往不愿意履行这一职能——只有不到50%的人拥有主流的社交媒体。也就是说，为了讨好年轻的网络消费人群，企业领导人很有必要多使用社交媒体与公众交流。

例如，关于利用社交媒体推广自己公司品牌的特斯拉总裁马斯克，其在推特上累计的粉丝量已超过了6 000万，可谓"实锤的网红"。马斯克与粉丝的沟通"平易近人"，回复的对象并不固定，包括拥有上万粉丝的大 V 和只有几十个粉丝的"小透明"。曾有机构对马斯克的推特进行统计发现，截至2020年6月18日，马斯克在10年间共发布了11 394条推特，平均每天发布5.9条推特。① 对于坐拥两家大型科技企业的总裁，公司业务本已忙得团团转，还要忙里偷闲来打理自己的推特，实属不易。可见，忙不应该是企业领导人放弃使用社交媒体展示个人形象的理由。例如，马斯克为了彰显其纳税义务，甚至在推特上发起粉丝投票互动，让粉丝投票决定他是否应该卖出股票以缴纳个人所得税。马斯克说："我没有从任何地方拿现金工资或奖金，我只有股票，所以我个人纳税的唯一方法就是卖股票。"这种接地气的互动方式，极大地展示了其履行社会责任之用意，也获得了海量粉丝的好评。但是，不当言论也同样会产生巨大的负面影响。当马斯克在2020年5月1日发推特说"在我看来，特斯拉股价太高了"之后，特斯拉股价立即大跌超过11%，市值蒸发了140亿美元。

---

① 曹默涵. 我们翻遍了马斯克发的 11 394 条推特，发现了这些秘密 [EB/OL]. (2020-06-19) [2023-09-12]. https://ishare.ifeng.com/c/s/7xQYAmFUoIy.

另外，利用社交媒体来展示思想领导力（Thought Leadership）也是一种提升企业形象的有效方法。一般认为，思想领导力是企业的一种增长战略，它包括评估、包装和分享其最佳做法、知识集、案例研究及其高素质和才华横溢的领导者，以此作为推动业务增长的增值资源。最近的研究发现，通过社交媒体传播相关数字内容来建立思想领导力已成为 B 端业务（B2B）环境中营销人员的主要优先事项之一。这是因为，社交媒体上的思想领导力对品牌绩效产生积极影响，进而对 B2B 环境中的客户关系绩效产生积极影响。此外，在社交媒体上建立思想领导力还有助于培养客户关系，通过分享有价值的内容，供应商可以不断展示他们的尖端能力和专业知识，从而保持其品牌与客户的相关性。[8] 可见，无论是 B2C 还是 B2B 企业，都很有必要用心打造企业领导人的社交媒体形象。

3. 广告代言人

由于充斥在社交媒体中的资讯过多，因此选择合适的广告代言人并精准投放广告，才能充分发挥广告资源的影响力。又因为明星自带的光环效应和流量效应，所以企业在社交媒体中选用明星代言广告以快速把品牌推向市场，是一种明智的策略选择。总体而言，在社交媒体营销上，企业对明星代言人的运用可以有两种方式：一是在明星本人的自媒体（如微博、推特等）上做品牌推广的硬广告或软广告，二是企业在自己的微信公众号、微信朋友圈等第三方社交平台上推出明星代言品牌的消息。当然，在社交媒体上使用明星代言，也必须遵守所在国的相关规定。比如，美国联邦交易委员会（FTC）要求，明星在社交媒体上宣传品牌时，需要清晰说明自己与品牌之间的联系。对此，Instagram 推出了"付费合作伙伴功能"，以便提高平台上明星和意见领袖在宣传商品时的透明度，让用户更清晰地知晓哪些内容是赞助商内容。

善于运用社交媒体开展明星代言的品牌有机会在激烈的流量竞争中脱颖而出，乃至完成流量变现的华丽转身。例如，定位于年轻消费群的红米手机，在新品上市时选择了当红流量明星王一博，在朋友圈用明星账号进行投放，让明星和粉丝进行零距离的沟通。红米在首个视频轻互动广告中，通过王一博来充分展示年青一代的生活状态和精神面貌，并延续了之前的明星广告风格，由王一博继续加持，最终使广告整体曝光次数翻倍上升，吸引了大批潜在的粉丝用户，总互动点击率提升了 2 倍。在广告产品的设计策略上，其原生页素材充分利用全屏竖版视频以吸引消费者注意，让用户点击进入原生页进行沉浸式的产品体验，充分感受代言人的魅力；此外，简洁的原生页凸现了卖点、抓住了产品核心，更容易让消费者记住；跳转小程序可达成闭环购买，在激发用户购买欲的同时，轻松提高转化率。这一案例中，广告主非常善于利用微信生态的社交能力，采用长效社交模式①，充分挖掘高价值的潜在用户，精准定位用户并触达其社交圈层，从而实现更好

① 长效社交模式的基本原理是，在广告投放前期，系统优先为客户选择高匹配人群作为种子人群投放，随后利用升级后的算法，更全更准地扩散并触达更多潜在顾客。广告在线 7~30 天，在这期间，算法不断调优，最终收获更好的广告效果及社交影响力。平台样本数据显示，使用长效社交模式投放的广告较使用前点击率可提升 80% 以上。

的广告效果和社交影响力。广告投放结果的三组核心数据表明，其评论率达到行业均值的6倍，点赞率是行业均值的5.5倍，互动率是行业均值的3.5倍，广告卓有成效地吸引了用户参与。

第二节　购中互动体验

随着互联网的发展，网络营销模式的重要性日益凸显，在线客服系统作为网络营销的重要工具，也是展示企业网站形象、加强企业与访客互动的必备工具。在移动互联网日渐普及之际，消费者也同步快速向线上迁移，向移动互联网迁移，在线客服面临重要的发展机遇。相比传统的客服中心，在人工智能、大数据、云计算等技术赋能下的"新客服中心"已经不再局限于客户服务，而是拓宽了服务场景与职能边界，逐步实现"从服务到营销"的理念转变，以及"从成本中心向价值中心"的定位转变。

当前，线上线下相融合的全渠道购物是人们已经日益习惯的主流消费方式，麦肯锡研究发现，对于电子品类的消费，93%的消费者会先在线上搜寻相关信息再到线下实体店体验。同时，消费者对全渠道基本服务（如线上购买线下取货、线上查询线下店铺存货等）的需求也越来越普遍。而更高级的全渠道体验（如门店虚拟现实体验、在线定制产品等）也开始触发消费者强烈的需求。[9]有别于传统的线下渠道，全渠道购物注入了线上体验，与传统决策相比，这使消费者购物过程中的决策模式有了一些新的变化。以下重点从客服体验（Service Experience）、界面使用体验（Using Experience）和内容体验（Content Experience）等三个方面探讨消费者购物过程中与企业端的互动体验。

一、客服体验

客服体验的好坏将直接影响销售的成败以及顾客忠诚，因此客服体验值得企业高度重视。客服服务的及时性、有助性、规范性、礼貌性等基本特征无论在传统零售还是在新零售情景中，都同样适用，对此不再赘述。目前，消费者在购物过程中接触的客服主要有人工客服和人工智能客服两种类型。人工智能客服随着技术的发展，已经有了很大的成本优势和灵活性，智能系统可以根据顾客的提问自动回答许多常规性问题，例如质保周期、送货时间等。虽然人工智能（AI）作为提高运营效率和改善客户体验的工具已渗透到服务组织中，但是大多数消费者仍更喜欢与人工客服进行互动。一项针对澳大利亚的酒店顾客的研究表明，员工服务体验和人工智能服务体验均对顾客参与和顾客忠诚度有直接的显著影响，同时，顾客参与在员工和人工智能服务体验与顾客忠诚度的关系之间起到中介作用，服务情商更是在员工和人工智能服务体验与顾客参与之间起调节作用。可以说，顾客参与和忠诚度是被员工和人工智能服务体验整体驱动的，但由于服务维度的复杂关系，如员工的反应能力、同理心、保证度会导致员工服务与顾客忠诚度之间的关系产生显著的变化，因此顾客更喜欢员工服务，并且更愿意与员工而非人工智能进行互动。[10]也就是说，从顾客的角度看，员工服务体验比人工智能服务体验更佳。因为客服体验会影响顾客的忠诚度，所以企业如果希望尽可能提高顾客忠诚度或者认为顾客忠诚度对企业的战略意义非常重大，那么企业应当以员工服务为主，以人工智能服务为辅。例如，一个网络宽带用户发现晚上经常出现断网现象，自行尝试各种解决办法后仍然无法正常使用网络，而拨打服务商电话后得到的是机械化的程序性回复（因为人工客服已经下班了），根本无法解决问题，这种求助无门的糟糕体验很可能导致客户悄无声息地流失。

另有一项研究利用解释水平理论下的心理距离概念，基于传统员工结账方式和自助结账机两种场景下的结账体验，探讨了顾客对店铺整体质量、满意度和忠诚度评价的差异。研究结果表明，传统员工结账方式的感知质量对店铺的整体质量、满意度和忠诚度，比自助结账的感知质量要好。同样，员工结账的满意度对商店满意度和忠诚度的积极影响要强于自助结账的满意度。最后，对店铺忠诚度度量和对比也得到了类似的结果。这些结果表明，尽管自助服务技术的使用越来越多，但一线员工的服务对商店整体评估仍然很重要。[11]

值得注意的是，人工智能对员工服务并不是单纯的替代关系，也存在互补关系，并且充分发挥这种互补性很可能是未来提升顾客体验的一个重要发展方向。最近有学者研究了如下问题：使用基于人工智能的情绪识别软件的服务员工是否在人际情绪调节（IER）① 方面的工作更有效？以及 IER 是否以及如何影响客户情感幸福感？研究人员基于 2 459 位客户交互服务的研究发现，员工在服务中使用人工智能情绪识别工具后，可以显著提高其调节客户情绪的有效性，即使用人工智能增强了服务员工的能力，显著改善了他们的人际情绪调节活动，这也意味着顾客可能获得更好的服务体验。这些结果表明，人工智能技术有可能在未来的服务互动中发挥重要作用。[12]

此外，随着人工智能算法的优化，聊天机器人的拟人化水平也越来越高，因此，聊天机器人在网上购物中的应用越来越广泛，故客观了解消费者的网上购物体验水平就变得非常重要。相关研究表明，采用情感分析（Sentiment Analysis）② 技术从聊天机器人数据中做文本分析是一种发现顾客真实体验的可行方法。[13]

还有一个值得注意的问题，当人工智能足够发达，顾客无法区分聊天机器人与人类时，我们需要主动披露聊天机器人的身份吗？有关研究发现，消费者对聊天机器人的披露有负面感知。其中一个重要原因是，当消费者获知与自己交谈的是机器人时，消费者对与该次购买相关的关键性服务的信任感会降低，这会进一步对留存顾客产生负面影响。

---

① 员工需要管理客户的情绪，以实现基于客户并符合组织最大利益的结果。例如，员工安抚客户的愤怒，将互动变成一个令人满意的接触，这种形式的情绪调节被称为人际情绪调节。人际情绪调节与个人情绪调节的最主要区别特征在于，人际情绪调节具有一个社会目标，情绪发送者的目标是改变他人的情绪状态，而不是调节自我的情绪。

② 情感分析（Sentiment Analysis）是指利用自然语言处理和文本挖掘技术，对带有情感色彩的主观性文本进行分析、处理和抽取的过程。

不过，在聊天机器人无法处理客户服务问题的情况下，公开聊天机器人身份不仅不会产生负面影响，甚至还会对留存顾客产生积极影响[14]，这或许是缘于在此情景下消费者降低了预期并谅解了服务失败。

二、界面使用体验

通常所说的用户界面（User Interface，简称 UI）是指，由软件和硬件共同组成的、与用户交互操作的界面，它实际上是软件和硬件的综合体。界面使用体验则是指用户界面的易用性、流畅性、美观性等功能特征给用户带来的使用体验感。为了给用户提供良好的使用体验，用户界面设计需要遵循一些基本原则：[15]

1. 保持设计的一致性

界面设计采用规范的信息表现方式时，用户的认知负担会减少，用户体验也会变得更加流畅易懂。界面设计的一致性可以帮助用户迅速熟悉产品的数字化环境，从而更轻松、便捷地完成操作。因此，在为界面设计类似的功能和操作时，应尽量采用熟悉的图标、颜色、菜单的层次结构、行为召唤按钮（Call to Action）、用户流程图等来实现一致性。

2. 为重度使用者提供快捷键

网络产品的重度使用者，需要有快速完成任务的便捷路径，以提高操作效率。例如，Windows 和 Mac 为用户提供了用于复制和粘贴的键盘快捷方式。当用户经验的积累越来越丰富时，浏览、操作界面就会变得越来越容易，越来越有效率。

3. 适时提供有意义的信息反馈

用户应该知道他们在哪里，以及在什么时候发生了什么。用户每完成一个操作，需要系统给出反馈，之后用户才知悉操作结果并执行下一步操作。给予用户的反馈可以有多种类型，比如声音提示、触感反馈、语音提示、文字提示等，以及各种类型的组合。对于用户的每一个操作，界面应在合理时间内提供适当的、人性化的反馈。例如，在设计电商购物流程时，界面应该显示用户进行到哪个步骤，并且保证用户在尽量少受干扰的情况下获得最有价值的信息并顺畅完成任务。对于用户经常操作的功能应适当减少不必要的反馈，冗余的反馈反而会起副作用，让用户感觉啰唆、浪费时间甚至发怒。

4. 对话

如果用户达到目标前需要执行一连串动作（如应用程序安装过程或网络购物流程等），就需要精心设计每个引导过程，尤其是开始时、进行中以及完成时的反应。良好的引导设计能有效提高用户的满意度，减少用户操作过程中的困惑、压力和等待时间。例如，安装系统时用进度条图标来显示安装进度、预计完成时间等。

5. 提供简单的错误处理机制

没有用户喜欢操作时被告知"错误"，设计时必须尽可能减少用户犯错的机会。万一用户在操作过程中发生了不可免除的错误，只报错是不够的，还需要为用户提供简单、直观的说明，引导用户一步一步轻松地解决问题。例如，用户在购物平台填写电子发票时，漏填了某个输入框，就可以标记这个输入框以提醒用户。

6. 允许用户撤销操作

设计人员应当为用户提供直观、易用的操作方式让用户恢复到之前的操作状态，无论是单次动作、数据输入还是整个动作序列，都要允许返回操作。撤销功能的存在可以减轻用户焦虑，因为用户了解失误的操作都是能够被撤销的，就能鼓励用户大胆探索、尝试。

7. 让用户掌握控制权

设计界面时应当思考怎样让用户愿意主动使用，而不是被动接受，要让用户感觉到在虚拟空间中一切尽在掌握，在设计时尊重用户习惯，减少用户的学习成本、操作所需消耗的时间和精力。

8. 减轻用户的短期记忆负担

人的记忆力是有限的，大多数人的短时记忆每次最多只能记住五个要素。因此，界面设计应尽量简洁明了，信息层次结构要逻辑清晰，确保用户只是识别信息而不是去回忆。因为识别信息比回忆更加容易，识别只是通过感知线索让相关信息重现。例如，iOS和 Android 手机屏幕底部的主菜单区域只能放置最多不超过四个应用程序图标，这个设计不仅是对记忆负荷的考虑，还涉及不同版本的一致性问题。

9. 符合美学要求

爱美是人的本性，反映在软件使用上同样如此。崇尚"颜值即正义"的年轻消费者对于用户界面的美感有着更高的要求，观感不佳的网站或 App 将很难获取用户的芳心。因此，为了给用户留下美好的第一印象，用户界面设计必须符合美学要求。在《写给大家看的设计书》中，作者 Robin Williams 提供了"美"的设计原则，即 CRAP 设计原则。[16]

（1）对比（Contrast）。如果两个项目不完全相同，就让其完全不同，并且对比鲜明。对比的目的是增强页面的表现效果，同时帮助组织界面信息。

（2）重复（Repetition）。设计的某些方面（元素）需要在整个作品中重复。重复的元素可以是某种线条、某种字体、某个符号、某种颜色、设计元素、某种特殊的格式以及空间关系等。总之，凡用户所见的任何内容皆可能作为重复元素。而重复的目的则是统一，并且强化视觉效果。

（3）对齐（Alignment）。不能在界面上随意安放元素。每种元素都应与界面上的某个内容存在某种视觉联系。可以尝试在界面上只使用一种文本对齐方式：所有文本都左对齐，或右对齐，或者全部居中。对齐的目的是确保界面统一且有条理。

（4）亲密性（Proximity）。应将相关的项目组织在一起，尽量让这些相关项目的物理位置相互靠近。这是因为在人们的意识里，物理位置相近的事物天然存在联系。亲密性的目的是实现界面信息的组织化，进而达到视觉的模块化。如果把相关元素放在一起展示，界面的空白区域（留白）会显得更加整洁、美观，人们通常更喜欢见到有序的事物，因为这能让人产生平静、安全的感觉。

总之，用户界面要好看且好用才能吸引消费者使用，才能提高达成交易的可能。另外，UI 设计不仅局限于文字、图案、色彩、符号等元素的运用，还包括声音等元素的使用。目前，语音已被嵌入各种电子产品中，如智能手机（App 程序）和智能音箱等。此外，语音助手（Voice Assistant）正在成为我们日常生活中不可或缺的一部分。虽然人类的个性塑造了我们与世界互动的方式，但语音助手的个性也会影响我们与环境的日常互动。有研究发现，消费者与语音助手的语音交互融合了功能智能、诚意和创造力，使消费者能够控制和语音助手的语音交互，专注于语音交互，并参与探索行为。而消费者的探索行为则会提高消费者满意度和消费者继续使用语音助手的意愿。可见，在 UI 中适当运用声音元素有助于提升使用体验。例如：比亚迪在智能汽车中控的用户界面导入语音助手，通过语音控制来完成点歌、关闭车窗、调节音量和空调等操作，便利易用的用户体验为其新能源汽车在市场上攻城拔寨、扩大市场份额发挥了积极作用。此外，未来增强现实（AR）和虚拟现实（VR）技术在购物情景中的应用，也将进一步丰富 UI 使用体验，激发消费者的购买欲望。但是，新技术的应用并非无往不利，学者们采用眼动仪开展的实验研究表明，AR 广告通过提高消费者对广告的好奇心和注意力，确实可以提升消费者对广告的积极态度。然而，只有当消费者不熟悉 AR 广告技术时，这种效果才会起作用。[17]

三、内容体验

在本书中，消费者在购物情景中所获取的资讯内容让消费者产生的心理体验即是内容体验。内容体验与前文所述的客服体验和界面使用体验共同对消费者的购买行为产生重要影响。下面主要从网络传播的文案内容体验、评论内容体验、营销政策体验以及直播内容体验等几个方面加以介绍。

1. 文案内容体验

或许有人担心，网络营销技术的发展会不会意味着未来营销研究的主要方向将发生转变，例如，如何科学导流、精准输出用户画像、推送定向广告？传统的广告创意、品牌设计等内容是否都会变得无足轻重？其实，这种担心是多余的。在资讯嘈杂的网络信息环境中，企业更需要策划高明的文案内容，以期在第一时间抓住消费者的眼球，激发其心理共鸣，不然消费者很可能在短暂停留之后便将信息滑走，使前期好不容易完成的导流工作最终徒劳无功。一般而言，一个视觉冲击力强劲、创意又新颖的宣传页面可以快速吸引消费者的眼球，引起消费者的购买欲望。

对于高科技产品，其传播手法需要有别具一格的新意，宣传文案也要能彰显其创新特质。这对营销策划人员的创意灵感和市场操控能力提出了更高的要求。如果说 2021 年被称为元宇宙元年，那么虚拟人"柳夜熙"在网络的成功推广堪称 2021 年元宇宙营销第一案（详情参阅链接案例 2-3）。

【链接案例 2-3】 科技赋能传统行业营销——虚拟代言人迈进元宇宙

2021 年 10 月 31 日，抖音账号"柳夜熙"发布一条视频，短短两分钟的时间，赛博朋克和古风奇幻的场景交叉上演，打开了数百万观众的"元宇宙"想象。该账号仅发布 2 则视频，粉丝数却在一周内超过 430 万，抖音上"柳夜熙"视频播放量高达 3.5 亿次。[18] 新晋网红就此诞生。柳夜熙的成功，根本上在于营销团队既准确把握了消费者文化心理，又将现有的信息技术应用到了新的高度。

其实，虚拟代言人并非新鲜事物，早在 20 世纪市场上就有了米老鼠等虚拟形象，近年来还出现了初音未来、洛天依、偶像女团 A-SOUL、国风虚拟偶像翎等一大批虚拟数字人[19]，但以往的虚拟人总显得距离人们的日常生活有些遥远，不那么接地气。而柳夜熙却充满了"人味"，抖音账号发布的 3 个短剧都充满了人间真情：其中一个视频描绘的情景是，柳夜熙帮助失去爱女的母亲通过脑机接口技术与其女儿再次相见；另一个视频则描绘了一个女孩因疫情被困，同时遭遇水灾等困境，陷入恶循环，柳夜熙以身作饵打破循环，为她重获新生；还有一个视频讲述了新年来临之际，柳夜熙利用法术（元宇宙）帮助天各一方的家人们团聚的故事。这些短剧中，有许多现实人与虚拟人的互动，并且根据情节需要注入许多节日等文化元素，这种游戏风与写实风相结合、似假似真的格调切准了 Z 世代喜爱"二次元"的文化心理，许多粉丝在评论区留言"大制作""太震撼了""在抖音上看电影""这集好喜庆，新年快乐""破防了，想回家"。因此，出道不到半年，柳夜熙的抖音账号已圈粉超过 863 万，平均视频浏览量高达 200 万，评论量为 6 万左右。作为初入元宇宙的新人，这份成绩的确不俗。

除了内容策划上的精准细致，柳夜熙视频精良的制作效果是其爆红的又一重要原因，而这离不开现代多种高科技技术的应用。虚拟数字人存在于非物理世界中，由计算机图形学、图形渲染、动作捕捉、深度学习、语音合成等计算机手段介入创作过程，是具有多重人类特征（外貌特征、人类表演能力、人类交互能力等）的综合产物。也有人将其称为虚拟形象、虚拟人、数字人等，代表性的细分应用包括虚拟助手、虚拟客服、虚拟偶像/主播等。目前，虚拟数字人主要以图片、视频、实时直播、实时动画等方式存在于电子屏中，如 App、小程序、软硬一体显示设备。在未来的元宇宙中，VR 设备与全息投影也将成为其重要的存在方式。[20] 柳夜熙的幕后公司创壹科技对于柳夜熙的定位是 2.5 次元——二次元是纯 CG①，三次元是现实世界，2.5 次元则是游离于二者之间的存在。相比二次元虚拟偶像，超写实虚拟人的视频制作成本也上了一个更高的台阶。

柳夜熙被设定为"一个会捉妖的虚拟美妆达人"，其 IP 商业价值引起市场的广泛关注。然而，随着更多的虚拟人迈进元宇宙，如何在众多虚拟人中始终凸显柳夜熙鲜明的个性和影响力，对幕后的营销团队而言是一个新的挑战。

———————————

① CG 是 Computer Graphics 的英文缩写，是通过计算机软件所绘制的一切图形的总称。随着以计算机为主要工具进行视觉设计和生产的一系列相关产业的形成，国际上习惯将利用计算机技术进行视觉设计和生产的领域通称为 CG。

把科学化的数字营销技术与卓尔不群的优秀广告创意相结合，是高科技产品营销成功的秘诀，OPPO 对此提供了一个完美的注脚。OPPO 公司首次在微信朋友圈推广耳机时，外层文案运用了记忆叙述的情感故事情节，为用户展示了耳机在地铁嘈杂环境下的使用体验，巧妙突出了产品卓越的功能。因而成功吸引了用户的关注和点击，使用户在推广页面人均停留长达 30.96 秒。该广告采用简单的外层形式，叠加引人回忆的音乐素材，一瞬间就把用户的思绪带回到 15 年前。在投放策略上，广告主要针对该类产品的目标用户进行了深度挖掘，系统分析了潜在用户的年龄、居住区域、个人喜好等，把用户画像和行为数据做交叉结合，非常精准地锁定了目标用户。在广告产品的选择上，原生页素材精准抓住消费者的需求，多角度展示产品特色，通过时间轴突出了品牌的创新能力，展现了品牌的多元化，加深了消费者对品牌的好感度，大幅提升了广告的互动点击率。再加上一站式的购买体验，让消费者省去繁杂的操作，极大地提高了转化率。营销后效评估显示，该次广告投放的评论率是同期行业均值的 3 倍以上，点赞率和互动率都高于行业均值 2 倍以上。

2. 评论内容体验

对于购物过程中首次触及的网店、产品或品牌，消费者一般都会先浏览线上购物评论。在首次购物体验的情景中，购物评论内容对消费者的购买决策具有极其重要的影响，这里分别从评论特征、评论者特质、产品类型、消费者特质四个方面来进一步探讨。[21]

（1）评论特征。常见的评论特征主要包括评论长度、评论星级、评论语义。评论长度越长，评论所包含的产品信息也越多，越有利于减少购买决策的不确定性。[22] 当长度超过一定范围，过长的评论会增加阅读者的认知负荷，对感知有用性产生消极影响。[23] 评论星级代表产品总体评价，关于其究竟有哪些影响，学术界目前还存在争议。Ghose 和 Ipeirotis 两位学者认为极端打分（五星是极端正面，一星是极端负面）比中间打分（三星是中立）更有用，确定情感倾向的评论更能支撑消费者做出购买决策。[24] 苗蕊和徐健则依据归因理论认为极端打分偏离平均星级，容易被归因为非产品因素，消费者更加愿意相信中间打分的评论。[25] 针对评论语义，现有学术研究聚焦于评论情感。有研究发现，评论中的正负面情感对有用性具有显著影响。[26] Yin 等学者通过对比试验，分析焦虑和愤怒两种类型的负面情绪对评论有用性的影响，发现焦虑情绪比愤怒情绪更加有用。[27] 此外，评论回复、追加评论、图片等形式也会影响消费者决策，一般而言，追评以及有图片或视频的评论更可能被消费者阅读和重视。

（2）评论者特质。信息披露、可信程度和专业程度等三种评论者的特质，都对评论的感知有用性有着显著影响。研究发现，评论者的真名、照片、所处地理位置等个人信息的披露会使消费者更加相信评论信息的真实性，进而提高感知有用性。[28] 根据亚马逊等网站的声誉排名和有用性投票，研究结果表明评论者的可信程度对感知有用性具有显著积极影响。[29-30] 拥有专业知识的评论者更加容易获得信任，Qazi 等认为评论者的专业程度可以降低产品质量的不确定性，对评论感知有用性有着积极影响。[31]

（3）产品类型。产品可以分为检索型和体验型两大类。[32] 检索型产品容易获得客观的属性评价，例如手机的运行速度、汽车的加速效果。体验型产品，例如电影、游戏等服务型产品，则更多需要主观体验之后才能判断质量。产品类型在评论特征和评论者特质对评论感知有用性的影响中具有调节效应。对于检索型产品，Mudambi 和 Schuff 认为评论深度对评论感知有用性的影响更加强烈。对于体验型产品，游浚等认为评论者权威性对评论感知有用性的影响更加强烈。[33]当然，其他的一些产品分类，也可能对评论感知有用性存在调节作用，例如，必需品与奢侈品、低频率消费品与高频率消费品等。

（4）消费者特质。在线评论的感知有用性是面向消费者而言的，不同类型的消费者对在线评论的信息认知和偏好存在区别。消费者的专业知识是影响评论感知有用性的重要因素。Park 和 Kim 研究发现，专家消费者更喜欢以属性为中心的评论[34]，新手消费者则偏好以效益为中心的评论。并且，相对于专业能力较差的消费者，专业能力强的消费者更加自信，受网络评论的影响相对较少，其感知购买风险也更低。[35]

Moriuchi 采用定量调查和眼球追踪方法，测量了产品评论网站各组成要素对消费者购买决策的影响。结果表明，社交商务网站的用户界面应该本地化，以鼓励更高的销售转换率。从分析结果来看，在所有的产品评论页面组件中，日本人更关注产品描述，而对于美国人而言，无论是享乐品还是实用品，消费者都更关注产品评级。这些研究结果对于营销管理的启示是，在页面空间极为有限的前提下，对于产品评论的列表页面，设计人员需要针对目标受众的特点，科学设计产品评论的页面组件，以更好地吸引消费者注意。[36]

3. 营销政策体验

在购物过程中，消费者所了解到的促销优惠、退换货、保修、使用服务等营销政策，都会转化为消费者的营销政策体验，这些体验会在很大程度上影响消费者的购买决策。对于线上购物而言，如果企业单纯分析折扣或免费送货等促销策略对消费者需求的影响，预测结果的准确度并不会很高。只有将折扣等在线营销推广策略与在线评论一起综合分析，才可以更准确地预测消费者需求。[37]以下重点探讨促销优惠政策、退换货政策、保修政策以及使用服务政策对消费者产品购买决策的影响。

（1）促销优惠政策。对于高科技产品的促销，不能仅仅局限于价格折扣，还需要多考虑一些额外的附加优惠。在消费者的购买过程中，销售人员非常有必要让消费者充分了解到这些优惠。许多高科技产品在使用过程中可能需要一些额外的成本支出，而帮助消费者减少或免除这些成本，以及提供一些免费服务，有助于消除消费者的顾虑。例如，特斯拉推出一项政策：通过引荐计划购置全新 Model S 和 Model X 的消费者，可在用车周期内享受不限额度的免费超级充电服务。一些高科技产品，由于其创新性太强，人们担心其后期使用成本过高，企业需提供优惠政策以减少人们的担忧。例如，比亚迪公司对新车唐 DMI 超级混动车型提供首任车主三电系统终身质保政策，从而大大坚定了消费者的购买信心，让该车成为上市当年的爆款，许多用户甚至为了能提到爱车甘愿等待半年之久。同理，针对手机电池衰减严重的问题，如果手机厂商能够提供电池衰减到一定比例即可以成本价换购电池的优惠政策，可以预见，消费者的购买决策天秤将更可能偏向该厂商。

（2）退换货政策。由于高科技产品的技术复杂性，消费者对于该类产品是否易用、是否适合自己都需要在实际使用产品之后才能做出评价，因此高科技产品企业是否提供完善的退换货政策也会在很大程度上影响消费者的购买决策。企业出于对自身产品的自信和对消费者的责任，提供完善的退换货政策可以增加消费者的品牌信任和满意度，也能向社会公众展示高科技企业的技术实力和产品信心。例如，苹果公司的退货政策为：如果你对所购买的 iPhone/iPad 不满意，可在 iPhone/iPad 交付之日起 14 个自然日内将完好无损的 iPhone/iPad 退回以获取退款。特斯拉则规定在满足一定条件下可以"七天无理由退货"。比亚迪汽车"新三包"政策规定：在三包有效期之内，因质量问题，消费者可以凭购车发票、三包凭证选择更换汽车产品或退货。这些硬核的退换货政策也正是品牌"护城河"的重要组成部分。

（3）保修政策。高科技产品因其技术的复杂性，在使用过程中由于环境的复杂多变、使用年限的增加等，可能会出现不同程度的问题。而完善的保修政策可以切实保障消费者权益，增强消费者购买信心，进而扩大销量。例如，尽管近年来特斯拉出现了电动车自燃等若干负面新闻报道，但特斯拉的销量依然火速增长，粉丝热情不减，其中一个重要原因就是公司为消费者提供了完善的保修政策。特斯拉保修政策分为两个主要部分，一个是跟所有车企一样的整车保修，另一个是电池及驱动总成有单独的质保政策。整车保修部分，特斯拉给到了 4 年 8 万公里的保修期。特斯拉整车的保修期比大多数车企的质保时间更长。除此之外，特斯拉还提供延保服务，为消费者提供更长期的保障。

（4）使用服务政策。由于高科技产品的技术含量高，使用高科技产品的学习成本较高昂，后期使用同样需要企业的服务支持才能获得良好的使用体验。比如，首次使用智能汽车的消费者可能对自动驾驶、车联网等功能比较生疏，这就需要企业提供免费的培训讲座、服务电话等便利的用车指导服务。特斯拉在其官网就提供了产品的使用说明书、日常保养知识以及零部件、动力蓄电池和电动汽车回收等服务。另外，特斯拉的道路救援服务也深受消费者好评，其中包括车辆故障、爆胎时提供免费的拖车服务，还可以为被反锁的用户进行远程解锁，帮助中途电量耗尽的消费者将车运至充电桩。而蔚来汽车则宣布：自 2021 年 1 月 22 日起，支付定金购买蔚来车型的用户，若选择免费充电桩，可享受每月 4 次免费换电服务；若选择放弃充电桩，可享受每月 6 次免费换电服务。可见，由生产制造型向服务制造型转变已成为制造业企业转型的趋势，产品服务质量的优劣将直接和产品市场占有率、企业品牌乃至企业发展前景息息相关[38]，而使用服务政策是高科技产品营销中不可或缺的重要一环。

4. 直播内容体验

本书讨论的直播是指网络直播，它是一种让用户在互联网上可以与主播实时互动的新渠道。用户可以有两种方法参与直播互动：一种是非金钱性质的互动，例如通过评论功能与主播或其他观众聊天，或是通过直播发送点赞；另一种是金钱性质的打赏，当观众从主播的才艺表演等内容中获得了愉快的体验时，观众可以选择在任何时间向主播支付任意数额的打赏小费。这种模式跟"随你付（Pay what you want）"的商业模式类似，但仍然在三个方面有所不同：直播过程中的打赏是公开可见的；观众不仅可以选择打赏类的金钱参与，还可参与非金钱性质的互动；直播的在线业务属性有利于收集更详细全面的数据。

Lin 等三位学者的研究表明，一个快乐的主播会让观众更快乐，观众的互动参与度会变得更高，金钱打赏也会同步增加，同时主播会以更多的微笑回报观众的参与。[39]Hilvert-Bruce 等学者提出了解释观众参与直播的 6 个动机：社会互动、社区感、结识新人、娱乐、寻求信息和寻求支持。还有一些研究调查了与打赏行为相关的动机，Wohn 等三位学者采用访谈方法开展了一项研究，发现观众打赏既有内部原因（比如，情感依恋、互动），也有外部原因（比如，为获得的娱乐而奖励主播、鼓励主播进行未来的内容创作）。Lin 等对 1 450 场直播的分钟级数据进行了分析，研究变量包括主播情绪、观众情绪、打赏金额、评论长度（字数）、点赞数以及直播观看人数。研究人员分析了直播中情感和互动参与的关系，结果表明，主播和观众的情绪会相互影响，并且相对于观众情绪对主播情绪的影响，主播情绪对观众情绪的影响在即时和较长时间上的效果都更强。此外，情绪更好的主播会获得更高的打赏，并获得更多的点赞数、评论数以及观看人数。进一步的研究还发现，这种效应在直播过程中很明显，但在直播开始或接近结束时却没有。这意味着，只有经验丰富、获得过更多打赏或在过去的直播中更受欢迎的主播才能利用他们的情绪来吸引更多的观众打赏。

随着网络直播的进一步发展，直播切入了销售领域，变身为直播售货，自此风生水起。直播售货，俗称直播带货，是指通过淘宝、京东、苏宁、拼多多等电商平台以及抖音、快手、小红书等互联网平台，使用直播技术进行商品展示、咨询答复、导购的新型服务方式，店铺商家可以自行开设直播间，也可以聘请职业主播集中进行推广介绍。"直播带货"的互动性、感染力和亲和力突出，同时这种新型销售方式绕过了经销商等传统中间渠道，促成了商品和消费者对接，往往能做到全网最低价。人工智能技术的新发展甚至催生了 AI 直播，虚拟人 24 小时直播带货有利于降低人工成本。

经营"直播带货"不但可以帮助消费者提升消费体验，而且为品质和服务有保障的产品打开了销路。2020 年 4 月 30 日，商务部大数据监测显示，当年一季度电商直播超过400 万场。2020 年 4 月 1 日，罗永浩开启了抖音直播首秀，并创下抖音平台超高的销售纪录：支付交易总额超 1.1 亿元。然而，当众多资本和人员涌进直播赛道时，也出现了卖假货、流量注水、销量造假、大搞摊派等直播乱象。因此，直播行业长远的健康发展要求从业人员必须严格遵守中国商业联合会发布的《视频直播购物运营和服务基本规范》和《网络购物诚信服务体系评价指南》，以及中国广告协会制定的《网络直播营销行为规范》，坚决杜绝扰乱市场的不法行为。

直播售货并非无往不利的营销神器，以下关于头部主播薇娅的一个小案例对此提供一个注脚。2020 年，梦洁股份公司通过薇娅完成的 3 场直播仅带货 812 万元，而梦洁股份为此支付的代理费用为 213 万元，实际销售收入尚不足 600 万元。可见，直播售货并非赢取市场的灵丹妙药，它只是企业攻取市场的临门一脚。只有扎扎实实做好产品、服务和品牌等基本功，直播才能发挥助攻作用。这也再次证明了营销之路无捷径。

一直以来，"全网最低价"被直播带货作为横扫市场的利器。然而，企业通常都会采用多渠道销售的模式，一旦厂商在直播中所承诺的最低价并未实现，就会带来巨大的危机，链接案例2-4可引起一些反思。如何避免多渠道的价格冲突，是企业必须警惕的问题。

【链接案例2-4】欧莱雅直播中的最低价危机①

2021年双十一预售期间，欧莱雅公司在两位头部主播的直播间预售了一款巴黎欧莱雅的安瓶面膜，50片面膜的售价为429元。当时，巴黎欧莱雅官方微博表示，在该主播直播间的优惠为"全年最大力度"。但双十一当天，部分消费者发现，巴黎欧莱雅官方旗舰店在11月1—3日放出了大量"满999元-200元"的优惠券，使用此优惠券后，消费者在巴黎欧莱雅官方旗舰店的直播间内，能以最低257.7元的价格买入50片同款安瓶面膜，比两位主播此前预售的价格低了100多元。对此，很多消费者表示"欧莱雅虚假宣传，付定金后发放大量优惠券，欺骗消费者"。

于是，大量消费者涌入新浪旗下的消费者服务平台"黑猫投诉"，针对巴黎欧莱雅"虚假宣传""欺骗消费者"等问题进行投诉。最终在消费者大量投诉和两位主播的强烈抗议下，欧莱雅公开道歉，并且给出了补偿方案，但仍然无法阻挡消费者的怒火，两位主播也宣布暂停与其合作。

如何才能成为一名优秀的直播带货王？本书提供以下几点供从业者参考：

（1）丰富的产品知识。主播必须熟悉自己所售卖的产品以及竞品，以丰富的产品知识赢得粉丝信任。

（2）优秀的表达能力。主播必须具备优秀的语言表达能力，善用面部表情和肢体语言吸引注意。

（3）理想的人设背景。主播需要有良好的社会形象，讨人喜欢，绝不能丑闻缠身，否则即使是跨界明星也会在直播现场翻车。

（4）深刻的心理洞察。主播需要掌握一定的消费心理学知识，能够在与消费者的互动中准确洞察消费者心理，及时解惑，给消费者愉快的购物体验，帮助消费者决策。

（5）充分的粉丝互动。互动是网络直播的优势，主播要善于充分发挥这一优势，大量的粉丝互动不但可以提高直播间人气，也能让粉丝感受到被尊重，从而获得愉快的体验。

（6）诱人的价格优惠。粉丝通过真实对比市场价和直播间的粉丝专属价，让其难以拒绝这一优惠。

---

① 李铮. 虚假宣传、消费者投诉、头部主播"封杀"，巴黎欧莱雅怎么了？［EB/OL］.（2021-11-18）［2023-09-12］https://baijiahao.baidu.com/s?id=1716748497197116571&wfr=spider&for=pc.

第三节　购后服务体验

有别于前文所述的购中服务政策体验，本节所讲的服务体验是指消费者完成购买决策并支付货款之后，实际从购后服务中获得的体验。由于前文所指的服务政策体验形成了消费者的服务预期，因此购后服务体验与服务政策体验之间有一定的因果关系。即如果消费者购买时的服务政策体验很好，那么消费者的服务预期会很高，一旦购后服务达不到预期，那么消费者的购后服务体验将变得非常糟糕，进而会引发消费者的不满。

一、购后服务概述

购后服务是消费者在购买商品后，企业或者商家向消费者提供的一系列与商品相关的服务活动。很多购后服务本身也是产品功能正常发挥所必不可少的，购后服务体验的好坏对消费者的满意度和忠诚行为具有很大的影响。对于高科技产品而言，产品升级换代往往是企业生产经营的一种常态，因此切实做好购后服务的每一个环节对产品和品牌的可持续发展都具有重要的意义。除了常见的物流送货等购后服务环节，高科技产品行业中较为重要的购后服务环节还包括以下几种：

1. 购后咨询

高科技产品通常具有一定的技术复杂性，知识水平较低的消费者在使用产品的过程中可能存在很多困惑，因此企业需要指导消费者正确使用和保养产品，解答消费者对于产品保修、退换政策等相关疑惑。目前，为迎合消费者线上线下购物的需求，各企业相应地推出线上及线下售后渠道。例如，华为智能手机在线下设置专门的华为客户服务中心，在线上设置了华为云官网，提供智能客服和人工客服，为消费者提供智能诊断服务和全面的购后咨询服务。

2. 设计安装

随着高新科技的快速发展，许多高科技智能产品应运而生，为了更好地引导消费者购买及使用高科技产品，一些高科技产品企业推出了一套全流程购后服务。例如，海尔率先推出一站式管家服务，根据消费者的需求，为消费者提供智家方案，涵盖智慧厨房、智能衣物数字化管理、智慧用水、全屋空气等，涉及智能冰箱、智能衣柜、智能卫浴等多个高科技产品，为消费者提供一站式的设计和安装服务，解决消费者的购后之忧。海尔的这种服务战略真正落实了营销 4C 战略中的"Convenience（便利）"，这也是该企业品牌经久不衰的奥秘。

3. 维修维护

为保障消费者正常、安全地使用产品，并提升消费者的产品体验感，企业通常会为消费者提供产品维修和产品维护的购后服务活动。例如海尔品牌，不仅根据各个智能产品的特点设置了相应的保修政策和详细的产品保养攻略，还在全球设置了多个海尔专修部以及特约维修点，覆盖全球 300 多个城市，甚至提供上门维修服务，力求做到快速响应消费者的维修需求，保障消费者的产品使用权益。对于一些新型的高科技产品，消费者缺乏相关的维修保养经验，更需要企业主动提供服务。比如，沁园公司会定期打电话提醒消费者净水器到了更换时间，以及需要更换哪些部件，让消费者省心省事。

4. 回收退换

一方面，为响应全球绿色环保的宗旨，许多高科技产品企业提供环保回收点，采取免费回收或者以旧换新的方式，对产品进行回收利用。另一方面，对于高科技产品来说，研发技术的可靠性虽然是品质保证的关键因素，但运输过程和销售过程中的管理失误也可能会影响产品的质量，因此为了有效保证消费者购买产品的质量，企业会为消费者提供便利的退换政策，让消费者享受退订无忧的产品购后服务。需要注意的是，企业对消费者的服务承诺，一定要落实到位。此外，还需要杜绝销售人员为获取订单而夸大购后服务范围的现象，因为夸大宣传将提高消费者预期，而一旦过高的预期没有实现，消费者可能采取过激行为，对企业形象产生负面影响。

二、购后服务需求

伴随着社会的进步和国民收入的不断增加，消费需求不断升级，呈现出多元化和个性化的趋势。在该趋势下，消费者在消费的过程中不仅追求高品质的产品质量，还追求高品质的购物体验和购后服务。可以说，消费过程体验和购后服务能让消费者在消费过程中获得最直观的购物感受，购后服务的响应性、保证性是消费者关注的重点之一[40]，因此，购后服务也是商品销售后最重要的环节之一。

1. 购后服务的重要性

第一，对于消费者来说，购后服务是保障消费者权益的关键。随着互联网技术的发展，线上购物成为消费者购物的主要方式。网络消费"看不见摸不着"的劣势，导致了一系列售后问题，例如商品在运输过程中受损、实物与图片不符等质量问题，通过线上客服或者智能客服等售后服务可以得到解决，以保障消费者的权益。另外，由于高科技产品的智能性和功能性较强，对于部分消费人群来说，存在一定的操作困难，而购后服务能高效指导消费者使用该产品，优化消费者对该产品的体验感。

第二，对于企业来说，购后服务是保障其核心竞争优势的关键。随着高新技术的飞速发展，高科技产品行业的竞争强度越来越大，产品同质化情况越来越严重。面对强劲的竞争对手，高科技产品企业不仅要保障自身产品的价值和质量，更关键的是要保障高质量的购后服务，满足消费者多元化和个性化的消费需求，形成购后服务差异化的价值，体现综合价值优势，才能在竞争市场中保持自身的核心竞争力。

第三，购后服务是企业和消费者之间的沟通桥梁，它有利于企业与消费者关系的延伸。在如今高科技产品火爆的时代，商品质量参差不齐，企业为消费者提供高品质的购后服务，不仅保障了消费者的权益，还能获得消费者的信任，树立良好的企业形象，有利于提高消费者对企业或品牌的满意度和忠诚度，形成长期稳定的客户关系。

第四，高品质的购后服务不仅提升了消费者对企业或品牌的满意度，还有利于企业维系与老顾客的关系，并且开发出新的顾客群体，带动企业的销售业绩。以智能手机行业为例，目前华为在国内手机行业中形成的良好口碑，得益于其高品质的售后服务。例如，2018 年，华为发布了 3 款新手机，用户对手机的评价都比较好，但部分用户在购买华为 Mate20 Pro 后，手机出现屏幕发绿的现象。针对该情况，华为官方迅速推出了售后政策：声明出现绿屏状况的手机可以进行售后检测申请，经检测如发现是手机存在质量问题，则可以无偿更换新机。这一波购后服务活动迅速巩固了一大批用户对华为手机的忠诚度，大大提升了华为手机的销量（请参阅链接案例 2-5）。可见，高品质的购后服务对企业业绩有着重要影响。[41]购后服务是高科技产品行业快速发展的必然要求，不仅体现了企业保障消费者权益的责任心，同时也是企业获得消费者信任、保持自身核心竞争优势的关键。

【链接案例 2-5】 华为手机的高品质售后服务

华为手机用户耿先生前往华为授权客户服务中心维修手机，在更换主板后发现其手机上存有另一位手机用户王女士的私人信息，包含王女士个人的照片、身份证、银行理财、护照、手机号码等隐私信息。耿先生立即向华为授权客户服务中心反馈该情况，华为客户服务中心接到用户的投诉后，迅速对该事件展开了调查，并联系相关用户了解情况，证实是北京诺金快捷科技有限责任公司员工擅自违规将旧手机主板给耿先生复用，谋取私利，并且王女士的旧手机并未进行信息清除操作，供应商的行为严重违反了华为终端与服务供应商之间的相关流程和管理规定。对此，华为公司查明该情况后，立即出台致歉信，对该事件涉及的客户耿先生和王女士表示最真挚的歉意，责令涉事门店停业整顿，积极赔偿用户损失，并对相关人员进行严厉处罚。[42]

在此事件中，华为终端服务部门及时应对用户的售后反馈，积极展开相关的调查，不仅查明了事情的真相，捍卫了用户的隐私权，还向消费者展示了企业负责任的售后态度，树立了一个良好的企业形象，也获得了其用户耿先生和王女士对企业产品的信任，巩固了用户对华为品牌的忠诚度。

2. 购后服务的现存问题

目前，尽管大多数高科技产品企业越来越重视产品的购后服务活动，但市场调研统计发现，仍存在大量的购后服务问题：

第一，购后服务质量难以保证。目前的高科技产品企业，例如智能手机、新能源汽车企业专注于销售板块，对于购后服务板块的活动选择了外包的方式，将售后板块交给外包人员来进行，但相关人员售后技能培训不足、积极性较低、服务态度敷衍，导致企业出现一系列的售后服务质量问题。另外，目前大多数公司采取传统的方式，例如开通技术人员热线、电话咨询、上门服务等传统方式为消费者提供售后服务，忽略了互联网大数据技术的使用，没有采取先进的互联网及大数据方式，为消费者提供智能化售后服务，不能及时满足消费者的售后需求，存在一定的弊端。[43]

第二，购后服务渠道混乱，导致售后信息交叉，产生售后问题处理延迟、推卸责任、重复处理等不良情况。例如现在许多智能家电品牌，开设了线下维修网点、线上官网、手机 App 等多个售后服务渠道，当消费者反馈相应的产品问题时，多个渠道可能同时进行处理，导致多个维修人员"撞车"或者互相推诿等现象。[44]

第三，购后承诺未监督到位，主要集中在"三包"义务方面的售后承诺履行不到位上。部分消费者购买高科技产品后，发现问题需要维修或退换时，有的商家经常找各种理由推诿，不严格执行"三包"规定。例如产品安装或维修不及时、不信守有效期内无理由退换货等承诺、质保期不留维修记录、非品牌维修冒充品牌售后等问题[45]，引发消费者对售后服务的投诉。

第四，购后服务定价不规范。许多企业规定购后服务是免费的，但不乏一些经销商或售后人员设置安装和维修陷阱，在安装和维修时向消费者额外收费，这使得消费者对该企业的购后服务存在一定的不满，进而影响企业的整体形象。

综上所述，目前的购后服务活动仍存在不少漏洞，需要各企业完善购后服务体系，制定相应的售后监管制度，确保企业人员按规定执行购后服务活动，为消费者提供高质量的购后服务。

三、购后服务对消费者行为的影响

1. 购后服务与消费者满意度

消费者满意度是评判企业服务品质高低的重要指标。在特定时间或消费场所内，消费者会对所购买的产品以及企业所提供的服务进行质量评估。[46]当消费者对其所购买的产品或企业提供的服务有较高的质量评价时，则会对企业产生较高的满意度；反之，若消费者对其购买的产品或企业提供的服务产生较低的质量评价时，则会对该企业产生较低的满意度。可以说，消费者满意度与企业提供的服务质量密切相关。因此，伴随着市场竞争的逐步激烈化，企业为增强自身的竞争优势，应着重关注消费者对产品或服务的满意度，并通过满意度调研了解消费者的需求，收集消费者对产品或服务质量的评价，持续改进服务活动。

在众多影响消费者满意度的因素中，购后服务已被证明是影响消费者满意度和消费者留存的重要因素。购后服务作为企业与消费者沟通的重要环节，在保持消费者对企业或品牌满意度方面发挥着重要的作用。因此，企业深入探讨购后服务与消费者满意度的关系，对企业发展来说至关重要。

购后服务是一个以消费者为导向，满足消费者需求和保持消费者满意度的过程。[47]Rigopoulou 等以电子电器行业为例进行实证调研，发现售后服务质量将会影响消费者满意度，进而影响消费者的购买意愿[48]；Jahan 等也通过研究智能手机行业消费者满意度影响因素，发现品牌名称、社会影响力和售后服务是影响消费者满意度的三个重要决定因素[49]，因此，售后服务质量是企业维系消费者关系质量的关键。另外，从购后服务的细分因素来看，Kasper 和 Lemmink 研究发现，购后服务的响应时间、产品维修时间、性价比、购后服务承诺、产品备件的可用性以及技术人员的行为是购后服务影响消费者满意度的主要因素。[50]Syahrial 等学者在探究售后服务成本以及售后服务对消费者满意度的影响时，确认了售后服务的几个关键维度，包括售后服务的有形性、售后服务的保证性、售后服务的响应性以及售后服务的交流能力等，都会影响消费者满意。[51]因此，高科技产品企业应着重从这几个维度提升购后服务质量，以便精准提升消费者对企业及其服务的满意度。结合高科技产品的智能化特点，企业需要培养一批专业的高科技产品维修人员，以便快速响应消费者的购后需求，做出有力的购后承诺。

2. 购后服务与消费者忠诚度

一般来说，消费者忠诚度包含态度忠诚和行为忠诚两个方面。态度忠诚是指消费者的消费心理，行为忠诚是指消费者购买行为。Anderson 等学者认为，行为忠诚是指消费者愿意重复选择或购买某一产品或服务的行为，而态度忠诚则指消费者对某一产品持续性的偏好、承诺或购买意图。[52]消费者是企业存在的重要价值来源，因此，保持消费者忠诚度对维系企业价值至关重要。[53]要形成消费者对企业的持久信赖，培育态度忠诚和行为忠诚，企业就必须在保障产品或服务质量的同时，增加多种附加服务手段。目前，消费需求趋向多元化和个性化，企业需要细分消费者的需求，为消费者提供多元化和个性化的服务，让消费者感受到差异化的消费体验，才能获得持久的消费者忠诚度。

对于高科技产品企业来说，在成本合理的情况下，为消费者提供优质的购后服务，在第一时间解决消费者的购后需求，能够增强消费者对产品的体验感，有利于建立良好的消费关系。另外，消费者对于技术类的智能产品要求较高，当企业提供优质的维修服务、有力的退换承诺、及时的咨询回应等购后服务时，消费者会提升对该企业的信任感和好感，这有利于提升消费者对企业的忠诚度，形成重复购买意愿。除此之外，与发展新的消费者相比，留住老的消费者所消耗的成本更低，企业获得的利润也更大。企业为消费者提供优质的购后服务，有利于保留老的消费者，促进其重复购买相关产品，拉动企业利润。[46]

关于购后服务与消费者忠诚度的关系，学者们也有相关研究发现：

首先，在高科技产品行业，智能手机市场占据了较大的市场份额，成为引领数字融合的设备市场，同时也是拉动国家经济增长的关键市场之一。为更好地发展智能手机市场，Jahan 等学者探究了智能手机售后服务质量的构成要素，以及售后服务质量对消费者忠诚度的影响，证实了优质的售后服务质量将为企业在消费者忠诚度方面提供相对于竞争对手的优势。其中，售后人员的素质（包含售后人员的态度、专长、解决问题的能力）、售后服务的敏捷性、便利性和舒适性，以及售后服务政策等售后服务质量因素对消费者忠诚度有正向的影响。[54]

其次，随着线上销售蓬勃发展，大量的消费者购物已从线下转到线上。为顺应购物形式的变化，高科技产品行业也逐步将传统线下销售模式转换为"线上+线下"销售模式，但由于目前网络消费的监管体系和制度不够完善，网络消费存在很多漏洞和不足，容易造成一系列的售后问题。而在网络消费的售后环节中，物流是产品购后流程中关键的一步。相关研究发现[55]，高科技产品不像普通消费品那样构成简单，一般由多个复杂的零部件构成，因此导致了其复杂的购后流程。例如一些智能家电产品，在销售过程中需要先将原包装进行拆卸以便消费者查看和试用，在交易完成后，则需要为消费者重新进行包装，以便消费者携带或进行物流运输。在转运过程中，由于高科技产品的易损坏性，也需要售后服务人员安排恰当的转运方式，并实时跟进售后物流信息，以便及时反馈给消费者。在商品送达之后，由于部分高科技产品安装操作的复杂性，售后人员需要及时安排相关技术人员进行安装和调试，以确保消费者的消费体验最优化。另外，由于高科技产品一般具备较高的价值，许多企业设置逆向物流，即企业或商家从消费者手中回收没用过的、使用过的、过时的或损坏的产品，并进行相关的处理，包含退货处理、物资回收以及物资再利用等物流环节。因此，在高科技产品购后服务中，售后物流管理服务起到重要的作用，是企业为消费者提供优质购后服务的关键步骤，除了可以增强消费者对企业的信任并提高其对产品的满意度以外，还能进一步提升消费者对企业的忠诚度，提高企业的核心竞争优势。另外，发展多元化的售后服务，并与消费者个性化的需求相匹配，有利于提高企业售后服务水平，从而提升消费者的忠诚度，增加企业的价值，为企业拓展更广阔的发展空间。[56]

最后，结合高科技产品的行业特点，由于产品中广泛使用数字智能技术，更要注重为消费者提供更高级的消费体验。在售后流程中应该关注消费者有什么需求、对售后服务的具体要求是什么、如何为消费者提供多元化和个性化的售后服务以精准地满足消费者的售后要求，而不是采取传统的、单一的售后服务。企业只有为消费者提供令人安心的、满足消费者需求的售后服务，才能获得消费者信任，进而提升消费者的忠诚度。

3. 购后服务与消费者重购意愿

消费者重购意愿即消费者在进行一次消费后，仍然愿意再次选择该企业产品或服务进行消费的意愿。购后服务活动，除了满足消费者的购后需求，保障消费者的权益，获得消费者的满意和信任之外，也是企业与消费者关系的延伸，企业通过为消费者提供优质的购后服务，建立起与消费者沟通的桥梁，进一步拉近企业与消费者之间的关系。

徐雪枫根据 Parasuraman 所提出的 SERVQUAL 模型，提出了网购售后服务的四个维度：售后服务的响应性、售后服务的补偿性、售后服务的可靠性和售后服务的关怀性，其实证研究发现，售后服务对消费者重购意愿有显著正向影响。其中，消费者信任和消费者满意度在售后服务与消费者重购意愿之间具有部分中介作用，并且，售后服务的响应性、售后服务的补偿性、售后服务的可靠性以及售后服务的关怀性均正向影响消费者的重购意愿。[57]

总之，购后服务是刺激消费者形成重购意愿的关键，企业可以从购后服务的响应性、补偿性、可靠性、关怀性四个方面提升售后服务质量，为消费者提供优质的购后服务体验，由此树立良好的企业或品牌形象，提高消费者对企业的满意度和信任感，建立忠诚的消费关系，促使消费者形成再次购买该企业产品的意愿，提高企业总利润。

4. 购后服务与口碑

口碑，顾名思义可以理解为"口头传播"，即一种口头形式上的、人对人的传播，形成了我们常说的"口口相传"模式。在高科技产品营销中，企业产品的口碑，一般是由企业以及潜在客户以外的第三方消费者，尤其是老顾客，通过明示或者暗示的方式，向其他消费者传递企业、品牌、产品以及服务信息，从而使得其他潜在消费者获得有关产品或企业服务的相关信息，进而影响消费者的购买行为。口碑营销是一种双向的、互动化的营销传播策略[58]，在影响消费者购买决策中起着至关重要的作用。

购后服务是企业与消费者高度接触的一个环节，企业在向消费者提供购后服务时，向消费者传达了企业对消费者的责任、关怀，这不仅是一项人工劳力付出，同时也是企业在情感上的付出。而企业良好口碑的形成也需要一个过程，企业在提供优质购后服务的同时，也在建立起良好的口碑。因此，购后服务便是创造良好口碑的重要环节。另外，由于高科技产品具有高价值特征，消费者在购买高科技产品时，会着重关注该企业的口碑，在进行深入或细致的了解过后，才会采取消费行为。因此，当企业向消费者提供优质的购后服务时，不仅体现了该企业过硬的技术和服务到位的品质，还能让消费者认可该企业的产品，形成一个良好的口碑，这对于宣传企业的产品质量和技术有良好的推进作用，也能促进其他消费者更好地了解该企业的产品，拉动企业的销售业绩。倘若购后服务发生冲突危机，且企业处理不当，就可能引发品牌公关危机（参阅链接案例2-6）。

【链接案例2-6】特斯拉女车主大闹车展引发的公关危机

2021年4月19日，第十九届上海国际汽车工业展览会正式开幕。各汽车品牌纷纷忙于接待媒体，召开新品发布会或公司战略发布会，而此时特斯拉展台却上演着一场消费者维权的剧情。一位身着印有"刹车失灵"字样T恤的车主出现在特斯拉展台，在展台周围进行直播，并站在车顶振臂呼喊"特斯拉刹车失灵"的口号。

据新闻报道，该车主张女士早在2021年3月初就曾坐在一辆写有"特斯拉刹车失灵"字样的Model 3事故车上，控诉其2020年1月花费41万购入的一辆进口版本的特斯拉Model 3，在2021年2月春节期间她与家人驾驶该车辆出行时，出现刹车失灵问题，引发交通事故，导致车内两人受伤的事件。对于该事故责任，特斯拉方表示该起事故确定是司机违章驾驶导致的车主全责事故，但车主则对特斯拉所提供的行车数据的真实性表示质疑。

3月的维权诉求未果进一步引发了4月19日上海车展女车主维权事件，对此特斯拉表示，公司将对该车主保留法律追究的权利，特斯拉副总裁陶琳也表示："我们没办法妥协，这是新产品发展必经的一个过程。"但是在下午，特斯拉方在其官方微博称："接下来还将继续与车主紧密沟通，帮助车主尽快恢复正常用车生活。"

事实上，随着产能不断提升，在国产车型上市不到两年的时间内，特斯拉已在全国多地出现多起有争议的"刹车失灵"事故，"失控门"也成了特斯拉屡屡被投诉的重点。[59]

2022年3月，上海车展女车主起诉特斯拉事件被立案，又一次引发了媒体的关注和群众的热议。张女士向新京报贝壳财经记者表示，上海车展之后，她只拿到一份特斯拉提供的行车数据，但她认为那份数据是不完整的，此后也没有拿到新的证据。张女士向记者展示了特斯拉提供的事故前30分钟数据，其中包含车速、制动踏板物理性移动信号等9项参数，但她认为刹车踏板位移、电机扭矩等关键证据，特斯拉并未提供，而业内声音同样认为特斯拉提供的证据缺少了很多参数，不足以判断真相。对此，张女士认为特斯拉记录了事故相关证据，因此有能力也有义务向车主提供全面的证据，她的主要维权诉求是要特斯拉提供完整的行车数据。[60]

从以上事件来看，特斯拉刹车失灵维权事件从2021年3月一直持续到2022年3月，但特斯拉迟迟没有对消费者的售后需求做出合理的处理，导致消费者展开了一场马拉松式的维权，这对特斯拉的口碑产生极大的负面影响，如何尽快妥善解决购后服务问题是特斯拉必须面对的一个挑战。

四、提升购后服务体验的三条路径

1. 结合大数据背景，优化数字化购后服务

目前，大多数高科技企业已经意识到数字化购后服务对提升消费者购物体验和消费者满意度的重要性，纷纷采取数字化购后服务模式。尽管应用智能客服、智能售后管家等智能化模式能为消费者解决部分购后问题，但仍然存在智能客服回应效率低和答复不准确等问题，给消费者带来一定的困扰。

因此，建议各企业运用大数据技术优化数字化购后服务，有效推动智能技术应用的渗透，构建智慧售后服务体系，例如采取大数据技术精准捕捉消费者的售后需求，构建智能化的售后咨询系统，对产品使用咨询、物流问题、退换货政策等问题做到及时回复和解决，及时响应消费者的售后需求[40]，提高消费者满意度，巩固消费者忠诚度，进一步提升消费者重购意愿，塑造企业一流的口碑形象，提升企业的核心竞争力。

2. 打造独特的服务理念，构建差异化购后服务

目前，购后服务同质化的现象比较严重，不利于增强消费者对企业的忠诚度。对此，高科技企业需进一步加强对自身品牌的打造，基于独特的服务理念，构建差异化的购后服务，为消费者提供独特的消费和购后体验，形成良好的企业口碑，吸引更多潜在消费者，巩固已有消费者对企业的忠诚度。第一，高科技产品具备高价值性且对保养的需求较高，消费者购买产品后，有些企业会承担一定期限内的维修保养服务，以延长产品的寿命期限，但很多企业仅仅只是尽到期限维修的义务，对于保养服务并没有过多投入。因此，企业可以在原有保养服务的基础上进行售后服务的延伸，为消费者提供特色化的产品美容保养等服务，通过延伸拓展服务项目满足消费者多元化和个性化的需求。第二，推动企业购后服务的专业化和特色化，让消费者感受到企业独特的服务理念，给消费者留下良好的印象。[61]

3. 构建智能化监督体系，完善购后服务制度

为保障购后服务人员将购后服务落实到位，企业可以建立一套智能化追踪监督系统，让购后服务人员可以实时对接消费者。智能化追踪监督系统可以带来两个方面的积极效果：首先，这可以更好地监督购后服务人员的服务实施情况；其次，企业可以及时接收到消费者对购后服务人员的反馈情况，做到追踪落实，通过消费者的实时反馈，及时改进和优化服务策略。

另外，企业也需要构建一套规范的购后服务体系以及购后服务人员奖励制度。一方面，可以对相关的购后服务人员进行规范专业的培训，向消费者展示企业服务的专业化和规范化；另一方面，奖励制度可以使购后服务人员在企业内部形成良性的竞争氛围，提升购后服务人员的积极性和创造性，互相激励以优化企业购后服务，为消费者提供更好的购后服务体验。

【章末案例】

元宇宙营销

1992 年，"元宇宙"概念首次被美国科幻大师 Neal Stephenson 在其创作的小说《雪崩》中正式提出。小说打造了一个与现实世界相平行的虚拟世界，每个人都在该虚拟世界里拥有自己的分身，参与该世界的生产交流活动，而这个虚拟世界，正是元宇宙。[62] 元宇宙的英文为"Metaverse"，"Meta"意为超越，"Verse"意为宇宙，两个单词拼组起来则代表"超越宇宙"，指代平行交互于现实世界的人工虚拟空间。[63]

2021 年下半年，全球著名社交网络平台 Facebook 宣布更名为"Meta"（摘自元宇宙英文名称 Metaverse 的前缀），将引领其核心业务聚焦元宇宙，引起各界的高度关注。同时，Microsoft、字节跳动、腾讯、Apple、NVIDIA Corporation 等互联网巨头公司也接踵宣布进军元宇宙领域[64]，引起了一场"元宇宙"高潮，令"元宇宙"成为 2021 年度十大网络热词之一，而 2021 年也被称为"元宇宙元年"。尽管"元宇宙"火热无比，但社会各界对于元宇宙并未形成统一的定义和认知，那么"元宇宙"的本质究竟是什么呢？

罗布乐思企业首席执行官司 Dave Baszucki 总结了元宇宙的几大关键特征：多元化(Variety)、文明 (Civility)、沉浸感 (Immersive)、身份 (Identity)、朋友 (Friends)、低延迟 (Low friction)、随地 (Anywhere) 以及经济系统 (Economy)。他认为，元宇宙综合了以上特征，让现实中的人都在这个 3D 虚拟世界进行互联。[65] 喻国明 (2021) 认为，它是互联网进化的产物，是通过线上和线下多个平台共同打通的，是由新的经济、社会和文明系统组合而成的实时在线世界。[66] 朱嘉明 (2021) 认为，"元宇宙"是现实世界的映照，并越来越趋向于真实[67]，另外，相对于现实世界，它是一个平行的虚拟空间，也是一个独立的虚拟空间。根据百度百科的解释，"元宇宙"是利用多种高新技术，其中包含扩展现实、数字孪生、区块链等，将虚拟与现实两个世界交融而相生的一种互联网应用，或者说是一种社会形态。在该虚拟空间中，每个用户都可以进行内容生产和世界编辑。简单来说，"元宇宙"就是以两个空间的新兴技术为支撑，实现现实与虚拟两个世

界的交融。[62]

人类、信息、物理三个世界搭建了三元的现实世界，再通过扩展现实、仿真模拟、数字孪生、区块链等技术创建虚拟世界，最后通过现实世界与虚拟世界的融合产生"元宇宙"。因此，构建元宇宙需要深刻理解物理、人类、信息三元世界的融合以及信息、用户两大主体的互动[68]，推进线上线下一体化的新型社会关系的形成，并让用户沉浸其中，产生较强的临场感。综合以上分析，元宇宙具备以下四个特征，即虚拟与现实的深入融合、智能数字化技术的集合、线上和线下一体化的关系、加深用户思维的表象化。[69]

目前，大多数元宇宙相关的产品和技术主要体现在电子娱乐、营销等领域，聚焦于云游戏、AR/VR 场景体验、虚拟人、智能穿戴设备、沉浸式剧本杀等应用场景。

在营销领域，由元宇宙概念驱动的"虚拟人"市场大火，消费者出于猎奇的心态，对其给予高度关注。从 2017 年"虚拟歌姬"洛天依因一首《达拉崩吧》获得百万粉丝，到阿里巴巴推出的天猫超市品牌虚拟直播带货小主播"小锚家"为天猫超市创造巨大收益[70]，再到央视虚拟主播、网红虚拟人、虚拟客服等大火，都可以看出大众对于"虚拟人"的好奇与关注。也就是说，企业可利用消费者的不同需求以及场景需求，打造有温度、高情商的虚拟人，利用虚拟人依据消费者多样化的消费需求，为其提供相对应的服务，这不仅可以提高内容的产出效率，还可以节约企业的人力资源成本。综合来看，在未来的互联网交易及娱乐平台，"虚拟人"的发展潜力巨大，并将逐步融入我们的生活。

时尚品牌与大型游戏的联名跨界合作也逐渐引起关注，例如 2020 年年底，奢侈品牌 Gucci 与图片社交软件 Snapchat 联名推出在线香水虚拟体验小游戏，结合 AR 技术，让消费者在该平行又独立于现实世界的虚拟空间中，利用丰富的想象力进行联想和感受，让消费者犹如置身于真实的香水环境，进行 Gucci 品牌花悦系列香水产品的全方位体验，提升消费者的体验感和想象的愉悦感，从而促进消费者的购买。除了 Gucci 外，Burberry、Louis Vuitton 等奢侈品大牌也都纷纷加入"元宇宙大战"，探索元宇宙虚拟数字藏品这种创新产品形态，希望利用高科技的力量，给消费者带来新的购物体验，也为时尚界开辟新的价值增长空间[71]。

总的来说，元宇宙是互联网技术发展到一定阶段的必然产物，现实世界与虚拟世界的交互也将生成一个新的社会形态，为营销领域注入高科技的力量。

案例讨论：除了案例中介绍的内容，你认为元宇宙技术还可以如何应用，以影响消费者购买行为，提高营销效率？从用户体验的视角看，你认为元宇宙受到众多企业关注的具体原因有哪些？

思考题

1. 关于在线评论星级，你认为极端评价还是中间评价对消费者更为有用？请阐述理由，并设计一个实证研究方案以证明你的观点。

2. 用户界面设计需要遵循哪些基本原则？

3. 高科技行业中较为重要的购后服务环节有哪些？

参考文献

［1］数上的码.最贵手机无人买　Vertu 价值五年缩水 70%［EB/OL］.（2017-03-16）［2023-09-12］. https://www.sohu.com/a/129016643_ 539084.

［2］李文姬.蓝皮书：微信成用户上网时间"黑洞"，近九成人每天使用［EB/OL］.（2021-07-20）［2023-09-12］. https://www.thepaper.cn/newsDetail_ forward_ 13662510.

［3］刘世雄，陈鹏艳，丁庚.产品卷入度与网络语言态度对网络语言广告说服效果的影响［J］.心理科学，2019，42（1）：124-129.

［4］刘世雄，毕晓培，贺凯彬.网络语言文案对广告注意和感知的影响［J］.心理学报，2017，49（12）：1590-1603.

［5］CHEN X, QASIM H. Does E-Brand experience matter in the consumer market? Explaining the impact of social media marketing activities on consumer-based brand equity and love[J].Journal of consumer behaviour, 2021, 20(5):1065-1077.

［6］HELME-GUIZON A, MAGNONI F.Consumer brand engagement and its social side on brand-hosted social media: how do they contribute to brand loyalty?[J].Journal of marketing management, 2019, 35(7-8):716-741.

［7］MUDAMBI S M, SINHA J I, TAYLOR D S.Why B-to-B CEOs should be more social on social media[J].Journal of business-to-business marketing, 2019, 26(1):103-105.

［8］MAGNO F, CASSIA F.Establishing thought leadership through social media in B2B settings: effects on customer relationship performance [J]. Journal of business & industrial marketing, 2019, 35(3):437-446.

［9］王玮，卜览，廖念玲，等.重新定义新零售时代的客户体验——麦肯锡 2017 中国数字消费者研究［EB/OL］.（2017-06-23）［2023-09-12］. https://www.mckinsey.com.cn/%e9%87%8d%e6%96%b0%e5%ae%9a%e4%b9%89%e6%96%b0%e9%9b%b6%e5%94%ae%e6%97%b6%e4%bb%a3%e7%9a%84%e5%ae%a2%e6%88%b7%e4%bd%93%e9%aa%8c-%e9%ba%a6%e8%82%af%e9%94%a12017%e4%b8%ad%e5%9b%bd%e6%95%b0%e5%ad%97/.

［10］PRENTICE C, NGUYEN M.Engaging and retaining customers with AI and employee service[J].Journal of retailing and consumer services, 2020, 56:102-186.

［11］SHARMA P, UENO A, KINGSHOTT R.Self-service technology in supermarkets—do frontline staff still matter?[J].Journal of retailing and consumer services, 2021, 59:102-356.

［12］HENKEL A P, BROMURI S, IREN D, et al. Half human, half machine-augmenting service employees with AI for interpersonal emotion regulation[J].Journal of service management, 2020, 31(2): 247-265.

[13] SIDAOUI K, JAAKKOLA M, BURTON J.AI feel you: customer experience assessment via chatbot interviews[J].Journal of service management, 2020, 31(4): 745-766.

[14] MOZAFARI N, WEIGER W H, HAMMERSCHMIDT M. Trust me, I'm a bot-repercussions of chatbot disclosure in different service frontline settings[J].Journal of service management, 2022, 33(2): 221-245.

[15] UX 先生. 用户体验设计师进阶之路 [M]. 北京：电子工业出版社，2019.

[16] 威廉姆斯. 写给大家看的设计书 [M]. 苏金国，刘亮，译. 北京：人民邮电出版社，2009.

[17] YANG S, CARLSON J R, CHEN S. How augmented reality affects advertising effectiveness: the mediating effects of curiosity and attention toward the ad[J].Journal of retailing and consumer services, 2020, 54(C): 1-11.

[18] 崔元元. 柳夜熙爆红的背后推手：不做元宇宙的李佳琦 [EB/OL]. (2021-11-11) [2023-09-12]. https://baijiahao.baidu.com/s?id=1716123329979104874&wfr=spider&for=pc.

[19] 罗亦丹，李梦涵. "柳夜熙" 吸粉百万，打造 "元宇宙概念偶像" 不便宜 [EB/OL]. (2021-11-24) [2023-09-12]. https://baijiahao.baidu.com/s?id=1717310154541542323&wfr=spider&for=pc.

[20] 李玥，方正梁，张鸣，等. 虚拟数字人 "出圈" 重塑 IP 商业逻辑 [N]. 人民邮电报，2022-02-18.

[21] 王安宁，张强，彭张林，等. 在线评论的行为影响与价值应用研究综述 [J]. 中国管理科学，2021，29 (12): 191-202.

[22] MUDAMBI S M, SCHUFF D. What makes a helpful online review? a study of customer reviews on Amazon.com[J].MIS quarterly, 2010, 34(1): 185-200.

[23] FINK L, ROSENFELD L, RAVID G.Longer online reviews are not necessarily better [J].International journal of information management, 2018, 39: 30-37.

[24] GHOSE A, IPEIROTIS P G. Estimating the helpfulness and economic impact of product reviews: mining text and reviewer characteristics[J].IEEE transactions on knowledge and data engineering, 2011, 23(10): 1498-1512.

[25] 苗蕊，徐健. 评分不一致性对在线评论有用性的影响——归因理论的视角 [J]. 中国管理科学，2018，26 (5): 178-186.

[26] SINGH J P, IRANI S, RANA N P, et al. Predicting the "helpfulness" of online consumer reviews[J].Journal of business research, 2017, 70: 346-355.

[27] YIN D, BOND S D, ZHANG H.Anxious or angry? effects of discrete emotions on the perceived helpfulness of online reviews[J].MIS quarterly, 2014, 38(2): 539-560.

[28] BICKART B A, SCHINDLER R M.Internet forums as influential sources of consumer

information[J].Journal of interactive marketing, 2001, 15(3): 31-40.

［29］殷国鹏.消费者认为怎样的在线评论更有用？——社会性因素的影响效应[J].管理世界，2012（12）：115-124.

［30］HERNÁNDEZ-ORTEGA B.Don't believe strangers: online consumer reviews and the role of social psychological distance[J].Information & management, 2018, 55(1): 31-50.

［31］QAZI A, SHAH K B, RAJ R G, et al.A concept-level approach to the analysis of online review helpfulness[J].Computers in human behavior, 2016, 58: 75-81.

［32］FORD G T, SMITH D B, SWASY J L.Consumer skepticism of advertising claims: testing hypotheses from economics of information[J].Journal of consumer research, 1990, 16(4): 433-441.

［33］游浚,张晓瑜,杨丰瑞.在线评论有用性的影响因素研究——基于商品类型的调节效应[J].软科学, 2019, 33(5): 140-144.

［34］PARK D H, KIM S. The effects of consumer knowledge on message processing of electronic word-of-mouth via online consumer reviews ［J］. Electronic commerce research and applications, 2008, 7 (4): 399-410.

［35］BANSAL H S, VOYER P A. Word-of-mouth processes within a services purchase decision context ［J］. Journal of service research, 2000, 3 (2): 166-177.

［36］MORIUCHI E. Cultural aspect of informational and normative influences on purchasing intentions：an eye-tracking approach ［J］. Journal of marketing theory and practice, 2021, 29 (4): 498-517.

［37］CHONG A Y L, CH'NG E, LIU M J, et al. Predicting consumer product demands via big data：the roles of online promotional marketing and online reviews ［J］. International journal of production research, 2017, 55 (17): 5142-5156.

［38］张敏, 宋书慧, 张宇慧. 物联网背景下定制产品服务质量测评研究 ［J］. 信息与管理研究, 2019 (C2): 12-24.

［39］LIN Y, YAO D, CHEN X. Happiness begets money：emotion and engagement in live streaming ［J］. Journal of marketing research, 2021, 58 (3): 417-438.

［40］张昊. 新零售技术是否有效提升了顾客的忠诚度——基于过程体验与售后服务双渠道下的检验 ［J］. 商业经济研究, 2022 (4): 77-80.

［41］付浜荻. 售后服务在市场营销中的重要性研究 ［J］. 中小企业管理与科技 (下旬刊), 2021 (24): 160-161.

［42］跃斌. 华为手机售后为用户更换二手主板, 供应商致歉；Mac 也能"吃鸡"了；搜狗赴美 IPO, 融资 39.5 亿 ［N］. 雷锋早报, 2017-10-14.

［43］林正旺, 方昕. 电子商务市场售后交易纠纷处理对策研究 ［J］. 中国商论, 2022 (4): 54-56.

［44］谭影. 大数据赋能下的家电品牌售后服务设计策略研究 ［D］. 无锡: 江南大

学，2021.

[45] 桑雪骐．家电售后服务供求差距待补齐 [N]．中国消费者报，2022-02-14．

[46] 李菁．服务补救对网络购物顾客满意度的影响研究——顾客价值共创行为的中介作用 [D]．南昌：华东交通大学，2021．

[47] SHOKOUHYAR S, SHOKOOHYAR S, SAFARI S. Research on the influence of after-sales service quality factors on customer satisfaction [J]. Journal of retailing and consumer services, 2020, 56: 1-11.

[48] RIGOPOULOU I D, CHANIOTAKIS I E, LYMPEROPOULOS C, et al. After-sales service quality as an antecedent of customer satisfaction: the case of electronic appliances [J]. Managing service quality: an international journal, 2008, 18 (5): 512-527.

[49] JAHAN N, RAHMAN M M, HOSSAIN M A, et al. An empirical study on customer satisfaction: mobile phone users in an emerging market [J]. Journal of digital convergence, 2019, 17 (4): 75-85.

[50] KASPER H, LEMMINK J. After sales service quality: views between industrial customers and service managers [J]. Industrial marketing management, 1989, 18 (3): 199-208.

[51] SYAHRIAL E, SUZUKI H, SCHVANEVELDT S J. The impact of serviceability-oriented dimensions on after-sales service cost and customer satisfaction [J]. Total quality management and business excellence, 2019, 30 (11-12): 1257-1281.

[52] ANDERSON R E, SRINIVASAN S S. E-satisfaction and e-loyalty: a contingency framework [J]. Psychology & marketing, 2003, 20 (2): 123-138.

[53] 张春燕．汽车售后服务质量管理与客户忠诚的关系 [J]．内燃机与配件，2021 (12)：152-153．

[54] JAHAN N, RAHMAN M M, HOSSAIN M A, et al. An empirical study on customer satisfaction: mobile phone users in an emerging market [J]. Journal of digital convergence, 2019, 17 (4): 75-85.

[55] 陈刚．售后服务物流探析 [J]．商业经济研究，2007 (30)：5, 18-19．

[56] 崔星．关于供应链物流中客户服务与客户忠诚度关联性的探讨 [J]．铁路采购与物流，2021, 16 (1)：63-64．

[57] 徐雪枫．网购售后服务对顾客重购意愿的实证研究 [J]．湖北文理学院学报，2022, 43 (2)：16-23．

[58] 何忠祥．汽车营销中的口碑传播 [J]．企业改革与管理，2012 (1)：69-71．

[59] 盛兰，张家振．女车主"大闹"上海车展展台特斯拉产能狂奔品控之痛难破 [N]．中国经营报，2021-04-19．

[60] 林子．"刹车门"求解，新能源汽车行车数据属于谁？[N]．新京报，2022-03-23．

［61］张春燕. 汽车售后服务质量管理与客户忠诚的关系 ［J］. 内燃机与配件，2021（12）：152-153.

［62］华子荀，黄慕雄. 教育元宇宙的教学场域架构、关键技术与实验研究 ［J］. 现代远程教育研究，2021，33（6）：23-31.

［63］智雅. 元宇宙来了：时尚行业准备好了吗 ［N］. 中国服饰报，2021-11-19.

［64］刘霞. 2022 年五大技术彰显智慧生活新趋势 ［N］. 科技日报，2021-11-12.

［65］杨新涯，钱国富，唱婷婷，等. 元宇宙是图书馆的未来吗？［J］. 图书馆论坛，2021，41（12）：35-44.

［66］喻国明. 未来媒介的进化逻辑："人的连接"的迭代、重组与升维——从"场景时代"到"元宇宙"再到"心世界"的未来 ［J］. 新闻界，2021（10）：54-60.

［67］朱嘉明."元宇宙"和"后人类社会"［N］. 经济观察报，2021-06-21.

［68］吴江，曹喆，陈佩，等. 元宇宙视域下的用户信息行为：框架与展望 ［J］. 信息资源管理学报，2022，12（1）：4-20.

［69］刘革平，王星，高楠，等. 从虚拟现实到元宇宙：在线教育的新方向 ［J］. 现代远程教育研究，2021，33（6）：12-22.

［70］张依依."虚拟人"真的火了 ［N］. 中国电子报，2021-12-03.

［71］每日经济新闻. 618 战火烧到元宇宙，Burberry 等奢侈品牌也下场了！数字藏品何以抓住年轻人的心 ［EB/OL］.（2022-06-18）［2023-09-12］. https://baijiahao.baidu.com/s?id＝1735988484764560449&wfr＝spider&for＝pc.

第三章 高科技产品的品牌价值创造

"在工厂里制造产品,在头脑中创造品牌。"这句话充分表达了品牌是建立在消费者或者客户对产品的认知与感受基础之上的。高科技企业的生命周期相对较短,一些独角兽企业的表现短暂而辉煌。因此,很多高科技企业管理者非常重视技术创新和产品质量提升,但对打造品牌的重要性认识不足,依旧认为技术决定市场,而不是由市场认可技术。这一观点显然没有认识到品牌的意义与价值,只是简单认为品牌管理不外乎就是做广告、搞活动等。

与普通产品不同,高科技产品具有一些非常鲜明的特点:成熟期和衰退期短,产品生命周期短,研发投入大,导入期长,部分产品技术壁垒不高,可模仿性强,市场竞争非常激烈。仅仅依靠技术创新与开发来实现高科技产品的差异化越来越难,而品牌带来的差异化价值却不容易被模仿。因此,对于技术壁垒低、可模仿性强、同质化严重的高科技产品,可以通过品牌建设来提高市场壁垒;对于技术壁垒高、可模仿性弱的高科技产品,也可以通过品牌建设强化竞争优势,构筑牢固的市场"护城河"。

消费者在面对高科技产品时,对那些技术复杂性较高的新产品,并没有足够的知识去理性购买,甚至有些仅凭"颜值"买单。虽然有一些"重度发烧友"消费者热衷于成为企业的编外员工,给企业提出很多改进产品的建议,积极传播相关信息,还会深入了解技术,甚至挖掘出产品中尚未充分开发的功能,如微软公司推出的一款面向其 Xbox 视频游戏机的体感设备 Kinect,有技术高手三天内就将其破解并用它来实现微软从来没想过的功能,但普遍而言,一般消费者对具有技术含量的高科技产品并没有很高的涉入度,这意味着除了依靠技术特征之外,高科技产品还需要通过品牌来体现其与竞争产品的差异性。品牌所传递出的个性与核心价值在影响消费者购买行为方面尤为重要,企业可以借助品牌维系与顾客的良好关系,建立顾客忠诚度。

第一节 高科技企业的公司品牌与产品品牌

很多高科技企业的产品品牌与企业品牌一致,这是因为单一的高科技产品生命周期短暂,而一些高科技公司的新产品进入一个新市场,或者高科技企业推出一个新产品时,考虑到消费者对新产品的接受程度,也便于未来的品牌延伸,可能会弱化产品品牌而强调公司品牌。

【链接案例 3-1】余承东：华为手机未来可能不叫华为①

华为作为一家超大型的信息通信技术（ICT）企业，涉及的产品和服务非常广泛，包括运营商业务、企业业务和终端业务等。华为首先在 B2B 市场建立了强势品牌，具有广泛的知名度与美誉度。

2012 年 5 月，华为技术有限公司高级副总裁余承东在新浪微博上透露，华为手机终端的品牌名字在未来可能不叫"华为"，不过具体叫什么名字尚未确定。

余承东在微博中表示，在华为公司的内部品牌讨论会上，员工几乎一边倒地都建议华为手机终端不要叫"华为"这个名字。多数人认为华为是一个 B2B 品牌，不利于面向最终消费者。而且，华为长期搞运营商定制集采，以往推出的系列机型已经陷入低价形象中，如果不采用新名字，担心新品牌杀不出市场。

余承东还表示，他和华为终端 CEO 万飚一直坚持手机终端继续叫华为这个名字。他以询问的方式向微博网友征求意见："P 系列和 D 系列叫 Ascend 华昇，G 系列先不要叫 Ascend，先以最高端的 P 系列和 D 系列把品牌档次给拉起来，低端运营商集采低价手机叫华为品牌，中档叫华为荣耀。等将来脱离华为品牌名称，走专业高档电子通信消费品道路后，就全部以华昇取代华为品牌。各位博友什么意见？欢迎大伙指导。"

余承东此番发言引发微博网友热议，多数人认为，华为作为民族品牌的旗帜实际上其知名度已经远超想象，华为手机不应当简单放弃"华为"这个品牌，一个典型先例是三星早已放弃 Anycall 系列的命名。小米董事长雷军也表示，更喜欢华为这个名字。网友"夏燕成"说："用华为，品类跨度不大，知名度美誉度可有效转移，品牌可以延伸。"网友"爪子 ai 蹄子"说："名字不是最重要的，内涵，实在才是最重要的。"有部分人士指出，华为可以稍微参考一下步步高/OPPO 品牌的做法。当然，也有人称华为要想在海外普通消费者中打响知名度，就必须改变发音类似"Who are we"的品牌叫法。

在 B2B 行业，很多高科技企业会使用公司品牌，而较少单独使用产品品牌。特别是当企业旗下产品较少时，产品品牌通常取自公司品牌命名，这是因为：

（1）公司品牌具备背书效应，能够为产品提供有力的信誉保证和市场号召力，特别是推出新产品时，可以降低风险，市场接受程度相对更高。

（2）相比产品品牌，客户更容易通过公司的资产状况、团队、技术研发实力等信息，了解企业的实力，因为公司品牌更接近客户，客户也更容易因信赖公司进而信任公司的产品。

（3）相比产品品牌，公司品牌的内涵更为丰富，它包含了旗下产品的功能属性、情感属性、产品质量声誉、企业形象和价值观等。公司品牌是一个载体，公司可以依托品牌与客户建立良好的关系。

（4）高科技产品的迭代周期短，培育产品品牌的营销成本高昂，且不具备长期持

---

① ChrisR. 余承东：华为手机未来有可能不叫"华为"［EB/OL］.（2012 - 05 - 05）［2023 - 09 - 12］. https:// news. mydrivers. com/1/226/226977. htm.

续性。

因此，如链接案例中提到华为终端产品的命名，是否采用公司品牌是一个事关重大的问题。显然，由于华为在 B2B 市场已经建立了强势品牌，具有广泛的知名度与美誉度，这种公司品牌是能够给新产品提供背书效果的，对进入新市场具有支撑作用，比另外创建产品品牌更合适。

品牌架构理论帮助我们理解公司品牌与产品品牌之间的关系。当高科技企业的产品品牌采用公司品牌时，产品品牌价值与公司品牌价值是一脉相承的，也就是说，产品品牌价值的评估，离不开公司品牌价值的评估。华为在 2003 年成立手机业务部门，开始主要是面向运营商的定制化手机业务，而 2012 年之后，华为开始直接面向 B2C 市场，2013年推出了荣耀品牌。总体来看，华为手机采取的是以公司品牌为主的伞品牌策略，或者叫主副品牌策略，高端手机不同产品以系列品牌命名。处于中低端价位的荣耀品牌作为副品牌，主要面向年轻人。

【链接案例 3-2】 华为抽身，荣耀能否继续"荣耀"？①

2020 年 11 月 17 日，华为正式对外宣布，出售旗下荣耀手机业务。

华为声明称，在产业技术要素不可持续获得、消费者业务受到巨大压力的艰难时刻，为让荣耀渠道和供应商能够得以延续，华为投资控股有限公司决定整体出售荣耀业务资产，收购方为深圳市智信新信息技术有限公司。回顾荣耀手机的历史，2013 年 12 月 16日，华为系荣耀品牌正式发布并进入市场。2017 年，荣耀以 5 450 万台的销量、789 亿元销售额，登上中国互联网手机销量第一的宝座。在华为出售荣耀手机之前，中国手机市场 2020 年第三季度数据显示，华为和荣耀以 41.4% 的市场份额排第一，其后依次是vivo 18.4%、OPPO 16.8%、小米 12.6%。其中，荣耀占据华为手机出货量 26% 的份额。

荣耀的整个发展历程，与华为的市场、技术、运作体系息息相关，彼此相互协助、相互赋能才成长到如今的水平。荣耀过去一直共享着华为的技术，比如其手机芯片、结构设计、屏幕压感、双摄像头、快充等技术，都源自华为。甚至荣耀手机登录的也是华为账户，自带的 App 是华为商城、华为视频，用的是花粉俱乐部，用户协议主体是华为终端有限公司，手机盒子上写的是华为技术有限公司，可以说，华为的技术能力就是荣耀的底气。荣耀发展这么多年，消费者对其的认知几乎已经定性，那就是华为的子品牌，很多消费者也是因为华为才买的荣耀，特别是中美贸易战以来，基于爱国情怀，更多的人选择了荣耀，如今来自以上因素的品牌溢价无疑会逐渐消失，这对荣耀会产生不小的影响。

在品牌定位上，荣耀最初对标的是小米等品牌，手机产品也是定位于中低端市场，可以说是华为的廉价版，也正因为如此，荣耀的利润很低。2019 年荣耀的营收达 900 亿元，净利润却只有 60 亿元，过低的利润显然不利于市场竞争。荣耀本身并没有太强的技术储备，如今脱离了华为，像此前所用的麒麟 Soc、快充技术，甚至操作系统，这些都要

① 董枳君 . 华为抽身，谁的"荣耀"［J］. 商学院，2020（12）：9-12.

自己研发，这需要不短的时间。

华为主品牌和荣耀副品牌的业务模式是不同的，两个品牌的客户群体也基本不存在交集。因此，两个品牌对营销资源的分配是明晰的。但是，华为主品牌对荣耀副品牌的影响是不可忽视的。华为主品牌可以强化荣耀副品牌的影响力，并向市场传递有关技术研发实力的品牌内涵，促使荣耀品牌资产增值，增强市场竞争力。荣耀副品牌则可以突出其手机产品年轻化、高性价比的个性化形象，满足消费者差异化的需求。总体来看，华为旗下的手机产品品牌从"华为荣耀"到独立的"荣耀"，在华为公司主品牌影响力消退的情况下，荣耀品牌面临严峻挑战，需要打破消费者原有的品牌认知，重新建构品牌影响力。

全球知名市场研究机构 Strategy Analytics 发布的《2021 年 Q1 全球手机市场出货量报告》显示，2021 年第一季度全球智能手机出货量为 3.4 亿部，同比增长 24%，实现了自 2015 年以来的最高增长率。其中，三星以 7 700 万部的出货量排名第一，市场份额达 23%，相比去年同期的增幅为 32%；苹果排名第二，出货量为 5 700 万部，市场份额为 17%，相比去年同期的增幅为 44%；第三到第五名是 3 家中国品牌，小米、OPPO（不包括 Realme 和一加）和 vivo，出货量分别为 4 900 万部、3 800 万部和 3 700 万部，市场份额分别为 15%、11% 和 11%，相比去年同期的增幅分别为 80%、68% 和 85%。而华为只被列在"Others（其他）"一栏，排名跌出前五。包括华为在内的其他智能手机厂商的整体市场份额为 24%，出货量同比下降 23%。可见市场格局在向头部厂商加速集中，华为"消失"后腾出的市场空间主要被头部厂商所瓜分，荣耀还未具备独立与小米、OPPO 和 vivo 抢占细分市场的能力。[1]

第二节　高科技产品的品牌价值发现

品牌价值评价是品牌价值发现、价值提升和价值实现的重要支撑。相比无品牌产品，有品牌产品能够获得更高收益，这部分高出的收益就是品牌所创造的价值。[2]

戴维·阿克（David A. Aaker）最早提出品牌价值理论，他认为品牌价值是品牌的核心，同时也是企业资产的重要组成部分。品牌作为一项资产，对消费者、公司和股东都具有价值，这是一项达成共识的观点。但是在品牌价值如何评价上，存在两种不同的视角。[3]

一、市场和财务的视角

这一视角以市场为基础来评价品牌价值，包括多种方法。财务方面的价值衡量，主要基于未来现金流的贴现盈余来看待品牌资产，品牌价值与资本市场的股价直接相关，且体现了企业竞争力的企业无形资产。在金融市场上，有多种方法可以做出对品牌价值的直接财务评价，其中有三个特别重要的指标，分别是股票价格、市盈率以及最终的公司总体市值，其他的测量指标如经济附加值等也可用于参考。

（一）成本法

成本法是根据历史成本或者重置成本来评估品牌价值。历史成本法是以品牌在创建、发展与维护过程中所投入的初始成本为基础来评估品牌价值，比如设计、开发、商标注册、相关的专利发明、营销传播等一系列的成本开支。重置成本法则是指重新创建一个相似的品牌所需的成本。成本法原理简单，它依照所投入的成本来评估品牌价值，但具有一定的滞后性，缺乏考量品牌价值的动态变化，而且投入的成本也并不能完全体现在品牌价值上，导致高估或低估品牌的真实价值。

（二）收益现值法

收益现值法在品牌价值评估中应用较为广泛。它将品牌的未来收益折算成现值来评价品牌价值。这种方法需要对品牌未来的销量和收入进行预测，然后再扣除成本、费用计算利润，最后折现相加得到品牌价值。

另外，也有一些改进版本的收益现值法，主要增加了市场评价的因素。

1. Interbrand 法

通过 ISO 10668：2010 认证的 Interbrand 方法是一种改进版的收益现值法。$E = I \times G$，其中，E 为品牌价值，I 为品牌给企业带来的年平均利润，G 为品牌强度。在这个评价公式中，品牌强度 G 在评价品牌价值中起着关键作用。品牌强度有 7 个评价因素，赋予不同的权重，即领导力、稳定力、市场力、国际力、趋势力、支持力和保护力。7 个因素的含义如下：品牌的市场地位，即其影响市场的能力；品牌的生存能力；品牌所在市场的成长和稳定情况；品牌所具有的超越地域和文化边界的能力；品牌对行业发展趋势的影响力；品牌所获得相关方支持的程度；品牌的合法性和受保护的程度。

2. Financial World 评价模型

此模型与 Interbrand 法类似。该方法认为品牌价值源于两个方面，一是公司品牌，二是产品品牌。产品品牌与公司品牌的区别在于公司旗下会有一系列不同品牌的产品，公司能够通过许可使用获得使用费收入，因此公司品牌的评估应当考虑全部收入，而产品品牌价值评估仅限于被评估的产品品牌。对产品品牌的价值评估，主要采用 Interbrand 法进行估算；对公司品牌的价值，主要采用特许权使用费对其进行评估，其思路属于收益现值法。

Financial World 评价模型采用了第三方估测数据作为评价依据，主要通过咨询财务分析师、行业商会、相关财务报表甚至公司的竞争对手等途径来获取数据。

（三）现行市价法

现行市价法也叫作市场法、交易案例比较法。这种方法建立在替代原则的基础上，将现有市场上已交易品牌的市价来作参照对比。综合各种信息并分析市场上交易品牌的异同，从而得出品牌价值。

这种评价方法简单易懂，能够直接反映品牌在现行市场的价值，但前提是存在一个成熟、公平、活跃的资产市场，而且品牌资产交易的各种数据信息公开透明，容易收集。在现实操作中，这种市场并不多见，适用性不强。

（四）特许权免除法

Brand Finance 公司提出的特许权免除法包含两个方面的内容，分别是由品牌所带来的预期未来销售的估计以及特许费率的计算。品牌的拥有者可以向品牌的使用者收取特许权使用费。当然，如果公司拥有该品牌，就能节省下这笔费用，这也是品牌价值所在。因此，品牌价值可以看成品牌特许权使用费的累加值，它需要对品牌附加收益进行预测和计算，这一方法与品牌授权使用费、商标使用费类似，都属于品牌使用权利的让渡，这种为获得使用权所需支付的价格被认为是品牌价值。

二、消费者的视角

这一视角探究的是品牌对消费者的价值，认为品牌所具有的价值源自消费者的评判，体现了消费者心目中对品牌的整体看法。它从营销决策的视角看待品牌资产，关注的是产品和品牌如何被消费者知觉，基于对消费者层面的测量，直接、真实地揭示品牌资产的内核。

1. 顾客忠诚因子评价法[4]

顾客忠诚因子评价法是范秀成提出的一种以消费者行为作为基础的测评方法。基于此种方法，品牌价值表现为品牌给企业带来的未来增量收益，这种未来增量收益并不是从财务数据中计算出来的，而是有赖于广义的顾客忠诚度。用公式表示为：品牌价值＝忠诚因子×周期购买量×时限内周期数×理论目标顾客基数×（单位产品价格－单位无品牌产品价格）。其中，忠诚因子是公式中的核心要素，它体现了目标消费者群体中重复购买或转换购买行为的比例，以百分数的形式呈现。这一群体行为的指标反映了整个市场对品牌的忠诚度和品牌吸引力。

2. 品牌资产十要素模型

品牌资产十要素模型（见表 3-1），是著名品牌专家阿克在五星模型的基础上提出的。它结合了顾客与市场两方面的因素，丰富了五星模型中品牌资产的五个维度，提出了品牌资产十要素模型，其五个维度及十个要素分别是：忠诚度（溢价、满意度）、品牌认知（品质感知、领导性或受欢迎度）、品牌联想（价值、品牌个性和公司联想）、品牌知名度、市场状况（市场价格、市场份额及分销覆盖面）。进一步提升品牌价值测量的可行性。其暗含的基本假设是，忠诚度、品牌个性等品牌强度指标会影响财务指标，进而影响品牌资产价值。品牌资产十要素模型不仅较好地考虑了消费者因素对品牌资产价值的影响，而且考虑了市场因素对品牌资产价值的影响程度，是一种更全面、更详尽的品牌资产价值评估思路与方法[5-6]。

表 3-1 品牌资产十要素模型

忠诚度	（1）溢价
	（2）满意度
品牌认知	（3）品质感知
	（4）领导性或受欢迎度

（续上表）

品牌联想	（5）价值
	（6）品牌个性
	（7）公司联想
品牌知名度	
市场状况	（8）市场价格
	（9）市场份额
	（10）分销覆盖面

3. 品牌资产评估电通模型（Brand Asset Valuator）

该模型由扬·罗比凯广告公司（Young & Rubicam）提出，它通过定期且大范围的消费者调查来评估品牌。调查消费者对每一个品牌在差异性、相关性、品牌地位和品牌认知度等四个指标方面的表现评价，并在消费者评估结果的基础上，建立品牌强度和品牌高度两个因子。品牌强度等于差异性与相关性的乘积，品牌高度由品牌地位与品牌认知度的乘积表示，这两个因子构成品牌力矩阵，可用于判别品牌所处的发展阶段。电通模型从品牌力的角度进行品牌资产评估，重视品牌资产与消费者之间的关联。[①]

4. 品牌资产趋势模型

品牌资产趋势模型由美国道达尔研究公司（Total Research Corp.，简称 TRC）1989年提出，他们认为衡量品牌的最好、最有用的单一衡量标准是消费者对品牌"质量"（由消费者定义）的看法。通过测量消费者对品牌的认知度、感知质量和满意度这三个指标，并综合品牌在各指标上的表现，计算出品牌资产得分。其中，品牌的认知度是指消费者对品牌的认知比例，可以分为首次提及、提示前以及提示后的知名度；感知质量是核心指标，消费者可以自己决定或使用相关依据来定义"质量"，质量将直接影响消费者对品牌的偏好、信任度以及向他人推荐的意愿；满意度则是品牌最常使用者的平均满意程度。该模型比较简单，且经过多年问卷调查和深度访谈的积累，TRC 构建了丰富的数据库，覆盖了较广泛的品牌和产品种类，能够很好地理解各品牌资产的运行机制及效果。

5. 凯度 BrandZ 评价法

BrandZ 不仅是一种评价方法，更是全球最大的品牌资产数据库。它是凯度华通明略（Millward Brown）在 1998 年建构的以品牌种类和国家区域为基础的全球性的品牌数据库。其评价品牌价值的方法用公式表示为：品牌价值＝财务价值×品牌贡献×品牌倍数。如果企业拥有诸多品牌，那么就将企业收益的总值分配到这多个品牌中。品牌贡献是指排除某些可能影响品牌化的理性因素，如产品的价格、购买的便利性、品牌的可得性和品牌的地域分布等，对品牌的独特性、品牌创造需求的能力、品牌培养忠诚度的能力、品牌脱颖而出的能力等因素进行的综合评价。品牌倍数体现为对目前收益进行倍数估价以得出品牌未来的收益前景。

① 卢泰宏. 品牌资产评估的模型与方法［J］. 中山大学学报（社会科学版），2002（3）：88-96.

财务、市场和消费者等不同视角的品牌价值评价方法，反映出评估要素的多样性。进行高科技产品的品牌价值评估时，可以根据产品品牌在企业品牌架构中的地位，选择恰当的评估方法。大部分公司品牌和高科技产品品牌是主副品牌关系，回想一下那些企业品牌经久不衰、产品几经更替的高科技企业，比如施乐（Xerox）品牌旗下的打印机、复印机和传真机等产品，如果它们有子品牌名称的话，估计也已经被人们所淡忘了，但公司品牌仍能深深地刻在人们的脑海中。可见，高科技产品的品牌价值创造，与公司品牌具有高度的关联性，因此在产品品牌价值评估中，应充分考虑公司品牌价值。

三、品牌生命周期及阶段划分

产品生命周期将产品在市场上的表现与生物成长衰老的现象结合起来，描述产品在一定时期内的销售和利润情况，反映产品在市场上的竞争力。高科技产品的生命周期可以分为五个不同的阶段：产品开发期、导入期、成长期、成熟期和衰退期。但并非所有的高科技产品都依次遵循这五个阶段，一些产品还没有进入导入期就折戟了；一些产品迟迟进入不了成长期；极少数高科技产品能在成熟期停留很久；还有一些产品在进入衰退期后，通过企业在营销上的努力，又重返成长期。

如果说品牌是整体产品不可分割的一部分，那么品牌的生命周期也会像产品一样经历一个从开发、进入市场，到成长、成熟，最后衰退并消失的过程。曼弗雷德·布鲁恩在20世纪60年代提出了品牌生命周期理论，他认为品牌生命周期由六个阶段组成：创立期、稳固期、差异化时期、模仿期、分化期以及两极分化期。科特勒认为品牌也会像产品一样，经历一个从出生、成长、成熟到最后衰退的过程。但现实情况是，一个经营良好的品牌往往可以活力长存，比如许多老品牌时至今日仍经久不衰，这是因为品牌能够脱离某种具体形式的产品而独立存在。这些经久不衰的品牌往往在管理和维护方面突出，使得品牌充满了生机与活力，品牌生命周期不断延长，品牌的核心竞争力不断增强，品牌价值也随之不断累加和提升。通用电气品牌就是其中一个典型例子。

【链接案例 3-3】 通用电气——百年品牌 历久弥新[①]

美国通用电气公司是一家以工业起步的企业，在走过一个多世纪之久的征程后，现已发展成为一家以工业为核心的、多元化发展的国际化企业，成功积累了强大的品牌资产。通用电气在早年发展中主要以技术和质量为核心，通过不断进行研发创新并提供质量优良的产品，形成初始品牌价值；在后期推进国际化发展的过程中，通用电气敏锐地感知到外部环境的变化，制定了相应的战略，以文化变革、人力资源管理以及质量管理等作为支撑，通过品牌定位、品牌延伸、品牌传播等一系列手段不断延伸与提升其品牌价值。时至今日，通用电气已经多次位居"全球最具价值品牌100强"的前10位，展示出旺盛的品牌生命力。

通用电气成立于1892年，由爱迪生电灯公司和汤姆森·休斯顿电气公司合并而成，

[①] 刘猛，李东昊. 通用电气品牌发展战略对我国军工企业品牌建设的启示——百年品牌 历久弥新 [J]. 军民两用技术与产品，2017（17）：16-18.

当时主要从事电灯泡及电力设备生产等业务。1900 年，通用电气成立了工业研究实验室，开启了研发创新的序幕。第一次世界大战后，通用电气在新兴的无线电技术方面占据了统治地位；1919 年，通用电气成立了一家子公司，即美国无线电公司，几乎独占了美国当时的无线电工业。第二次世界大战之后，通用电气公司的产量和利润额进一步增长，并且进入了国防设备、重型发电和输配电设备、化学合成材料、核能开发等最新技术的前沿领域。在成立之后 80 多年的发展历程中，通用电气以电气产业为基础，在两次世界大战期间通过发展军事业务，积累了大量的资产，并开发与积累了航空发动机领域的关键技术。

1979 年，美国爆发经济危机，日本、欧洲等其他国家或地区的工业技术水平加速发展，当时的通用电气却陷入了窘境。为走出困境，通用电气于 1981 年开始了大刀阔斧的改革，通过"数一数二"的强势定位、服务化和全球化定位进行品牌价值延伸。在接下来近 20 年时间里，通用电气通过实施服务化和全球化战略，迅速成长为规模庞大的多元化公司，其年收益从 250 亿美元增长到 1 005 亿美元，净利润从 15 亿美元上升为 93 亿美元，而员工人数从 40 万人削减至 30 万人。到 1998 年年底，通用电气的市场价值超过了 2 800 亿美元，连续多年名列财富世界 500 强企业前列。通用电气通过实施多元化和国际化战略，打开了新的经济增长突破口，充分利用通用电气的品牌资产，成功将品牌价值延伸到了多个业务领域。

在社会大分工和产业专业化发展的大背景下，实体产业发展金融业务的根本目的在于发展壮大现有产业，并通过融资不断提高实体产业资本的利润率。但是，在通用电气金融产业的发展过程中，通用电气的许多业务，如房地产（商业地产和住宅等）、商用信用卡等，与航空、医疗器械和新能源等核心制造业并不相关。美国次贷危机的爆发让曾经举足轻重的通用电气金融集团成了通用电气利润变化的放大器。走出金融危机后的通用电气，将高端制造业作为其未来发展的重点。从 2001 年开始，通用电气逐步剥离与工业不相关的业务，先后出售了其保险业务、塑料业务、美国全国广播公司（NBC）股权、电器业务，以及地产业务等，并收购了安然风力公司的资产、史密斯航空业务，以及阿尔斯通能源板块，以支持其重新聚焦工业的品牌发展战略。如今，通用电气已经成长为全球数字工业公司，开发创造了由软件定义的机器，集互联、响应和预测之智，致力于变革传统工业。其主要业务部门包括通用电气航空公司、通用电气石油天然气公司、通用电气医疗公司、通用电气发电公司、通用电气金融公司、通用电气能源互联公司、通用电气运输系统公司，以及通用电气照明公司。

通用电气在上百年的发展过程中，历经多次起伏。在资本扩张阶段，通用电气通过多元化和国际化战略充分利用其品牌资产，将品牌价值延伸至多个业务领域。但其在产业多元化发展的后期遭遇了大型企业的通病，面临运转效率下降，以及资本过于分散导致增长动力不足等问题。之后，通用电气逐渐回归以工业为核心的轨道上，并致力于品牌转型。通用电气在进行战略调整的过程中，一直将品牌管理作为核心战略，不断完善品牌管理体系，有效降低了发展过程中的风险，保障了企业的可持续发展。

品牌生命周期与产品生命周期类似之处在于，品牌随产品进入市场直到退出市场形成了一个完整的周期过程，但如前所述，品牌与产品既密切相关又相互独立，品牌的成长离不开产品的有力支撑，品牌通过产品来获得消费者的认可，消费者使用产品后产生质量感知，这种感知迁移到品牌上，最终成为品牌价值的核心部分；品牌也可以独立于任何具体产品，坚守其个性特征，在市场的长期竞争中保持一定的优势，保持相对稳定的市场份额，并且能够引领新产品的开发，拓展新市场。因此，对于高科技产品来讲，品牌与产品的分离，成为高科技产品品牌成长过程中非常重要的一环，很多高科技品牌创立的失败，一部分是由于品牌与产品紧紧捆绑在一起，一部分是由于在产品失去市场之前，没有重视品牌成长的规律。

从企业管理品牌的角度来看，一个完整的品牌生命周期包括导入期、知晓期、知名期、维护与完善期、退出期五个阶段。在每个阶段消费者对品牌的反应不同，依次经历了认知期、美誉期、忠诚期、流失期四个阶段。消费者表现出对品牌的忠诚度是识别品牌生命周期阶段的核心要素。品牌在市场上拥有稳定的忠诚消费者群体，消费者对品牌具有较强的信任感，品牌忠诚度很高，标志着品牌知名期的到来。但是品牌发展过程又并不完全遵循品牌生命周期理论中"成熟与忠诚度"对应的规律，有些高科技产品品牌在导入期就开始拥有忠诚的种子用户，在品牌生命周期的发展阶段中，重视关键意见领袖或者铁杆粉丝用户群体的态度及感受，意味着这些企业在管理品牌过程中，一开始就将品牌的发展与荣辱和消费者紧密联系在一起。

四、品牌生命周期中品牌价值的影响因素

品牌生命周期的不同阶段可以反映出品牌在市场中的竞争态势，在导入期和知晓期作为市场挑战者，在知名期、维护与完善期作为市场维护者。品牌价值随着品牌的成长与发展而逐渐累积，也就是说，品牌价值与品牌生命周期二者之间具有一致性。如前所述，品牌价值可以从财务指标、市场表现和消费者对品牌的态度等视角来评价，可以看出品牌价值是一个由企业单方创造转变为品牌利益相关者共同创造的品牌全周期管理过程。在品牌生命周期中，影响品牌价值的因素主要有以下三个方面：

1. 品牌相关利益方的支持

根据品牌价值的评价要素，结合迈克尔·波特的五力模型观点，高科技产品的品牌价值与供应商、消费者、投资者等利益相关方的认可和支持密切相关。在品牌导入期和知晓期阶段，品牌在议价力量上往往处于劣势，可能受到强势供应商的挤压，而如果能在发展初期就与供应商建立良好的合作关系，将在很大程度上助力品牌发展壮大。同时，市场上的消费者是否认同品牌在进入市场时所传达的核心价值，将直接影响消费者的态度与购买行为。除了消费者的认同以外，一些新品牌还需要积极争取投资方的支持。因为品牌进入市场需要大量财力的投入，需要获得足够的资金进行研发、开拓市场，以便能在竞争初期脱颖而出，获得宝贵的发展机会。一旦资金投入出现困难，品牌创立就会尤为艰难。

石头科技是一家专注于技术创新的智能硬件厂商，成立之初就获得了小米的投资，成为小米生态链上的企业。石头科技的快速发展离不开小米生态链的支持，在智能硬件

领域，上下游供应链涉及的企业较多，产品比较复杂，很多团队都会面临资金压力和生存危机。小米除了在财务和品牌背书上给予石头科技强有力的支持之外，还在供应渠道、人力资源与专利共有等领域提供支持。石头科技的主要核心供应商是欣旺达、信泰光学等，这些企业同时也是小米公司的供应商。石头科技推出第一代产品"米家智能扫地机器人"就实现了大规模量产，广受市场欢迎。第二年实现盈利之后，石头科技推出了首款自有品牌产品"石头扫地机器人 S5 系列"。石头科技品牌在市场导入期有效地利用小米公司的资源，从而快速拓展市场，加快了新产品迭代的速度。[7]

2. 差异化品牌定位

处于导入期和知晓期的品牌，在进入市场时，不可避免地会对市场中既有品牌的市场份额产生威胁，也会受到竞争者的排斥。新品牌能否顺利进入市场就在于能否打破市场的既有认同，通过差异化定位向市场提供有效的品牌识别。

在奇虎 360 公司进入杀毒软件市场之前，市场上已经有瑞星、金山、诺顿、江民等诸多企业存在。其他新的杀毒软件产品进入新市场时，主要采取有限期免费的策略，如金山毒霸进入日本市场时提供了一年的免费使用期。而奇虎 360 推出的是终身免费策略，这为其带来庞大的用户群和广泛的品牌影响。此外，奇虎 360 采用免费增值和开放平台的商业模式，与利益相关者共建开放生态系统。

移动互联网时代，用户可以通过智能手机等移动设备主动获取信息，但同时又面临一个信息过载的环境。为解决客户痛点，今日头条在分析现有新闻客户端的分类（门户、传统和聚合平台）和发展模式后，聚焦于消费者的个性化需求，根据数据挖掘技术，通过智能分析筛选出用户感兴趣的内容，进行个性化信息的分发推荐。借助这一策略，今日头条在"BAT"① 以及新华社等传统新闻客户端竞争激烈的红海市场上找到了差异化的市场机会。

3. 品牌延伸能力

高科技企业的产品进入新市场，往往会利用原有品牌在市场中已经建立起来的专有技术、供应链关系、营销渠道、消费者认同等优势有效地渗透新市场，并在延伸产品上体现原有品牌的核心价值。

【链接案例 3-4】造车新势力 2.0 时代，谁能分到蛋糕？②

华为很可能是头部手机企业中最早和汽车行业"暧昧"起来的企业。虽然关于造车这件事已经流传了很久，但华为官方始终保持否认的态度。相比成为下一个特斯拉，华为似乎更想做中国的"博世"。

华为认为，汽车产业目前需要的不是华为品牌汽车，而是供应商华为。凭借三十多年积累的 ICT（信息与通信技术）技术能力为车企提供智能网联汽车解决方案，帮助车

---

① BAT：指三大互联网公司，分别是百度（Baidu）、阿里巴巴（Alibaba）、腾讯（Tencent）。
② 苏苏. 华为、小米领衔的造车新势力 2.0 时代　谁能分到蛋糕？[EB/OL].（2021-06-11）[2023-09-12]. https://mp.weixin.qq.com/s/o0ZCoWz5U9lBviDXu2imHw.

企造好面向未来的车，才是自己该做的。在5G技术方面，华为的技术优势非常明显，尤其是在5G商用方面有着丰富的经验，而这也是当今汽车行业最为需要的技术。于是，除了在消费级电子产品和通信行业发光发热，华为进军汽车行业也是如鱼得水。如今华为已经与20多家汽车企业达成合作，而HiCar解决方案也正在逐渐落地。上海车展上，极狐阿尔法S华为Hi版引来了不少关注，车规级激光雷达等先进硬件组成的华为全栈智能汽车解决方案正在逐渐走向消费者，鸿蒙OS系统也已经整装待发。聚焦智能驾驶、智能座舱、智能网联、智能电动和智能车云五大领域的华为，正在以另一种方式、另一种身份拥抱汽车行业。在软件定义汽车的时代，华为参与造车的方式有着极高的前瞻性。也许我们确实见不到悬挂着华为Logo的汽车，但在未来的汽车智能化时代，华为一定是一股不可或缺的力量。

相比于以蔚来、理想、小鹏等为代表的造车新势力1.0时代，消费者显然对由科技公司领衔的造车新势力2.0时代有着更高的接受度。毕竟这些公司在手机领域已经有了辉煌的战绩和口碑，至少在消费者心中它们是不会做出圈钱跑路这种事的。另外，在汽车智能化潮流的引领下，早已在互联、智能领域有着出色技术积累的华为、小米、OPPO、360等企业可以最大限度地发挥自身优势。即便跨界企业选择了下场造车，日趋成熟的供应链也能解决跨界造车的大部分难题。汽车行业的蛋糕正在越做越大，你觉得谁能抢到更多的市场呢？

前述有关品牌价值的评价方法为高科技企业有效管理品牌提供了一套整合的框架体系，可以帮助企业结合品牌生命周期不同阶段的特征，有针对性地制定品牌管理和经营战略，从而有效提升品牌价值。在品牌知名期，品牌价值处于高峰值阶段，企业需要在市场上维护品牌的市场地位；在品牌退出期，品牌价值及相应的价值预期会出现较大的调整，企业主要考虑的是如何走出困境、重塑品牌。品牌价值随着品牌生命周期的发展而变化，与品牌初始投入、品牌战略制定以及品牌维护密切相关。

高科技产品品牌由于产品技术更新换代快，品牌生命周期中的知名期和退出期都比较短，如果企业能够进行持续的技术开发和产品创新，提高品牌附加值，则有助于企业延长品牌知名期。如果缺乏技术和创新支持，依靠品牌营销一炮走红市场的品牌在发展一段时间后则会后劲不足，甚至很快进入退出期。

2014年，惠普结合公司在全球范围内的战略愿景，重新审视其各项业务和战略重心，将原有的公司拆分为惠普企业（Hewlett Packard Enterprise）和惠普公司（HP Inc.）两家上市公司。惠普企业重点发展云计算解决方案，惠普公司则重点生产打印机和PC个人电脑。新"惠普公司"仍采用当前Logo，从一个纯粹做硬件的企业开始转变为服务和软件的供应商，公司通过不断创新，为惠普品牌注入一些新的活力要素，如"智能科技""赋能未来""创无止境"等，以应对不同品牌周期里动态的竞争环境。

第三节　高科技产品的品牌价值创建①

　　高科技产品的品牌价值由企业的投入与消费者的认知构成。品牌价值影响因素包括质量、服务、技术与创新、有形要素和无形要素这五个基本要素（以下简称"五要素"）。品牌价值（Brand Value）是实体资产所具有的价值。通过分析品牌价值的形成过程，组织能够识别和把握品牌价值的影响要素，为品牌价值管理活动提供基础依据，并根据品牌价值的形成过程，持续改进品牌价值管理，进一步提升品牌价值。

　　国家质检总局和国家标准化管理委员会发布了品牌价值国家标准，在《品牌价值要素》（GB/T 29186—2012）中指出了品牌价值的形成过程。根据这个标准，高科技产品的品牌价值形成可以分为品牌价值创建、价值传递、价值实现与维护三个阶段。[8]

　　高科技产品的品牌价值创建是品牌价值形成的主要环节，这一阶段的任务是创建品牌所依附的实体，具体包括研发设计和生产管理两个过程。企业研发设计获得的图纸、样品、专利、技术秘诀等知识产权，可通过生产管理转化为产品或服务，成为品牌价值的物质基础。在这一过程中，企业应具备必要的资源及资源协调配置能力，以保证品牌价值创建过程的顺利实施。在品牌价值创建阶段，质量能力、财务状况、创新能力、社会责任和法律保护是影响品牌价值创建的主要因素。

一、质量能力

　　质量是品牌创建、生存和发展的基础，是构成品牌价值的核心内容。高科技产品的质量水平和质量管理水平可以反映高科技产品的品牌质量能力。

　　1. 质量水平的衡量维度

　　（1）市场准入情况：国家发布的行业准入条件、国家规定的许可事项（如生产、安全、环保、进出口等）的执行情况。

　　（2）产品合格/认证情况：国家监督抽查和地方监督抽查结果、国外通报情况、进出口检验结果、进出口分级分类结果，以及产品认证情况。

　　（3）标准执行情况：所执行的标准以及达标情况。

　　（4）质量信用情况：质量信用记录状况。

　　2. 质量管理水平的衡量维度

　　（1）认证情况：通过的国际/国家体系认证及其他各类认证的情况。

【链接案例 3-5】创造世纪音频传奇②

　　DENON（天龙）是全球闻名的影音名牌，从1910年创建至今已经有一百多年的发

① 本节内容源自国家质检总局和国家标准化管理委员会发布的品牌价值国家标准，引用《品牌价值　要素》（GB/T 29186—2012）一文，并辅以案例说明。
② VINSSON L. 创造世纪音频传奇　领略 DENON 百年风采 [J]. 家庭影院技术，2010（10）：51-53.

展历程。天龙的产品从专业录音到民用音响，从模拟到数码，在业界都保持着领先的地位。凭借对音乐的深入理解、卓越的技术开发能力以及品质出众的影音产品，DENON 已经成为消费与专业领域创新性技术以及杰出产品的代名词。经过一个多世纪的发展历程，DENON 推出了众多具有传奇色彩的优秀产品，例如，1970 年的第一台 PCM 录音机，1981 年的第一台专业 CD 播放器，1982 年的第一台商用 CD 播放器，1995 年的第一套通过 THX 认证的杜比数字解码的家庭影院系统，2004 年的世界首款具备 HQV 技术的高端 DVD 播放机，2009 年的第一款支持 BD、SACD、DVD、CD 的通用型光盘播放机。

（2）质量奖励情况：获得国际或国内质量相关奖项的情况。

2016 年，上海振华重工（集团）股份有限公司和中国航天科技集团公司获得第二届中国质量奖。上海振华重工（集团）股份有限公司牢固树立"不欠债离岸"的质量文化理念。"债"是问题，"岸"是问题发生地。"不欠债离岸"是指不让任何问题遗留到下一环节，而是在问题的发生地就地解决。中国航天科技集团公司坚持"质量是政治、质量是生命、质量是效益"的理念，构建了由精神内涵、行为规范、物化体现三个层面组成的航天科技质量文化体系。[9]

（3）标准参与情况：参与国际或国家标准制定的情况。

THX 公司是一个对电影、电影播放设备和环境以及影音产品进行标准设定和认证的机构，由好莱坞王牌导演兼制片人乔治·卢卡斯创建。早在 1982 年，卢卡斯影业公司就成立了 THX 工作室，专业从事影片录音工作，并积极协助电影院改善音响系统；1986 年卢卡斯影业公司倾尽全力协同音响厂商投入家庭剧院器材品质规格的研究，并于 1990 年推出 THX 认证服务，涵盖家庭器材、剧院器材、影片音效、录音室以及电脑、游戏音效认证等。[10]

（4）企业标准情况：企业自身标准的制定和执行情况。

标准是科技创新及成果转化的支撑和依据，创新是提升标准水平的根本动力。创新成果通过标准迅速蔓延，可以加速企业高科技产品的市场化和产业化，形成强大的创新动力，引领新产业、新模式发展壮大。

正泰电气股份有限公司（简称正泰）成立于 1984 年，是一家具备总包服务能力的输配电整体解决方案供应商。自成立以来，正泰立足输配电领域，坚持卓越创新，通过不断的技术、产品和服务创新，为中国和全球 140 多个国家的用户提供产品、专业解决方案与服务，业务涉及能源、工业、基础设施和民用等多个领域，致力于让电能连通世界的每个角落。经过多年的企业标准化"跋涉"和持续优化，公司在产品标准化、企业标准的制定与实施、企业技术标准体系的建设工作上积累了一定的经验。凭借其在智能制造技改专项中的优异表现，正泰被政府和专业协会邀请参与智能制造规范化发展标准的制定工作，参与编制了《数字化车间通讯接口技术规范》等 120 余项设备类、信息类标准，申报专利 1 000 余项，成为国家电网企业标准、中电联等多个行业标准的主笔单位。正泰通过将智能制造的相关做法融入行业标准并推广至全行业范围，展示了正泰在数字化转型道路上的先进性与权威性。与此同时，除了参与完成标准制定工作之外，正泰也能全流程引入先进、科学的技术和管理方法，以标准化为纽带，强化产供销各流程工作的协调性与整体性，提高产品和服务质量，降低生产能耗和成本，打造"硬核"的企业竞争力。[11]

二、财务状况

财务状况反映了品牌的盈利能力，是品牌价值以货币形式体现的基础。财务状况可从企业一定期间的盈利能力、资产质量、债务风险和经营绩效增长四个方面进行分析与评判。

经济实体的高新技术企业具有技术密集、知识密集的特点，在其发展过程中能否保持自身竞争力取决于高科技产品的研发是否成功，而高科技产品研发离不开资金支持。与一般的企业相比，高新技术企业的产品和技术往往有着更快的迭代速度，在其发展过程中所面临的财务风险也有所不同，融资困难、资金短缺等问题困扰着大多数高新技术企业。高科技产品的盈利能力既反映了品牌的价值，也能帮助品牌吸引到投资者。

（1）盈利能力分析与评判主要基于资本及资产报酬水平、成本费用控制水平和经营现金流量状况等方面的财务指标，综合反映企业的投入产出水平以及盈利质量和现金保障能力。

（2）资产质量分析与评判主要基于资产周转速度、资产运行状态、资产结构以及资产有效性等方面的财务指标，综合反映企业所占用经济资源的利用效率、资产管理水平与资产安全性。

（3）债务风险分析与评判主要基于债务负担水平，资产负债结构、或有负债情况、现金偿债能力等方面的财务指标，综合反映企业的债务水平、偿债能力及其面临的债务风险。

容百科技是第一批登陆中国科创板的公司之一，目前在国内高镍正极市场上占据龙头地位。公司早在 2016 年就研发创新了高镍材料技术，并成为我国第一个实现批量生产 NCM811 高镍材料的企业，2018 年 NCM811 的市场占有率高达 74%。作为我国高科技新能源材料行业的领导企业，容百科技在高镍三元市场中的市场占有率最高，在正极材料市场中具有技术领先的核心竞争力，公司技术领先，产品质量优越，并且研发投入在同行业中处于较高水平，但较高的科研投入并没有提高产品利润，而且公司产品的结构较为单一，主要收入来自五家客户，如果净利润继续下降，应收账款余额持续位于较高水平，公司或将面临较大的财务风险。[12]

（4）经营绩效增长分析与评判主要基于销售增长、资本积累、效益变化以及技术投入等方面的财务指标，综合反映企业的经营绩效增长水平及发展潜力。

经营绩效是在一定时期内，企业经营运作的效果和结果的体现，也是经营者业绩的体现。企业销售水平、市场占有率情况不仅会直接影响企业的财务绩效，还会影响企业资本积累和技术投入的情况。营业收入既是品牌价值的直接体现，同时也是品牌价值作用于企业绩效的结果。品牌价值的提高给高科技企业带来的直接影响是，产品或服务进入市场成本的降低、产品或服务溢价能力的提升，意味着企业盈利能力的增强，进而会对企业整体绩效产生重要的影响。

海康威视作为一家大型高科技企业，从成立之初便扎根安防行业，公司的主营业务囊括了视频监控、前段感知、视频信息采集、视频解码和硬件设备等类别。其中，最核心的部分是安防类视频监控产品的研发、投产和出售，这也是公司赖以成名的拳头产品，在国内占据明显的市场龙头地位。有关数据显示，截至 2019 年，在全球视频监控市场上，海康威视的市场份额已经连续 9 年蝉联全球第一，所占市场份额达到 29%。从营收方面来看，根据海康威视 2020 年的年度报告，海康威视在当年实现营收 635 亿元，净利润 133.86 亿元，延续了上市 11 年以来的稳定增长。此外，2020 年的年度报告还显示，公司近 5 年来的研发投入超 200 亿元，其中仅在 2020 年，公司的研发投入就达到了 63.79 亿元，占营业收入的比重超过 10%。在业内，只要提到安防设备，第一个想到的企业必然是海康威视。[13]

三、创新能力

创新能力是高科技企业持续获得和保持核心竞争力的关键，创新能力可从技术和管理两方面进行综合分析与评价，技术创新能力和管理创新能力是反映品牌创新能力的两大要素。

（1）技术创新能力包括研究开发创新能力、生产创新能力和投入创新能力等。技术创新能力可以进行量化反映，如投入创新能力可以从研发资金投入占总投入的比重、技术研发人员比例、每万元固定资产投资中用于科技的固定资产数等方面进行综合分析与评价。

海康威视重视创新，从一开始的视频压缩板卡和 DVR，到高清摄像机，再到视频综合平台，一直到如今的无人机、智慧仓储和智慧存储等一列新业务，公司从未停止技术创新的步伐。公司年度报告显示，公司近 5 年来的研发投入占营收的比重逐步上升。不仅如此，海康威视还拥有充足的人才储备，公司的研发技术人员从 2010 年的 1 099 人狂飙至 2021 年的 2 万多人。截至 2020 年年底，海康威视累计拥有授权专利数量 4 941 件，拥有 1 240 件软件著作权。[14]

（2）管理创新能力包括营销创新能力、财务创新能力、服务创新能力及竞争创新能力等。管理创新能力可以进行量化反映，如营销创新能力可以从新产品投放市场后的特定时间内，新产品销售量与全部产品销售量之比进行综合分析和评价。

泰勒公司是专项研制、生产阻尼器的高科技企业，其产品广泛用于航空、工业、核电以及各种建筑桥梁工程。公司生产的阻尼器曾获得美国宇航局产品认证，其几项关键的核心技术特别是高强外筒、高内压设计确保了产品的稳定性和超强耐久性。不仅如此，泰勒公司还会根据不同客户需求优化产品性能，产品不断推陈出新，特别是金属波纹管密封阻尼器，在安装十年后该产品经过返厂测试体现出的产品性能与出厂时完全一致。

泰勒公司成立于 1955 年，一直是世界上减震器、液体弹簧、振动隔离系统、吸能阻尼器等振动控制产品的先驱。公司拥有世界上最高超的振动控制技术，是美国宇航局、国防部航空工业振动控制装置的主要供应商，在美国阿波罗人造飞船、导弹发射和空军基地中均有出现泰勒公司的产品。20 世纪 80 年代末起，泰勒公司和美国国家地震工程研究中心就开始合作研究把阻尼器应用于建筑工程和桥梁结构，进行了大量消能减震结构的试验。90 年代初，美国国家科学基金会和土木工程学会分别组织了大型联合测试，泰勒阻尼器均被选为有资格参与测试的产品。试验的肯定、规范的制定，使这一产品开始在实体建筑结构上逐步得到应用。泰勒公司十分重视产品的研究、更新、改进和质量的提高，并拥有阻尼器生产和检测的全套设备和能力，比如可加载至 700 吨以上的动力液压设备，就是用来测试的主要设备之一。在美国、日本、中国台湾及世界各地，泰勒阻尼器是被结构工程界公认的高质量和值得信赖的产品，是世界上唯一能真正做到 35 年免维护的振动控制产品。在世界范围内，泰勒公司已经完成了 700 多个大型建筑、桥梁工程，其中有 160 座大型桥梁、30 多座斜拉和悬索桥。泰勒公司能够获得成功得益于公司惊人的研发能力和创新意识。[15]

四、社会责任

企业社会责任（CSR）是指高科技企业管理者应该对企业内外的人员（包括雇员、消费者、债权人、当地社区、社会弱势群体）所承担的责任。社会责任是塑造品牌形象、扩大品牌影响和提升品牌美誉度的关键要素。创建品牌的高科技企业应在组织治理、人权、劳工实践、环境、公平运行实践、消费者问题、社区参与和发展等方面积极履行社会责任。

（1）组织治理。企业需要建立起能够促进社会责任原则和实践的决策程序和组织结构。

（2）人权。企业需要关注或履行人权尽责审查、人权风险状况、避免同谋、处理申诉、非歧视和关注弱势群体、公民权利和政治权利、经济社会和文化权利以及工作中的基本原则和权利。

（3）劳工实践。企业要关注或解决就业和雇佣关系、工作条件和社会保护、社会对话、工作中的健康和安全、发展与培训等方面。

（4）环境。企业要关注或履行防止污染、资源可持续利用、减缓并适应气候变化、环境保护、生物多样性与自然栖息地恢复等议题。

（5）公平运行实践。企业要关注或执行反腐败、负责任的政治参与、公平竞争、在价值链中促进社会责任、尊重产权等议题。

（6）消费者问题。企业要关注公平营销、真实公正的信息、公平的合同实践、保护消费者健康与安全、可持续消费、消费者服务和支持及投诉和争议处理、消费者信息保护与隐私、基本服务获取、教育和意识等方面。

（7）社区参与和发展。企业要关注或履行社区参与、教育和文化、就业创造和技能开发、技术开发与获取、财富与收入创造、健康、社会投资等方面。

衡量企业社会责任有很多不同的方法，常见的方法如下：①根据第三方机构的评价指标，包括多米尼 400 社会指数、道琼斯可持续发展指数（DJSI）、润灵环球责任评级等指数；②基于企业管理层的调查问卷结果；③依据企业在环境保护、慈善捐款等方面的表现；④基于企业社会责任报告，如是否发布以及报告评分。

台达是全球第一的电脑电源厂商，截至 2021 年，已连续 11 年入选道琼斯可持续发展指数"世界指数"，并且连续 9 年入选"新兴市场指数"（DJSI-Emerging Markets）。2021 年，台达的社会责任整体成绩获全球电子设备产业最高分，达历年新高，除了环境面表现持续领先，社会面与治理面的成绩均大幅提升，社会面亦获产业最高分；分项评比中，"创新管理""环境报告""社会报告"与"人力资本发展"四项获得满分，连同"产品责任"与"人才吸引与留任"，共六项获得全球电子设备产业最高分，这反映出台达不仅坚持投入创新研发、提高资源使用效率并促进产品可持续发展，还不遗余力培育人才及参与社会公益，兼顾环境、社会以及经济面的发展。[16]

履行社会责任无疑会为社会公众带来益处，同时，也会使企业的社会公众形象得到提升，有益于企业品牌形象的提升。尤其是对上市公司而言，这种积极正面的公众形象还可以提升其在股票市场上的价值。过去十多年，多米尼 400 社会指数选取的 400 个既有经济效益又有社会效益的上市公司，其多米尼 400 社会指数一直跑赢标准普尔 500 指数，这表明企业履行社会责任可以在社会、经济、投资等方面为企业带来积极的影响。企业在兼顾利益相关者（如社会、股东、消费者等）利益的同时，能够在长期的运营中获得利益。企业履行社会责任甚至能在获取公众好感度、提升企业声誉的同时，获得政府的认可或者满足政府的期待，从而建立、维护和巩固政企关系，获得政府的持续支持。

高科技企业社会责任的履行能够通过信号传递机制增加市场和利益相关者对产品的认同，进而提升高科技产品的认知价值。履行社会责任还能够给企业带来创新激励，通过促进技术创新的方式提升产品功能价值，强化消费者及其他市场主体对高科技企业产品品牌的联想；此外，企业履行社会责任也有利于促进企业向消费者和潜在市场群体进行产品定位、功能优势、品牌形象等概念的植入，强化品牌层面的认知价值。

【链接案例 3-6】百悟科技：以丰硕高科技成果勇担社会责任①

北京百悟科技是一家以企业通信为主营业务，以"互联网+"云计算、物联网及人工智能等前沿高新技术为驱动的国家高新技术企业。企业始终奉行"上善若水，利万物而不争"的品牌文化，以专业、高效的企业通信服务为顺丰、腾讯、百度、京东、滴滴、美团、韵达、星巴克等诸多国内外知名企业提供良好的通信支撑，并将业务拓展到全国多个地区以及境外。随着企业经营规模的扩大，在高速发展的同时，公司仍不忘回馈社会，在慈善捐款、青少年教育、创业支持等方面承担社会责任。

（1）扶持青年就业创业。公司成立了青年创业就业服务基地，每年至少扶持一批贫困生就业创业。

（2）资助教育事业。公司每年在全国各地的大学、中学、小学，捐款数百万元慈善助学金用于支持学校教育设施建设或各教育机构的"百悟悟商奖助学金"。

（3）关爱儿童成长。公司参与"支持英才成长'乡村·中国梦'心爱素拓计划"系列公益活动，出资赞助四川阿坝州藏族羌族自治州地震泥石流灾区等地的优秀小学生代表来北京学习交流。2016 年，百悟科技举办了"百悟人生，圆梦中华"系列公益活动，资助各地贫困儿童来北京学习交流，此举令上万名贫困儿童受益。

（4）与慈善机构共筑公益。公司多次向北京京华基金会、宋庆龄基金会、全国各省市县慈善基金会等机构捐款，每年累计投入数百万元。

---

① 百悟科技：以丰硕高科技成果勇担社会责任［J］. 中外企业文化，2018（4）：62-64.

（5）助力脱贫攻坚。公司每年向全国各地的贫困山区、革命老区捐款数百万元，用于当地贫困户建房、购买牛羊养殖或脱贫致富。

（6）支援新兴产业和协会发展。2017年，百悟科技出资赞助第二届北京市文化创意创新大赛等文创类比赛，并出资支持中国青年企业家俱乐部等新成立协会的发展。

五、法律保护

法律保护是影响品牌价值的重要因素，相关法律法规可以赋予品牌所有者防止第三方使用同一品牌，获得独占收益的合法权利。企业的品牌价值建设，需要考虑那些产生积极或消极影响的法律法规要素。

（1）品牌所享有的合法权利由相关的法规、政策决定，也可以通过注册、使用等途径获得，通常包括商标、专利、版权、产品技术标准、专有技术等。

（2）品牌所享有的合法权利数量的多少决定其权利排他性的范围，进而影响品牌价值的大小。

（3）合法权利的范围包括注册区域和使用范围（商品、服务、方法等），因此企业需要考虑合法权利的使用区域和市场认可程度。

高科技企业可以利用公开的专利发明，来获得一定时期内的市场垄断权。比如，朗科科技拥有300多件闪存盘、闪存应用等核心技术领域国内外专利，专利申请范围涵盖中国、美国、欧洲等多个国家及地区。朗科科技作为发明者，虽然具有技术优势，但诸多竞争对手争相模仿，未经许可侵犯其专利，生产销售闪存盘。朗科科技发现，即便有知识产权保护制度，仍然需要企业进行专利维权，才能获得相应的收益。一件名为"用于数据处理系统的快闪电子式外存储方法及其装置"的专利（下称99专利）是朗科科技的核心专利之一，自授权以来，朗科科技已获得来自日本索尼公司等全球数家闪存存储领域巨头企业缴纳的专利实施许可费。在开拓国际市场的过程中，围绕99专利的海外侵权问题随之而来，给朗科科技带来了不小的挑战。朗科科技采取了知识产权海关保护和诉讼相结合的方式，借助法律法规制度的保护，与几十家企业签署了专利授权许可协议。[17]

第四节　高科技产品的品牌价值传递①

本阶段是高科技企业完成实体创建活动后，将品牌内涵向消费者推广的过程，决定着品牌的市场化能力。企业可通过渠道建设、品牌营销、品牌文化传播等环节实施品牌价值传递，通过营销传播活动将品牌差异化优势转化为市场竞争优势。在品牌价值传递阶段，市场竞争力、市场稳定性、品牌营销渠道、品牌文化和品牌供应链是影响品牌价

---

① 本节内容源自国家质检总局和国家标准化管理委员会发布的品牌价值国家标准，引用《品牌价值　要素》（GB/T 29186—2012）一文，并辅以案例说明。

值传递的主要因素。

一、市场竞争力

市场竞争力反映品牌的市场竞争状况，可以从国内市场和国际市场两方面进行分析，将国内市场占有率、国际市场占有率、出口产品销售率、国际化程度及品牌覆盖率等作为反映市场地位的要素。

二、市场稳定性

市场稳定性反映品牌持续盈利能力，可以将销售收入增长率、连续盈利年数及销售利润率等作为反映市场稳定性的要素。

三、品牌营销渠道

品牌营销渠道反映品牌推广与价值传递的能力，可以将渠道控制、渠道支持、营销人员比例、促销力度等作为反映品牌营销渠道的要素。

四、品牌文化

品牌文化反映企业的经营理念、精神、道德、规范以及管理制度。品牌文化通过市场传递给消费者及其他利益相关方，形成消费者的品牌定位、品牌认知和品牌联想。

五、品牌供应链

品牌供应链反映企业开展品牌价值创建和传递的保障能力，涉及供给、生产、流通及销售等多个方面。可以将供应商数量及规模、投资方信心、融资能力、销售渠道、物流配送能力等作为反映品牌供应链的要素。

2021年凯度BrandZ最具价值中国品牌100强排行榜中，仅有两个汽车品牌入选，分别是：以80.46亿美元市值位居第35位的蔚来、以67.11亿美元市值位居第43位的比亚迪。其中持续上榜的比亚迪品牌价值增长了154%，蔚来则是首次进入中国品牌100强。[18]根据2021年中国汽车售后服务客户满意度调查（CAACS），从消费者体验售后服务的感受出发，其评判指标分为规范性、公开性、人性化、便捷性、专业性和费用合理性六个维度，并根据每个维度指标的重要性为其赋予相应的权重。调查中排名前五的新能源汽车品牌分别是特斯拉、威马、小鹏、蔚来、理想。在绝大多数指标上，新能源汽车品牌满意度得分都高于传统汽车品牌，包括豪华品牌、合资品牌、国产品牌等。[19]几大新能源汽车品牌差异化特征明显：特斯拉依靠超前的智能驾驶等尖端科技名列前茅；威马则是突出传统车底蕴，其产品性价比高，相对契合消费偏好；小鹏从智能化技术的角度突出国内领先的智能驾驶水平；蔚来通过综合实力领先的产品、超一流的服务质量占领高端市场；理想通过独特的增程式技术凸显不同。

和传统的汽车企业相比，这些新能源汽车企业在品牌供应链方面表现突出：

（1）融资能力强，重要股东持续提供资金支持。

（2）以量产为导向，量产交付为首要任务。

（3）走高端化路线。

以蔚来汽车为例，创立于 2014 年的蔚来从成立到市值超出千亿美元，仅用了不到 7 年的时间，超越了福特、本田、法拉利等众多传统汽车巨头，在全球汽车企业市值排行中位列第五，深受资本市场的青睐。虽然蔚来在 2021 年全年亏损 40.2 亿元，但经营性现金流充足，2021 年 12 月 31 日的现金及等价物余额达到 554 亿元，2021 年第四季度，蔚来的销售毛利率达到 20.9%。从第一辆汽车到第十万辆汽车，蔚来用了 3 年时间，而从第一个 10 万辆到第二个 10 万辆，蔚来仅用了一年时间。蔚来单辆汽车平均售价超过 40 万元，这个售价略低于奔驰，而高于宝马和奥迪。[20]

回顾品牌建立之初，蔚来进入新能源汽车行业的方式比较特别，并不是遵循品牌资产金字塔模型中首先以品牌识别的方式来建立品牌的，而是在没有一辆量产车的情况下，通过大力支持车队参加国际汽联的电动方程式世界锦标赛，拿下赛季的车手总冠军，实现中国车队零的突破，从而建立起品牌知名度。

在渠道建设方面，蔚来结合服务端打造围绕 NIO House 以及 NIO Space 的销售网络。蔚来汽车的门店主要集中分布在广东、浙江、江苏、上海等地，基本处于华北、中部以及东南沿海地区。在渠道位置的选择和装修风格上，门店选址更偏向于核心城区的商业综合体，装修风格偏向设计感、独特性、高端化，硬件设施条件较好，很多地区的 NIO House 甚至成为地标性建筑，体现出品牌的高端定位。蔚来汽车的定位是高端自主豪华电动车品牌，对标奔驰、宝马、奥迪等豪华品牌，价格上覆盖 35 万~50 万元。截至 2022 年 4 月，蔚来单辆汽车的平均售价超过 40 万元，这一平均售价略低于奔驰，而高于宝马和奥迪。产品定价较高，对消费者的消费能力存在一定要求，主要面向人均收入较高、消费能力较强的群体。

在营销服务体系的建设方面，区别于大多数传统汽车企业的经销商代理模式，蔚来采用类似"双轨"模型的策略，门店端由体验店（展厅）和交付中心（门店）组成，实行终端功能差异化的同时，有利于节约成本。消费者主要通过蔚来官网或手机客户端 NIO App 等线上官方渠道获取相关产品的配置、服务、价格等方面的信息，并通过线下体验店 NIO House 进行更深入的实体体验或预约试驾。

在消费者的服务体验方面，蔚来投入巨资建设专属的电能服务网络、车主贴身管家服务。截至 2022 年 4 月 25 日，蔚来在中国累计修建了换电站 909 座、超充站 761 座、超充桩 4 194 根、目的地充电站 689 座、目的地充电桩 3 914 根，接入第三方充电桩 480 000 多根。对比特斯拉在中国累计建成超充站约 1 100 座、超充桩约 8 500 根、目的地充电站约 700 座、目的地充电桩约 1 800 根，蔚来车主的补能便利性已超越特斯拉。①

在促销和品牌传播方面，蔚来重视推动周边产品 NIO LIFE 的销售以及品牌 IP 传播。蔚来借助官方 App、京东、淘宝等平台销售 NIO LIFE 周边产品，包括一些大师设计的产品或者精品品牌联名产品，甚至还有一些用户自主设计的产品，以提高用户对品牌的了

---

① 大部分车企都在采用"特斯拉式"的"超充桩"模块来解决车主日常充电问题，如国内品牌威马、理想、比亚迪、小鹏等都采用这种传统方式。而蔚来汽车则另辟蹊径，采取"超充桩＋家用桩＋换电站＋移动充电车"的复合型模式，以求更加全面地满足用户的即时用电需求，这是专属于蔚来车主的"福利"。所以说蔚来的补能便利性超越特斯拉。

解与感知。此外，蔚来还通过一年一度的 NIO DAY 进行新品发布与品牌造势，NIO DAY 既是品牌发布会，也是一种以"用户聚会+明星演唱会"模式维系品牌关系的社交活动，让车主获得尊重与愉悦感。[21]

第五节　高科技产品的品牌价值实现与维护①

在高科技产品的品牌价值实现与维护阶段，消费者拥有品牌产品或服务之后获得效用，同时，企业获得经济利益和品牌资产。消费者的购买行为决定了品牌价值的最终实现，顾客的购买行为受产品属性（质量、功能、种类等）、产品外部因素（价格、广告、包装、购买渠道和品牌形象等）及顾客消费偏好等因素的共同影响。品牌价值实现后，企业与顾客之间建立了以品牌为纽带的客户关系，企业通过制定并执行品牌价值维护和提升策略，维持和提高品牌价值。在这个阶段，顾客满意度、品牌形象、顾客期望、顾客对产品质量的感知、感知价值、品牌忠诚度和顾客投诉是影响品牌价值实现与维护的主要因素。

一、顾客满意度

顾客满意度从顾客角度反映了产品或服务满足其需求的程度，通常将产品品牌满意度与理想品牌满意度的比较、与竞争品牌满意度的比较以及与顾客期望品牌满意度的比较作为反映顾客满意度的要素。企业实施顾客满意度策略，建议从以下两个方面入手。

（1）进行顾客预期管理。顾客期望反映顾客对企业未来所提供产品或服务质量的判断与预测，可将顾客对产品、服务质量的期望以及能否满足其个性化需求的期望等作为反映顾客期望的要素。一方面，要及时分析、掌握顾客的各种预期并能使之满足；另一方面，又要对这些预期进行科学管理和合理控制，最终达到令顾客满意的最高境界。

顾客预期的形成往往会受到以下几个因素的影响，包括市场沟通、企业形象、口碑、企业客户以及顾客需求等。企业所服务的其他客户，也会改变顾客预期。比如海康威视借助 2008 年奥运会安保项目打开市场，为各场馆提供安保服务，受到了高度的肯定和关注。之后，海康威视还为 2010 年上海世博会、2010 年广州亚运会、2011 年深圳大运会、2014 年博鳌亚洲论坛、2016 年 G20 杭州峰会等重大活动提供安保产品与服务，其品牌价值不断得到肯定和提升。自 2016 年起，海康威视连续多年入围英国品牌评估机构"品牌金融"（Brand Finance）发布的全球最有价值的 100 个科技品牌排行榜。在第三方知名品牌价值评估机构的入榜表明了海外市场对海康威视产品及品牌的认可，并且扭转了中国产品在海外市场品质低下、售后服务差的品牌形象。

（2）提高产品质量，或者提供高性价比的产品让顾客满意。感知质量反映顾客在购买并使用产品后所获得的效用，可将产品可靠性、产品满足需求的程度、销售及售后服

---

① 本节内容源自国家质检总局和国家标准化管理委员会发布的品牌价值国家标准，引用《品牌价值　要素》（GB/T 29186—2012）一文，并辅以案例说明。

务质量等作为反映顾客对产品质量感知的要素。

海康威视在走向自主品牌道路之前，海外市场的开拓是从 OEM ①起步的，借助低成本与高质量的竞争优势为一些海外知名公司贴牌。在 2008 年金融危机的大背景下，海康威视敏锐意识到客户更加偏好性价比高的安防产品，并抓住了这个市场机遇，其品牌产品逐渐在海外市场占有一席之地。

二、品牌形象

品牌形象取决于品牌联想和顾客对品牌的信念，反映顾客对品牌整体的认知与认可程度，有助于显示品牌的独特性。可将品牌知名度、品牌美誉度及品牌个性等作为反映品牌形象的要素。

日本铁路货运公司（JR）从韩国现代、中集集团和日本当地一家企业分别订购了500 个集装箱。在验收环节，日本的产品免检，韩国的产品进行 50 抽 1 的检验，而对于中集集团的产品一个都不放过。时任中集集团 CEO 的麦伯良认为这是歧视，提议从三家产品中随机各抽取一个产品，隐去标识，请日本专家盲检。在日本经济联合会会长的协助下，日方请来 23 位专家，对三个产品的 78 项指标进行评分，全程电视直播。分数出来后，分别是 87、86、64。在揭晓结果的那一刻，全场震惊了，最低分的竟是全球霸主韩国现代的产品；86 分的是中集集团的产品，虽然以一分之差落后于日本，但中集集团在日本一举成名。[22]

三、感知价值

感知价值反映顾客对产品质量和价格的综合感受，可将既定质量下对价格的感知、既定价格下对质量的感知等作为反映顾客对价值感知的要素。

四、品牌忠诚度

品牌忠诚度反映顾客愿意重复购买和使用相同品牌产品的程度，可将重复购买可能性、溢价支付意愿等作为反映品牌忠诚度的要素。

五、顾客投诉

顾客投诉反映顾客对品牌的不满意情况，可将顾客投诉率、重复投诉率、投诉处理响应等作为反映顾客投诉的要素。

【链接案例 3-7】英特尔缺陷门②

2011 年春节期间，芯片巨头英特尔宣布其一款芯片组存在设计缺陷，可能影响电脑

---

① OEM 是指 Original Equipment Manufacturer（原始设备制造商），也称"代工生产"，委托其他厂家生产产品并直接贴上自己的品牌商标，承接这种加工生产任务的制造商被称为 OEM 厂商。
② 英特尔缺陷门［EB/OL］．［2023-09-12］．https：//baike.baidu.com/item/%E8%8B%B1%E7%89%B9%E5%B0%94%E7%BC%BA%E9%99%B7%E9%97%A8/18884154?fr=aladdin.

的硬盘、光驱等设备的性能，暂停该芯片组的出货。该公司还宣布，已经开始生产新款芯片组，预计 2011 年 2 月中旬出货。消费者如果购买到问题产品，可联系电脑厂商无条件退换货品。

IT 行业具有更新换代快、竞争激烈、市场需求变化迅速等特点，企业要时刻不断创新，促进产品更新换代。但是，如果只是一味追求速度而忽视甚至无视产品质量，最终必然会自食恶果。这不，连英特尔这样的大巨头都未能幸免身陷"缺陷门"。英特尔 6 系列的影响不可谓不广，Cougar point 芯片集的制造问题进一步影响了 Sandy Bridge 处理器，联想、华硕、惠普和戴尔等公司均宣布停止出售受英特尔 Sandy Bridge 问题影响的产品，同时许诺补偿消费者损失。业内人士指出，英特尔处理器的设计缺陷，既会对大型硬件厂商的销售带来重大影响，也会殃及微软 Windows 的销售。英特尔承诺，将花费 7 亿美元消除缺陷。但英特尔垂直一体的商业模式可能对它造成更大的损失，因为当芯片组更换时，捆绑它的最新处理器平台也将受影响。资本市场显然已做出响应，消息公布时，英特尔股票被迫停止交易。英特尔无奈宣布，产品出货时间集中在 2010 年第四季度，该季度利润率将从 67.5% 下调 4 个百分点，预计该事件将导致公司在 2011 年第一季度的营收减少 3 亿美元。

事实上，在此之前的全球个人电脑市场已连年走向疲软，2010 年更是受到平板电脑的冲击，发货量增速不断放缓。分析机构的数据显示，2010 年第四季度全球 PC 产品的出货量十分糟糕，增长率仅 2.6%，笔记本电脑只有 2.9% 的增长率。包括华硕、宏碁在内的电脑厂商和广达等代工企业，都寄希望于电脑出货量在 2011 年第一季度能有所突破，但英特尔"缺陷门"的曝出让 PC 厂商的期待大大受挫。英特尔 Sandy Bridge 问题芯片预期对 2 月笔记本电脑的出货产生较大影响。华硕方面则认为，Sandy Bridge 问题对第一季度营收的影响估计在 2% 左右。据悉，"缺陷门"相关产品出货量已高达 800 万台。尽管英特尔和多家 PC 厂商相继宣布，与"缺陷门"有关的电脑消费者可以通过退换获得补偿，但"问题曝出"仍然引发消费者不满，网友在论坛中纷纷表示"希望英特尔给出更为详细的解决方案"。

这并不是英特尔第一次忽视用户，销售问题产品。1994 年，弗吉尼亚林奇堡学院数学家奈斯利与部分英特尔工程师发现了奔腾处理器有浮点错误，但时任总裁的葛鲁夫认为这种错误发生的概率极低且并不重要。与此同时，英特尔向代理商、品牌厂家以及媒体施加压力，向公众掩盖了这一错误。正是英特尔这种不重视消费者、忽视产品质量问题的态度，使得它在芯片设计方面同样出现了问题，进一步导致后续"缺陷门"事件的爆发。不过，英特尔这次不推卸责任的态度为其抵消了不少"缺陷门"事件带来的负面影响。据估计，这次事件给英特尔带来的损失将会超过 10 亿美元。

【章末案例】

电子雾化技术隐形巨头思摩尔

思摩尔国际控股有限公司（简称"思摩尔"SMOORE）前身为深圳麦克韦尔科技有限公司，成立于 2006 年，主营电子烟代工，客户包括日本烟草、英美烟草等知名烟草企业。2015 年 12 月，深圳麦克韦尔在新三板挂牌上市，2019 年 6 月 5 日从新三板摘牌。

退市一年后，麦克韦尔更名为思摩尔，并于 2020 年 7 月 10 日在港交所上市。

企业初创时仅是一家不起眼的代工小厂，但企业非常重视高端电子雾化技术的研发。2008 年世界卫生组织否认电子烟是最有效的戒烟辅助手段，美国电子烟政策开始收紧。2009 年，美国食品药品监督管理局（以下简称"FDA"）将电子烟作为医药器械进行监管，禁止其进口，海外电子烟市场大幅缩水。因此，刚刚成立不久的思摩尔，面对的是全球性政策不确定性带来的风险，这种情况倒逼公司开始研发电子烟的底层技术。

电子烟行业的转机出现在 2010 年左右，两个重要事件逆转了电子雾化行业的命运。第一个事件是监管放松，FDA 禁令之后，美国公司 Smoking Everywhere 和 Sottera（现称为 NJOY）不服禁令，向联邦法院提起诉讼。2012 年年底，联邦地方法院和华盛顿上诉法院裁定 FDA 败诉。第二个事件是看到机会的欧美烟草巨头纷纷开始研发减害性电子烟产品，行业技术需求空间被打开。当这个全球性风潮重新反馈到中国的电子雾化企业之后，思摩尔获得了真正的生存机会。①

电子雾化产品主要涉及四类技术：雾化器技术、微电子技术、成品组装技术和烟油技术，其中最核心并且技术壁垒最高的是雾化器技术，它对电子烟口感的影响很大。电子烟技术主要分为两种，一种是蒸汽型雾化烟，另一种是加热不燃烧（HNB）烟草制品。根据添加烟油方式的不同，蒸汽式电子烟又可细分为封闭式电子烟（思摩尔面向企业客户的技术）和开放式电子烟（思摩尔面向零售客户的技术）。蒸汽式电子烟的烟雾量是普通香烟的好几倍，受 Vape 文化中"吞云吐雾"形象的影响，该种电子烟在年轻人中受到追捧。而加热不燃烧电子烟是在不燃烧烟草的前提下，让烟草发出烤烟的香味，其本质是一种烟草产品，只是通过温度的控制使得烟草能够产生烟雾而不达到燃烧的状态。

思摩尔用了近 10 年时间才取得了雾化芯技术里程碑式的突破。2014 年，思摩尔推出第一代 CCELL 陶瓷雾化芯技术，能够有效地减少烟油漏出，提升烟油使用效率。该项技术还进入了大麻雾化领域，使思摩尔成为 Juptier Research 和 KIM International 的供应商。

2017 年，思摩尔研发的 FEELM 雾化器进一步改善了电子烟的使用体验，成为行业内首家推出陶瓷雾化芯的企业，获得了与英美烟草、悦刻的合作机会，这些公司可以将陶瓷雾化芯技术嵌入它们的产品中。2022 年，思摩尔推出了新一代超薄仿生薄膜陶瓷芯 FEELM Air，推出了薄至 7.8mm 的机身设计，开辟了一套"超薄陶瓷雾化"的产品设计新路径。②

思摩尔旗下拥有一个自有品牌（Vaporesso）和三个技术品牌（FEELM、CCELL、METEX）。其中，"FEELM"已经发展成为一个 C 端品牌，它对于电子烟而言，是一项嵌入产品的技术，相当于电脑上的"Intel Inside"一样。"FEELM 陶瓷芯，好口感的秘密"曾是 FEELM 的品牌 Slogan。2022 年 1 月，FEELM 启用全新的品牌 Slogan "极致的感官体验"，从原来"好口感的秘密"到"极致的感官体验"的切换，表明目前 FEELM Air 技术解决方案的侧重点，已经不再只是对好口感的极致追求，而是对技术之美的全方位发

① 思摩尔国际的新技术与行业的"奇点时刻"［EB/OL］.（2022-01-25）［2023-09-12］. https://www.gelonghui.com/p/507650.

② 戈振伟. FEELM Air，一场伦敦科技秀重新透视思摩尔［EB/OL］.（2022-01-24）［2023-09-12］. https://mp.weixin.qq.com/s/4-YdmFChFkRvt1p5VQDIYA.

掘和满足。2022 年 FEELM 品牌焕新，新的品牌概念突出五大关键词：口感（Feel）、引擎（Engine）、探索（Exploration）、生活方式（Lifestyle）和记忆（Memory），呼应了品牌名称 FEELM 的五个字母。新的 FEELM 标识具有陶瓷芯的轮廓，呈窗户形状，象征 FEELM 是一扇通往终极口感的窗口。"打开的窗户"意指对更好感官体验的不懈追求，代表了 FEELM 对终极口感的承诺。新的技术品牌商标"FEELM+FEELM 外观"组合 Logo 在包装中已开始使用。

在消费者的心目中，思摩尔可能并不如悦刻等电子烟零售商那样知名，这是因为思摩尔并不主要面向消费者，而是处于产业链中游，为电子烟零售商提供烟管和烟弹。思摩尔主要有两大业务板块：其一是基于 ODM[①] 制造业务，为若干烟草公司及独立电子烟公司研发、设计和制造电子雾化设备及电子雾化组件，合作企业包括日本烟草、英美烟草、Reynolds Asia Pacific、RELX 及 NJOY 等。其二是面向零售客户的业务，主要从事 Vaporesso、Renova 及 Renenant 等自有品牌下的 APV、APV 组件（例如发热丝）及零配件的研究、设计、制造和销售。从销售收入来看，思摩尔的企业客户占据了绝对地位，2021 年上半年企业客户销售的占比约为 90%，其中有不少是全球一流的烟草公司，包括英美烟草、万宝路的母公司奥驰亚、NJOY、中国的悦刻等。思摩尔前五大客户的销售额占到了销售总额的 78.2%，前五大供应商的采购额占总采购额的 29.4%。稳定的大客户有利于帮助思摩尔不断降低销售成本，在提升销售额的同时减少分销及销售开支。在客户的分布方面，思摩尔的主要市场位于美国、中国内地、中国香港以及日本。以 2019 年思摩尔的收入计算，美国市场创造的销售额占比 21.8%，中国内地市场占比 20.9%，中国香港市场占比 26.4%，日本市场占比 7.9%。值得注意的是，2019 年中国香港市场的有关产品中有 93.4% 流向美国，因此 2019 年美国市场带来的实际收入占比为 46.5%。[②]

全球电子雾化烟知名品牌包括国际烟草巨头旗下品牌 Vuse 和 Vype（英美烟草）、Blu（帝国烟草）、Logic（日本烟草）、MarkTen（菲莫国际）、JUUL（奥驰亚），以及独立电子烟品牌 NJOY、悦刻 RELX 等。在海外市场，菲莫国际、英美烟草、日本烟草和帝国烟草等四大跨国烟草企业均将电子烟作为重点发力的新兴产品，纷纷通过自主投资或收购等方式推出自有新型烟草品牌。在国内市场，电子烟行业格局初步成型，悦刻 RELX 凭借 62.6% 的市场占有率位列第一，且远超第 2 名到第 10 名的总和，而 MOTI 和 YOOZ 等企业跻身行业第二梯队。

这些行业巨头可以分为两种类型：一种是拥有渠道优势的产品类公司，对于他们而言，只要拥有核心的电子烟雾化芯技术就可以形成完整的端到端优势，获得超额利润；另一种是同时拥有渠道和品牌优势的传统烟草巨头，它们更是将电子烟创新作为支撑企业百年基业的生命线，一旦获得核心技术就可能在与其他传统对手的竞争中获得绝对优

---

① ODM 是指 Original Design Manufacturer（原始设计制造商），是一种由采购方委托生产制造方提供从研发、设计到生产、后期维护的全部服务，而由采购方负责销售的生产方式。
② 思摩尔 2021 全年营收 137.55 亿元 高端雾化技术品牌 FEELM 海外表现亮眼 [EB/OL].（2022-04-07）[2023-09-12]. http://news.k618.cn/finance/money/202204/t20220407_18264176.html.

势，而此刻作为"卡脖子技术"的雾化芯自然成为行业的绝对焦点。①

在技术的研发方面，欧美公司强调的是雾化液的配方研究，而思摩尔专注于雾化技术的研发。长期以来，国内能人工合成尼古丁盐并且具有研发能力的企业不超过10家，定价权和盈利点基本掌握在国外企业手中，如果沿着这个方向走下去，电子烟市场最终一定会被欧美材料供应商控制。而电子烟的核心技术是雾化芯，通过陶瓷等材料研发机芯，从而形成独特的口感，是另一个发展思路。这个思路实际上更多是一种实验科学，但思摩尔还是选择了后者，并且从2012年开始持续多年投入巨额研发经费来突破这一技术瓶颈。

2017年，思摩尔在长沙设立了第一个基础研究院，2019年又成立了包括深圳在内的三家基础研究院。截至2021年年底，思摩尔在全球范围内拥有及在建研究院已经达到两位数，同时拥有研发人员1 254人，其中博士及以上学历者共有101人。思摩尔的研发人员数量占到全部非生产人员数量的近半数，这一数据甚至可以与华为等知名高科技企业相媲美，这充分展示了思摩尔对研发能力的重视。基于自身强大的研发能力，思摩尔迅速地推出了自主研发的新一代自动化生产线，实现组装、注液、包装等全生产线自动化生产，其单线生产效率可达每小时7 200个标准雾化器，远超行业平均水平。

通过不懈的研发创新，思摩尔已经成为全球电子烟产品品类最全、产能最高的电子烟制造企业之一，经营门类几乎涉及所有的电子烟品类，占据了电子烟行业的全赛道。从2021年上半年全球电子烟市场占有率来看，思摩尔达到了18.9%，排名第一，远高于第二位的10%。公司取得领先的市场份额，得益于自身先进的研发能力及电子雾化技术。FEELM（陶瓷加热）技术出来之前，雾化技术经历了纤维绳、有机棉、不锈钢网、陶瓷内嵌发热丝等不同的发展阶段，但这些材料在性能上都存在一定的局限性。2016年，思摩尔推出第二代加热技术"FEELM"，该技术于2018年荣获《烟业通讯》（*Tobacco Reporter*）及 *Vapor Voice Magazines* 授予的"金叶奖"。2019年10月，思摩尔的陶瓷加热技术获得了中国国家知识产权局授予的"第21届中国专利奖"。2020年，思摩尔设计的封闭式电子烟获得了德国IF工业设计大奖。单是FEELM雾化芯的封闭式电子烟就涵盖了公司已申请的94项专利和已获授权的39项专利。

2017年之前，公司的雾化电子烟产品主要还是采用不含陶瓷的加热技术，单价约3.5元/支。到了2018年，思摩尔推出了嵌有FEELM陶瓷加热技术的新品，其单价达到了约9元/支，均价迎来拐点，且订单增长很快，有力推动了思摩尔的市场增长，由此可见技术和研发的重要性。此外，该陶瓷加热技术不仅能用于电子烟的制造，还可以在医疗或娱乐领域用于雾化设备的电子雾化组件，具有较大的应用拓展空间。

2016年至2019年，思摩尔的研发投入分别为1 480万元、6 120万元、1.06亿元、2.77亿元，分别占各年度总收入的2.1%、3.9%、3.1%及3.6%。2022年研发费用达到13.72亿元，较2021年的6.71亿元同比增长104%。

目前，市场上一次性电子烟产品以棉芯技术为主，该产品使用方便且价格便宜，用

---

① 周掌柜. 中国式"创新逆袭"启示录（深度分析）［EB/OL］.（2022 - 01 - 27）［2023 - 09 - 12］. https://mp. weixin. qq. com/s/9jyNLtj_ pvU9c-x4P5MQlw.

户增长速度很快，已经达到几百亿的市场规模，但这类产品同质化程度高，普遍在安全性、防漏液、续航、口感等方面存在不足。而思摩尔的陶瓷芯技术具备解决上述痛点的能力，思摩尔对发热体、烟油、热场、陶瓷芯等一次性品类进行了创新，使其在减害、漏液、口感等方面的痛点解决能力得到大幅度提升，一跃成为电子雾化技术的"王者"，建立起独特的品牌优势。

高质量的国际专利是增强创新竞争力的基础。2016 年至 2021 年，思摩尔海外专利申请量达到 730 件，在美国市场的相关专利申请数量接近国际巨头菲莫国际和奥驰亚。截至 2021 年年底，思摩尔累计申请专利 3 408 件，其中专利授权 1 674 件、发明专利 1 570 件，此外还申请了商标 5 666 件，商标授权 360 件。专利申请涵盖温控、发热体、防漏液、储液四大技术类型，仅 2021 年思摩尔便在全球范围内新增专利申请 1 187 件，其中 90% 以上的专利都围绕"雾化的 CPU"陶瓷雾化芯技术，基本上做到了对核心技术阵地的全面封锁。2021 年 10 月，思摩尔向美国国际贸易委员会（ITC）提起了"337 调查"申请，指控美国、加拿大等地 38 家企业涉嫌侵犯思摩尔陶瓷雾化芯技术的 3 项专利和 1 项商标，请求 ITC 发布排除令和禁止令。这是中国企业首次独立作为原告通过"337 调查"程序主动起诉海外企业。①

2021 年的数据显示，中国的雾化科技产品占到全球产能的 95%，出口到全球 200 多个国家和地区，同时中国电子雾化的专利占了全球相关专利的 90%。正是思摩尔对创新能力、技术研发以及法律保护的重视，使其得以一路发展壮大。沙利文报告统计，2021 年思摩尔的市场份额位居全球第一（占比 22.8%），超过第二名至第五名的总和，创造了极高的品牌价值。同时，思摩尔还获得"国家级 CNAS 实验室认证""国际 UL 安全实验室认证""国家高新技术企业认证""ISO9001 质量体系认证""GSV 工厂安全性认证""AEO 高级海关认证""医疗器械质量管理体系认证"及"深圳市宝安区区长质量奖大奖"等荣誉称号。

2020 年的海关数据显示，全国海关共有 3 239 家高级认证企业，只占全国注册企业总数的 0.22%，认证难度极大。思摩尔成为国内电子雾化行业中首获海关 AEO 高级认证的企业，这也意味着中国电子雾化行业有了首张全球贸易"绿色通行证"。有了这张通行证，FEELM 产品的通关时间将会较以往大大缩短，通关效率也会大幅提升。此外，思摩尔积极参与电子烟行业标准的制定。2022 年，国家市场监督管理总局（国家标准化管理委员会）批准《电子烟》强制性国家标准发布，思摩尔作为参与起草的电子烟行业内三家企业之一，参与制定《电子烟》强制国标第 4 条中关于原材料的要求——规定电子烟用锂离子电池和电池组应符合 SJ/T 11796 的标识和安全要求。思摩尔旗下的高端雾化技术品牌 FEELM 产品已远销亚洲、欧美、非洲、大洋洲等区域的 50 多个国家和地区，产能超过 12 亿颗，进一步夯实了思摩尔一直以来颇具优势的 B 端业务。FEELM 是思摩尔海外战略最为成功的电子雾化技术品牌。为了助力企业客户的全球化战略，思摩尔已经建立了完善的安全性评估体系，帮助客户进行符合多国市场标准的一站式检测。2021

---

① "电子烟第一股"思摩尔在美提起"337 调查"　为中国企业首次独立通过该程序起诉海外公司［EB/OL］.（2021-10-14）［2023-09-12］. http://www.nbd.com.cn/rss/toutiao/articles/1945753.html.

年年底，国内首个欧盟 TPD 一站式企业检测系统上线，5 个工作日即可出报告，速度提升 10 倍，可以帮助客户快速触达海外市场。此外，思摩尔在美国还协助品牌商提交 PMTA（FDA 烟草制品预上市申请），一旦品牌商的某款电子烟产品通过 PMTA，就意味着该产品的参数固定下来，无法轻易更换代工厂，这意味着思摩尔在美国的市场占有率将进一步提升。

随着电子烟行业的发展，国内老牌制造巨头同样在加速布局电子烟，比亚迪、立讯精密、大族激光和创维相继入局。2019 年，行业迎来陶瓷技术研发热，同年 3 月，卓力能推出 SILMO 陶瓷技术，合元于 8 月推出 PURLAVA 陶瓷技术，聚为于 11 月推出 μKERA 陶瓷技术，而华诚达亦在同年推出 AX 镶嵌网片陶瓷芯。基于在消费电子领域积累的经验和技术实力，比亚迪电子被认为是对思摩尔而言最具挑战性的竞争者。比亚迪从 2018 年开始布局电子烟，在 2021 年推出了陶瓷芯技术品牌标识"BEEM CORE"。另一个制造业巨头立讯精密也在 2021 年涉足电子烟代工，成立了子公司立鼎电子，经营范围包括电子烟、集成电路芯片等，并已有电子烟相关专利的布局。一般来讲，思摩尔的客户为了减少对供应商依赖性过高而产生的包括议价权在内的一系列风险，保障自己的主动权，会考虑与思摩尔的竞争对手比亚迪等进行合作，但同时客户也会综合考虑成本、价格与技术等因素，这更加凸显了思摩尔投入研发的重要性。

思摩尔在发展过程中，仍不忘承担社会责任。在全球最大的指数公司明晟（MSC）公布的 ESG 评级中，思摩尔凭借在环境、社会与公司治理等方面的优异表现，于 2021 年年底继续维持 A 级。思摩尔在 2020 年上半年的财报中提到，将在 2050 年前实现直接和间接排放的碳中和，成为第一家列出碳中和时间表的雾化科技企业。作为思摩尔旗下重要品牌之一的 FEELM，接下来也将着力推动碳中和工作，协助思摩尔实现碳中和的目标。

此外，思摩尔已在专利体系、产能规模、产品品质、客户优势等方面建立起强大的综合竞争优势，有望通过持续的研发投入、科技创新、技术迭代维持全球领先的地位与利润水平。雾化行业大发展和电子烟行业崛起相生相伴，电子烟只是雾化技术应用的一个领域，雾化行业是一个具有更大战略纵深的产业。在长远的未来，"雾化万物"才是行业发展的方向。

凭借强大的创新能力，思摩尔持续拓展雾化科技的应用边界，其雾化技术研究已涉足雾化医疗、雾化健康、雾化美容等多个领域。2021 年 5 月底，思摩尔宣布与美国上市公司 AIM 续签为期两年的材料转让和研究协议，探索治疗新冠及其他呼吸道病毒性疾病的潜在吸入解决方案。正如其使命和愿景所表达的："雾化让生活更美好"，这也回到了思摩尔最初的定位——一家雾化科技公司。

案例讨论：试分析高科技企业通过技术创造品牌价值的途径或要素。

思考题

1. 结合案例内容，你认为思摩尔拓展雾化科技的应用边界会对品牌价值产生哪些影响？

2. 从营销的视角看，市场上以棉芯技术为主的一次性产品，产品使用方便且价格便宜，市场增速快，且具有几百亿元的市场规模。你认为拥有陶瓷芯技术的思摩尔该如何应对？

3. 高科技企业运用专利的法律保护来应对竞争，需要具备哪些条件？

参考文献

［1］孙冰. 华为智能手机出货量"断崖式下跌"，引发行业全球大洗牌　谁在"补位"华为？［J］. 中国经济周刊，2021（8）：62-63.

［2］赵平，裘晓东. 品牌价值评估方法［J］. 中外管理导报，2002（5）：44-45.

［3］卢泰宏. 品牌资产评估的模型与方法［J］. 中山大学学报（社会科学版），2002，42（3）：88-97.

［4］范秀成，冷岩. 品牌价值评估的忠诚因子法［J］. 科学管理研究，2000（5）：50-56.

［5］AAKER D A. Measuring brand equity across products and markets［J］. California management review, 1996, 38(3): 102-120.

［6］卢泰宏，吴水龙，朱辉煌，等. 品牌理论里程碑探析［J］. 外国经济与管理，2009（1）：32-42.

［7］宅秘. 石头正在经历品牌独立后面临的阵痛　"疯狂石头"不在？［EB/OL］.（2022-04-02）［2023-09-12］. http://news.sohu.com/a/534798771_ 120023340.

［8］中华人民共和国国家质量监督检验检疫总局，中国国家标准化管理委员会. GB/T 29186—2012 品牌价值　要素［S］. 北京：全国品牌价值及价值测算标准化技术委员会，2012.

［9］安森东. 中国质量奖的回顾与前瞻——中国质量奖获奖组织质量创新实践与经验推广建议［J］. 中国质量监管，2021（9）：49-53.

［10］本刊记者. 新年伊始探访美国 THX 公司［J］. 家庭影院技术，2014（2）：92.

［11］唐应斌. 输配电领域定制产品标准化实践与探索［J］. 质量与标准化，2021（7）：42-44.

［12］朱昕清，宋瑞，姬保全. 容百科技应收账款管理［J］. 合作经济与科技，2021（15）：116-117.

［13］海康威视官网［EB/OL］.（2022-04-30）［2023-09-12］. https://www.hikvision.com/cn/.

［14］有鱼. 5 年投入 200 亿，行业地位比肩华为，中国安防公司蝉联全球第一

[EB/OL].（2021-04-22）[2023-09-12]. https://www.sohu.com/a/462305857_465536.

[15] 陈永祁，马良喆. 液体黏滞阻尼器技术的最新发展动态 [J]. 工程抗震与加固改造，2020，42（1）：36-44，105.

[16] 百度百科. 台达 [EB/OL].[2023-09-12]. https://baike.baidu.com/item/%E5%8F%B0%E8%BE%BE/7964922?fr=aladdin.

[17] 中国知识产权报. 朗科科技：织密企业知识产权保护网 [EB/OL].（2021-09-09）[2023-09-12]. http://www.cneip.org.cn/html/16/42028.html.

[18] 李岚君. 2021 凯度 BrandZ 最具价值中国品牌百强榜单发布 [EB/OL].（2021-10-18）[2023-09-12]. https://www.cs.com.cn/sylm/jsbd/202110/t20211018_6211421.html.

[19] 汽车制造售后工作委员会. 2021 年中国汽车售后服务客户满意度卡思调查结果发布 [EB/OL].（2021-09-18）[2023-09-12]. http://www.camra.org.cn/content/Content/index/id/15052.

[20] 李伟，祝运海. 蔚来汽车：能否创造自己的"蔚来"时代？[J]. 清华管理评论，2022（C1）：104-112.

[21] 王浩. 新媒体环境下企业应用的传播效果分析——以蔚来汽车为例 [J]. 品牌研究，2021（2）：78-80.

[22] 王春艳，鲁力. 我的特区故事：中集集团 CEO 兼总裁麦伯良，带领企业冲击一个个"世界冠军" [N/OL].（2020-08-23）[2023-09-12]. http://static.nfApp.southcn.com/content/202008/23/c3934912.html?group_id=1.

第四章　高科技企业的可持续发展营销战略

近年来，随着技术迭代速度不断加快，高科技企业之间的竞争愈演愈烈，整个行业存在较高的倒闭率。有关资料显示，美国高科技企业的存活率只有 5%~20%。在我国，高科技企业同样具有较高的倒闭率。据统计，在我国重要的科技创新中心北京市中关村，有许多 IT 企业的生命周期非常短，在创业初期的 1~5 年间，由于市场竞争激烈、经验不足、融资难度大等因素，有 20%~30% 的企业相继倒闭，平均每 9 分钟就有一个中小企业倒闭。[1] 如何延长生命周期，实现可持续发展，是摆在高科技企业面前的一大难题。

1987 年，在联合国世界环境与发展委员会发布的《我们共同的未来》报告中，"可持续发展"的概念被正式提出，报告指出：可持续发展是指既满足当代人的需求，而又不损害后代人满足其需求的发展。在此之后，可持续发展的概念开始受到学术界关注，并被广泛运用于生物学、系统学、经济学、社会学等领域。企业的可持续发展，从经济角度看，是指在不牺牲环境和资源的基础上，把经济发展的净利益增加到最大限度；从技术角度看，可持续发展离不开技术的应用，通过利用更加有效、更加清洁的技术，更大程度地减少能源和其他自然资源的消耗。[2]

实现高科技企业的可持续发展，首先要了解高科技企业在发展中遇到的主要障碍。本书认为这些障碍主要包含以下五个方面：第一，技术变革带来的变化问题。技术变革使产品迭代创新速度加快，产品的生命周期大大缩短，市场竞争加剧，高科技企业需要通过不懈的创新才能避免被市场淘汰。第二，产业链与创新链集成的问题。高科技产业发展过程中一直存在着产业链与创新链脱节、科技成果转化程度低、产业链的原始创新能力不足等问题，严重阻碍了高科技企业的创新发展。第三，企业生态圈构建问题。随着企业逐渐发展壮大，高科技企业仅凭"单打独斗"很难实现更大的突破，这时候必须加强与客户、供应商、投资者和其他盟友的合作，打造生态圈。第四，高科技产品与消费者使用场景的融合问题。高科技产品在推向市场的时候很容易受到创新者与有远见者的热烈欢迎，但是大众市场对于高科技产品往往会保持观望态度[3]，高科技产品的早期市场与主流市场之间存在巨大的鸿沟[4]，如何跨越"技术鸿沟"，使高科技产品为大众所接受，涉及消费者使用场景的构建。第五，贸易摩擦与技术断供问题。全球贸易摩擦极大地冲击了高科技企业的供应链与技术创新进程，给高科技企业的可持续发展造成严重的阻碍。

综上所述，本章对可持续发展营销战略的介绍将围绕高科技企业在发展中遇到的困境展开。技术变革方面，大数据营销、人工智能营销、全链路营销等先进营销手段层出不穷，高科技企业要把握营销新发展趋势，突破营销瓶颈；产业链与创新链方面，高科技企业应当重视数字化营销平台构建、渠道优化以及品牌建设，实施产业链与创新链集成的营销策略，不断推动产业创新成果走向市场，促进产业链与创新链有效互融；生态圈营销方面，高科技企业有必要构建集产品、品牌、社群于一体的生态圈，利用"万物互联"实现价值共创；场景营销方面，高科技企业要借助互联网信息技术和手机、计算机、智能手表等智能终端，将高科技产品自然地融入人们的生活场景中，借助场景形成消费者认知，触发消费行为。另外，在全球贸易摩擦背景下，面对技术断供风险，高科技企业应积极通过科技创新、转型升级、多元化经营策略谋求生存与发展，并根据环境变化适时优化营销策略。

第一节 技术变革下的营销革命

技术变革不仅带来了产品的迭代创新，还引起了营销方式的变革。把握新技术变革这一时代背景，对开展高科技产品营销至关重要。

一、新技术变革

（一）新技术变革的含义

技术变革是指人们改造世界方式的根本性变革，是能够引起社会生产力水平显著提升并推动生产关系变革的技术突破。技术变革是产业变革的先导，往往涉及众多技术和产业领域，其中，高科技产业是技术革命和产业革命的主体，具有根本性和主导性。该领域的技术突破与产业变革将很大程度决定新一轮科技革命的整体进展。

新技术变革是以资讯技术为核心，能源技术、材料技术和生物技术等协同发展的新一代 A 高新技术演进形态，呈现出"一主多翼"的发展格局。"一主"是指以资讯技术为先导，率先渗透经济社会生活各领域，实现应用领域的创新突破，推动新业态的不断出现。"多翼"是指能源技术、材料技术和生物技术等新技术的交叉融合与应用。

（二）新技术变革的特点

新技术变革以资讯技术为核心，促进经济向以资讯生产、信息服务为主的发展模式转变。其特点主要有以下四个方面：

1. "三化"融合

2018 年两院院士大会上，习近平总书记指出："世界正在进入以信息产业为主导的经济发展时期。我们要把握数字化、网络化、智能化融合发展的契机，以信息化、智能化为杠杆培育新动能。"数字化、网络化、智能化是新技术变革的突出特征，指明了高科技产业未来的发展方向。数字化是社会信息化的基石，其发展趋势是社会范围内数据的全面应用与整合，高科技产业和高科技产品的"数字化"离不开大数据、云计算、物联网、区块链、人工智能等数字技术的支持。网络化将互联网与通信技术进行结合，成为信息传播的重要载体，其发展趋势是信息物理系统（CPS）的广泛应用，我们熟知的物联网就是信息物理系统的一种应用形式。智能化是信息应用的核心，在一定程度上代表了信息处理与应用层次和水平，其发展趋势是新一代人工智能。智能化的应用领域十分广泛，包括客户参与、数字生产、智慧城市、无人驾驶、风险管理、计算机视觉、语言和语音识别等。

2. 技术交叉性

新一轮科技革命涵盖众多科技领域，不同学科、不同领域的技术之间交叉融合、不断渗透，创造出跨越传统产业边界的新产品、新业态和新模式，使人们的生产与生活发生翻天覆地的变化。例如，新一代信息技术如云计算、大数据、移动互联网等与机器人技术相互融合、相互促进，使机器人的性能不断提升，朝着智能化方向发展，由此催生了具有广泛应用前景的智能制造技术。可见，各领域新兴技术不再仅仅朝着单一化、纵深化方向发展，而是更多地与其他技术进行横向的交叉融合，实现更高水平的创新突破。

3. 转产周期短

随着科学技术与生产的联系越来越紧密，大量的新兴技术应用于生产，科学技术发明转化为实际生产力的周期不断缩短。在19世纪，"电"作为一种新生事物，从发明到实际应用之间时隔282年。到了20世纪，集成电路仅仅用了7年的时间就成功转化为实际生产力，激光器更是仅用了1年。如今，不少科技成果刚刚取得突破就开始投入生产实践，比如超导技术还处于基础研究阶段就已经开始广泛应用于医疗、通信技术和电力工业等领域。

4. 系统复杂性

科技创新日益呈现出高度复杂性和不确定性的特点，人工智能、基因编辑和大数据等新技术可能对就业、社会伦理和信息安全等方面带来重大影响和冲击。比如人工智能技术在不断提升机器人智能化水平的同时，还会带来失业问题；基因编辑技术在预防和治疗人类遗传性疾病方面发挥着巨大的作用，但也有可能造成基因歧视，加剧社会分裂与不平等；数据的挖掘与分析技术可以精准预测用户需求，为用户提供便利的产品和服务，但也让用户面临信息泄露、隐私侵犯等威胁。

二、高科技产品迭代

高科技产品是指采用高新技术生产的具有知识密集、高技术含量、高附加值特点且最终投入市场的创新产品。高科技产品的迭代具有以下特征：

（一）易逝性

高科技产品的易逝性是指由于产品更新迭代速度不断加快，产品生命周期缩短，随着时间的流逝，其价值会发生减损，典型的例子包括手机、芯片、处理器等。[5]当前，新技术变革以数字化、智能化为发展方向，高科技产品也越来越呈现出迭代速度快、产品生命周期短、市场竞争激烈的发展态势，高科技企业往往在刚推出一个产品之后，就立即开始筹划下一代产品。在这样的行业背景下，高科技产品的"易逝性"特征逐渐凸显。

（二）摩尔定律

摩尔定律由英特尔（Intel）的创始人戈登·摩尔（Gordon Moore）于1965年发现并提出，他认为每隔18~24个月，芯片上集成的晶体管数目大约会增加一倍，也就是说，处理器的速度和性能会翻一番，而成本却会降低一半。[6]

50 多年来，这个经验定律指导着半导体产业向着更有序、更有计划的方向发展。英特尔公司根据摩尔定律制定自身的发展战略，致力于研发新型处理器，不断将性能更优、运行速度更快的芯片和处理器推向市场。在 26 年的时间里，英特尔芯片上的晶体管数量增加了 3 200 多倍，1971 年推出的第一款 4004 处理器，其晶体管数量为 2 300 个；1997年推出的奔腾 II 处理器，其晶体管数量高达 750 万个。另外，单位芯片上集成的晶体管数量的增长速度也与摩尔定律的预测基本一致。[7]摩尔定律也成为半导体领域里不可替代的第一定律，企业为了保持高科技产品的市场领先地位，必须与摩尔定律的预测保持同步，以免落后于人。

（三）技术创新类型

高科技产品的迭代离不开创新活动。根据技术变革和商业模式变革两个维度，可以将创新活动划分为以下四种类型：渐进性创新、颠覆式创新、激进式创新和突破性技术创新。

1. 渐进性创新

渐进性创新是指渐进的、连续的、程度较低的创新，往往是利用技术对已有产品和工艺进行扩展，或基于现有产品的已有功能和用途进行改良。企业通过持续的、渐进的创新，使产品的性能得到逐步提升。从机会成本和市场风险角度看，由于渐进性创新是对现有技术进行小幅度的优化改进，因此企业付出的机会成本和所要承担的市场风险较低，是多数企业进行技术创新与产品迭代时会优先采取的方式。比如，微软 Windows 操作系统的升级就是基于原有功能界面，通过渐进性创新实现持续不断的创新迭代。

2. 颠覆式创新

颠覆式创新是指通过引入新技术、新产品或者新商业模式推动替代性变革，让现有技术、产品或商业模式实现颠覆式突破和超越的创新活动，其实现路径包括新市场颠覆和低端颠覆。由于技术创新往往会领先于市场需求，因此创新产品在刚推出时很难被主流群体关注。为了提高大众对于产品的关注度和接受度，企业需要不断改善产品性能和服务质量。相较于渐进性创新，颠覆式创新具有"跳跃性"特征，这可能会导致产品在早期主流市场的价值评估结果不尽如人意。但是，一旦技术创新成功，就可以革命性地开辟出新的蓝海市场，颠覆市场格局，获得令人意想不到的高额市场利润。[8]例如，阿里巴巴推出电子商务平台，实现了贸易供应链的颠覆式创新，不仅抢占了商超零售的市场份额，还改变了原有供应链的利益结构，为上下游和终端消费者创造了巨大的价值。

3. 激进式创新

激进式创新建立在工程技术或科学原理的基础上，主要涉及技术方面的问题。激进式创新具有新颖性和独特性两大特点，是体现先进技术水平的创新，能使既有产品或过时的技术焕发出新的生命力，进而重塑行业和市场。例如，国内医药领域的膜科学平台企业领跑者——关怀医疗，应用前沿技术研发推出医药生物高端膜，打破了发达国家在生物制药领域中空纤维膜的技术垄断。

4. 突破性技术创新

完全不同于在原有技术基础上进行改进的渐进性创新，突破性技术创新是基于突破性技术，采用全新的技术路径代替原有技术路径进行的创新。突破性技术创新通常会引起整个产业发展的彻底变革，并最终成为新产业的旗帜。比如，集合了人工智能、环境识别以及车辆制动等多个领域技术成果的无人驾驶技术，一经推出便引起了汽车产业的革命，谷歌、百度、苹果、华为等科技公司纷纷布局无人驾驶汽车领域。

三、科技赋能营销

科技进步不仅推动了高科技产品的创新迭代，而且给营销带来了新的发展机遇，使营销在新技术变革的赋能下焕发出新的生机。

（一）大数据营销

大数据营销也被称为数据驱动营销，是指利用大数据技术对海量数据进行深度挖掘、准确分析，有针对性地帮助企业制定营销策略的手段。大数据营销主要有以下四个方面的应用：

1. 产品开发

大数据作为决策依据，可以精准分析消费者市场的需求，为新产品的设计开发提供客观的判断依据。在过去，企业一般通过传统的访谈或问卷方式对产品进行市场调研，这些方式不仅效率低，而且经常存在受访者不愿完全透露想法或者不诚实作答的情况，使得企业获得的数据存在一定的偏差，难以准确把握市场需求。而大数据技术能够帮助企业多渠道收集大量的信息，经过深入的挖掘分析得到更加真实客观的数据，精准洞察消费者的需求。此外，企业还可以利用大数据的监测功能实时获取市场需求的变化，不断优化产品的性能与定位。

2. 价格制定

大数据可以实现价格制定的差异化和动态化。传统的定价策略主要有成本导向定价法、竞争导向定价法和需求导向定价法，企业在产品定价过程中往往以其中某一种方法为主导，忽视了三种定价策略之间的联系以及在市场环境下各因素的动态变化，导致定价不合理、不科学现象频繁发生。大数据分析方法的应用，为价格制定提供了新的思路，企业通过对数据的精细化分析，可以掌握消费者的需求、兴趣、消费行为和购买偏好等特征，以此为依据实施差异化定价和动态化定价。

3. 全渠道管理

大数据可以提升全渠道管理的能力。随着互联网的发展，企业原有的渠道不断拓宽，既有覆盖多个地方的线下流通渠道，也有涵盖多个平台的线上销售渠道。多种渠道并存虽然给企业带来了更多的消费者需求和销售利润，但也对生产能力和供应链管理提出了新的挑战。渠道多样性和复杂性使得企业的渠道管理难度增加，在原有渠道管理模式的基础上难以取得市场占有率的突破，这会倒逼企业不断增强全渠道管理能力。全渠道管理是企业保持渠道多样化的重要手段，为加强渠道管理、提升渠道的流通效率，需要打通各个渠道之间的数据网络，利用全渠道后台循环的用户数据、产品数据和渠道数据，改进商品库存管理和渠道绩效管理，全渠道管理可以覆盖售前、售中和售后等各个环节。

4. 促销管理

大数据可以实现促销信息的精准投放。传统的促销信息推广媒介主要有报纸、电视等，由于缺乏足够的数据支撑，无法对目标消费者精准定位，难以满足消费者的个性化需求，因此很多企业的促销策略没有效果或效果甚微。而大数据技术从计算机、手机等智能终端全面收集、分析消费者信息，可以精准定位目标消费人群，并根据消费者的偏好、兴趣以及购买习惯制定个性化的促销内容，选择合适的促销渠道。另外，企业还可以通过数据分析评估不同渠道的促销效果，为下一次促销策略的制定提供依据。

（二）人工智能营销

人工智能营销主要以大数据和人工智能为基础，在深度学习和神经网络等多种技术的驱动下，实现营销的智能化和自动化。人工智能营销主要有以下五个方面的应用：

1. 用户洞察

人工智能对数据处理、内容投放等营销关键环节进行赋能，根据消费者的兴趣、消费习惯、实际购买力、潜在购买意愿等方面的营销数据构建消费者画像，实现对用户群体的精准细分，更好地洞察目标用户，预测用户未来消费行为。人工智能时代，强大的用户需求洞察能力成为企业满足用户价值需求、保持市场竞争力的关键因素。此外，企业通过分析消费者的行为数据、社交媒体互动等多个维度信息，可以深入了解和洞察消费者个性化需求，人工智能营销可以对人群进行自动化追踪，精确识别目标消费者的媒体偏好和场景偏好，使营销策略更好地匹配用户需求。

2. 内容管理

人工智能在内容管理方面主要有以下两个方面的具体应用：第一，人工智能可以迅速且准确地从海量数据中提取出有价值的信息，从而极大地提升内容处理效率；第二，人工智能可以智能化地创作内容，提供多样化的内容输出。例如，阿里巴巴利用人工智能算法和机器学习技术开发了人工智能设计平台"鹿班"（曾用名为"鲁班"），实现了海量商品的自动化抠图。该平台具备大规模设计、自我学习成长、开放性接入三大特性，在 2016 年的"双十一"活动中成功创作了 1.7 亿张海报。

3. 智能推荐

人工智能可以实时分析用户偏好，在利用数据实现精准用户洞察的基础上实时化、智能化地获取动态变化的用户行为数据，并将其转化为用户需求和产品偏好，实现智能推荐。比如，基于深度学习和自然语言处理等技术，小米对用户数据进行了关联分析，为小米用户建立了标签体系。借助该标签体系和智能算法，小米能够快速且精准地识别用户在各个时间点对应用场景和产品的需求，从而在适当的时间和场景自动向用户推荐合适的产品与服务。[9]

4. 客户服务

人工智能在提高服务质量、改善用户体验方面发挥着越来越重要的作用。在智能客服领域，客服机器人不仅可以实现 24 小时全天候服务，为人工客服解决大部分重复性、简单性工作，降低运营成本，还能优化现有业务流程，促进客户服务智能化转型。同时，随着人工智能技术的发展，智能客服体系不断升级迭代，客服机器人能够快速识别和响应用户需求，为消费者提供更有温度的服务，进一步提高用户体验和满意度。

5. 动态监测

企业借助人工智能可以实时获取数据，对信息进行监测与评估，快速识别用户反馈的问题，及时采取行动，减少甚至避免品牌声誉受损。比如谷歌开发的人工智能工具 Perspective 可以实时监控论坛中的对话，帮助新闻媒体企业筛查数以百万计的评论，甄别其中的恶意内容或辱骂言论，为企业评估判断舆情发展和事态趋势提供依据。

（三）全链路营销

全链路营销是从消费者接触产品广告到最终实现购买转化的完整营销链条，也被称为产业链整合营销。越来越多的高科技企业依靠技术和数据配置营销要素和资源，在链路关键点上布局营销，实现了全链路营销活动的智能化。当前，全链路营销主要有以下三个方面的应用：

1. 用户运营

用户从接触产品到实现购买转化的过程中会涉及不同的触点，全链路营销致力于找到该链路上的触点，在不同的阶段进行有针对性的营销布局，实现触点间的衔接与配合，引导消费者从上一环节进入下一环节，最后达成转化目标。具体实现路径为：前链路构建用户画像，实现精准投放；中链路多触点引导转化；后链路沉淀用户，实现用户留存。

2. 物流管理

物流管理领域已经实现的全链路智能联网，主要是指采用大数据、互联网、物联网、自动化等技术，并以算法驱动为依托，实现人、货、场之间的优化配置和高度协同，从而构建起一个完整的物流体系，包括仓储、销售和配送等环节。在商品的流通环节中，企业可以通过智能算法操作设备和识别作业，对销售、库存进行精确管理，实现物流环节的高效运营。

3. 品牌建设

在全链路营销的品牌建设路径中，品牌曝光是第一步，紧接着还会通过人工智能、大数据等标签实现消费者的精准触达，进一步发展和升级品牌数字化触点。然后根据消费者偏好、行为等数据，让品牌与目标人群精准匹配，建立消费者与品牌的连接。在此过程中，实时监测数据变化，不断优化触点上的营销策略，提升消费者忠诚度，最终沉淀品牌资产。[10]

第二节　产业链与创新链集成的营销策略

要推动高科技产业迈向价值链中高端，就必须解决产业链与创新链集成中存在的问题，实现产业链与创新链的有机融合，助力高科技企业可持续发展。在此背景下，营销在高科技产业链实现高端化转型过程中发挥哪些作用是值得密切关注的。

一、产业链与创新链集成的现状

创新链是指企业协同内外部资源和多节点主体共同实现全链条价值创造并获得可持续竞争优势的动态过程[11]，主要包括创新研究、创新开发、创新转化三个环节。而产业链则是在某一产业领域中，企业之间基于劳动分工和协作关系形成的生产技术联系。它将原材料、中间产品和最终产品制造等各生产环节相互串联起来，是一个由多个企业和产业共同构成的复杂的生产体系。产业链与创新链的深度融合，是推动实现产业链和供应链集成现代化的基本要求，也是实现经济高质量发展的重要支撑。但目前在"双链"融合发展过程中，仍存在如下突出问题：

（一）创新链与产业链脱节

在现代经济中，我国高科技产业的产业链与创新链之间呈现"两张皮"的脱节现象。具体而言，高科技产业创新链与产业链联系不紧密，存在各自独立发展、缺乏协同性的问题，导致创新成果难以转化为现实生产力。科技成果转化率是评估科技创新成果转化为商业开发产品的一个重要指标，我国每年的科技成果转化率相对较低，一般为10%~15%，最高可达30%左右，而发达国家是60%~70%。由此可见，我国在科技成果转化方面与发达国家相比，仍存在较大的差距。尽管我国拥有丰富的科技资源，但这些资源并没有完全转化为产业发展的优势，其根源在于当前科技创新大多停留在"纸上"，缺乏在产业实践中"躬行"。另外，科技创新活动的"碎片化"问题和"孤岛"现象日益凸显，常常陷入"创新链重科研，产业链重产品"的误区，致使彼此的发展都难以取得重大突破[12]，并且在一定程度上阻碍产业升级和经济高质量发展的进程。

（二）产业链的原始创新能力不足

近年来，我国的基础创新投资占比远低于发达国家，科技创新的自主性相对较弱，很多领域对外部技术存在依赖，产业链高质量发展的原始创新能力亟需提升。当前，我国科技创新存在质量不高、技术"供非所需"等问题，甚至在一些高科技领域，还存在受制于人的技术短板以及关键核心技术"卡脖子"难题。[13]总体而言，与美国、德国等发达国家相比，我国高科技产业在科技水平、生产工艺、产业标准、关键设备等方面存在较大的差距，特别是在高端科技领域，"缺芯少魂"问题较为严重。

（三）互融互促机制有待进一步深化

事实上，除了创新链和产业链脱节问题，我国科技创新主体与企业协同合作转化机制也并不完善。在推进产业链与创新链互融互促的过程中，缺乏相关政策体系和基础配套服务的支撑，这也在一定程度上阻碍了科技成果转化为产业创新成果的进程。尤其在高科技领域，产业链与创新链之间不同环节的协同合作仍处于初步阶段，存在信息资源交流不畅通的情况，互利共赢的开放型产业链创新链合作机制还有待进一步深化。

二、产业链与创新链融合发展

习近平总书记在中国共产党第十九届中央委员会第五次全体会议的重要讲话中指出，加强创新链与企业链对接是发挥创新引领作用、构建科技与经济良性互动关系、实现大国经济循环畅通的现实基础。为强化高科技企业的创新主体地位，推动产业基础再造，需要对高科技产业进行全面部署，推进产业链与创新链的共生共融。

（一）围绕产业链部署创新链

1. 以产业链的需求统筹技术创新项目

技术创新项目的开展必须以产业链需求为出发点，围绕产业链进行创新链的部署。改革开放以来，虽然我国在高科技产业领域已取得重大突破，实现了跨越式发展，但仍未从根本上扭转关键核心技术受制于人的局面，不少相关企业还处于全球产业链、价值链的中低端。[14]技术创新是高科技企业可持续发展并走向中高端市场的唯一出路。围绕产业链开展技术创新，要以产业的关键核心技术需求为出发点，在创新链的布局中找到突破口，即科技创新应该优先关注并解决产业发展中的关键核心技术"卡脖子"问题。因此，相关企业和行业需要集中力量、协同攻关，让创新链高效服务于产业链。

2. 整合产业链上的创新要素

产业链是创新链落地生根的载体，也是开展创新活动的重要依托，对各类创新要素具有聚集催化作用。整合产业链上的创新要素，促进创新要素从"聚合"到"聚变"成为布局创新链的关键。高科技产业应深入产业链这一底层基础，建立以高科技企业为主体、以市场为导向、产学研深度融合的创新链条。通过促进企业、科研机构和高校等创新主体的协同互动与合作，整合产业链上人才、技术、资本等创新要素，使创新要素在产业链上实现更加紧密的集聚和更加高效的流动。

（二）围绕创新链布局产业链

1. 发挥科技创新的引领作用

在科技创新快速更迭的时代背景下，高科技企业需要强化战略导向，发挥科技创新的引领作用。从产业发展实践来看，产业链是科技创新的落脚点，高科技企业需要通过科技创新实现产品的更新迭代，持续提升产品竞争力。"十四五"规划和2035年远景目标纲要均提出了我国高科技产业的发展蓝图：在基因技术、未来网络、类脑智能、量子信息、深海空天开发、氢能与储能等前沿科技和产业变革领域，计划通过未来产业孵化与加速计划，布局一批具有前瞻性和发展潜力的未来产业。以科技创新引领产业链变革升级，是实现这一远景目标的重要路径。

2. 科技成果的转化与应用

科技成果转化为现实生产力是创新驱动发展的本质要求。当前，我国产业发展尚处于低端环节，在全球经济循环中，产业链需要应对诸多挑战，这对我国的产业链布局提出了新的要求。即要求我们围绕创新链布局产业链，畅通科技成果的产业转化渠道，完善成果转化的激励机制，不断优化创新生态。我国正在不断通过政策、市场、科技中介、社会支撑环境等途径加速科技成果扩散，以高水平科技创新推动产业高端化发展。

三、产业链与创新链集成下的营销策略

产品不断推陈出新是高新技术产业可持续发展的基本要求，而营销策略的制定则关系到产业创新成果能否顺利推向市场，也决定了产业链与创新链集成战略的实施效果。目前，高科技产业基于产业链与创新链集成的营销策略主要包括以下三个方面：

（一）搭建数字化营销平台

为顺应产业互联网的发展趋势，提升技术和数据服务的赋能效应，传统"粗放式"营销的数字化转型成为必然趋势。近年来，高科技企业纷纷布局数字化营销，搭建数字化营销平台，并在产品营销活动中充分运用数字化和智能化技术。

数字化时代，"以消费者为中心"和"数字驱动"是企业生存发展的两大核心武器，而数字化营销平台则是这两大核心武器的载体。数字化营销平台以数字化智能技术赋能高科技企业，为企业提供营销解决方案，提升营销链路的精细化运营能力。传统营销方式存在获客难、转化周期长、营销效果不佳等问题，搭建数字化营销平台能够很好地解决上述问题，大大提升获客转化以及营销的效率，实现降本增效。企业搭建数字化营销平台进行数字化转型的基本路径如下：通过大数据技术建立全面数字化连接，引入人工智能算法实现智能识别需求、精准营销推广、实时客户管理，打通包括供应链、营销获客、销售转化、交易协同、售后服务和复购增购的全业务链路；通过数字化营销平台，让产业链中各主体、各业务活动产生链接，不断创造价值。可见，数字化营销平台是实现产业链与创新链互融互通的重要媒介之一，有利于加强各产业链营销信息互通和数据共享，提高整个产业的对接、运营效率，最终实现多个产业链的"产业互联"，为创新链提供更多创新元素和线索，打造全产业链企业融通发展的价值共创网络。例如，MarketUP 是国内知名的数字化营销平台，具备丰富的营销工具和强大的数据追踪能力，能够整合产业链营销渠道，打通营销触点，快速获取有效营销线索，充分挖掘目标用户，通过数据驱动形成营销闭环。MarketUP 基于数据跟踪和智能分析技术，通过营销中心、资源中心、客户中心、活动中心等营销模块，帮助企业构建智能化的营销体系，深度洞察客户行为数据背后的价值，消除信息孤岛，打通企业客户关系管理（CRM），让企业告别过往粗放式的营销方式，走精细化深度营销之路。另外，MarketUP 可以为企业提供多场景营销解决方案，让每次营销都精准触达目标客户，深挖和培育销售线索，缩短客户决策和购买周期，提高销售转化效率，加速企业获客增长。

（二）渠道优化

渠道是指产品和服务由生产者向消费者转移过程中起到关键助推作用的所有企业和个人，包括生产者、中间商、代理商、消费者。现代渠道管理呈现扁平化趋势，越来越多的企业选择舍弃中间批发商，直接对终端进行掌控。在"渠道为王"的今天，优化和整合渠道成为企业克敌制胜的关键。渠道的整合与优化主要有以下方式：

首先，正确选择并定期调整渠道成员，做到宁缺毋滥。渠道成员不能过多也不能过少，根据企业管理需要进行选择，重视渠道成员质量，及时更换和调整渠道成员。其次，依托互联网组建多元化渠道。互联网经济为渠道优化提供了新的思路，改变了传统销售渠道业态，为高科技产品提供了更加低成本的线上销售模式，进一步推动了渠道的扁平化发展。最后，根据企业发展需要科学布局渠道建设。一方面，整合线上线下流通渠道，打通产业链中的信息流、交易流、资金流、物流、票据流，畅通商品和生产要素流动，实现全管道、全产业链营销；另一方面，通过全链条的数字化改造和数据共享，赋能供应链和产业链，以"软件即服务（Software-as-a-Service，SaaS）"等方式打通各环节参与主体从生产端到流通端的信息流，实时掌握相关数据，并在此基础上进行大数据分析和预判。利用渠道数据精准链接供需关系，对供给端和终端需求的变化及时做出响应，实现大规模分销，进一步降低产品采购成本、物流配送成本以及资金成本。

（三）品牌建设

产业创新发展的目标是使产业由中低端向高端转化，实现这一目标需要供给侧产业创新和需求侧消费升级两手抓。品牌作为连接需求端和供给端的"支点"，发挥着杠杆作用。但一直以来，品牌营销尚未得到高科技企业的充分重视，导致许多高新技术产业虽然朝着科技创新的方向发展，却始终没有建立起自有品牌，只能沦为跨国公司高科技产品的零件供应商或代工厂，获取微薄的加工利润，难以跨越价值链的低端，严重阻碍产业创新发展。

产业高端化是指依靠技术改进和创新，不断提升产业技术含量，增加产品附加值，并占据更高的市场份额，从而推动产业由低端制造向价值链两端拓展。根据微笑曲线理论，在价值链中，附加值更多地体现在曲线两端，价值链"微笑曲线"的两端分别是研发创新和品牌营销。因此，实现产业高端化发展不仅需要坚持科技创新，还需要加强品牌建设，打造自主品牌，不断提升产品附加值。

总的来说，实现产业高端化发展，需要着力解决产品质量不高、品牌效益不强、标准话语权不大等问题，推动产品供给向质量高、声誉好、品牌响、竞争力强、附加值高的方向转变，以高标准引领高质量、以质量铸就品牌之魂、以品牌开拓市场。高科技企业要不断深耕产业链和创新链，向国际同行业品牌管理的最高水平看齐，树立高端化的品牌形象，扩大品牌知名度，不断提升品牌价值。

【链接案例4-1】　美的重塑价值链[15]

美的作为国内电器行业龙头企业，深谙家电零售本质，通过加大研发投入和推动管道变革，双管齐下，驱动价值链重塑，不断为用户提供更好的产品和更快的服务。

研发方面，2013—2020年美的累计投入研发费用超过570亿元，逐渐形成研发规模优势，保障产品的质量和创新。

管道方面，美的从研发、制造、物流供应、营销等环节实现产销价值链的拉通，实现精细化和标准化管理、柔性制造以及物流的集成，全面推行"T+3"模式，以美云销、美云智数、安得智联为依托，推动企业全面数字化转型，加快信息、产品和资金流动，提高"以销定产"柔性制造能力，确保更快、更准地对需求做出回应。

产业扩张方面，美的通过产业链上下游延伸，布局新能源汽车核心部件和工业机器人等ToB业务，利用先进的企业治理经验、扎实的智能制造能力、充沛的资金实力和广阔的销售管道，为新业务赋能，布局新兴产业。

全球化布局方面，美的利用"产品+品牌+管道+供应服务"实现多方位突破，推动自有品牌出海，计划到2025年海外营业收入超过350亿美元。作为一家全球运营的公司，美的在海外设有18个研发中心和17个主要生产基地，从最初的OEM、ODM、OBM到收购海外工厂，美的出海业务历经20余年的布局和发展，正逐步朝着微笑曲线的两端上移。

第三节　数字化生态圈营销

近年来，"生态圈"一词在各行各业的发展战略中频频出现，企业纷纷布局建立属于自己的生态圈，如"阿里生态""腾讯生态""小米生态""华为生态""蒙牛生态"等。生态圈又称商业生态圈，主要指由供应商、主要生产者、消费者、金融机构、政府和其他利益相关者通过价值或利益交换关系共同构成的价值网络。随着"万物互联"时代的到来，"数字化生态圈"走入大众视野，在营销中发挥着越来越重要的作用。

一、商业系统理论

美国经济学家穆尔（Moore）在1993年首次提出"商业生态系统"这一概念，认为商业生态系统是组织和个人共同组成的经济联合体。[16]1998年，穆尔将商业生态系统定义为：由客户、供应商、主要生产商、相关的行业协会、标准机构、工会、政府和准政府机构等具有一定利益关系的组织或群体共同构成的系统。[17]在商业生态系统中，各个行为主体互联互通，通过专业互补和资源共享实现价值共创，不断推动生态圈可持续发展。

（一）商业生态系统的生命周期

根据穆尔的商业生态系统理论，一个商业生态系统的形成包括四个阶段：产生期、扩展期、领导期、死亡或自我更新期。

1. 产生期

这是建立商业生态系统的第一步，重点在于汇集各种能力，创造关键产品。在产生期，主要是洞察客户的需求，探索并创造潜在的价值市场，挖掘新产品或服务。在这个阶段，企业需要将产品的软件、硬件、分销和客户支持等环节连接起来，初步构建产品的生态网络。

2. 扩展期

在扩展期，企业应以协作关系的核心为出发点，积极寻求与其他供应商、平台等利益相关者开展合作，通过增加供应、拓宽管道、加强营销推广等策略实现最大的市场覆盖，建立细分市场的主导地位。这一阶段的扩张需要具备两个条件：一个是足够打动人的商业理念；另一个是能够触及广阔市场的潜力。[18]

3. 领导期

当生态系统拥有了足够强大的增长能力和盈利能力，同时，居于生态系统核心地位的技术、产品和服务逐渐进入稳定状态，这时候系统将会进入第三个阶段：领导期。在此阶段，企业为系统提供技术和产品基础，领导并协调系统有序平稳地运行。作为系统的领导角色，企业需要为生态系统整体发展做出贡献，为客户、供应商等系统成员树立愿景目标，鼓励各主体朝着共同的目标方向努力，从而推动生态系统建设。

4. 死亡或自我更新期

在自我更新期，企业通过流程再造和组织变革实现生态系统的组织更替，完成生态圈的升级迭代。在这个阶段，持续的创新是生态系统保持生命力的源头活水。企业通过不断的创新形成较高的市场进入门槛，可以防止竞争者建立可替代的生态系统。如果企业故步自封，不能为旧系统注入"新血液"，那么生态系统将最终走向死亡，被其他企业的商业生态系统所取代。

（二）商业生态系统及共生关系

商业生态系统由众多具有共生关系的企业组成，这些企业依赖商业生态系统实现资源的获取和共享，并基于资源的优化配置，实现企业自身的战略目标与价值提升，从而推动整个生态系统内企业的共同发展。共生关系是商业生态系统中企业资源获取及流动的基础，生态系统中具有共生关系的各内部成员通过深度互动、相互合作，可以创造出单个企业无法独立创造的价值。[19]

在当前市场经济背景下，企业之间的共生关系日渐凸显，成为商业生态系统区别于其他系统的主要特征。商业生态系统在反馈调节机制下，逐渐趋向动态平衡状态，不同成员之间相互合作、相互影响、相互依存，形成稳定的共生关系，实现外部效应内部化与整体收益最大化。另外，这种共生共存关系，也可以推动企业与商业生态系统可持续发展。

（三）商业生态系统结构模型

穆尔提出商业生态系统的概念后，进一步研究了商业生态系统的内部结构问题，并在1996年构建了一个典型的商业生态系统结构模型，该模型主要由宏观环境系统、环境支持系统、核心供应链系统、竞争系统这四个系统构成（见图4-1）。[20]宏观环境系统包括政府、社会和自然；环境支持系统包括投资机构、资产所有者、行业协会和标准制定机构；核心供应链系统由供应商、中间商、核心企业、配套企业（如物流企业）、分销商、消费者组成；竞争系统主要包括具有共享产品和服务属性、业务流程及组织安排的竞争组织。[21]

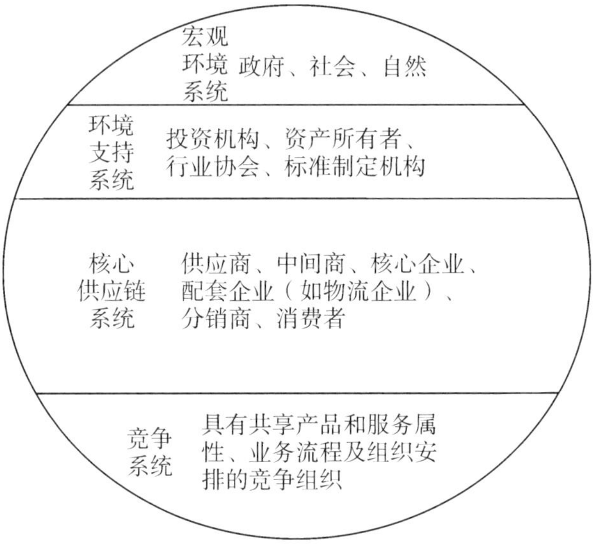

图 4-1　商业生态系统结构模型[20][21]

（四）商业生态系统健康状况评价模型

随着商业生态系统理论的不断发展，开始有学者关注商业生态系统健康状况的评价问题。Iansiti 和 Levin（2002）认为，可以从生产率、稳健性、利基创造力这三个维度来考察商业生态系统的健康状况，每个维度包含多个测量指标。[22]生产率是指一个商业生态系统将创新转化为某种新产品或服务的效能，测量指标包括总要素生产率、生产率改善、创新的实现；稳健性指商业生态系统应对环境干扰和冲击的能力，测量指标有存活率、系统结构的持久性、可预见性、有限的过时性、体验的连续性；利基创造力是商业生态系统创造有价值的新细分市场的能力，测量指标包括多样性和价值创造（见表 4-1）。

表 4-1　商业生态系统健康状况评价表

评价维度	测量指标
生产率	总要素生产率：生态系统将生产要素转化为有用的工作时的生产力
	生产率改善：随着时间推移，生态系统是否逐步改善生产效率
	创新的实现：生态系统是否有效地提供新的技术、流程或想法

（续上表）

评价维度	测量指标
稳健性	存活率：随着时间推移或与其他系统相比，该生态系统具有较高存活率
	系统结构的持久性：生态系统的总体结构不受外部冲击的影响，公司之间或技术之间的大多数联系仍然存在
	可预见性：生态系统结构的变化将会受到控制，而且可以预见这种变化是局部的
	有限的过时性：在生态系统环境发生巨大变化后，大多数安装基础（Installed Base）或对技术、组件的投资会继续被使用
	体验的连续性：一个生态系统产品的消费者体验将会随着新技术的引入而逐渐演变，而不是被彻底改变
利基创造力	多样性：在特定时间内，在生态系统内创建的新项目、技术模块、品类、产品或业务的数量
	价值创造：生态系统所创建新项目的总体价值

二、数字化转型背景下的生态圈

随着数字信息技术的应用与推广，生态圈打破了时间与空间的局限，在数字化转型浪潮中得以重构生态环境，实现跨越式发展。互联网平台以其自身的开放性和包容性，逐渐成为生态圈的主要载体，数字化科技的加成使生态圈范围更广、跨界更大、效率更高、效果更强。在数字化生态圈建设中，高科技产业以其得天独厚的创新技术优势成为跨产业生态圈的领导者。另外，数字化转型背景下的互联网经济也为商业生态系统理论提供了丰富的研究土壤。Winter（2003）关注了大企业主导型互联网平台创业生态系统的共生过程。研究认为，面对日益复杂多变的竞争环境，企业需要基于互联网平台型商业生态系统，从内部生态单元的视角入手，进行共生关系建设，不断对内外部资源和能力进行构建、整合和重组，进而获得未来竞争主动权。[23]仇瑞等（2020）基于5G时代万物智联的背景，提出智能网联商业生态圈的构想。[24]在智能网联商业生态圈中，核心企业以实现网联化、智能化和共享化为目标，致力于实现核心技术与产品的智能化升级，发展基于核心业务的衍生业务及关联业务。

数字化商业生态圈打破时空的限制，不再局限于特定的地点和时间，生态圈的边界得以扩展，各种资源、服务和需求在全球范围内实现智能化联动，最终达到万物智联的状态。这可以在用户智能化、场景化和个性化的需求得到进一步满足的同时，推动整个生态圈内的成员实现共赢。[19]

三、数字化生态圈营销策略

基于生态圈理论，高科技产品营销可以从产品生态圈、品牌生态圈、社群生态圈等方面入手。

（一）产品生态圈

产品生态圈的构建离不开创新、开放和互联互通。首先，打造产品生态圈，应当以用户需求为核心，在关键技术、产品功能、商业模式等方面实现创新突破，形成区别于其他产品的独特的生态系统，构筑起产品的"护城河"。例如，苹果公司早年借助其生产的数字媒体播放器产品 iPod 和数字音乐商店 iTunes 将消费者、唱片公司与数字音乐连接在一起，用"iTunes + iPod"的闭环音乐模式开启了数字音乐时代，构建起数字音乐生态系统，苹果公司也因此成为当时全球最大的在线数字音乐提供商。

其次，产品生态圈应具备开放合作的能力，不仅能够包容生态圈中的其他产品，还要具备能随时与新进入或即将进入生态圈的成员开展合作的能力。例如，阿里巴巴人工智能实验室推出的天猫精灵 IoT（Internet of Things）开放平台，面向品牌商、方案商以及个人开发者开放。开发者可通过直连接入（WiFi 模块、蓝牙 Mesh 模块）、云云接入（OAuth2.0）两种方式，接入天猫精灵软硬件生态，实现语音和触屏交互，为用户提供天猫精灵 IoT 控制、查询和播报服务。

最后，推动产品生态圈智能化发展，使各产品彼此互联互通，不断提升消费者的使用体验。例如，OPPO 通过其既有的 ColorOS 系统实现了同品牌智能手机、智能电视、智能耳机、智能手表、智能手环等多款产品的智能互联。在 2021 年中国国际智能产业博览会上，OPPO 还展示了最新研发的 UWB 空间感知技术，该技术是一种无线技术，可以让手机精确感知空间位置，直接控制设备开关。当用手机指向台灯时，双击手机背部即可打开或关闭台灯。另外，UWB 空间感知技术与触控、语音一同构成了三位一体式的智能家居控制方案，为消费者带来了更好的人机交互体验。

（二）品牌生态圈

随着商业生态系统的发展成熟，生态理论成为新时代的思考武器，品牌生态圈也逐渐引起了实业界的高度关注。品牌生态圈主张用品牌整合生产制造资源，用品牌背书为消费者创造更多的价值，借助品牌的塑造和传播，进一步拓展企业的利润池。总体来看，品牌生态圈的打造主要包括以下三个阶段[25]：

1. 产品核心功能的拓展

以市场需求倒逼产品研发是打造品牌生态圈的第一步，高科技产品更新迭代速度快，只有研发具有核心功能和竞争优势的差异化产品才能支撑企业可持续发展。产品核心功能的拓展必须以为用户创造价值为出发点，打通研发、生产、采购、营销、售后服务的价值链条，提升资源配置效率，从市场需求出发开展技术与产品的创新活动，实现产品的功能性价值整合。在这个阶段，企业应紧紧围绕产品的核心功能与价值，构建品牌的核心竞争力。

2. 核心品牌的跨界创新

对于高科技企业而言，核心业务领域的市场空间总是有限的，因此，需要不断丰富品牌内涵，开拓新的市场空间，思考如何实现跨界创新。这一阶段是企业从生存压力向成长压力转换的拐点，也是企业打造品牌生态圈的重要分界点。跨界创新的目的在于，将核心品牌的品牌价值迁移到新品牌上，让品牌层面的品牌背书能力和产品层面的核心功能在新的业务领域焕发出新的活力和市场竞争力，以点带面，构建完整的品牌体系，发挥品牌的协同效应。例如，云南白药在 2010 年提出"稳中央、突两翼"的发展战略，其发展愿景是以云南白药品牌为核心，通过向药品、日化、透皮等产品领域拓展，构建品牌族群，不断拓展跨界业务。这些举措不仅加深了消费者对云南白药的认知，还丰富了"云南白药"的品牌价值和内涵。

3. 基于平台网络的品牌生态圈构建

当品牌族群发展到一定规模后，企业需要突破产业壁垒，构建高科技闭环产业链，实现从品牌族群到品牌生态圈的转变。在这一阶段，企业追求的不仅是通过品牌族群扩大市场空间，更重要的是构建以品牌为核心的平台价值网络，利用平台价值网络优化资源配置，打破产业边界与资源限制，形成品牌族群与品牌共创相互促进、互为支撑的品牌生态圈。随后，企业通过不断加强平台建设，打造集研发、生产制造、采购、营销于一体的互联网平台，通过平台网络推动全产业链中各利益相关者进行品牌共创，提高生态圈内各品牌的竞争优势和商业价值，实现利益相关者的合作共赢。

（三）社群生态圈

在互联网信息技术的推动下，社交平台开始快速崛起，改变了传统的中心化传播方式，使每个人既可以是传播的目标受众，也可以是传播者，"社群"也因此获得广泛的关注与应用。美国学者克莱·舍基在《人人时代：无组织的组织力量》中将"社群"定义为：拥有共同价值观的人聚集在一起形成的社会单位，并提到共同的目标、高效率的协同工具和一致的行动是形成社群的基础。[26]

构建社群生态圈，要充分挖掘用户的需求，重视社群内部成员的体验感、参与感和归属感，通过产品或品牌的核心价值将用户聚集起来，并紧密地连接在一起。正如"为发烧而生"的小米，将品牌定位于"发烧友"群体，以发烧极客精神赋予品牌价值理念，根据产品特点锁定目标消费者，吸引了众多铁杆粉丝，聚集了一批忠实的"发烧友"，之后在此基础上不断发展壮大，形成如今庞大的粉丝群体——"米粉"。

构建社群生态圈，要善于应用互联网社交平台这一高效的沟通工具，打破时间与空间的限制，提升用户互动参与的广泛性与便捷性。企业不仅可以通过微信、微博等社交平台创建粉丝群，发布品牌信息及相关活动，与用户进行日常交流，还可以像小米一样建立属于自己的社群，将用户与产品连接起来。

构建社群生态圈，要充分调动成员的积极性，增强社群成员的自我认同感。小米在进行新产品的设计时，会积极发布设计信息，与用户在微博、微信等社交平台进行讨论，还会经常招募勇于尝鲜的"米粉"参与其系统与产品的内测，通过忠实用户的测评不断改进产品。另外，小米还举办各种线下活动，邀请"米粉"参加，以此提高用户参与度。2021 年 4 月，小米官方在北京、广州、南京、杭州、成都等城市发起了"生生不息百城同跑"的活动，吸引了 1 万多名"米粉"踊跃参与。"一致的行动"将"米粉"紧密地联系在一起，形成了广泛的粉丝号召力与价值认同感。

第四节　场景营销

在移动互联的背景下，高科技产品在推向市场时如何打破技术鸿沟？场景营销是解决这一难题的有效手段。实际上，用户的消费行为都是在特定的场景下进行的，消费者对于产品或服务的感知以及由此产生的一系列行为都离不开特定场景。随着互联网技术和智能终端的不断发展，场景营销时代已经到来，高科技产品可以通过场景营销渗透至消费者的各类生活场景中。

一、场景营销的内涵

（一）场景营销的含义

场景营销（Contextual Marketing）是指在移动互联环境下把营销与消费者所处的场景（时间、地点、情境）相结合，利用大数据、定位系统、移动设备等技术进行场景分析和信息沟通，精准识别消费者的需求。场景营销的关键在于通过场景触发消费行为，为企业获取消费者、形成场景认知以及培养消费习惯提供支持。[27]

（二）场景营销的分类

1. 按照场景的界面形式划分

根据场景的界面形式，场景营销可划分为现实性场景营销、虚拟性场景营销、现实增强性场景营销三类。

（1）现实性场景营销。现实性场景营销是基于现实生活场景展开的营销活动，广泛存在于线下场景。这类场景营销往往会将产品功能特性与真实场景紧密结合，拉近与消费者的距离，让消费者置身于场景中，从而更好地体验产品。比如讯飞智能翻译机植入电视综艺《中餐厅》，让翻译机融入餐厅服务人员与外国顾客交流的场景中，将讯飞智能翻译机强大的实时互译和拍照翻译功能淋漓尽致地展现给消费者。

（2）虚拟性场景营销。虚拟性场景营销依托互联网信息技术构建的网络虚拟空间，通过挖掘用户数据、洞察用户行为构建场景，提供精准的营销服务。如购物 App 根据用户近期浏览记录推荐相关商品，本地生活服务类 App 根据用户地理位置推荐附近的"吃喝玩乐"商家。

（3）现实增强性场景营销。现实增强性场景营销是现实性场景与虚拟性场景相结合的产物，它利用虚拟现实（VR）和增强现实（AR）技术构建场景，能够有效增强现实场景内容的表达与呈现效果，从而提高受众对场景的感知度。比如美国在线汽车零售商Vroom 自 2016 年开始不断优化在线看车、购车流程，用户戴上 VR 设备就可以在 VR 构建的虚拟场景中进行 360°模拟试驾，并了解车辆的价格、性能等相关信息。

2. 按照场景的功能划分

按照场景的功能划分，场景营销可分为实用性功能场景营销、社会性功能场景营销。

（1）实用性功能场景营销。实用性功能场景营销主要基于消费者的生理、安全等生存需求，通过餐厅、酒店、家庭、在线支付平台、在线点餐系统等满足基本生活需求的场景触及消费者。

（2）社会性功能场景营销。社会性功能场景营销主要通过构建如社交平台、音乐会、健身场所等场景，唤起受众的社交需求、尊重需求、自我实现需求等高层次需求。

（三）场景营销的特点

1. 精准性

信息互联时代下，用户在移动终端产生了大量的数据。这些数据为场景营销开展奠定了基础，使得场景营销可以实现快速定位、精准投放，有效增强了营销效果，降低了广告成本，提高了用户购买转化率。

2. 个性化

在移动互联网时代，移动设备、大数据、定位系统等多种技术的应用，让个性化传播成为可能。场景营销可以考虑到个人的独特性，充分尊重和满足不同层次消费者的需求，针对消费者的不同需求制定个性化的传播策略，实现品牌营销内容与用户的最佳契合。

3. 实时性

移动设备、定位系统的普及使场景营销可以随时随地触及消费者，无论用户在哪里，场景营销都可以实时定位并推送相关内容。用户在当下场景中的需求也能得到迅速反馈与满足。

4. 智能化

场景营销建立在对用户行为数据智能分析的基础上，可以实现用户与产品的智能连接。一方面，通过智能化的移动设备，如手机、智能手表等，与用户取得连接，以采集更多更精确的数据，提供更加个性化的场景营销服务；另一方面，通过移动设备直接与用户进行场景交互，比如采用虚拟现实技术的《宝可梦GO》，玩家通过手机联网和GPS定位功能，使现实的地图在手机中被显示为虚拟场景，将线上游戏与线下生活场景结合，增强了游戏的趣味性和高级感。

5. 互动性

与传统营销相比，场景营销主要依靠其特色的互动环节，为用户设计消费场景，让用户直接参与到场景中来，沉浸在场景中更好地感知产品或服务。比如手机"摇一摇"功能改变了过往单向的信息传递方式，通过摇晃手机这一动作提升用户的参与感，增强了互动性。

6. 情感性

人是情感动物，有情绪、有温度的内容最能打动人心。场景营销能让用户产生代入感，在碎片化的时间里获得情感体验。将情感与情绪融入场景构建，可以满足用户在不同场景下的情感诉求，让用户产生情感共鸣，从而形成对产品或品牌的特殊情感。

二、场景营销的构成要素

场景营销的构成要素包括时间与空间、技术支撑、社交关系、互动体验。

（一）时间与空间

场景主要由时间和空间两个维度构成，时间和空间是场景营销最基本的构成要素。任何场景的构建都要基于时空概念，强调"当时当地"，使用户产生身临其境的代入感。

（二）技术支撑

场景营销离不开技术的支撑，移动设备、大数据、传感器、社交媒介和定位系统构成场景营销的五种原力。[28]

1. 移动设备

移动设备以其便于携带的优势成为场景营销最主要的载体之一，而移动设备中最为普及的当属智能手机。任何人只要拥有一部智能手机，便可以满足在线聊天、浏览咨询、看视频、玩游戏等需求。企业在策划场景营销时，只要通过智能手机这一移动设备，即可轻松触及用户。除此之外，计算机也是不可忽视的存在，特别是针对商务人士的营销通过计算机这一载体往往可以取得更好的连接。另外，随着技术的发展，诸如谷歌眼镜、Apple Watch 等智能可穿戴设备也被广泛应用于娱乐、社交、运动健身、健康监测等方面，逐渐成为企业开展场景营销的重要阵地。

2. 大数据

"凡走过必留下痕迹"，用户在场景下的搜索、点击、浏览等行为数据都将被系统记录，成为场景营销的基础。系统将进一步通过复杂的分类算法和推荐算法实现场景营销的精准化。

3. 传感器

几乎所有的移动设备都安装了传感器，智能手机平均配有 7 个传感器，手机上的各种程序应用可以通过传感器获取用户所处的环境。比如光线感应器根据光线的强弱来改变荧幕亮度，实现荧幕亮度的自动调节；声音传感器可以应用于唤起 Siri、小艺、小爱同学等智能语音助手。

4. 社交媒介

2021 年全球社交媒体活跃用户已达 42 亿人次，社交媒体用户的数量相当于世界总人口的 53%以上[29]，也就是说，全世界过半的人在生活中离不开社交媒介。场景营销与社交媒介具有密不可分的联系，而且社交媒介具有传播范围广、传播速度快的特点，可以最大限度拓展场景营销的广度，触及更多用户。

5. 定位系统

定位系统的出现拓展了场景营销的空间范围，为用户创造了新的场景入口，使营销可以随着用户位置的变化而做出相应的调整。基于地理位置的服务（Location Based Service，LBS）是定位系统的一大应用，现已成为常见的营销推广方式。借助移动设备、

GPS、地理围栏等定位技术，企业可以准确获取用户的实时位置信息，根据用户的位置及时提供增值服务。

（三）社交关系

互联网的发展重构了人与人之间的关系，社交场景从熟人间的社交拓展至陌生人之间的社交。其中，社交媒体提供了新的场景入口，良好的社交氛围使用户沉浸在场景中，更容易对产品或服务产生好感。

（四）互动体验

用户是场景营销的主体，一切活动都应从用户的体验出发。企业通过增进互动、提升体验，唤起用户对于场景的共鸣，让用户自发代入，引起对该场景下产品或服务的需求。

三、场景营销的实现路径

高科技产品因其操作复杂，刚推向市场的时候往往会面临多次"碰壁"才为人所接受。如何通过场景营销让高科技产品变得"接地气"，主要有以下实现路径：

（一）用户需求的洞察

定位场景首先要定位用户。产品本身也有定位，产品的定位往往决定了目标用户。构建场景要先洞察目标用户。一是充分了解用户的需求、情感和态度。在注意力经济下，只有提供用户感兴趣的信息，才能抢占用户有限的注意力资源。二是通过数据挖掘与分析，精准锁定目标用户。数字技术的不断发展使得产品的营销推广逐渐摆脱传统的"广撒网式"宣传，而是要将合适的信息推送给合适的人，通过精准的场景营销让目标用户接收到信息，并使其转化为购买者，提升营销的转化效率。

（二）特定场景的构建

每个产品背后都有一个特定的场景。产品总是基于特定的需求设计出来的，需求背后对应着具体的场景，因此产品的营销不能脱离场景的构建。产品营销要以需求为切入点，构建特定的场景，真实反映用户在场景下的需求与痛点，以及该产品能为用户解决需求与痛点所起到的具体作用。

（三）交互体验的设计

良好的交互体验才能留住用户。当用户进入场景后，用户体验变得尤为重要，这关系到用户是否会继续留在场景中，是否会将场景中构建的行为转化为自己的现实行动。这时候场景营销需要通过有趣的交互设计吸引用户的注意，让用户充分发挥能动性，主动参与到场景中。

（四）内容主题的制定

好的场景营销需要有"内核"。"内容为王"的时代，有精神内核的场景营销才能刺激用户的购买欲。内容主题的制定要注意以下两点：第一，话题要足够新颖、有趣，能够引起大众的广泛讨论；第二，场景中要适当融入具有感染性、有代入感的故事，通过故事渲染氛围，引起用户情感上的共鸣，形成对产品的认同感。

（五）传播渠道的选择

场景营销离不开传播渠道的选择与应用。一方面，场景营销需要通过多种传播媒介让更多人知晓；另一方面，各种传播媒介是目标用户获取信息的渠道。由于传播需要成本，如何用最少的钱做最好的宣传是企业需要认真考虑的问题。在布局场景营销时，企业应当注意以下两点：一是透过数据迅速获取各个传播渠道的流量、转化率等指标，不断调整优化渠道，将重心放在传播效果最佳的渠道上；二是根据产品的定位和应用情境选择合适的传播渠道。比如，以年轻消费者为目标受众的高科技产品，可以选择在微博、小红书等年轻化的社交平台进行传播；运动类的高科技产品可以选择在 Keep、得物（曾用名为毒 App）、悦动圈等渠道进行传播。

第五节　技术断供风险下的营销管理

在过去数十年的全球化浪潮中，中国在世界贸易组织（WTO）中是全球规则的适应者和受益者。随着中国经济的持续发展以及对世界影响力的提升，中国在世界中的经济体量已经举足轻重。但近年来的中美贸易战和全球贸易摩擦，给部分中国企业尤其是高科技企业带来强烈冲击，例如，以华为、中兴为代表的中国企业，已经遭遇技术断供难题。那么，面对技术断供，企业在营销管理领域应该如何应对呢？

一、全球贸易摩擦与技术断供风险

（一）背景介绍

自中国加入世界贸易组织以来，中美贸易一直是全球贸易的重要组成部分。但是中美贸易蓬勃发展的背后，也隐藏着两国贸易摩擦加剧的风险。爆发于 2018 年的中美贸易战是中国加入世界贸易组织以来中美经贸关系和双边关系中最大的冲突性事件。2018 年 7 月，美国发起贸易战，对华加征第一轮关税，试图通过贸易战扭转中美的贸易局势。在贸易战中，美国将矛头直指中国的高科技产业，首当其冲的是通信行业，特别是针对华为的"堵截"。为打压华为，美国政府把华为列入"实体清单"，对采购华为产品或使用华为产品的国家或企业施压，用立法或者签署行政命令的方式切断美国公司与华为的各种联系，并切断了对华为高端芯片的供应。除了限制对华出口之外，中美之间的高科技竞争还拓展至各项新兴关键技术及企业，例如，美国政府扩大对华技术限制范围，管制清单涵盖人工智能、深度学习、生物技术、量子信息、定位导航、先进材料和生物技术等领域，通过在相关领域禁止中国企业对美投资，获得高科技行业的竞争优势。

（二）技术断供风险带来的影响

技术断供给中国的高科技企业带来了诸多方面的影响，主要包括以下三方面：

1. 供应链

供应链作为生产制造领域必不可少的组织形态，能实现产品开发设计、生产、采购、销售、售后服务等过程的高效协同管理。自中国改革开放并加入 WTO 以来，越来越多的高科技企业进行供应链的全球化布局，基于国际分工原则，一些企业的核心部件由全球多个企业生产供应。在核心关键技术方面，由于我国部分高科技企业的供应链对美国等发达国家的依赖程度较高，随着单边主义和贸易保护主义盛行，全球贸易摩擦加剧，我国企业面对的技术断供问题加剧，给企业现有供应链带来巨大冲击。努力构建更独立、完整、安全的供应链，是我国高科技企业可持续发展的必然选择。

2. 产业链

随着产业分工的不断深化，国与国之间的竞争逐渐演化为产业链的竞争。目前，虽然我国已经在中低端领域建立起完整的产业链和较为齐全的工业体系，但现有的产业基础并不牢固，部分关键产品高度依赖国外企业。例如，在工业软件方面，我国的生物医药、飞机、电子信息制造等重点领域长期依赖国外工业软件，产业安全受到国外的制约。

在技术断供场景下，相关领域的生产制造企业面临严峻的挑战，严重影响企业的正常运转。但技术断供威胁也促进了中国企业的觉醒，部分企业已经认识到提升产业基础能力和产业链水平的重要性，在技术领域奋起直追，例如，面对芯片的断供威胁，华为海思产品线作为长期"备胎"迅速转正；面对谷歌的操作系统断供，华为推出了鸿蒙系统。

3. 技术

发达国家依赖长期的技术积淀，在高科技领域建立起较高的技术壁垒。而我国高科技产业起步较晚，许多核心技术仍掌握在外国企业手中，国产核心技术"空心化"严重，尚未拥有独立自主的知识产权，受到国外技术供应的严重限制。

伴随着全球贸易摩擦，技术断供使得许多产品的制造缺乏核心技术支持，关键技术被严重"卡脖子"，遏制了高科技企业的创新发展，不少高科技企业出现发展停滞甚至倒退的情况。但贸易摩擦与技术断供使不少企业意识到"关键技术要不来、买不到"，只有将核心技术牢牢掌握在自己手中，才能从容面对复杂多变的市场环境。

二、构建新发展格局

（一）新发展格局的内涵

1. 含义

构建新发展格局要以推动高质量发展为主体，以深化供给侧结构性改革为主线，以改革创新作为根本动力，要统筹好供给侧结构性改革与需求侧管理的关系，把实施扩大内需战略同深化供给侧结构性改革有机结合起来。以创新驱动引领和创造新需求，推动消费升级，加快构建以国内大循环为主体、国内国际双循环相互促进的新发展格局。

2. "两大循环"的关系

（1）以"国内大循环"为主体。我国拥有超 14 亿的人口，人均 GDP 已经突破 1 万美元,成为全球最大且最具发展潜力的消费市场。伴随着国民的消费升级,国内市场蕴含着巨大增长空间。以国内大循环为主体,意味着高科技产业要以内需为主导,着力打通国内生产、分配、流通、消费的各个环节,发挥中国超 14 亿的超大规模市场优势,把满足国内需求作为发展的出发点和落脚点。

从国内大循环与国际循环的关系看,国内大循环为国际循环提供坚实基础,使中国经济更加自主、稳定和可持续。国际市场是国内市场的拓展和延伸,国内大循环的畅通,资源与生产要素配置效率的提高,将为世界各国提供更加广阔的市场机会。依托国内大循环,国内市场的潜力和规模将得到进一步提升和扩大,进而吸引全球商品和资源要素,吸收国际先进技术和管理经验,在增强国际合作的同时,提升国内产业的竞争力和创新能力。国内大循环将成为吸引国际商品和要素资源的巨大引力场。

(2)"国内国际双循环"相互促进。中国的发展离不开世界,世界的发展也需要中国。以国内大循环为主体,并不意味着封闭式的国内循环,而是充分重视国内与国际市场的作用,推动国内国际双循环相互促进。一方面,企业通过国内大循环激发内需潜力,完善生产、分配、流通、消费体系,畅通国际市场与国内市场的联系,为推动经济全球化做出贡献;另一方面,企业不断深化高水平对外开放,通过国际循环提升国内循环的效率和水平,充分利用国际国内两个市场,实现各国分工合作、互利共赢,推动经济可持续发展。

(二)构建新发展格局的动因

1. 经济转型发展的必然要求

自改革开放以来的较长时期内,中国受到经济基础、生产力水平等现实条件的限制,一度大力鼓励出口贸易,积极发展外向型经济,通过比较优势,在较短时间内取得了巨大的经济效益。但以出口为导向的战略容易受到国际形势变动的影响,关键技术常常受制于人,极大地影响了经济可持续发展。

经过改革开放 40 余年的发展,中国经济发展迅猛,如今已成为世界第二大经济体,是拥有超 14 亿人口、超 4 亿中等收入群体的大国,拥有规模广阔、需求多样的国内超大规模消费市场。由此形成的超大规模内需已成为拉动中国经济发展的决定性力量。党的十九大报告指出:中国特色社会主义进入新时代,我国社会主要矛盾已经转化为人民日益增长的美好生活需要和不平衡不充分的发展之间的矛盾。我国为解决供需结构的不平衡,亟须深化供给侧结构性改革,加快构建新发展格局。

2. 应对外部环境变化的战略选择

近年来,世界迎来了"百年未有之大变局"。一方面,新一轮科技革命和产业革命推动了生产力水平提升和经济发展,经济全球化深入发展为世界经济复苏提供了强劲动力;另一方面,逆全球化思潮和疫情暴发致使贸易受阻,部分企业遭遇技术断供威胁。国际环境的不确定性加剧,需要构建以国内大循环为主体、国内国际双循环相互促进的新发展格局,以谋求更有利的发展环境,培育我国参与国际合作与竞争的新优势。

（三）新发展格局的实现路径

1. 加强产业战略布局

高科技产业要积极主动适应新一轮科技革命和产业变革，从战略层面进行产业布局，推动产业转型升级，加快战略性、先导性的高科技产业发展进程。聚焦延链、补链和强链，增强产业链的韧性、根植性和竞争力，提升产业链整体发展水平。

2. 构建现代化供应链网络

在现有供应链和国际销售网络基础上，需要高科技企业围绕产业链构建现代化供应链网络；充分利用互联网信息技术构建安全、畅通的信息网络，提升供应链信息的共享程度；通过高效的信息传递，及时防范化解供应链风险。现代供应链网络的构建有利于加强企业与供应商和客户的关系管理，企业要努力发展多地域、多个渠道的供应商，减少对单一供应商的依赖，防范供应链断裂风险。

3. 完善生产要素的市场化配置

完善要素市场化配置是建设统一开放、竞争有序市场体系的内在要求。为进一步完善要素市场化配置，需要高科技企业不断健全要素市场运行机制，加强市场平台建设，优化营商环境，积极营造公平竞争的市场环境，促进土地、劳动力、技术、资本、数据等要素自主有序流动，激发全社会的创造力和市场活力。

4. 实施扩大内需战略

扩大内需是增强国内大循环主体地位的内在要求，是应对外需拉动作用减弱难题、把握发展主动权的战略举措。充分挖掘内需增长潜力，要注重强化需求侧管理，积极顺应居民消费升级的趋势，推动消费以质量、品牌为重点，朝着绿色、健康、安全的方向可持续发展。另外，投资作为内需的重要组成部分，不仅对于扩大再生产至关重要，而且是促进技术进步的重要途径。政府、行业和企业要积极拓展投资空间，鼓励对重点产业和关键技术的投资，充分发挥投资对优化供给结构的重要作用。同时，高质量的供给也有助于创造新需求。

5. 推进高水平对外开放

高水平对外开放是新发展格局的动力。一方面，高水平对外开放可以通过进一步放宽市场准入条件，激发市场主体活力，推动贸易和投资便利化，营造良好的市场环境，吸引全球优质的要素资源；另一方面，高水平对外开放有助于实现更大力度的开放创新，使我们积极融入全球创新链，以开放包容的态度学习吸收国际先进知识和技术，积极破解技术"卡脖子"难题。

6. 加大"新基建"投资

把握新一轮科技革命和产业革命，构建新发展格局，离不开"新基建"的支持。新型基础设施是数字化、信息化、智能化的载体。通过适当合理的超前投资，对5G基站、大数据中心、工业互联网等新型基础设施建设进行提前布局，进一步推动数字化产业发展与产业数字化升级。

7. 推进全方位创新

创新是引领发展的第一动力。构建新发展格局,需要实现科技创新、体制创新等全方位的创新。在企业层面,需要以科技创新为核心,加强人工智能、量子信息、新能源等前沿领域的基础研究,着力突破一批关键核心技术,为相关产业的创新发展提供坚实基础。同时,企业须通过体制创新推动科技创新,加速科技成果使用、处置和收益管理改革的进程,确保更多创新人才共享科技创新成果。在国家政府层面,须制定并发布高新技术企业扶持政策,鼓励企业增加创新投入;进一步完善优化国际循环的体制机制,探索国际合作创新模式。

三、企业应对策略

在新发展格局的背景下,面对贸易摩擦背景下的技术断供风险,企业的应对策略包括但不限于如下几点:

(一) 技术创新

高科技企业要重视技术创新与研发,增加技术研发投入。一方面,企业应提升关键领域与关键技术的自主创新能力,将核心技术牢牢掌握在自己手中,解决技术领域"卡脖子"问题,提升应对技术断供风险的能力;另一方面,企业应洞察市场需求,把握市场机遇,通过颠覆式技术创新,引领行业可持续发展。

技术创新也可以推动营销方式的创新,基于大数据和人工智能技术,企业可以借助智能识别与智能分析,在产品营销推广方面实现重大突破。供应链的数字化使企业可以对原料采购、生产制造等业务链条进行实时管理与监测,做好供应链的梳理和预警工作,及时发现供应链的问题。在日常管理中,企业要适当拓宽采购渠道,对重点物料提前做好库存准备。

技术创新还有助于企业形成其他企业难以复制的竞争优势,打造差异化的产品或服务,不断提升消费者的满意度和品牌忠诚度,在消费者心中建立起创新、专业、质量过硬的品牌形象。

(二) 转型升级

生产方面,高科技企业要善于应用新一轮科技革命的成果,促进信息技术与制造技术融合,着力发展智能制造。加快智能化生产设备的应用,推进生产制造中的数据融合,优化生产决策、货物流转等环节,实现生产过程的数字化、网络化和智能化,不断降低生产成本,提高生产效率。

业务方面,基于市场需求,实现以订单为基础的业务转型升级。订单是大多数科技企业研发、生产、管理的基本业务单元,是企业实现收益的重要来源。基于客户的订单量、过往的销售情况,科学地安排产品的研发与生产,有利于将产品的生产成本和营销成本控制在合理的区间,减少供应链、资金链的压力,降低经营风险。

组织方面,为了适应转型升级的需要,及时满足客户需求和回应市场的变化,组织的职能要从管控型向服务、赋能型转变,组织的结构要从金字塔式向扁平化、去中心化转变，建立起"市场化生态组织"。[30]一方面，这样可以使组织更加聚焦外部市场，提升适应市场变化的能力，不仅有利于提升现有市场份额，而且能及时洞察新的市场机会；另一方面，这样可以促进组织内部各部门、各单元的互联互通，通过协同管理，实现组织资源的高效配置，以此赢得市场。

（三）多元化经营

面对市场的不确定性，多元化经营有利于分散风险，获得更多资源，产生协同效应。例如，中美贸易战以来，华为公司为应对技术断供威胁，先后成立了煤矿军团、海关和港口军团、智慧公路军团、数据中心能源军团和智能光伏军团等五大业务军团。基于军团模式，华为公司希望集中各个业务集团的精兵强将，打破边界打通资源，形成纵向能力对重点行业进行突破，创造新的增长引擎。从理论层面看，企业的多元化经营主要包括市场多元化和地理多元化。

1. 市场多元化

市场多元化战略是指企业由一个行业拓展到两个或两个以上行业经营的战略，可以分为相关多元化和非相关多元化。相关多元化，也称同心多元化，即企业利用现有的技术、管理经验等资源发展新产品，向相关产业拓展的战略。非相关多元化，也称离心多元化，即放弃原有的技术和价值链，进入一个全新的业务领域。

实施市场多元化要建立在企业发展到一定程度、拥有雄厚资源的基础上，否则多元化反而会分散企业的力量、影响管理的效率。为降低进入市场的壁垒，减少多元化经营的风险，市场多元化应起步于相关多元化，利用原有的技术、生产设备、管理经验、销售渠道等在新市场开展活动，降低进入市场的成本，尽快适应新的市场，迅速实现对市场的占领。另外，企业通过相关多元化的经营积累充足的经验和实力后，可以考虑通过非相关多元化突破"瓶颈"，实现新的增长。

由于相关多元化拓展的行业与原有行业具有相关性，开展营销活动时往往是在原有的基础上进行调整的，可以基于现有的消费群体扩展目标消费人群，还可以采用原有的销售管道、传播手段。而非相关多元化是进入一个全新的领域，产品的定位、渠道的选择等都需要进行重新策划。

2. 地理多元化

地理多元化，又称地域多元化，指企业将自身业务由本地区或本国扩展到其他多个国家或地区的战略，包括区域内的多元化和区域间的多元化。[31]相比于区域间的多元化，区域内的多元化所面对的经营环境较为简单，同一区域的不同国家或地区之间在经济、社会文化、制度等方面具有相似性，在地理距离方面具有邻近性，有利于降低新市场的进入成本，提升企业面向多个市场的资源利用效率。[32]而区域间的多元化侧重于最大限度地利用广阔的市场，促进生产要素的流动与配置，通过获得更多的市场机会来分摊成本。

地理多元化往往是企业产品具有规模经济效益时采取的跨地域经营战略。在此基础上，地理多元化可以为企业提供新兴市场，进一步扩大企业的生产规模与销售渠道。企业应充分利用其他地域的资源与政策，提升市场竞争力。企业基于不同地域的经营，可以降低环境不确定性带来的风险，缓解某一地区绩效不佳对企业整体绩效的影响。

　　区域间的多元化涉及多个不同的国家或地区，由于企业的各个市场之间在经济、政治、文化等方面存在较大的差异，开展营销活动时需要注意分析内外部环境，深入了解当地的政府政策、法律法规、收入水平、消费习惯、宗教信仰等信息，因地制宜地制定营销策略。

【章末案例】
华为鸿蒙，打造操作系统新生态[33]

　　操作系统是管理、协调和控制计算机软硬件资源的程序，是计算机中最基本也是最为重要的基础性系统软件，在"万物互联"中发挥着不可或缺的作用。

背景

　　长期以来，操作系统领域一直被外国企业牢牢占据着。在 PC 端操作系统市场中，Windows 居于市场"领导者"地位，几乎"垄断"了操作系统市场；Mac OS 得益于苹果公司市场影响力的不断提升与苹果闭源生态的发展，一直在稳健扩张；Linux 作为一套完全开源的操作系统，性能较为稳定，为世界范围内的用户提供了更为经济节约的选择。移动端操作系统中，主要以谷歌的 Android 以及苹果的 iOS 为主。苹果 iOS 系统凭借苹果手机、平板计算机等产品销量的提升得以不断壮大，盈利能力强劲；Android 依托开源生态，能够满足第三方厂商的需求，通过聚拢大量的开发人员、开发商，得以迅速扩张市场。

　　2019 年 5 月 16 日，美国将华为列入"实体清单"。被列入清单中的实体需要获得美国商务部颁发的许可证，才能购买美国的技术和产品。同年 5 月 19 日，华为操作系统遭谷歌"断供"，谷歌暂停向华为提供应用程序和服务的准入、技术支持与合作。此举意味着华为将失去访问谷歌以更新安卓操作系统的权限，只能通过开放源代码源项目（AOSP）继续使用安卓系统。华为新一代的安卓智能手机也将不能使用 Google Play、Gmail、YouTube 等谷歌的专有应用和服务。路透社认为，此举将直接影响华为手机在海外市场的发展。

发展历程

　　出于战略考量，早在 2012 年 9 月华为"2012 诺亚方舟实验室"专家座谈会上，任正非就明确表示华为要做终端操作系统，以防有一天 Android 和 Windows 系统关闭华为的使用权限。2017 年，鸿蒙 OS 内核 1.0 完成技术认证，并逐步开展内核 2.0 的研发。2018 年，华为推出鸿蒙内核 2.0 并将其应用于终端 TEE。

　　作为对谷歌断供行为的回应，2019 年 8 月，鸿蒙 1.0 操作系统在华为开发者大会正式亮相。该操作系统基于开源框架和关键模块自研，同时具备分布式架构、方舟编译器、确定时延引擎、TEE 微内核形式化验证以及多终端开发 IDE（Beta）等功能，并率先在智慧屏领域进行应用。随着全千兆、5G 业务的推广，以及疫情防控期间"非必要不出行"的号召，用户对智能屏的应用需求如居家教育、大屏游戏等越来越旺盛，鸿蒙系统在智能屏中的快速应用，有利于初步打开操作系统市场。

到 2021 年，鸿蒙操作系统实现大规模商用。自 2021 年 6 月 2 日正式推出鸿蒙 2.0 以来，鸿蒙从最初的用户量为零，到短短一周时间突破 1 000 万用户，不到两个月的时间用户量达到 4 000 万，相当于每 1 秒就有 8 位用户升级系统。根据华为官方数据，从产品发布开始，不到一个月的时间就已有超过 1 000 家硬件厂商、300 多家 App 服务商以及 50 万名以上的开发者，共同参与鸿蒙生态建设。合作企业涉及软件开发与服务、家电行业、芯片与模块、智能出行、智能健康、智能教育等多个领域，包括美的集团、苏泊尔、京东、百度等多家知名企业。

"三端"助力生态发展

制造方面，鸿蒙经过多年的开发已具备一定的技术领先优势，能够让生态伙伴快速且低成本地接入鸿蒙网络；依靠软硬件领域的全面布局，可以为生态企业提供芯片、模块、操作系统乃至 HMS 等应用软件方面的全方位支持；预先集成的全栈解决方案，不仅支撑了生态伙伴的快速开发认证，还减少了不同软硬件集成时可能存在的兼容问题。

销售方面，依靠长期的规划与部署，华为构建了路径完整且规模庞大的线上和线下管道，可以实现鸿蒙系统的全管道推广与应用。华为借助强势的管道，能够帮助生态企业进行产品推广、体验及销售，同时，一些中小企业可凭借华为的品牌声望进行产品推广，提高产品的市场认知度及销量。

运营方面，鸿蒙系统依靠极简配网（提升入网率）、卡片化应用（服务免安装，方便应用）、极简交互（跨端联动）、硬件互助（提升整体性能）等能力，可以有效提升设备的智能特性使用率。在物联网环境中，鸿蒙通过生态构建与分布式硬件协同，可以提升低频设备的使用率，同时依托高频服务赋能所有的产品生态，整体提升生态伙伴的商业价值。

未来，华为将继续围绕"1+8+N"，实施"全场景智慧化战略"，多方位为消费者打造极致的智慧生活体验。"1"指的是智能手机，"8"是指大屏、音箱、眼镜、手表、车机、耳机、平板等八大类智能设备。围绕"八大行星"的是合作伙伴开发的 N 个卫星，涉及移动办公、智能家居、运动健康、影音娱乐及智能出行等全场景业务。华为鸿蒙系统适配机型和用户数量的增加，将不断助推科技产业智能化升级与数字化转型。

困境与挑战

当然，华为鸿蒙系统的发展也不是一帆风顺的，未来的道路仍然充满危机和困难，表现在如下方面：

第一，华为手机的产供销从源头上影响整体生态的搭建。搭载鸿蒙系统的手机作为连接消费者的主要设备端口，在很大程度上影响华为鸿蒙生态系统的构建。在著名调研机构 Canalys 发布的 2021 年第四季度全球智能手机出货量报告和研究机构 Counterpoint 公布的 2021 年全球手机销量份额的数据中，华为均跌出前五，不及三星、苹果、小米、OPPO、vivo 等。未来，华为要进一步提升鸿蒙系统的使用量、建立更广范围的鸿蒙生态，需尽快解决华为手机产供销受限问题。

第二，鸿蒙系统仍处于起步阶段，尚未发展成熟。任正非也曾提到：做操作系统不难，难的是构建生态。目前，鸿蒙系统还不稳定，未能构建起完善的生态链。虽然鸿蒙系统在短时间内聚集了超过 50 万的开发者，但 Android 与 iOS 系统经过长时间的积累，在移动操作系统市场共同占据着超过 99% 的市场份额，鸿蒙系统与之相比还有很大的突破空间。如何在较短时间内进一步鼓励开发者为鸿蒙系统持续开发各类应用程序，打造系统开发商、硬件厂商、软件开发者与用户之间的正循环，形成规模庞大、运行良好的硬件和软件生态，是鸿蒙系统进一步夯实用户基础、形成鸿蒙生态的必经之路。

第三，海外市场受限，目前的发展主要依靠国内市场。由于受到产能限制与美国制裁的影响，华为手机在海外市场的销售变得十分艰难，进而影响鸿蒙系统在海外的推广与应用。如何突破美国的"堵截"与外国成熟操作系统的"垄断"，打造海外生态，成为鸿蒙系统能否走出国门、走向世界的关键。

总的来说，华为鸿蒙系统的推出，突破了国外产品长期以来在操作系统领域的"垄断"，开启国产操作系统的新时代，未来可期。但发展过程中如何突破重重困境，打造独属于鸿蒙的生态，华为还有很长的路要走。

案例讨论： 根据案例介绍的内容并结合所学知识，分析华为推出鸿蒙系统的原因，针对华为鸿蒙系统面临的困境和挑战，你认为可以从哪些方面破局？

思考题

1. 对于高科技产品升级迭代，你认为企业在研发新产品时应遵循哪些原则？

2. 为打破高科技产品与消费市场的"技术鸿沟"，企业可以从哪些方面入手？与普通消费者相比，高科技产品的场景化营销有何特别之处？

3. 数字化时代，为实现可持续发展，高科技企业应该如何布局生态圈发展？以华为生态圈和小米生态圈为例，试比较两者的异同和优劣势，为高科技企业生态圈建设提供可行的建议。

参考文献

［1］李维胜.高技术企业寿命周期与产品寿命周期的相关性探究［J］.统计与决策，2011（8）：167-168.

［2］李文华.持续发展与资源对策［J］.自然资源学报，1994（2）：97-106.

［3］宋艳，刘峰，黄梦璇，等.新兴技术产品商业化过程中的"峡谷"跨越研究——基于技术采用生命周期理论视角［J］.研究与发展管理，2013，25（4）：76-86.

［4］MEADE P T，RABELO L.The technology adoption life cycle attractor: understanding the dynamics of high-tech markets[J].Technological forecasting and social change,2004,71(7): 667-684.

［5］官振中，史本山.易逝性高科技产品收益管理定价策略［J］.管理科学学报，2008，11（5）：102-109.

［6］MOORE G E.Cramming more components onto integrated circuits[J].Proceedings of the IEEE,1998,86(1):82-85.

［7］逢健，刘佳.摩尔定律发展述评［J］.科技管理研究，2015，35（15）：46-50.

［8］沈梓鑫，贾根良.美国在颠覆式创新中如何跨越"死亡之谷"？［J］.财经问题研究，2018（5）：90-98.

［9］朱国玮，高文丽，刘佳惠，等.人工智能营销：研究述评与展望［J］.外国经济与管理，2021，43（7）：86-96.

［10］季凌昊.商业生态全链路数智化转型的价值重构［J］.商业经济研究，2020（16）：36-39.

［11］曲冠楠，陈凯华，陈劲.面向新发展格局的意义导向"创新链"管理［J］.科学学研究，2023，41（1）：134-142，180.

［12］刘家树，齐昕.创新链集成视阈下科技成果转化模式研究［M］.北京：人民出版社，2018.

［13］刘志彪，孔令池.双循环格局下的链长制：地方主导型产业政策的新形态和功能探索［J］.山东大学学报(哲学社会科学版)，2021（1）：110-118.

［14］张胜，郭英远，窦勤超.新兴产业创新基地研究：基于产业链与创新链融合的视角［J］.科技管理研究，2015，35（1）：113-116.

［15］尹沿技.美的集团：价值链重塑精进效率，能力圈外移驱动成长［EB/OL］.（2021-12-30）［2022-01-25］.https://data.eastmoney.com/report/info/AP202112301537487 202.html.

［16］MOORE J F.Predators and prey: a new ecology of competition[J].Harvard business review,1993,71(3):75-86.

［17］MOORE J F.The rise of new corporate form[J].Washington quarterly,1998,21(1):

167-181.

[18] KIM H , LEE J N , HAN J.The role of IT in business ecosystems[J] .Communications of the association for computing machinery, 2010, 53(5) : 151-156.

[19] 韩炜, 邓渝. 商业生态系统研究述评与展望 ［J］. 南开管理评论, 2020, 23 （3）：14-27.

[20] MOORE J F.The death of competition: leadership and strategy in the age of business ecosystem[M] .New York: Harper Business, 1996: 76.

[21] 潘剑英, 王重鸣. 商业生态系统理论模型回顾与研究展望 ［J］. 外国经济与管理, 2012, 34 （9）：51-58.

[22] IANSITI M, LEVIEN R.Keystones and dominators: framing the operational dynamics of business ecosystem[R] .Harvard Business School Working Paper, No.03-061, 2002.

[23] WINTER G. High performance leadership: greating, leading and living in a high performance world[J] .Measuring business excellence, 2003, 7(3) : 11-16.

[24] 仉瑞, 杨晓彤, 权锡鉴. 智能网联商业生态圈共生关系构建与演化研究 ［J］. 山东大学学报 （哲学社会科学版）, 2020 （3）：110-119.

[25] 许晖, 邓伟升, 冯永春, 等. 品牌生态圈成长路径及其机理研究——云南白药 1999—2015 年纵向案例研究 ［J］. 管理世界, 2017 （6）：122-140, 188.

[26] 舍基. 人人时代：无组织的组织力量 ［M］. 胡泳, 沈满琳, 译. 北京：中国人民大学出版社, 2012.

[27] 赵玮, 廖四成, 廖波. 面向用户体验的 "社交+电商" 全场景营销策略分析 ［J］. 商业经济研究, 2021 （15）：68-71.

[28] 斯考伯, 伊斯雷尔. 即将到来的场景时代 ［M］. 赵乾坤, 周宝曜, 译. 北京：北京联合出版公司, 2014.

[29] KEMP S. Digital 2021：the latest insights into the state of digital ［R］. UK：We Are Social，2021.

[30] 杨国安, 尤里奇. 组织革新 ［M］. 袁品涵, 译. 北京：中信出版社, 2019.

[31] PATEL P C, CRIACO G, NALDI L. Geographic diversification and the survival of born-globals[J] .Journal of management, 2018, 44(5) : 2008-2036.

[32] BIRKINSHAW J, MORRISON A, HULLAND J.Structural and competitive determinants of a global integration strategy[J] .Strategic management journal, 1995, 16(8) : 637-655.

[33] 东兴计算机 王者计算机. 计算机行业深度：鸿蒙乘国运之风, 启 AIoT 繁锦前程 ［EB/OL］. （2021-08-09） ［2022-01-25］. https://mp. weixin. qq. com/s/Zfig24So0wrslmQ GCoq2lQ.

第三编　高科技赋能营销

第五章　大数据分析赋能市场营销

随着存储设备价格的降低和网络技术的飞速发展，社会、经济和商业实践中产生的数据量正在以指数级速度增长。国际知名数据公司 IDC（International Data Corporation）预测，到 2025 年，每天将会有 60 亿消费者与数据进行互动，每位联网的人平均每 18 秒将会有一次数据交互，与这些互动相连接的数十亿联网设备将会产生 90ZB（1ZB 等于 1 万亿 GB）的数据。[1]鉴于数据已成为国家基础性战略资源，大数据对生产、流通、分配、消费活动以及经济运行机制、社会生活方式和国家治理能力等产生越来越重要的影响，全球各个国家都把发展大数据及其相关产业提升到了国家战略的高度。2015 年 8 月 31 日《国务院关于印发促进大数据发展行动纲要的通知》（国发〔2015〕50 号，以下简称《通知》）[2]正式发布。《通知》从以下三个方面阐述了大数据的发展现状和重要意义：①大数据成为推动经济转型发展的新动力；②大数据重塑国家竞争优势；③大数据成为提升政府治理能力的新途径。从国外来看，2012 年 3 月，美国政府投资两亿美元启动"大数据研究和发展计划"，致力于提高从大型复杂数据集中提取知识和观点的能力，并服务于能源、健康、金融和信息技术等领域的高科技企业；同年 4 月，英国、美国、德国、芬兰和澳大利亚研究者联合推出"世界大数据周"活动，旨在促使政府制定战略性的大数据措施。[3-4]

在获得各国政府高度重视之前，大数据已经引起学术界的广泛关注。*Nature* 杂志于 2008 年 9 月推出"Big Data"专刊，关注如何处理海量的数据，从互联网技术、网络经济学、超级计算等多个方面分析了数据带来的挑战；*Science* 杂志也于 2011 年 2 月推出"Dealing with Data"专刊，指出大数据带来的挑战与机遇并存。[5]营销领域最好的学术期刊之一 *Marketing Science* 曾于 2016 年第 3 期推出"Marketing Science and Big Data"专刊，[6]并提出营销科学需要拥抱数据科学、机器学习、文本处理、音频处理和视频处理等学科的知识。从我国的情况看，由工业和信息化部主管的聚焦大数据相关研究的学术期刊《大数据》于 2015 年创办，现在已经成为我国推动大数据技术研究与应用、推广创新成果、服务大数据社会的主要学术阵地。此外，除了出现很多与大数据相关的英文综述文献外[7-10]，很多中国学者也从不同的领域和视角对大数据相关的研究和实践进行了综述。例如，大数据背景下的管理研究[3-4]，基于"时空关"视角的大数据行为和营销研究[1,11]，基于大数据资源观的管理研究[5]，文本大数据分析在经济学、金融学、公共管理等领域中的应用[12-13]等。

本章第一节对大数据相关的概念作简要介绍，第二节介绍大数据的基本特征，第三节介绍营销实践和研究中常见的文本、图像、视频等非结构化数据，第四节结合两篇关于文本大数据的营销文献，介绍大数据赋能营销实践的流程和方法等。在第三节中，我们基于相关的学术研究，提供了一些关于文本、图像、视频分析的简单方法。这些方法简单易操作，在掌握基本方法的基础上，市场营销专业的本科同学即使在没有编程基础的条件下，也可以对文本、图像、视频等非结构化数据进行相关的分析。在第四节，我们总结了国内一些简单易用的爬取网络数据和分析文本的工具，特别是一些不需要任何编程基础的在线工具，并详细介绍如何从用户生成内容中挖掘顾客需求。通过对这些工具的学习，初学者可以快速从网络上爬取一些自己感兴趣的文本数据，并能进行简单的词频统计和词云图绘制等。在第五节中，我们还将通过两个简单的案例介绍用于爬取网络文本数据的八爪鱼采集器和用于中文分词及绘制词云图的在线工具——集搜客。

第一节　大数据简介

当前，我们已经步入以数据的深度挖掘和融合应用为主要特征的大数据时代。大数据是顺应信息技术发展的必然产物，数据正以生产资料要素的形式参与生产之中，成为推动产业、企业数字化转型升级的重要驱动力量，创造出难以估量的价值。因此，在营销领域，理解和应用大数据尤为重要。

一、大数据定义

大数据（Big Data）已经成为一个无处不在的术语，其定义的产生应同时归功于与数据相关的实业界和计算机、统计学、计量经济学等理论界。[14] 实业界和理论界从不同视角分别给出了大数据的定义（见表5-1）。[10]《国务院关于印发促进大数据发展行动纲要的通知》（国发〔2015〕50号）中对大数据给出的定义为："大数据是以容量大、类型多、存取速度快、应用价值高为主要特征的数据集合，正快速发展为对数量巨大、来源分散、格式多样的数据进行采集、存储和关联分析，从中发现新知识、创造新价值、提升新能力的新一代信息技术和服务业态。"[2]

表 5-1　大数据的定义

作者	定义	视角
Jacobs（2009）	数据量过大以致难以存入一个关系型数据库，或者难以用基于台式电脑的统计/可视化工具包分析，需要在数十台、上百台，甚至上千台设备上运行大量并行计算才能分析的数据	数据量和存储分析
Manyika 等（2011）	数据规模已经超过了传统数据库软件能获取、存储、管理和分析的能力的数据集	数据规模
Rouse（2011）	对一个公司产生的大量非结构化和半结构化数据的描述，或者需要花费大量时间和资金才能装入一个关系型数据库中用以分析的数据	数据类型和存储

（续上表）

作者	定义	视角
IBM（2012）	通过传感器、社交媒体上的发帖、数字图像和视频、购买交易记录、手机 GPS 信号等收集的数据	数据来源多样性

　　表 5-1 分别从不同的视角给出了大数据的定义。例如，Jacobs（2009）[15]从数据量和存储分析的视角认为大数据的数据量应该特别大，以致难以存入一个关系型数据库或者难以用基于台式电脑的统计/可视化工具包分析。Manyika 等（2011）[16]从数据规模的视角认为大数据的规模已经超过了传统数据库软件的处理能力。Rouse（2011）[17]从数据类型和存储的角度认为大数据是指非结构化和半结构化的数据，这些数据难以直接存入传统的数据库。而 IBM（2012）则从数据来源多样性的角度给出了大数据的定义。随着时代的发展和技术的进步，未来我们可能会遇到一些不能被现有的大数据定义所涵盖的数据，那时我们需要对大数据重新定义。因此，从发展的角度看，大数据的定义不是一成不变的，而是不断更新的。

二、大数据时代的思维变革

　　自从维克托·迈尔-舍恩伯格和肯尼思·库克耶在 2012 年出版了 *Big data：A Revolution That Will Transform How We Live，Work，and Think* 及其中译本《大数据时代：生活、工作与思维的大变革》①后，大数据在很多领域被广泛讨论和应用。在这本关于大数据的著名畅销书中，作者强调了在大数据时代要进行的三个思维变革：

　　（一）更多

　　不是随机样本，而是全体数据。在传统的基于数据的决策中，我们首先采用某种抽样方法从总体中抽取一个具有代表性的样本，然后基于对样本数据的统计分析来推断总体。但在大数据时代，搜集全部数据变得轻而易举，因此，我们可以基于全部数据进行统计分析，以获取更加全面和准确的结果。

　　（二）更杂

　　不是精确性，而是混杂性。大数据时代，只有少部分的数据是结构化的，这些数据可以存储在传统的关系型数据库中；而大部分的数据都是非结构化的（例如文本、图像、音频、视频等数据），与结构化的年龄、身高、教育水平等数据相比，非结构化数据天然具有较大的混杂性。为了从这些非结构化数据中挖掘出对商业实践和社会发展有价值的信息，我们必须接受大数据的混杂性。

　　（三）更好

　　不是因果关系，而是相关关系。因果关系是指一个变量的变化会导致另外一个变量

的变化，有时间先后和逻辑上的因果关系。相关关系是指两个变量在变化的趋势上有某种程度的一致性，但不能确定一个变量的变化是另一个变量变化的原因。正相关表示两个变量同时增加或减少，负相关表示一个变量增加而另一个变量减少。例如，在亚马逊（www.amazon.cn）上搜索《大数据时代：生活、工作与思维的大变革》这本书并进入其页面后，会看到"购买此商品的顾客也同时购买了"《爆发：大数据时代预见未来的新思维》《数据思维：人人必会的数据认知技能》等书籍。这就是典型的相关关系，即我们知道这些书会被读者同时购买，但不知道为什么他们购买了前者就会购买后者；也有可能是他们先购买了后者，再购买了前者。对商业实践来说，很多时候我们知道这些相关关系就足够了，但对学术研究来说，很多时候我们对变量间的因果关系更加感兴趣，对消费者行为研究来说更是如此。

除了这三个和大数据相关的思维变革外，该书作者在第四章提出"数据化：一切皆可量化"的思想，只有对和营销等商业实践相关的数据进行合理的量化，才能在此基础上进行合适的统计分析，并做出基于数据的决策。在营销实践中，我们应该经常问自己一个问题："这个实践场景中的数据能否被量化，如何量化？"以此提高自己对数据化的敏感度。例如，传统的营销研究和实践都表明，销售人员的面部表情对销售成功与否有重要影响，那么我们如何对时刻变化的销售人员的面部表情进行量化，如何基于销售场景中的视频大数据，量化研究销售人员面部表情和销售绩效之间的关系呢？人工智能公司已经开发出了较为成熟的从人脸图像中识别人的情绪的技术，例如旷视科技的人脸情绪识别[1]等。因此，现在我们可以调用这些工具来逐帧识别视频中销售人员的情绪。在20年前甚至前10年前，这可能是一个能想到但很难实现的想法，但在大数据和人工智能技术日益发达的今天，我们用一台个人电脑就能进行相关的量化分析。

三、大数据的运用

目前，大数据及其相关技术已经被广泛应用于各个领域，其中也不乏做得比较成功的应用案例。例如，大数据被广泛应用于银行证券、媒体和娱乐、医疗服务、教育、生产制造、政府管理、保险、零售、交通、能源和公用事业、电子商务等领域。[2][3] 在本节中我们简要介绍大数据在电子商务领域中的应用。

淘宝、京东、拼多多、亚马逊等电子商务平台上每天会产生海量的消费者行为数据，包括登录、浏览、收藏、下单、评论、投诉、退货等内容。这些数据较为集中，数据量非常大，并且数据种类较多，因此，在电子商务平台中如何应用大数据分析技术，这一议题具有非常大的想象空间。基于这些数据，我们可以预测流行趋势、消费趋势，分析

---

[1]　情绪识别[EB/OL].[2023-09-15].https://www.faceplusplus.com.cn/emotion-recognition/.

[2]　分享：13个大数据应用案例，告诉你最真实的大数据故事［EB/OL］.（2020-06-23）［2023-09-15］.https://zhuanlan.zhihu.com/p/150260462.

[3]　14 Big Data Examples & Applications Across Industries[EB/OL].（2023-07-27）［2023-09-15］.https://www.simplilearn.com/tutorials/big-data-tutorial/big-data-applications.

地域消费特点、客户消费习惯、各种消费行为的相关度、消费热点、影响消费的重要因素、实时推荐等。例如，亚马逊基于消费者的购物数据推出了非常成功的实时推荐系统。当顾客在亚马逊网站上搜索一件商品并进入其页面时，会看到"购买此商品的顾客也同时购买"和"猜您喜欢"等推荐产品列表信息，这就是亚马逊基于海量的消费者购买行为大数据和协同过滤等推荐算法实现的实时推荐功能。其中，协同过滤是一种在推荐系统中广泛使用的技术，该技术通过分析用户或者事物之间的相似性，来预测用户可能感兴趣的内容并将此内容推荐给用户。这里的相似性可以是人口特征的相似性，也可以是历史浏览内容的相似性，还可以是购买记录的相似性等。①

第二节　大数据的特征

学术界和实业界对大数据特征的界定由最初的 3V 逐渐演化丰富到 5V，即 White（2012）提出的大容量（Volume）、高速度（Velocity）、多样性（Variety）、高价值（Value）和真实性（Varacity）这五个特征。[18]中国学者也基于不同的视角给出了大数据特征的界定，例如冯芷艳等（2013）讨论了大数据的大容量、多样性、低价值、实时性等特征。[3]其中的实时性特征和 White 提出的高速度特征的内涵一致，但低价值特征是基于大数据中的信息大多数都不相关、知识"提纯"难度高的角度提出的，和大数据具有巨大的社会经济价值并不矛盾。《国务院关于印发促进大数据发展行动纲要的通知》（国发〔2015〕50 号）中对大数据特征的界定为"大数据是以容量大、类型多、存取速度快、应用价值高为主要特征的数据集合"。杨善林、周开乐（2015）[5]从复杂性、决策有用性、高速增长性、价值稀疏性、可重复开采性和功能多样性等 6 个方面探讨了大数据资源的管理特征。在本节中，我们将基于 White 提出的大数据的 5V 特征框架[18]，对大数据的每个特征进行介绍和讨论（见表 5-2）。

表 5-2　大数据的特征

作者	特征
McAfee 等（2012）[19]	3V：大容量、高速度、多样性
IDC（2012）[20]	4V：大容量、高速度、多样性、高价值
White（2012）	5V：大容量、高速度、多样性、高价值、真实性
冯芷艳等（2013）	大容量、多样性、低价值、实时性
国发〔2015〕50 号[2]	容量大、类型多、存取速度快、应用价值高
杨善林、周开乐（2015）	复杂性、决策有用性、高速增长性、价值稀疏性、可重复开采性、功能多样性

资料来源：作者整理。

---

① 协同过滤［EB/OL］.［2023-09-15］. https://baike.baidu.com/item/协同过滤.

一、大数据的大容量特征

随着存储成本的降低和互联网技术的发展，电商平台和社交应用软件上每天都会产生海量的数据。例如，根据天猫和京东发布的消息，2021 年 11 月 12 日零时，天猫"双十一"总交易额定格在 5 403 亿元；京东"双十一"累计下单金额超 3 491 亿元。① 在巨额的成交额背后，电商平台上会产生海量的浏览、下单、交易等数据。2021 年 11 月 1—11 日，国家邮政局监测的数据显示，全国邮政、快递企业共处理快件 47.76 亿件，其中 11 月 11 日当天共处理快件 6.96 亿件。近几年，直播带货成为电商发展的新引擎。2020 年上半年，各大平台开展的电商直播超 1 000 万场，活跃主播数超 40 万，观看人次超 500 亿，上架商品数超 2 000 万。② 在直播过程中，会产生海量的视频数据以及主播与观看者的互动数据。在社交媒体平台上，一分钟内，用户在 YouTube 平台观看视频的总时长达 70 万个小时，上传视频的总时长超 500 个小时；在 Meta 平台上传 24.3 万张照片；在 Tinder 平台滑动 100 万次；在 Spotify 平台收听 40 万小时的音乐。[21] 至 2022 年第二季度，微信及 WeChat 月活用户已经达到了 12.99 亿③；抖音的日活用户也突破了 8 亿④。

除了在移动互联网平台上产生海量的数据外，在个人设备上也存储着大量的数据。例如，在课堂上分享个人对大数据的直观感受时，部分同学的微信存储空间竟然高达 10GB，部分同学的手机相册中竟然有上万张照片，更不用说手机上有多达上百个 App 及其相关的数据。

二、大数据的高速度特征

英特尔中国研究院首席工程师吴甘沙认为，高速度是大数据处理技术区别于传统数据挖掘技术的最主要特征。随着网络技术的发展，很多数据的产生和消费都是实时的，实时数据处理、实时结果导向是大数据分析作为解决方案必须遵循的基本原则。

大数据的高速度包括两个层面，一是数据增长速度快，数据呈现爆发式增长，短时间内能产生非常大的数据量；二是数据处理速度快，在这一方面，有一个著名的"一秒定律"，即数据处理需要在秒级时间内给出结果，超过这个时间，数据就失去价值了。电商平台产品信息的实时更新，在搜索产品时的实时推荐，以及在搜索引擎上搜索信息时的毫秒级响应等，都很好地体现了大数据的高速度特征。基于大数据的高速度特征，现

---

① 张宋营. 我们需要一个怎样的"双十一"［EB/OL］. (2021−12−31)［2023−09−15］. https://www.ndrc.gov.cn/wsdwhfz/202112/t20211231_1311193.html?code=&state=123.

② 中新经纬. 上半年全国电商直播超千万场 网上"剁手"破 5 万亿［EB/OL］. (2020−07−31)［2023−09−15］. http://finance.people.com.cn/n1/2020/0731/c1004−31804751.html.

③ 腾讯：微信及 WeChat 月活 12.99 亿，同比增长 3.8%［EB/OL］. (2022−08−17)［2023−09−15］. https://finance.sina.com.cn/tech/internet/2022−08−17/doc−imizmscv6598041.shtml.

④ 抖音日活有多少？2022 年最新抖音日活数据（DAC）［EB/OL］. (2022−04−08)［2023−09−15］. https://www.salesba.com/archives/9300.

在的舆情监测系统可以在舆情发生时做到第一时间预警，以避免舆情发酵甚至失控；公司可以实时了解消费者对自己公司的产品或服务的看法，从而能够在第一时间做出回应，以提高顾客满意度或者降低潜在不利舆情发酵的风险；用户可以在各大网址上快速获取所需信息，例如，用百度搜索关键词"大数据的特征"时，眨眼间百度搜索结果显示"百度为您找到相关结果约60,800,000个"①。

三、大数据的多样性特征

大数据的多样性特征主要体现在数据结构非常丰富，例如结构化的产品名称、规格、价格等数据；半结构化的产品描述等数据；非结构化的用户生成产品评论等文本数据，展示产品的图像、视频等数据。

具体而言，交友网站或 App 上用户填写的性别、婚姻状况、身高、年龄、教育水平、月收入等信息就是典型的结构化数据。世纪佳缘允许用户从一系列文本标签中选择与自己相符的标签进行自我介绍，例如包容、低调、开朗、独立、完美主义、自己创业、好厨艺等。用户可以从这些标签列表中自由选择，也可以自己补充一些没有被这些标签涵盖的内容。这种类型的数据介于结构化数据和非结构化数据之间，因此被称为半结构化数据。用户在交友网站上传的照片，以及和潜在交友对象的聊天记录等都属于典型的非结构化数据。非结构化数据中蕴含了大量有价值的信息，并且引起了营销领域学者的广泛关注。[22] 随着数据获取越来越容易，以及非结构化数据分析技术的发展，例如机器学习和深度学习等，在近些年的营销研究中关于文本（例如购物网站上的商品评论等）、图像（例如社交媒体、点评网站上的图片等）、视频（例如视频广告、网络课程等）、音频（例如众筹网站上的宣传视频等）等非结构化数据分析的文献越来越多。鉴于非结构化数据在营销实践和研究中的巨大价值[23]，我们将在本章第三节中详细介绍文本、图像、视频等非结构化数据及相关分析方法。

四、大数据的高价值特征

大数据的价值要从两个方面来看，一是大数据本身包含的经济价值，二是单位存储单元中数据含有的信息量。前者认为大数据中蕴含着巨大的经济价值，例如，国际知名数据公司 IDC 曾表示，在 2020 年，企业用于大数据分析的支出将突破 5 000 亿美元，在未来四年内，大数据能帮助全球企业赚取约 1.6 万亿美元的收入红利。[24] 后者则认为单位存储单元中数据含有的信息量较少，即大数据的价值密度比较低，存在大量不相关的信息，价值"提纯"难度高。[3]

事实上，这两个观点并不矛盾。大数据本身具有非结构化、半结构化的特征，本身的价值密度的确比较低。但当我们拥有海量的数据时，其本身蕴含的经济价值可能也是巨大的，尽管在挖掘这些价值的过程中可能需要投入很多人力或物力。因此，理论界和

① 2023 年 9 月 21 日搜索结果。

实业界普遍认为大数据具有高价值的特征。例如，大数据的高价值特征也能反映在股票市场上。张叶青等（2021）基于 A 股上市公司的年报用文本分析的方法构建了衡量公司层面"大数据"应用程度的指标，并检验了大数据应用对公司市场价值的作用。[25]实证分析结果表明，大数据的应用可以显著提高我国 A 股上市公司的市场价值。

五、大数据的真实性特征

大数据（尤其是基于互联网的大数据）通常都是由计算机自动生成并记录的，例如某个用户 A 在 2022 年 3 月的某天在某个电商网站上搜索了某件商品，并完成了下单、付款等整个购买流程。因此，这些数据基本上可以避免记录错误，并且大数据记录的通常是人们的行为数据，因而是真实的。

但正如《纽约客》在 1993 年 7 月 5 日刊登的一则由彼得·施泰纳（Peter Steiner）创作的漫画 "On the Internet, nobody knows you're a dog（在互联网上，没人知道你是一条狗）"①，互联网上也存在大量虚假的信息，因此，我们也需要对网络大数据的真实性提高警惕。特别是当互联网产品在冷启动期、新产品初上市、应对竞争的情况下，部分商家会为了获取商业利益而雇佣"网络水军"刷好评。"网络水军"是指在网络中针对特定内容发布特定信息的、被雇用的网络写手。他们通常活跃在电子商务网站、微博等社交网络平台上，伪装成普通网民或消费者，然后通过发布、回复和传播夸大甚至虚假信息等对正常用户产生影响，并以此获取报酬。为打击"网络水军"的不法行为，减少其对市场秩序的干扰破坏，2022 年 6 月起，公安部网安局在全国范围内启动为期 6 个月的依法打击整治"网络水军"专项工作，并取得较好成效。②

在大数据的这五个特征中，多样性特征起着最为重要的作用，也是大数据的魅力所在。近年来，与大数据的多样性特征密切相关的非结构化数据引起了营销学、社会学、心理学等领域学者的高度重视。[22-23]随着网络技术的发展和科技的进步，未来我们接触到的和产生的数据量会越来越多，数据种类也会越来越丰富。如何发展新的数据存储方法来高效存储这些新的数据，如何发展新的技术来分析这些数据，进而从数据中挖掘出对经济发展和社会进步有价值的信息，将是未来大数据发展的重要方向。

第三节　非结构化数据及其分析

据国际数据公司（IDC）调查，目前企业结构化数据仅占全部数据量的 20%，其余 80%都是以文件形式存在的非结构化和半结构化数据，这些非结构化数据每年的增长率达 60%。随着 5G 时代的到来，数字经济快速发展，非结构化数据在商业实践中扮演着越

---

① 在互联网上，没有人知道你是一条狗？［EB/OL］.（2014-12-30）［2023-09-15］. https://blog.csdn.net/testvaevv/article/details/119853878.
② 网络水军［EB/OL］.［2023-09-15］. https://baike.baidu.com/item/网络水军/5519438.

来越重要的作用，也引起了营销领域学者的关注。Berger 等（2020）对营销领域常见的文本数据及文本分析方法进行了全面回顾和总结。[26] Lu 等（2022）基于人工神入（Artificial Empathy）框架，系统回顾了营销研究和实践中的音频和视觉（包括图像和视频）数据及相关的分析技术。[21] 在这一节中，我们将基于这两篇综述性文献，对营销领域常见的文本、图像等非结构化数据及相关分析技术进行简要介绍。考虑到本书主要面向量化分析基础较为薄弱的市场营销专业的本科生，因此，我们不会对相关的技术细节展开讨论。感兴趣的读者可以参考阅读相关的文献，以获取进一步的信息。

一、非结构化数据

非结构化数据（Unstructured Data）是指没有预先定义的组织结构或数值，能对数据的多面性本质进行相对并行表示的单个数据单元。[22] 与结构化数据不同，非结构化数据的数据结构不规则或不完整，不便用数据库二维逻辑表来表现，也不易组织或格式化。因此，收集、处理和分析非结构化数据较为困难。研究和实践中常见的非结构化数据包括文本、图像、视频、音频等。[23]

从结构化数据中区分出非结构化数据的三个特征包括：①非数值，即对关心的概念没有预先定义的数值表示，因此，研究者必须在对数据进行分析前通过手动（例如人工编码）或者自动化（例如非监督机器学习）的方法来"指定"数据的值。例如，一段文本的情感倾向是积极的还是消极的，一张图像中人脸的表情等。在本书的第九章，我们会分别介绍如何用人工智能公司开放的应用程序接口来自动识别一段文本的情感倾向，或图像中人脸的表情。②多面性，即单个数据单元具有包含独特信息的多个方面。例如，一段文本同时包含长度、是否有某个关心的词、情感倾向等不同的方面。③并行表示，即由单个非结构化数据单元的多个方面提供的独特信息相互交织，并同时表示这些不同的方面。

二、非结构化数据分析

（一）文本分析

营销实践界和学术界的人员如何才能更好地利用在线评论、新闻稿、营销传播文案等文本数据呢？对于这一问题，Berger 等（2020）对自动文本分析方法进行了概述，并且详细介绍了如何使用它来生成营销洞见。在这篇文章中作者讨论了文本如何反映文本生产者的质量，并进一步影响受众或文本接收者；同时，讨论了文本如何成为预测和理解消费者的强大工具。此外，作者还概述了文本分析中使用的方法和指标，提供了一套关于文本分析的指南和程序。

文本分析的过程主要包含以下四个步骤：①数据预处理；②对预处理后的数据进行文本分析；③将文本转换为可量化的度量；④评估提取的文本和度量的有效性。每一个步骤都可能因研究目标的不同而在实际运用中存在差异。Berger 等（2020）总结了文本分析过程中涉及的不同步骤，从预处理、常用工具到度量以及验证方法，具体内容如表

5-3 所示，该表成为文本分析初学者的入门工具包。考虑到文本分析流程中的绝大多数内容都超出了本书的范围，在此不做过多介绍。

表 5-3　文本分析流程[26]

数据预处理	常用工具	度量	效度
数据获取：获取或下载文本 **分词**：使用分隔符（例如空格、句号）将文本拆分成单元（通常是单词和句子） **清理**：删除无意义的文本和非文本信息 **移除停用词**：移除出现在大多数文档中的常用词，英文例如"a"或"the"，中文例如"的"或"啊" **拼写**：使用拼写检查器更正拼写错误 **词干提取和词形还原**：将单词简化为它们的共同词干或词根	**实体提取**：用于提取一个词的含义或词的简单共现的工具。这些工具包括字典、词性分类器、情感倾向分析工具、用于分析复杂实体的机器学习工具等 **主题建模**：主题建模可以识别正文中讨论的主题（由单词的组合来描述），LDA 是最常用的工具 **关系提取**：除了实体提取之外，研究人员可能对识别提取的实体之间的文本关系感兴趣，关系提取通常需要使用有监督的机器学习方法	**计数度量**：用于将文本表示为计数度量的测量集。TF-IDF 度量允许研究人员控制单词的普遍度和文档的长度 **相似性度量**：余弦相似性和 Jaccard 索引常用于度量文档之间文本的相似性 **准确性度量**：通常与人工编码或外部验证文档相关。经常使用的指标包括召回率、准确率、F1 和接收者操作特征曲线的曲线下面积等 **可读性度量**：使用简单的 Gobbledygook（SMOG）度量等来评估文本的可读性水平	**内部效度** **构念**：字典验证以及采样和饱和程度确保构念在文本中被正确操作了 **并行**：将操作化与先前的文献进行比较 **收敛**：关键概念的多重操作化 **因果**：控制与替代假设相关的因素 **外部效度** **预测性**：使用结论来预测关键结果变量（例如，销售额、股价） **泛化**：在其他领域复现结果 **稳健性**：在保留样本上检验结论；比较数据集中的不同种类

（二）图像分析

随着微博、微信、小红书、抖音等数字平台越来越流行，越来越多的人类行为和活动以图像、视频和音频的形式实现数字化。然而，由于信息的非结构化特征，我们缺乏有用的框架和工具帮助企业有效地利用这些信息改进商业实践。因此，企业错失了利用这些信息来获得更好的顾客洞察、了解顾客偏好、改善顾客体验、发现未满足的顾客需求和优化营销效果的机会。为了解决这一问题，Lu 等（2022）对音频和视觉（包括图像和视频）分析技术进行了概述，并讨论了营销人员如何使用图像分析技术改进商业实践。在此基础上提出了一个名为"人工神入"的框架，用以说明由个人发出或呈现给个人的音频或视觉信息用于改进商业决策时的不同场景。除此之外，作者回顾了用于挖掘有价值的信息和从音频、视觉数据中做出有用推断的前沿技术和方法。在本书中，我们基于

Lu 等（2022）的研究，对图像分析技术和方法进行介绍，图像数据分析主要包括如下三个步骤：

1. 图像获取

图像数据的数字形式通常表示为二维（例如，黑白图像）或三维（例如，彩色图像）阵列。营销研究人员可以从公开来源获取图片，包括社交媒体网站（如微博、小红书、Meta、Instagram 等）、电商网站（如淘宝、京东、亚马逊等）、点评网站（例如，大众点评、Yelp 等）和产品列表平台（例如 Airbnb 等）。而公司可以访问其客户更详细的图像信息，例如客户资料图像、客户服务过程或购物过程的图像等。

2. 图像预处理

从互联网获取的图像通常在图像质量、大小、方向、照明条件等方面存在较大的差异。因此，对图像进行预处理是计算机视觉技术分析过程（例如，人脸识别、面部表情识别、物体识别等）中最为关键的第一步，这会使得机器学习模型更容易分析图像数据。图像预处理的主要目的是提高图像质量，增强对后期分析比较重要的细节，或去除图像中的噪声等。图像预处理也被广泛地运用到了训练深度卷积神经网络的模型中。Lu 等（2022）总结了常用的图像预处理技术，考虑到这些技术已经超出了本书的范围，因此我们就不再做过多的介绍。

3. 特征提取和描述

这个步骤涉及使用一组特征来检测和表示焦点图像或感兴趣区域，然后将其用于构建机器学习模型。图像内容可以被表示为特征的层次结构，最低级别是像素，它们包含亮度或颜色信息；往上一层是局部特征，由像素级信息如边缘、线、角、斑点（区域）等推导而来；再往上是全局特征，例如纹理、形状、颜色分布等，它们被组合后用以检测对象及其属性；最高层次是人类感知的意义和关系，例如图像中是否有人脸，其面部表情是积极的还是消极的等。现在人们通常用深度学习模型从图像中自动提取人类感知的意义和关系，在本书第九章我们将介绍如何用旷视科技的人脸情绪识别应用程序接口从人脸照片中提取情绪特征。我们在本节图像分析案例中介绍了如何从人脸照片中提取人们关于脸的社会属性感知，例如外貌吸引力等。

三、非结构化数据分析案例

尽管 Berger 等（2020）和 Lu 等（2022）介绍的大多数文本、图像、音频、视频分析方法在缺乏相关基础课程和编程训练的情况下都难以在短时间内掌握，但也有一些简单的、很容易理解和运用的非结构化数据分析方法，并且这些简单的方法曾被应用到质量非常高的学术论文中。下面，我们分别以学术论文为案例介绍文本、图像和视频分析方法。需要说明的是，这些方法的共性都是以人工的方式直接从非结构化数据中标注或提取感兴趣的变量，具有较强的可操作性。市场营销专业的本科生可以使用这些方法对自己感兴趣的非结构化数据进行分析。

【链接案例5-1】文本分析案例[27]

口碑是指消费者对消费者的关于产品信息的传播。超过一半的企业高管将口碑视为关键的业务优先事项，并且有很多强有力的实证证据表明这个看法是正确的。作为消费者，当我们听到别人喜欢或推荐某样东西时，会促使自己做出购买决策。尤其是在互联网时代，网络上有大量关于消费者评价产品或服务的信息，即网络口碑（Online Word-of-Mouth）。例如，淘宝、京东等电商平台上消费者关于产品的评价信息，大众点评上消费者关于餐厅的评价信息，携程上消费者关于酒店的评价信息，去哪儿、马蜂窝上消费者关于旅游景点的评价信息等。在做出关于衣食住行等的消费决策前，大多数消费者都会主动搜寻或被动浏览网络口碑信息，以降低自己决策的风险，做出最优的决策。

口碑影响消费者行为，但口碑中使用的语言在这种影响中起到了什么样的作用？或许某些类型的消费者更可能使用某些特定类型的语言，从而使得其语言更有影响力？例如，当你看到产品A下某条评论中写道"我喜欢这件产品（I liked this product）"和产品B下某条评论中写道"我推荐这件产品（I recommend this product）"，你对产品A和B的购买意愿哪个更强呢？为了回答这个问题，Packard & Berger（2017）通过五项研究，对1 000多条在线评论进行文本分析。结论表明，与隐含的认可（例如"我喜欢它"）相比，明确的认可（例如"我推荐它"）更具有说服力并会增加购买意愿。这里我们聚焦于1 000多条在线评论的文本分析方法，至于研究结论背后的机制和相关的实验研究，本书不做介绍，感兴趣的读者可以直接参考Packard & Berger（2017）的研究。

为了回答"领域知识较少的人是否更倾向于推荐"这个涉及不同类型消费者对特定类型语言的偏好问题，Packard & Berger（2017）在其研究1中聚焦实际的消费者购买数据和1 421条网络图书评论，研究了领域知识较少的消费者是否更有可能明确推荐图书。他们通过以下两个步骤，从这些图书评论中识别出包含明确认可的评论：

第一步：由两个独立评判人确定训练集（100条随机选择的评论）中的每条评论是否存在明确认可。在这个过程中记录任何用第一人称向他人推荐这本书的语言（例如，"I recommend this book"）。评判人对训练集判断结果的一致性高达97.0%，部分分歧通过讨论得以解决。

第二步：使用评判人标记的语言和完整的数据集，基于自动内容分析程序开发了用于识别明确认可的搜索字符串。规则集标记了在同一个句子中包含任何以字符串"recomm"（例如，"recommend""recommendation""recommended"）或其同义词（例如，"endorse""suggest"）和第一人称代词开头（即"我""我的"或"我们"）的评论。然后，两名评判人和第一作者独立手动检查了标记的内容。对于92.4%的评论，他们对基于搜索字符串的自动编码结果的看法完全一致。对于存在分歧的评论，因为没有三个人看法都不同的情况，因此遵循多数规则决定其余7.6%的文本评论的最终编码。

最终的编码结果表明，15.1%的评论包含明确认可的字眼。其中绝大多数（96.0%）使用了"recommend"一词或其变体（例如，"I recommend this book""It gets my highest recommendation"）。一小部分（4.0%）包含其他表示明确认可的语言（例如"I suggest this book for everyone"或"I think people should read this")。无论是否包含这些替代的明确认可，研究结论都是相同的。作者遵循类似的流程来识别隐含认可。步骤 1 和步骤 2 中描述的评判和自动内容分析方法确定了评论人表示认可或支持的评论（例如，"I enjoyed it"）。其中包含第一人称代词和"like""enjoyed"和"favorite"等词的评论（例如，"I like this book"）被标记为隐含认可。隐含认可出现在了 19.5% 的评论中，隐含认可较常用的词是"like"（43.6% 的隐含认可）和"enjoy"（34.9% 的隐含认可）。"My favorite novel""I couldn't put this down"和"This book captivated me"之类的短语不太常见。

统计分析结果表明，领域知识较少的消费者在撰写评论文本时更有可能使用明确认可的字眼。领域知识较多的消费者在评论中明确推荐书籍的比例仅为 5.7%，但在领域知识较少的消费者中这一比例增加到 20.7%。其中，消费者领域知识被操作为在评论日期之前购买过的图书数量，购买的图书越多，则领域知识越多，反之则越少。

通过对这个文本分析案例的学习，我们可以学到以下三点：

（1）对某些特定的研究问题，我们并不需要复杂的文本分析技术，简单的甚至人工编码的方法也能让我们从文本中提取出感兴趣的变量。这需要我们对研究问题有明确的认知，对从文本中提取什么样的变量有清晰的认知，这样就可以通过阅读文本，进而对文本进行编码，例如是明确认可还是隐含认可等。

（2）虽然通过人工进行编码的方式看起来比较主观，但我们完全可以用科学的研究方法让我们从文本中提取的变量尽可能地保持客观。例如，用至少两个独立评判人对文本进行编码，如果两个人的编码一致，则通过；如果不一致，则讨论解决。最后汇报两个人编码一致的比例，用以判断编码结果的一致性，即感兴趣的变量的准确性。独立评判人编码的一致性越高，则相应变量的准确性就越高。

（3）这个案例中只有 1 421 条文本评论，完全可以通过人工的方法阅读所有文本并提取感兴趣的变量。如果文本条数比较多，则需要借助自动内容分析工具或方法来提高效率。首先从小样本的训练集中总结归纳规则，其次借助文本分析工具或者 Excel 的搜索筛选功能对剩余的大样本进行编码，最后再由独立评判人审核自动分析的结果。如果文本样本量特别大，例如有 100 万条文本数据，对相应的 100 万个自动分析结果进行人工审核的工作量太大，则只需要对其中一个容量较小（例如 1 000 条评论）的样本进行人工审核。然后，在实证分析中直接把自动分析结果作为观察值，并且汇报自动内容分析方法的准确率，即独立评判人之间的一致性。这样，一方面可以让研究项目能在合理的人力支出条件下顺利推进，另一方面也可以让读者了解自动编码结果的准确性。

【链接案例 5-2】 图像分析案例[28]

当你在浏览社交媒体时，如果无意中浏览到了一张人脸照片，例如小红书上某位美妆博主化完妆后的照片，通过人脸照片你会对这个人产生什么样的第一印象呢？例如，这个人的外貌是否有吸引力、这个人是否可信、这个人是否有能力等。脸在形成第一印象的过程中起着非常重要的作用。在短短的 100 毫秒内，人们就可以从脸上推断出一个人的年龄、情绪状态（如是否高兴）、身体状态（如是否健康）和感知判断（如是否容易接近、是否有能力、是否可信）等各种各样的信息（Vernon 等，2014）。[29]

Todorov 等人于 2005 年发表在 *Science* 杂志上的一个关于脸的经典研究表明，基于脸的能力判断能较好地预测美国国会选举的结果，并且与竞选成功的幅度呈线性相关，即从脸上推断的能力感知越高，则竞选成功的可能性越大。[30] 这些推论是针对能力的，并且发生在看到候选人面孔的 1 秒内。研究指出，快速、不经过认真思考的基于脸的属性推断对投票选择有解释作用，这项研究颠覆了人们普遍认为的投票选择是理性的和深思熟虑的认知。需要说明的是，这里的能力得分是基于被试对候选人脸部照片的能力感知评分。

为了研究卖方金融分析师的外貌吸引力是否与他们的工作表现相关，Cao 等（2020）从中国股票市场与会计研究数据库中收集了 2 328 名 2011 年 12 月 31 日前在中国证券业协会注册的金融分析师的盈利预测等数据，并从中国证券业协会网站上获取了这 2 328 名金融分析师的面部照片。63 名评价者分别在两周内分五批对所有的照片进行评分，以减少疲劳对其判断的潜在影响。每张照片按 1 到 5 的等级进行评分，5 表示非常漂亮/英俊，4 表示高于平均水平，3 表示平均水平，2 表示低于平均水平，1 表示不好看。基于这 63 名评价者对 2 328 名金融分析师外貌吸引力的评分，作者用如下公式来计算金融分析师 i 的平均外貌吸引力，作为对金融分析师 i 的外貌吸引力的一个测量。

$$Attractiveness_i = \frac{1}{63} \sum_{r=1}^{63} \left(A_{ri} - \bar{A}_r \right)$$

其中 A_{ri} 表示评价者 r 对金融分析师 i 的外貌吸引力评分，$\bar{A}_r$ 是评价者 r 对所有金融分析师外貌吸引力的平均评分。这种均值调整的度量控制了每名评价者的固定效应。实证分析结果表明，外貌上有吸引力的金融分析师比没有吸引力的金融分析师能做出更准确的盈利预测。此外，外貌上更有吸引力的金融分析师做出的股票推荐从短期看更有信息含量，从长期看更有利润。对于外貌吸引力效应的来源，研究发现外貌上更有吸引力的金融分析师获得了更多的媒体曝光率，与机构投资者有更好的关系，并从雇主那里获得了更多的内部支持。总体而言，研究表明外貌吸引力对卖方金融分析师的工作表现和信息获取有着深远的影响。

需要指出的是，Cao 等（2020）只是基于 63 名评价者的评分计算了每名金融分析师的外貌吸引力均值，并将其作为金融分析师外貌吸引力的测量，但没有探究不同评价者评分之间的一致性。Vernon 等（2014）在研究面部几何特征和人们对脸的社会属性评价（例如外貌吸引力、可信性等）之间的关系时，也采用了人工的方式对外貌吸引力等进行评分。具体地，至少令 6 名独立评价者使用 7 点李克特量表（例如，外貌吸引力：1＝"非常没有吸引力"，7＝"非常有吸引力"）对外貌吸引力等感知维度进行了评分，然后作者把每个人脸感知维度作为潜变量，把评价者的评分看作指标，把每张人脸图片看作一个数据点，计算了每个感知维度（例如外貌吸引力）的 Cronbach's alpha 系数，以此来衡量每个维度上评价者之间的信度。一般来说，该系数越高，则测量工具或方法的信度越高。大家通常认为 Cronbach's alpha 系数大于等于 0.7 是可以接受的信度值。

通过案例中三个关于人脸的研究，我们可以学到以下三点：

（1）鉴于人脸在形成第一印象中的重要作用和第一印象对很多行为决策的重要影响，加上大家对人脸感知相关的话题天然就很感兴趣，因此关于人脸感知的研究一直是社会心理学领域的热门研究主题。在开展人脸感知相关研究时，我们需要对人脸在社会经济生活中的作用有较为深刻的认知和观察，然后基于自己的观察提出关于人脸感知的令人感兴趣的研究问题。

（2）对于人脸社会属性感知（例如外貌吸引力、可信度、能力等）的相关研究问题，并不需要复杂的图像分析技术，简单的甚至人工的方式就可以实施。因此，只要能找到一个关于人脸感知的比较有趣的研究问题，大家都可以尝试着开展研究，因为没有较高的方法门槛。

（3）Cao 等（2020）和 Vernon 等（2014）采用了不同的方法对评价者的评分进行处理。从严谨性的角度，我们比较倾向后者采用的方法。具体流程如下：

①基于自己对社会经济生活的观察，提出一个关于人脸感知的研究问题，并确定要测量的人脸感知维度，例如外貌吸引力等。

②招募评价者，对每张人脸照片使用 7 点李克特量表进行评分。例如，对于外貌吸引力感知维度，1 = "非常没有吸引力"，7 = "非常有吸引力"。为了使得测量尽可能准确，在条件允许的情况下，应招募尽可能多的人对照片进行评价。至于每张照片具体需要多少人评价，可以介于 6 人（Vernon 等，2014）和 63 人（Cao 等，2020）之间。

③把人脸感知维度作为潜变量，把评价者的评分看作指标，把每张人脸图片看作一个数据点，计算相应的 Cronbach's alpha 系数，以此来判断不同评价者评分之间的一致性，即人脸感知测量的信度。

④可以用 Vernon 等（2014）的方法直接对每张照片的所有评分进行平均，并将其作为最终的人脸感知测量，也可以用 Cao 等（2020）的均值调整方法，以控制每个评价者的固定效应。

⑤把人脸感知度量（例如外貌吸引力）作为变量（通常是自变量）进行统计建模和分析（通常是相关性分析或者简单的回归分析）。

【链接案例 5-3】视频分析案例[31]

在线数字内容的一个独特特征是消费者可以更容易、更快速地与他人共享自己喜欢的内容。这种共享可以成倍地影响数字内容的浏览总数及其病毒式传播的程度。Tellis 等（2019）将病毒式传播定义为由于共享而在短时间内获得大量的浏览量。病毒式传播的程度本质上取决于内容共享的程度。因为共享内容可以在短时间内以较低的成本触达广大受众，因此，发布在线内容的主要动机是实现共享。那么，对于视频广告而言，是什么导致了在线广告的病毒式传播（共享）？Tellis 等（2019）结合广告商上传到 YouTube 的在线视频广告对这一问题进行了研究，并使用 11 种情绪和 60 多个广告特征检验了 5 个基于理论推导的相关假设。两项独立的实地研究结果与理论预期一致。主要研究结论包括：以信息为中心的内容对共享有显著的负面影响；娱乐、兴奋、灵感和温暖的积极情绪对分享有积极影响。

这项研究从视频中提取的变量很多是主观的，因此需要通过人工编码的方式来处理分析。例如，对于"以情感为中心的内容"，编码人员需要评价广告激起特定离散情绪的程度。个体情绪包括离散的积极情绪（例如，爱、自豪、喜悦、温暖、兴奋）和消极情绪（例如，悲伤、羞耻、愤怒、恐惧）。具体的问题是"广告在多大程度上引起了特定的情绪"，相应的量表为 6 点量表（0 = "非常弱"，5 = "非常强"）。除了价格（由两名编码人员编码）外，三名不知道本项目研究目的的编码人员对视频进行了独立编码。对编码人员的培训过程如下：①向编码人员解释评价量表，并使用与所选样本无关的测试视频广告对编码人员进行培训；②与编码人员讨论测试视频的结果，对结果的差异进行审核并进一步明确相关定义，以尽量减少在研究中使用实际广告的编码差异；③要求编码人员仅根据所提供的信息（而不是基于进一步的搜索或其他信息）进行评分，除了视频广告本身，编码人员只能看到每个广告的标题和发布它的品牌频道。按照这些说明，三名编码人员对样本中的视频广告进行了独立评分。

所有编码人员编码结果的一致性比例为 76%，Cohen's kappa 系数为 0.67。由于品牌持续时间是一个连续变量，因此它的一致性比例最低。如果排除该变量，则编码人员之间的一致性比例为 81%，Cohen's kappa 系数为 0.70。通常认为，70% 的一致性水平和 0.50 的 Cohen's kappa 系数是可接受的。在确定每个变量的最终取值时，如果至少两名编码人员对一个特征给出相同的评分时，就以该评分作为变量的最终取值；否则，取值为三个不同评分的平均值，其中三名编码人员评分不同的比例大约为 4%（不包括品牌持续时间）。

通过 Tellis 教授及其合作者关于视频广告的研究，我们可以学到以下三点：

（1）尽管视频数据看起来非常复杂，从存储的角度看，数据量也非常大，但我们依然可以用简单的人工的方式对视频进行编码，从视频中提取我们感兴趣并且有明确定义的变量，例如视频广告在多大程度上引起了自豪或恐惧的情绪，视频广告中是否出现过小孩儿、卡通形象（二分量表，0 表示没有，1 表示有）等。

（2）市场营销专业的本科同学对 Cronbach's alpha 系数都比较了解，但对 Cohen's kappa 系数可能不是很熟悉。Cohen's kappa 系数通常用于衡量两名编码人员在分类变量上编码的一致性水平，并对偶然的一致性进行了纠正。可以参考 Hallgren（2012）获取关于 Cohen's kappa 系数更详细的信息，包括计算公式和 SPSS 操作方法等[32]，或者参考

Cohen's kappa using SPSS Statistics[①]。Cohen's kappa 只适用于衡量两名编码人员编码的一致性，当编码人员数超过两个时，可以采用 Fleiss' kappa 来衡量他们对分类变量编码的一致性。可以参考 Fleiss' kappa in SPSS Statistics[②] 获取关于 Fleiss' kappa 系数的详细信息，包括计算公式和 SPSS 操作方法等。

（3）在这项研究中，Tellis 教授及其合作者使用了 11 种情绪和 60 多个广告特征来检验五个基于理论推导的相关假设。这需要对广告研究领域有非常深入的了解，并且需要对每个特征都进行严谨的定义。训练编码人员对这 11 种情绪和 60 多个广告特征进行编码也是一个非常烦琐的工作。由此可见，在任何优秀的研究背后，研究人员都付出了非常多的努力。

第四节　大数据赋能营销实践

在这一节中我们将结合营销领域的两篇文献，详细阐述大数据如何赋能营销实践。一篇是麻省理工学院斯隆管理学院（MIT Sloan）的 John R. Hauser 教授[③]和他指导的博士生合作的论文 "Identifying Customer Needs from User-Generated Content"[33]，这篇论文于 2019 年发表在 *Marketing Science* 杂志上。Hauser 教授曾在 1989—1994 年担任 *Marketing Science* 杂志的主编，他的很多论文曾获得或入围营销领域的杰出奖项，例如 John D. C. Little 最佳论文奖、ISMS（INFORMS Society for Marketing Science）长期影响奖、Paul Green 奖等。另外一篇是马里兰大学史密斯商学院（Robert H. Smith School of Business）的 Roland Rust 教授[④]及其合作者于 2021 年在 *Journal of Marketing* 杂志上发表的论文 "Real-Time Brand Reputation Tracking Using Social Media"。[34] Rust 教授曾于 2005—2008 年担任 *Journal of Marketing* 杂志的主编，也曾担任其他知名营销期刊的主编、领域主编或副主编。他的很多论文曾获得或入围营销领域的杰出奖项，例如 Donald R. Lehmann 奖、John D. C. Little 最佳论文奖、Paul Green 奖等。

我们选择 Hauser 教授和 Rust 教授的这两篇论文主要基于以下几点考虑：

（1）Hauser 教授论文的主题是从用户生成内容（User-Generated Content，UGC）中识别顾客需求（Customer Needs）；Rust 教授论文的主题是使用社交媒体实时追踪品牌声誉（Brand Reputation）。这两篇文章都和文本分析相关，并且顾客需求和品牌声誉都是营销中比较核心的概念。

---

① Cohen's kappa using SPSS Statistics［EB/OL］．［2023-09-15］．https://statistics. laerd. com/spss-tutorials/cohens-kappa-in-spss-statistics. php.

② Fleiss' kappa in SPSS Statistics [EB/OL].[2023-09-15].https://statistics. laerd. com/spss-tutorials/fleiss-kappa-in-spss-statistics. php.

③ John R.Hauser [EB/OL].[2023-09-15].https://mitsloan. mit. edu/faculty/directory/john-r-hauser.

④ Roland Rust [EB/OL].[2023-09-15].https://www.rhsmith. umd. edu/directory/roland-rust.

（2）Hauser 教授的论文可以帮助企业从用户生成内容中识别出顾客需求，从而更好地了解顾客需求，以生产或提供能满足顾客需求的产品或服务。Rust 教授的论文表明，企业可以基于社交媒体上的数据来实时追踪自己企业的品牌声誉，从而为企业更专业、更及时地管理品牌提供可能。因此，这两篇文章都具有较大的实践价值。

（3）Hauser 教授和 Rust 教授都是营销领域非常杰出的学者，我们期望通过介绍他们的研究，让营销专业的本科生了解他们的贡献，了解营销研究和相关实践，从而为学生树立学习的榜样。

我们选择学术论文来介绍大数据如何赋能营销实践，而不是介绍业界的具体实践，主要基于以下考虑：学术论文中的信息都比较透明，不仅会告诉我们做了什么，还会告诉我们如何做以及为什么这样做。而企业披露的或我们从互联网上获取的企业如何用大数据赋能营销实践的案例，大多数只是告诉我们结果，具体的过程是相对模糊的。

一、从用户生成内容中识别顾客需求

营销实践需要对顾客需求有非常深入的理解。例如，在营销战略中，顾客需求可以帮助企业确定细分市场、识别差异化的战略维度或做出高效的渠道管理决策等。理解顾客需求对新产品开发也非常重要，只有在充分理解顾客需求的基础上，才能开发出满足顾客需求的产品。

（一）用户生成内容

近年来，随着互联网技术的发展以及社交媒体的普遍使用，针对用户生成内容的文本分析逐渐成为研究热点，UGC 是指用户以任何形式在互联网上发表的文本、图片、音频、视频等内容。在特定的场景中识别顾客需求需要对顾客的经验有更多的了解，深度访谈和焦点小组等传统方法依赖于人和顾客互动。传统方法非常昂贵耗时，经常导致时间上滞后于市场。而用户生成内容，例如淘宝、京东上的产品评论，大众点评上的餐厅评论，微博、微信等社交媒体、知乎问答平台、豆瓣兴趣小组上的信息等，可以提供大量丰富的文本数据，这些数据是高效识别顾客需求的信息源。

从 UGC 中识别顾客需求存在如下优势：①UGC 可以以较低的成本快速获取，例如，淘宝、京东等电商平台上有大量关于产品的评论信息，大众点评上有大量关于餐厅、产品、环境、服务等的评论信息；②UGC 是持续更新的，这可以让公司快速持续更新对顾客需求的理解；③和深度访谈不同，公司可以以较低的成本从 UGC 中进一步探索新的顾客需求洞察。

然而，从 UGC 中识别顾客需求也存在一些劣势：①规模巨大的 UGC 使得通过人工阅读处理数据非常困难；②很多 UGC 是重复的并且和顾客需求无关，例如，"我强烈推荐这款产品"没有表达任何顾客需求的信息，重复和无关的内容使得传统的手动编码分析方法非常低效；③大多数 UGC 聚焦在一些相对较少的顾客需求上；④UGC 是非结构化的并且大多是文本数据，研究者需要理解文字背后丰富的信息来识别抽象的、与特定场景密切相关的顾客需求；⑤与基于一个有代表性的顾客样本的传统方法不同，UGC 存在较为严重的自选择偏差，这可能导致错过一些重要的顾客类别。

（二）识别 UGC 中顾客需求的过程

对于如何从 UGC 中高效地挖掘出顾客需求信息，以及解决前述的一些关于 UGC 的潜在担忧，Hauser 教授和他的学生从两个层面进行了深入研究和探索，一是合理的 UGC 语料库是否能提供充足的内容和完备集合，用以识别出一个顾客需求；二是发展并且评价机器学习和人工混合的方法，实现从 UGC 中准确识别顾客需求。研究结果表明：①对新产品开发来说，UGC 是一个至少和传统方法一样有价值，甚至更有价值的顾客需求信息源；②机器学习方法提高了从 UGC 中识别顾客需求的效率。

图 5-1 总结了从大量 UGC 中识别出顾客需求的机器学习和人工混合的方法。这个方法主要包括 5 个步骤：

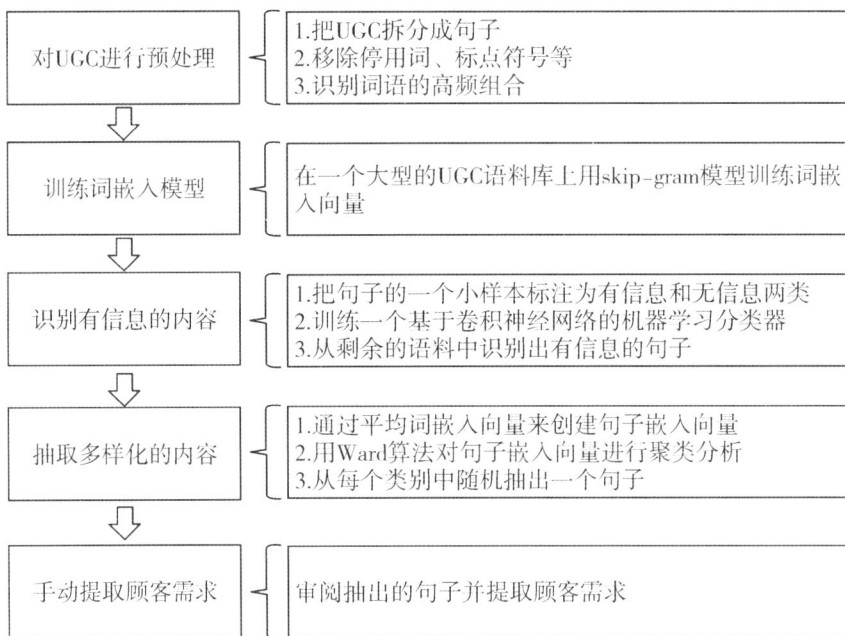

图 5-1　从 UGC 中识别顾客需求的系统架构[33]

1. 对 UGC 进行预处理

这个步骤通常包含两个部分，一是 UGC 文本数据的获取，二是对文本数据进行预处理。对文本数据进行预处理是文本分析的基本步骤，主要包括把长文本拆分为句子，把句子进一步拆分为单词，然后移除停用词（例如"我""的""啊""哈"等）、数字、标点符号等，识别和统计词语的高频组合等。通常来说，无论是简单的文本分析还是复杂的自然语言处理模型，它们分析的基本单元都是词。

2. 训练词嵌入模型

在这个步骤中对完成预处理的 UGC 文本使用 skip-gram 模型训练词嵌入（Word

Embedding）向量，然后将其输入用于后续步骤。

3. 识别有信息的内容

先把一个小样本句子集标注为有信息和无信息两类，然后训练并运用一个卷积神经网络模型从剩余的语料库中筛选掉那些缺乏有用信息的句子。这可以帮助我们快速从含有大量无信息内容的 UGC 语料中筛选出有信息的句子。

4. 抽取多样化的内容

对筛选出的有信息的句子嵌入向量进行聚类分析，并从不同的类别中随机抽样以选出一组可以表示各种各样顾客需求的句子集合。这一步的目的是识别出不同的顾客需求，从而使得整个过程较为高效，并且将遗漏难以识别顾客需求的可能性降至最低。

5. 手动提取顾客需求

由专业的分析人员对上述多样的、具备有用信息的句子进行审阅，从而识别顾客需求。这些顾客需求将在新产品开发中被用于识别新的机会。

（三）使用的数据采集和文本分析工具

对于步骤 1 中 UGC 文本数据的获取和预处理，我们可以通过一些简单实用的在线工具来实现。表 5-4 列出了这些工具的名称、网址链接、主要功能以及是否需要编程等信息。

表 5-4　数据采集和文本分析工具

工具	网址	功能	编程
八爪鱼采集器	https://www.bazhuayu.com	网站数据采集	不需要
后羿采集器	https://www.houyicaiji.com	网站数据采集	不需要
集搜客	https://www.gooseeker.com	1. 网站数据采集 2. 分词、词频统计 3. 生成词云图 4. 基于情感词典的情感分析 5. 简单的文本分类	不需要
微词云	https://www.weiciyun.com	1. 分词、词频统计 2. 生成专业或有趣的词云图	不需要
结巴分词	https://github.com/fxsjy/jieba	中文分词工具包	需要
genism	https://radimrehurek.com/gensim	1. LDA 主题建模和分析 2. 词嵌入模型训练和分析	需要

UGC 文本数据通常需要用爬虫程序从相关网站或者 App 上爬取，或者通过网站或 App 开放的应用程序接口（Application Programming Interface，API）获取。具体而言，在数据采集工作中，可以通过编写 Python 爬虫程序，或者使用八爪鱼采集器、后羿采集器、集搜客等爬虫工具从网站或 App 上爬取数据。前者的灵活性和效率比较高，但需要

有较好的编程基础，对大多数市场营销专业的本科生来说难度较大。后者不需要任何编程基础，例如八爪鱼采集器在其官网上明确说明"无需编写代码就能采集任意网站——0基础，30秒上手，1分钟拿到数据"，对市场营销专业的学生非常友好。但对某些布局比较复杂、数据动态加载，甚至有较强反爬措施的网站来说，这些易用的工具可能就无能为力了。

在对英文进行预处理时，可以通过空格非常容易地把句子进一步拆分为单词。但对中文来说，因为没有空格等这样的标识符来区分词语，并且对同一个句子的划分可能有多种含义，因此我们需要用开发人员基于算法开发好的工具包把句子拆分为单个词语。常用的专业中文分词工具包是结巴（Jieba）分词，调用它通常需要编程。现在，很多在线文本分析平台，例如集搜客和微词云等，都支持在线分词和词频统计分析等工作，使用起来简单易上手。在做完分词后，可以通过词云图来直观展示一个语料库中的高频词。微词云是一款简单实用的在线词云生成器，并且支持在线分词、词频统计、词频分析等功能。此外，集搜客除了支持类似的功能外，还支持对文本进行简单的情感分析等功能。对没有太多编程基础的市场营销专业的学生来说，可以结合八爪鱼采集器和微词云等在线文本工具，从网站上获取 UGC 文本数据并进行简单的词频统计及可视化展示。

在步骤 2 中提到的词嵌入是指把词映射到一个向量空间，即用向量来表示词。在这个空间中，意思相近的词在空间中的距离比较近，并且可以通过向量间的几何关系来表达近似词之间的关系。比较经典的例子有：

$$v（王子）-v（男人）+v（女人）\approx v（公主）$$
$$v（北京）-v（中国）+v（法国）\approx v（巴黎）$$

其中，v（王子）表示"王子"这个词在词嵌入空间中的向量表示。词嵌入方法对每个词都采用相同长度的数值向量来表示，并且通过平均一段文本中所有词相应的词向量来表示这段文本，这相当于对非结构化的词及相应的文本进行了结构化的向量表示，因此为后续的统计或机器学习模型的建模和分析提供了极大的便利。很多关于文本分析的研究和实践都用到了这个划时代的文本分析方法。另外，我们通过开源工具包 gensim 可以进行高效的词嵌入模型训练和文本表示。

随后，Hauser 教授的论文用了一个来自口腔护理产品类别的 UGC 语料库研究了 UGC 在识别顾客需求上的两个问题：一是 UGC 含有用于识别顾客需求的充足原始资料吗？二是上述五个步骤中的每一步都提高了效率吗？实证分析结果表明：①至少在口腔护理产品类别，通过分析 UGC 能识别出和专业服务提供者一样多，甚至更多的顾客需求。②机器学习方法极大提高了从 UGC 中识别顾客需求的效率。此外，这篇论文还讨论了机器学习方法在识别顾客对厨具、护肤、预制食品等产品类别上的需求的潜力。

总之，Hauser 教授的论文为我们从顾客生成的非结构化文本中高效地识别出顾客需求提供了一个系统框架，也为大规模文本数据的相关分析提供了有价值的参考。虽然在不同的商业应用场景下，这些步骤可能会略有调整，但整体思路基本不会发生特别大的变化，即获取文本等非结构化数据并进行预处理，在一个标注好的数据上训练机器学习模型，用模型结果来预测其他没有标注的数据，基于预测结果进行和商业实践相关的实证分析等。这篇论文涉及了大数据的高速度、多样性、高价值、真实性等特征，其所分析的数据从绝对量上来说可能并不满足大数据大容量特征，但依然可以给具体的商业实践带来巨大的潜在价值。从这个角度来说，大数据实践中所采用的数据不一定需要同时满足大数据的五个特征。我们期望通过对这篇论文的研读，可以让大家对文本大数据的分析流程有个初步的理解，在日后的工作实践中可以有意识地使用这一工具。对于词嵌入、卷积神经网络等较为高级的机器学习模型，读者可以寻求相关专业人士的帮助。

二、用社交媒体实时追踪品牌声誉

美国营销协会将品牌定义为"一种名称、名词、标记、符号或设计，或者这些要素的组合，其目的是借以识别某个销售者或某些销售者提供的产品或服务，并使之与竞争对手的产品和服务区别开来"。强势品牌在改善顾客对产品性能的感知、获得更高的顾客忠诚度、更不易受到竞争性营销行为的影响、更不易受到营销危机的影响、获取更大的边际利润、降低消费者对涨价的反应弹性、获得更强大的贸易合作和支持、提升营销沟通的效益、获取可能的特许经营机会等方面都具有较大的优势。无论是百年老店，还是初创企业都非常重视品牌建设。也有很多知名的咨询机构会在每年发布一次品牌排名，例如，Interbrand 的"全球最佳品牌"排名，福布斯的"全球最具价值品牌"排名，Kantar Millward Brown 的"BrandZ 全球品牌 100 强"等，但现有的这些品牌排名大多数是基于一年一次整体水平上的调查数据排出来的。在社交媒体时代，大众在品牌的讨论中发挥着越来越重要的作用，倾听网上关于品牌的讨论对品牌管理至关重要，因为相关评论信息来自关心品牌的人，并且这些评论是实时和动态更新的。社交媒体的兴起，使得实时地对品牌声誉进行测量成为可能。

（一）品牌声誉的定义

Rust 教授及其合作者将品牌声誉定义为利益相关者如何思考、感受和谈论品牌的总体印象。这个定义具有如下特点：①它涉及所有利益相关者（当前和潜在顾客、员工、合作伙伴和投资者），而不仅仅是当前或潜在顾客；②它包含思考、感觉和谈论等成分（不仅仅是关于品牌的知识）；③它能够反映真实的品牌事件（如可控的营销活动和不可控的公共事件）；④它可以和公司的财务绩效建立联系。这个定义为采用社交媒体数据创建实时品牌声誉追踪系统奠定了概念基础。

（二）开发品牌声誉追踪器

Rust 教授及合作者提出并使用了一个用于开发品牌声誉追踪器的多阶段、理论—数据迭代过程，如图 5-2 所示。下面我们对其中的每一个步骤进行介绍。

1. 理论驱动的文本挖掘

使用顾客资产框架建立三驱动品牌声誉追踪器。这使得品牌声誉结果是理论驱动的，因此是可以解释的。

2. 管理上可操作的子驱动

在管理可操作性的基础上开发品牌声誉的子驱动。这使得驱动具有管理上的相关性和可操作性。

3. 定制词典

使用实际利益相关者自己的话为子驱动生成字典。这提取了他们在对话和上下文中对品牌的想法和感受。

4. 实时品牌声誉追踪

从多个社交媒体平台中实时收集数据。这使公司能够快速响应，并允许所提方法能够跨平台应用。

5. 可利用的驱动协同作用

为三个驱动的动态性和节奏提供依据。这为驱动因素之间的内部关系以及公司如何利用三个驱动因素的协同作用提供了管理和理论见解。

6. 财务上可解释的品牌声誉

建立追踪器对公司异常收益进行解释。这使得品牌声誉及其驱动因素在财务层面是可解释的，而不仅仅是品牌声誉波动的时间序列。

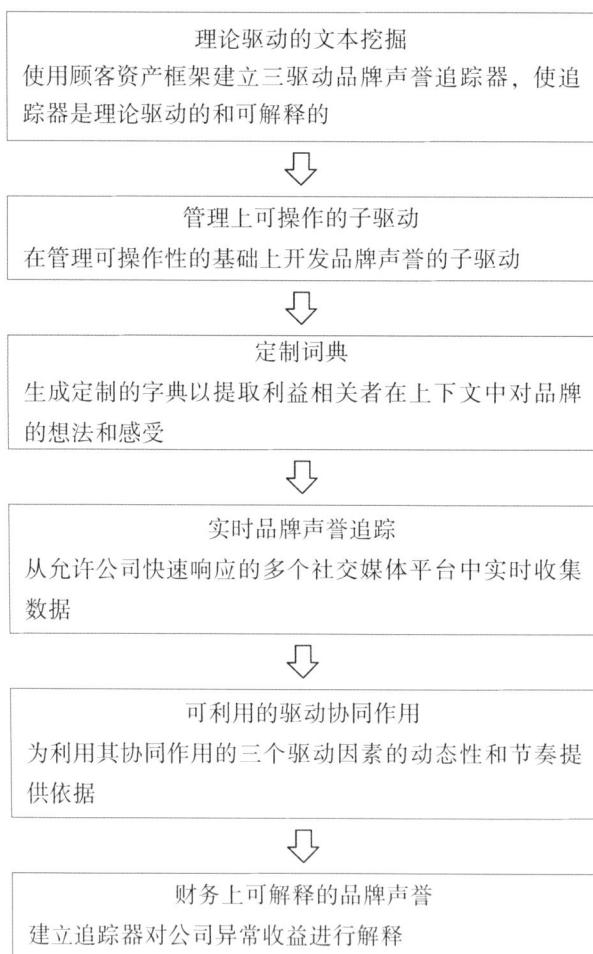

图 5-2　用于开发品牌声誉追踪器的多阶段、理论—数据迭代过程[34]

在第一步"理论驱动的文本挖掘"中，作者采用来自顾客资产（Customer Equity）框架的驱动结构来开发品牌声誉追踪器。该框架将驱动顾客生命周期价值和对公司贡献的因素提炼为三个主要驱动因素。价值资产（Value Equity）是品牌的理性和客观的方面，例如品牌质量和价格。品牌资产（Brand Equity）是顾客对品牌的主观感受，例如品牌情感和品牌形象。关系资产（Relationship Equity）是顾客与品牌之间的联系，它超越了价值资产和品牌资产，例如品牌社区建设和个人联系等。选择这个框架的考虑因素包括：首先，这个框架的概念吸引力已经在学术界得到了很好的认可；其次，在随后的许多研究中，这三个顾客资产驱动因素已在概念和实证上得到了非常广泛的验证；再次，该框架是为了映射战略支出而设计的，因此具有很高的管理可操作性；最后，价值驱动和品牌驱动共同捕捉了品牌声誉的想法和感受这两个方面。

（三）社交媒体选择

许多不同的社交媒体平台被用于讨论品牌声誉，例如中国的微博、微信，美国的 X（曾用名为 Twitter）、Meta 等。为了在社交媒体上构建关于品牌情感的动态追踪器，作者出于以下考虑选择了 X：

第一，大多数 X 账户是公开的，这意味着 X 上的对话内容可能在一定程度上影响公众对品牌的看法，而许多其他社交媒体平台（例如 Meta）默认为私人通信。第二，大多数品牌在 X 上都比较活跃，这意味着品牌对话会不断更新并被公众访问。第三，X 提供了一个公开可用的应用程序接口，可以识别有关品牌的对话，例如，使用用户名 "@Apple" 而不是 "Apple" 来识别有关品牌的对话，以确保准确。其中，API 是 X 公司提供的，可以方便第三方开发人员快速合法地获取 X 上的数据，可以避免用 Python 等爬虫程序直接爬取 X 网页时的低效和潜在违规行为。在第七章中我们会介绍如何调用旷视科技和百度等公司开放的 API 接口，以应用他们提供的人工智能产品。

Rust 教授的论文总结了三个品牌声誉驱动因素的 11 个子驱动因素，包括它们的概念描述以及在数据收集中使用的最终积极和消极字典。具体而言，这三个驱动因素分别是价值驱动因素（价格、服务质量和商品质量）、品牌驱动因素（酷、令人兴奋、创新和社会责任）和关系驱动因素（社区、友好、人际关系、值得信赖）。而下属的 11 个子驱动因素及其字典是通过多轮数据收集和评估后在理论上推导而来的，并且是经过实证验证的。它们很好地捕捉了社交媒体语言和技术，同时保留了顾客资产框架中列出的三个品牌声誉驱动因素的概念本质。

为了回答"我们如何才能实时了解利益相关者对品牌的看法和感受？"这一问题，品牌声誉测量必须能够捕捉利益相关者的声音，而不仅仅是评价品牌属性；实时反映重要的品牌事件，并与品牌对公司的财务价值建立联系。该研究基于 Rust-Zeithaml-Lemon 的"价值—品牌—关系"框架，通过挖掘全球百强品牌的 X 评论，开发了一个新的基于社交媒体的品牌声誉追踪系统。一个涵盖 2016 年 7 月 1 日至 2018 年 12 月 31 日共 130 周的 X 评论数据的实证研究表明，品牌声誉可以被实时和纵向监控，可以通过利用驱动因素之间的互惠和良性关系进行管理，并可以与公司的财务绩效建立联系。

该研究对管理者的启示包括：①管理品牌价值互惠。公司可以管理品牌与价值驱动因素之间的互惠关系。如果能够识别公司在哪个驱动因素上具有比较优势，公司可以首先有选择地管理这个驱动因素，然后让效果传递给另一个驱动因素。②管理"品牌—关系—价值"的良性循环。企业可以管理三个驱动因素之间的良性循环，例如从品牌驱动到关系驱动，从关系驱动到价值驱动，再从价值驱动回到品牌驱动。③根据驱动因素对财务回报的时间影响来管理品牌。该研究发现这三个驱动因素往往以不同的速度影响公司的财务回报：品牌驱动因素具有实时影响，价值驱动因素需要一周时间，关系驱动因素需要两周时间才能发挥作用。

从 Hauser 教授和 Rust 教授的研究中我们可以看到，基于文本大数据的实时更新（高速度）特征，企业可以持续快速更新对顾客需求的理解和对品牌声誉的追踪，从而可以让企业快速调整自己的产品或服务，以满足顾客需求，或者实时更新品牌策略，以更好地管理自己的品牌。这两个研究都充分展现了大数据高速度特征的优势。此外，Hauser 教授的研究也表明了基于文本大数据和机器学习方法可以以较低的成本获得至少和专业人士相同的对顾客需求的深刻洞察。Rust 教授的研究还表明，基于实时文本大数据的品牌声誉度量，可以和公司绩效建立联系，直接有力地展示了大数据的商业价值。

第五节　网页文本数据采集和分析实战

在本节中，我们首先介绍如何使用八爪鱼采集器进行网页文本数据的采集，然后介绍如何使用集搜客进行词频统计和词云图绘制，最后介绍词频分析在营销实践中的作用。

一、八爪鱼采集器

八爪鱼采集器①是深圳数阔信息技术有限公司精心打造的一款"无需编写代码就能采集任意网站的网页数据采集器"，已连续 6 年蝉联国内互联网数据采集软件榜单第一名。八爪鱼采集器官方网站上声称"0 基础，30 秒上手，1 分钟拿到数据"，并且针对各种较为复杂的网页数据采集任务提供了丰富详细的图文和视频教程，这对没有编程基础的同学来说非常友好。八爪鱼采集器提供了两种数据采集模式：模板采集和自定义配置采集。使用模板采集数据时，只需选择采集模板并输入几个参数（网址、关键词、页数等），就能在几分钟内快速获取到目标网站数据。其中采集模板是由八爪鱼采集器官方提供的、事先做好的采集模板。截至 2022 年 7 月，八爪鱼采集器官方提供的采集模板有 200 多个，基本涵盖主流网站的采集场景，例如天猫、淘宝、京东等电商平台；大众点评、美团等本地生活平台；携程、马蜂窝等出行旅游平台；B 站等视频平台；微博等社交媒体平台等。

模板采集模式的优点是操作非常简单，易于上手，但缺点是不能采集模板中没有定义的但自己又感兴趣的数据，因而缺乏灵活性。自定义配置模式下采集数据的方法稍微复杂一些，八爪鱼采集器网站通过 8 个小节详细介绍了使用八爪鱼采集器自定义配置模

---

① 八爪鱼采集器.八爪鱼采集器,百万用户的选择[EB/OL].[2023-09-15].https://www.bazhuayu.com.

式的数据采集流程，以及进行网页数据采集的基础知识。完成这 8 小节大概需要 30~60 分钟，学完后能够轻松采集到大概 90% 的网页数据，其余 10% 的网页可能有比较强的反爬措施，需要通过专业编程进行爬取。

使用八爪鱼采集器进行网页数据采集的基本步骤包括：①下载和自己电脑操作系统（Windows 或 Mac）适配的客户端软件；②注册账号；③使用模板采集数据或自定义配置采集数据。其中①和②只有在首次使用时才需要，在随后的数据采集中只用根据自己的采集需求灵活在③中提到的两种数据采集模式之间切换即可。详细的介绍和操作说明可以参考八爪鱼采集器官方网络提供的图文教程或视频教程。[①]

二、集搜客

集搜客（GooSeeker）[②] 是深圳市天据信息技术有限公司精心开发的一款集网页信息抓取和文本内容分析于一体的工具。它能够抓取网页文字、图表、超链接等多种网页元素，致力于提供一套便捷易用的软件和大数据解决方案。目前广泛应用于金融、保险、电信运营、电信设备制造、电子制造、零售、电商、旅游、教育等行业。集搜客的优点在于不仅能抓取网页数据，还支持手机网站数据、指数图表上悬浮显示数据等数据的获取，但也存在无法多线程采集数据、出现浏览器卡顿的缺点。

在本章中我们将用其分词工具对爬取的文本数据进行分词和词频统计并绘制词云图，展示如何快速从非结构化的文本数据中挖掘出直观的信息。下面，基于案例我们将分别介绍如何通过模板或自定义配置模式采集自己需要的数据。

【链接案例 5-4】深圳大学微博超话

在本案例中，我们主要想了解大家在深圳大学微博超话[③]上都说了什么，经常提及哪些话题或关键词。我们通过八爪鱼采集器的热门采集模板"微博网页"下的"微博超话"模板，在 2022 年 7 月 26 日下午 6 点左右爬取了 989 条微博超话文本数据。基于集搜客网站"产品"目录下的"分词工具"，我们对这 989 条微博超话文本进行了分词统计并绘制了词云图（见图 5-3）。从词云图上我们可以看出，"学长"被提及的频率最高，并且"新生"被提及的频率也比较高。注意到 2022 年广东高考提前批录取时间为 7 月 8 日至 16 日，本科批录取时间为 7 月 14 日至 29 日。因此，从词云图上我们可以得知，很多刚获得录取结果的新生在深圳大学微博超话上向学长咨询问题。此外，大家对考研、专业等话题提及的也比较多。

① 八爪鱼采集器.帮助中心[EB/OL].[2023-09-15].https://www.bazhuayu.com/tutorialIndex8.
② 集搜客.集搜客 Goo Seeker 网页抓取和内容分析[EB/OL].[2023-09-15].https://www.gooseeker.com.
③ 深圳大学微博超话: https://m.weibo.cn/p/index?containerid=1008082d8094422473dc526f041deb05459ebb&luicode=10000011&lfid=100103type%3D1%26q%3D 深圳大学.

图 5-3　深圳大学微博超话文本词云图

【链接案例 5-5】 京东评论

在本案例中，我们主要想了解大家在京东上对《Python 编程快速上手：让繁琐工作自动化（第 2 版）》① 这本书的评价。我们通过八爪鱼采集器的热门采集模板"京东"下的"京东评论"模板，在 2022 年 7 月 26 日下午 8 点左右爬取了 600 条读者的评论文本。从词云图（见图 5-4）中我们可以看出，被提及频率最高的词是"不错"，并且"好评"和"推荐"被提及的频率也比较高，这表明大家对这本书的评价非常积极。如果大家想入门 Python，可以考虑从"学习"这本书开始。

图 5-4　京东评论文本词云图

---

① 该书的京东链接：https://item.jd.com/13131482.html。

虽然我们可以通过八爪鱼采集器官方提供的模板快速便捷地采集网页文本数据，但该方法存在如下缺陷：①只能采集模板给定字段的信息，灵活性比较差；②稳定性不佳，采集过程经常被中断，需要经过多次尝试才能采集到一定数量的数据。例如，我们分别经过几次尝试才采集到了 989 条深圳大学微博超话文本和 600 条京东评论文本。如果要采集模板给定字段之外的数据信息，就需要使用八爪鱼采集器自定义配置的方法，这要求对网站前端语言有基本的了解。对于采集数据量较大的情况，我们推荐使用基于 Python 编程语言编写的爬虫程序进行采集。

这一小节中的两个案例比较简单，仅仅是向大家简要介绍如何使用八爪鱼进行简单的数据采集和文本分析，激发大家对网页文本数据分析的兴趣。虽然在这两个案例中我们只用了词云图这一简单的可视化方法来呈现文本数据信息，但从上面的两个案例中我们可以发现，词云图可以帮助我们快速获取大家提及频率最高的话题和关键词。对高级文本分析感兴趣的读者，可以参考基于 Python 语言或 R 语言的专业的文本分析书籍，例如 *Natural Language Processing with Python：Analyzing Text with the Natural Language Toolkit*、《文本挖掘：基于 R 语言的整洁工具》等。

【章末案例】
共享民宿

随着网络技术的发展和共享理念的兴起，共享经济（Sharing Economy）在近些年发展迅猛，并深入人们的日常生活中。共享单车打通出行的"最后一公里"，共享充电宝让出门在外的人们免于电量焦虑，拼车、顺风车降低了人们的出行成本，Airbnb 等共享住宿盘活了闲置的房屋资产，并给外出旅游度假的人们以家的住宿体验……2022 年 2 月，国家信息中心发布的《中国共享经济发展报告（2022）》显示，2021 年中国共享经济市场交易规模约 36 881 亿元，同比增长约 9.2%，增速较上年明显提升，并继续呈现出巨大的发展韧性和潜力。① 其中，共享住宿收入占全国住宿业客房收入的比重约为 5.9%。在共享住宿领域，Airbnb（爱彼迎）无疑是行业的佼佼者。据 Airbnb 发布的 2022 年第二季度财报显示②，2022 年第二季度，Airbnb 住宿和体验预订量一举突破 1.03 亿，创下单季历史新高，同时创造营收 21 亿美元，同比猛增 58%；2022 年第二季度成为 Airbnb 史上最强盈利第二季度，净利润达到 3.79 亿美元，与 2019 年同期相比增幅近 7 亿美元，成功扭亏为盈。行业专家和学者对 Airbnb 也特别感兴趣，因为它试图为不同地区的房主和旅行者创造经济利益。

了解哪些因素会影响 Airbnb 房屋的预订量对房东来说是非常重要的。一些研究者利用 Airbnb 的数据研究了各种各样的因素对房屋预订量的影响，具体包括标题的长度、标

---

① 国家信息中心. 中国共享经济发展报告（2022）［EB/OL］.（2022-02-22）［2023-09-15］. http://www. sic. gov. cn/News/557/11278. htm.

② Airbnb 爱彼迎发布 2022 年第二季度财报：史上最强第二季度，实现规模化增长和盈利［EB/OL］.（2022-08-02）［2023-09-15］. https://news.airbnb.com/zh/airbnb 爱彼迎发布 2022 年第二季度财报：史上最强第二季度/.

题情感倾向、房子图片的吸引力、是否超赞房东、入驻时长、回应咨询的时间、回应率、位置、每晚价格、房间类型、床的类型、容纳租客的数量、设施、取消预订的规则、整洁度、房东与租客之间的沟通、评分、总评论数、评论的情感倾向等[①]。在本章案例中，我们基于 Sengupta 等于 2021 年发表在 *Journal of Business Research* 上的论文"Examining the predictors of successful Airbnb bookings with Hurdle models: Evidence from Europe, Australia, USA and Asia-Pacific cities"来展开。选择 Airbnb 平台和这篇文章主要基于以下考虑：①Inside Airbnb 网站（http://insideairbnb.com）上提供了全球各地主要城市在 Airbnb 平台上共享的房屋数据，可以直接下载分析；②Sengupta 等（2021）这篇文章用的数据就是下载该网站的，从发表时间看，这篇文章也比较新。Inside Airbnb 是一个以使命为导向的项目，提供有关 Airbnb 对住宅社区影响的数据和宣传。网站上的数据来自 Airbnb 网站的公开信息，这些数据已经被初步分析、清理和汇总，以便促进公众继续讨论。由于 Airbnb 自 2022 年 7 月 30 日起暂停支持中国内地游房源、体验及相关预订，因此我们选择中国香港来展示 Airbnb 上的数据。

在 Inside Airbnb 网站的 Data—>Get the Data 下拉菜单中，可以找到"Hong Kong, China"，在其下方可以下载中国香港所有在 Airbnb 上共享的房屋数据，包括详细的房屋清单数据（listings. csv. gz）、详细的日历数据（calendar. csv. gz），以及详细的租客评论数据（reviews. csv. gz）等。参考 Sengupta 等（2021）的做法，我们可以从详细的民宿清单数据中提取对订单量有影响的自变量，例如①房屋描述的长度、积极情感倾向、消极情感倾向等；②是否超赞房东、是否有头像、回应咨询的时间等；③每晚价格；④顾客评论等，更多的变量和更详细的描述请见 Sengupta 等（2021）中的表 3。房东和研究者都感兴趣的因变量是房屋的预订量，但遗憾的是，Inside Airbnb 网站并没有直接提供房屋的预订量信息。借鉴相关文献的做法，我们可以用顾客评论数来作为预订量的一个代理变量。Sengupta 等（2021）的实证分析发现，是否超赞房东、回应咨询的时间和房东与租客之间的沟通成为重要的预测因素，与地理位置无关。

案例讨论：对于中国香港的数据，我们前面提到的哪些自变量和房屋预订量显著正相关，哪些显著负相关？在 Sengupta 等（2021）的基础上，你能基于下载的数据提取出一些新的有趣的自变量吗？通过这个案例你学到了什么，对你有什么启发？

思考题

1. 大数据的 5V 特征是什么？你认为其中哪些特征对营销研究或实践的价值比较大，

---

① SENGUPTA P, BISWAS B, KUMAR A, et al. Examining the predictors of successful Airbnb bookings with Hurdle models: evidence from Europe, Australia, USA and Asia-Pacific cities[J]. Journal of business research, 2021(137): 538–554.

为什么？在今天我们所处的时代，除了本书中讲授的大数据的 5V 特征，你觉得还有哪些特征？

2. 在你经常接触的网站或者 App 中，你觉得哪些文本、图像、视频等非结构化数据比较有趣，为什么？你能想到一些有趣的研究问题吗？对这些问题进行研究会给谁带来好处，消费者、公司还是第三方？

3. 对于微博或微信上的文本数据，你觉得可以做哪些方面的营销研究？

4. 在 Hauser 教授或 Rust 教授的研究中，有哪些知识点让你印象深刻，为什么？这对你将来从事相关的营销实践有什么启发和帮助？

5. 请对某个自己感兴趣的网页文本数据，用表 5-4 中给出的数据采集工具和词云图生成工具进行数据采集和可视化展示。你在词云图中发现了哪些有趣的东西？

参考文献

［1］贾建民，杨扬，钟宇豪. 大数据营销的"时空关"［J］. 营销科学学报，2021，1（1）：97-113.

［2］国务院. 国务院关于印发促进大数据发展行动纲要的通知［EB/OL］.（2015-08-31）［2023-09-15］. http://www.gov.cn/zhengce/content/2015-09/05/content_ 10137.htm.

［3］冯芷艳，郭迅华，曾大军，等. 大数据背景下商务管理研究若干前沿课题［J］. 管理科学学报，2013（1）：1-9.

［4］徐宗本，冯芷艳，郭迅华，等. 大数据驱动的管理与决策前沿课题［J］. 管理世界，2014（11）：158-163.

［5］杨善林，周开乐. 大数据中的管理问题：基于大数据的资源观［J］. 管理科学学报，2015，18（5）：1-8.

［6］CHINTAGUNTA P, HANSSENS D M, HAUSER J R. Marketing science and big data ［J］. Marketing science, 2016, 35(3): 341-342.

［7］BRADLOW E T, GANGWAR M, KOPALLE P, et al. The role of big data and predictive analytics in retailing［J］. Journal of retailing, 2017, 93(1): 79-95.

［8］CHEN H, CHIANG R H L, STOREY V C. Business intelligence and analytics: from big data to big impact［J］. MIS quarterly, 2012, 36(4): 1165-1188.

［9］CHEN M, MAO S W, LIU Y H. Big data: a survey［J］. Mobile networks and applications, 2014, 19(2): 171-209.

［10］WAMBA S F, AKTER S, EDWARDS A, et al. How "big data" can make big impact: findings from a systematic review and a longitudinal case study［J］. International journal of production economics, 2015, 165: 234-246.

［11］贾建民，耿维，徐戈，等. 大数据行为研究趋势：一个"时空关"的视角［J］. 管理世界，2020，36（2）：106-116，221.

［12］沈艳，陈赟，黄卓.文本大数据分析在经济学和金融学中的应用：一个文献综述［J］.经济学（季刊），2019，18（4）：1153-1186.

［13］黄萃，吕立远.文本分析方法在公共管理与公共政策研究中的应用［J］.公共管理评论，2020（4）：156-175.

［14］DIEBOLD F X.On the Origin（s）and Development of the Term"Big Data"[EB/OL].（2012-09-26)[2023-09-15].https：//papers.ssrn.com/sol3/papers.cfm?abstract_id=2152421.

［15］JACOBS A. The pathologies of big data[J].Communications of the association for computing machinery, 2009, 52(8):36-44.

［16］MANYIKA J, CHUI M, BROWN B, et al.Big data: the next frontier for innovation, competition, and productivity[J].McKinsey global institute, 2011:1-156.

［17］ROUSE M. Big data [EB/OL].（2022-01-01）[2023-09-15]. http://searchcloudcomputing.techtarget.com/definition /big-data-Big-Data.

［18］WHITE M. Digital workplaces: vision and reality[J].Business information review, 2012,29(4):205-214.

［19］MCAFEE A, BRYNJOLFSSON E, DAVENPORT T H, et al.Big data: the management revolution[J].Harvard business review, 2012, 90(10):60-68.

［20］GANTZ J, REINSEL D.The digital universe in 2020: Big data, bigger digital shadows, and biggest growth in the far east[R].IDC iview: IDC analyze the future, 2012:1-16.

［21］LU S, KIM H J, ZHOU Y, et al.Audio and visual analytics in marketing and artificial empathy[J].Foundations and trends in marketing, 2022, 16(4):422-493.

［22］BALDUCCI B, MARINOVA D. Unstructured data in marketing[J].Journal of the academy of marketing science, 2018, 46(4):557-590.

［23］GREWAL R, GUPTA S, HAMILTON R.Marketing insights from multimedia data: text, image, audio, and video[J].Journal of marketing research, 2021, 58(6):1025-1033.

［24］不会数据分析技能的你，正在失去竞争力［EB/OL］.（2018-10-22）[2023-09-15]. https://cloud.tencent.com/developer/article/1356298.

［25］张叶青，陆瑶，李乐芸.大数据应用对中国企业市场价值的影响——来自中国上市公司年报文本分析的证据［J］.经济研究.2021，56（12）：42-59.

［26］BERGER J, HUMPHREYS A, LUDWIG S, et al.Uniting the tribes: using text for marketing insight[J].Journal of marketing, 2020, 84(1):1-25.

［27］PACKARD G, BERGER J.How language shapes word of mouth's impact[J].Journal of marketing research, 2017, 54(4):572-588.

［28］CAO Y, GUAN F, LI Z, et al.Analysts' beauty and performance[J].Management science, 2020, 66(9):4315-4335.

［29］VERNON R J W, SUTHERLAND C A M, YOUNG A W, et al.Modeling first impressions from highly variable facial images[J].Proceedings of the national academy of sciences, 2014, 111(32): E3353-E3361.

［30］ TODOROV A, MANDISODZA A N, GOREN A, et al.Inferences of competence from faces predict election outcomes[J] .Science, 2005, 308(5728): 1623-1626.

［31］ TELLIS G J, MACINNIS D J, TIRUNILLAI S, et al.What drives virality (sharing) of online digital content? the critical role of information, emotion, and brand prominence[J] .Journal of marketing, 2019, 83(4): 1-20.

［32］ HALLGREN K A.Computing inter-rater reliability for observational data: an overview and tutorial[J] .Tutorials in quantitative methods for psychology, 2012, 8(1): 23-34.

［33］ TIMOSHENKO A, HAUSER J R.Identifying customer needs from user-generated content[J] .Marketing science, 2019, 38(1): 1-20.

［34］ RUST R T, RAND W, HUANG M H, et al.Real-time brand reputation tracking using social media[J] .Journal of marketing, 2021, 85(4): 21-43.

第六章　心理学和神经科学赋能市场与产品

　　"人"是管理学研究与应用的核心，而心理学是一门研究人类心理活动过程及相关精神活动与行为的学科，由此可见，营销科学与心理学有着紧密的联系，营销的应用与研究都离不开对"人（消费者）"心理因素的考量与设计。并且当代心理学也已经与脑科学紧密地融合在一起，早已不是弗洛伊德式的精神分析和主观臆测，而是以神经影像（Neuroimaging）技术为工具，试图精确测量和预测人类内心世界的心理学。在过去的 20 年间，探索人类大脑活动的非侵入式神经科学技术，尤其是神经影像技术飞速发展，在生物学、医学和心理学等领域都得到了广泛的应用，由此也催生出了多个学科交叉的研究领域，例如将神经科学与行为经济学相结合的神经经济学、融合认知心理学与神经科学两个学科的认知神经科学。近年来，神经影像技术逐渐渗透管理学、营销学的研究领域，深刻地影响着管理和营销领域的研究进程。传统的营销学研究往往把消费者的内心比喻为"黑箱子"[1-2]，认为人们无法准确地知道消费者脑中真实的想法，而且传统的营销学测量方法（如自我报告、问卷法等）的精确性也受到了质疑，由此神经营销学应运而生[1,3]。

　　结合一系列前沿的神经影像技术，如脑电图（EEG）、事件相关电位（ERP）、功能性核磁共振（fMRI）、近红外脑功能成像（fNIRS）等，神经营销学的研究可以打开消费者大脑这个"黑箱子"，通过探测消费者在消费过程中的大脑活动，例如对商品信息的加工过程、消费过程中的情绪状态等，来解释消费者的行为动机并预测消费者未来的消费行为。另外，在实践应用中，神经营销学不仅可以帮助企业在产品开发阶段根据消费者需求设计产品，提升产品体验，还可以在产品完成之后，帮助企业围绕消费者的偏好设计更加个性化的广告方案，以提升销售额和消费者的购买体验。[1,4-6]

第一节　心理学家、营销天才华生和行为主义心理学

　　1920 年，约翰·华生因为一桩桃色丑闻而丢了工作，虽然那时候他已经是约翰·霍普金斯大学的教授，并且是学术界一位冉冉升起的明星。约翰·霍普金斯大学把他解雇之后，华生的学术生涯戛然而止。不过，华生很快就在另外一个圈子找到了工作，这就是智威汤逊广告公司。华生在广告公司谋得了心理学顾问的职位，他具有极强的自信心，并对自己的观点坚定不移，他的演讲也极具煽动性，他在社交场合显得十分平易近人，善于与各种各样的人打交道，有着极强的亲和力。此后华生在商界如鱼得水，后来的事实也证明，华生是一位天才的营销人，这在他从事心理学研究的时候就体现出来了。华

生在学术界的成功也同样得益于他出色的能力和品质，他热衷于从事心理学研究与实验。比如在经典的老鼠迷宫实验中，他教老鼠走迷宫，分别蒙上老鼠的眼睛，破坏老鼠的味觉、嗅觉，去观察老鼠的行为。通过一系列研究，华生在心理学界发动了一场革命性的运动，他提出了基于行为研究的心理学流派——行为主义，这对此后的心理学、生理学乃至神经科学都产生了极大的影响，在 20 世纪 20 年代之后的几十年间，行为主义一直是美国心理学研究的主流。

行为主义之所以能够一度成为心理学的主流学派，是因为它宣称自己是最早的真正科学的心理学——通过量化的、可测量的、可观察到的指标来构建心理学中的理论，并且希望这些指标可以推论到包括人类在内的多个物种身上。在这之前，心理学坚持的一直是哲学思辨，或者依赖于不可验证的内省推测，而不是科学实验。例如弗洛伊德开创的精神分析学，因为其理论难以验证，即使弗洛伊德为心理学研究做出了卓越的贡献，被视为一个伟大心理学家和学派领袖，但仍然遭到了不少人的质疑，被当成一个故弄玄虚的骗子。

伯尔赫斯·弗雷德里克·斯金纳是华生的后继者，也是新行为主义的奠基人，他和华生一样，也是一位极为出色的煽动家和广告人。他曾经多次出现在电视上，并且发表了一些出格的言论，有意思的是，他的言论往往极具争议，而且触犯众怒，却进一步让他收到了电视台和媒体的邀请。

斯金纳在少年时代就有动手制作复杂小玩意的爱好，这为他之后的行为主义研究奠定了良好的基础，他学术研究中许多用于动物实验的装置都是他自己发明制造出来的。斯金纳最负盛名的发明——"斯金纳箱"（Skinner Box），对后来的心理学、认知科学，乃至管理学和营销学研究都产生了极大的影响。

斯金纳箱的基本结构是由放置动物（一般是老鼠或者猴子）的笼子以及笼内或者笼外设置的实验装置组成。例如，笼外可能会有放置食物的装置，通过一根压杆，联结笼内的老鼠，老鼠可以用自己的爪子按住压杆，使外面的食物掉落到笼内来得到食物。反复进行这样的操作，老鼠就会形成压杆取食的条件反射。虽然这只是斯金纳箱最简单的范式，但是斯金纳本人和后来无数的研究者，通过对斯金纳箱的改进，使得实验箱可以模仿现实世界中种种不同的刺激环境，来研究各种不同的行为，例如：奖赏本身如何强化动物的行为？奖赏中伴随着其他的惩罚会如何影响动物的行为？动物是如何对环境进行适应和学习的？

斯金纳的另一个重要的贡献就是发现"操作性条件反射"。斯金纳发现并命名的操作性条件反射和巴甫洛夫的经典条件反射不同：操作性条件反射与动物或者人行为背后的自发动机有关，更多是一种基于动机的自愿行为；而经典条件反射，更多是一种被动的生理行为反应。斯金纳认为，人类或者动物为达到某种目的所采取的行为，都可以通过外界环境的刺激进行操纵和控制。该理论之后也在很大程度上影响了商业营销推广活动，类似实验者可以通过设置一些奖励刺激物或者惩罚刺激物影响甚至控制动物的行为及其结果，企业在策划营销活动时也可以通过设计一些奖励或惩罚机制，影响消费者对产品或服务的态度与行为。

第二节　奖赏中枢的发现：一个划时代的神经科学实验

由约翰·华生等人开创的行为主义学派几乎统治了心理学研究 40 多年，在此期间也产生了很多伟大的心理学家，以及影响深远的理论，这些心理学家的理论时至今日仍然影响着心理学之外的很多学术和工业领域。然而，行为主义学者仅仅是观察、测量人或者动物的外部行为，而往往忽略或者拒绝对人类大脑、意识进行任何探索，只是把人类大脑视为一个无法理解的"黑箱子"，认为了解和记录行为本身就足够了。

随着科学技术的进步，生物学、医学和神经影像学仪器的发展，行为主义者的观点越来越不合时宜，也难以跟上时代的发展了，而这仍然要从一个划时代的实验说起。20 世纪 60 年代，年轻的生物学家皮特·米勒开始进行关于老鼠大脑刺激的实验，他在老鼠得到食物的时候，对老鼠的脑部进行电刺激，希望能将老鼠的选择和电击联系起来，比如给老鼠实施电击之后，它们会沿着特定的路径取食。然而实验的过程并不顺利，刺激引发了老鼠负性的感觉，老鼠并没有沿着刺激引导的路径取食，而是选择了避开那条路径，这并不像米勒期待的那样——将刺激与奖赏联系起来。

而在那个时候，米勒遇见了詹姆斯·奥兹，一位年轻的心理学家。詹姆斯·奥兹对于大脑研究十分感兴趣，于是不久之后，米勒和奥兹两人就产生了共同的研究兴趣并进行了深入的合作。詹姆斯·奥兹有着出色的学习能力，很快就掌握了实验所需的生理学和大脑解剖学等知识以及必要的手术技能，开始沿着皮特·米勒的电生理实验方向继续开展实验。詹姆斯·奥兹给老鼠的大脑植入电极，并且对植入电极的材料和方法都进行了改进。在不断改进和修正实验的过程中，一只老鼠的行为引起了他的注意，当刺激发生的时候，老鼠会向前跑，并且不断地用鼻子搜索着什么，而当电击消失的时候，老鼠就恢复了正常，这与米勒之前失败的实验的结果是相反的。詹姆斯·奥兹想要弄明白，到底是什么导致了老鼠如此的行为。

詹姆斯·奥兹和皮特·米勒设计了新的实验，与之前的实验不同，以前的实验是让实验者来控制电刺激，而在新实验中，两位科学家设计出让老鼠自己控制电刺激的实验范式：通过一个杠杆，让老鼠自主按压杠杆引发其脑内电刺激的发生，而不是通过外部的干预。如果老鼠主动寻求脑刺激，那么实验者就可以得出结论，该刺激可以激发老鼠正性的、与奖赏有关的区域。新实验的结果是惊人的，老鼠会不断地按压杠杆主动寻求刺激，即使在隔绝了杠杆与老鼠的联系时，老鼠仍然在不断地寻找。

然而，此时两位科学家遇到了一个棘手的问题。在他们的实验中仅有一只老鼠有上述的行为，他们无法在其他老鼠身上重复这个行为模式。又经过了多次失败的尝试，米勒开始意识到，可能是电极放错了位置［原本的实验是将电极植入老鼠大脑的网状结构（Reticular Formation）］。由于当时的实验室条件有限，虽然解剖老鼠就能确认电极放置的位置，但是奥兹不想牺牲自己唯一表现良好的老鼠。不过，幸运的是，其他的实验室决定用 X 射线扫描老鼠的大脑。扫描的结果让奥兹和米勒发现，放置电极的位置离大脑的网状结构有几毫米的距离，与丘脑相接触。

终于发现问题所在的两人欣喜若狂，如释重负，他们的设想是没错的。有时候科学就是如此迷人，在巧合与错误中锲而不舍地探索，最终发现普遍的规律。经过了前面错误的尝试，并对实验范式进行精心的设计，在接下来的几年里，两人又继续设计了一系列后续的实验。最终通过不懈的努力，奥兹找到了精确的、可以引发老鼠寻求行为的大脑位置——"快乐中心"，一个离丘脑很近的大脑区域。今天学术界把它命名为中脑腹侧被盖区（Ventral Tegmental Area），这个区域连接着人类大脑的伏隔核（Nucleus Accumbens），组成大脑的奖赏通路。虽然奥兹把这个区域命名为"快乐中心"，但是今天的科学家则把它命名为"奖赏中枢"。通过将电极植入大脑的不同部位，老鼠会表现出不同的行为。奥兹发现有一些区域会使老鼠产生回避的行为，而有一些区域则可以让老鼠不断地去按压杠杆给予自我刺激，甚至还有的会刺激老鼠在一个小时内按压 7 000 次杠杆，直到它精疲力竭。如果老鼠处于饥饿的状态，这种自我刺激会更加剧烈，甚至是十分有害的。

如果老鼠能够刺激大脑的某个区域，从而产生这样的自我刺激寻求行为，那么人类呢？人类是否也有这样的奖赏中枢呢？答案是肯定的，但是人类的奖赏中枢和老鼠的奖赏中枢，在解剖学上并不完全一样，因为啮齿类大脑和灵长类大脑在进化上有着明显的不同。而且刺激人类的奖赏中枢也不一定会产生和老鼠一样的行为，因为人类有着更复杂的个体差异和自我调节、自我控制机制。此外，人类寻求自我刺激的行为，也不仅仅限于电击或者食物。人类可能会陷入和老鼠类似的行为——不断地按压杠杆，寻找更大的刺激，直到精疲力竭，这可能是我们所熟悉的。除此之外，还有一些成瘾行为，无论是药物成瘾、酒精成瘾、毒品成瘾，还是游戏成瘾以及成瘾性消费，这些行为背后的心理学和生物学机制都是相似的，这种机制也很快地被营销学家挖掘并在商业实践中得到应用。

第三节　神经营销：营销与认知神经科学的融合

随着生物学和神经科学的迅猛发展，行为主义统治的心理学研究也迎来了新的革命，行为主义者的传统看法——无需关注大脑这个"黑箱子"的观点也逐步被推翻。到 20 世纪 70 年代末，认知心理学席卷了心理学研究领域，大部分研究者都相信这是一场伟大的革命。同时，很多神经科学家开始加入人的心理与行为的研究，通过神经科学的手段研究人的行为。很快，这些人意识到，他们的研究远远超出了大脑生物学研究的范畴，其研究的目标是"人"，所以应该叫作"认知神经科学"。而将心理学和神经科学结合起来，并引发了新的革命的主要"功臣"，是一套全新的科技工具——大脑扫描仪器。例如功能核磁共振扫描仪、脑电图（EEG）机、眼动仪等，这些扫描仪器应用了神经影像技术，对思考与工作中的大脑进行扫描，并通过实时的影像还原大脑运行的过程，用更加客观的生理学数据记录大脑在行为过程中产生的变化。认知神经科学和神经影像技术的极大发展，也让管理学的研究者，特别是营销学的研究者注意到了这门科学对企业、市场研究与管理具有巨大的潜在价值。例如，功能核磁共振成像可以广泛应用于企业的产品开发、制造与促销全流程，在产品的概念提出、设计开发、测试以及发布后的广告促销等环节发挥重要的作用（见图6-1）。

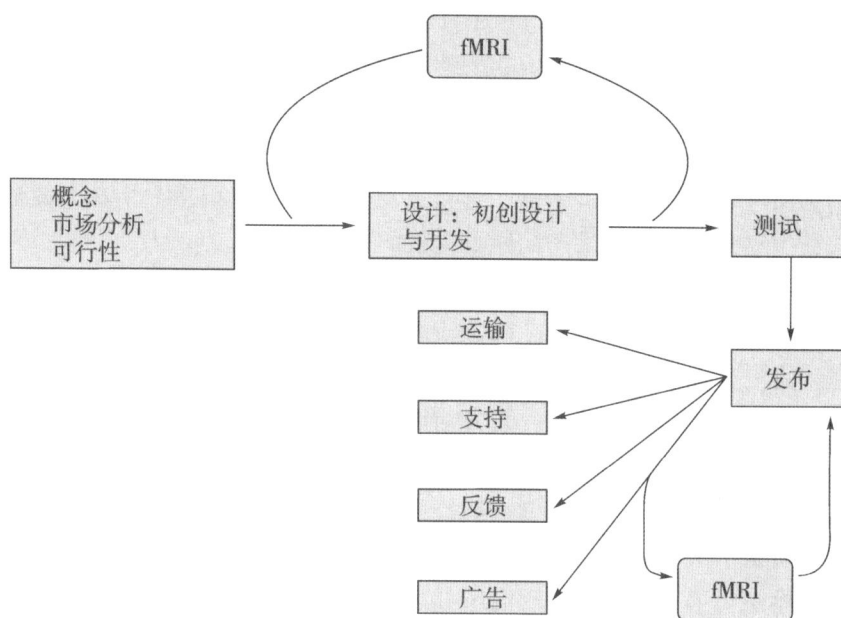

图6-1　神经营销框架[3]

在过去的20年间，探索人类大脑活动的非侵入式神经科学技术，尤其是神经影像技术飞速发展，目前在生物学、医学和心理学等领域得到了广泛的应用，由此也催生了多个学科交叉的研究领域，例如，将神经科学与行为经济学相结合的神经经济学，融合认知心理学与神经科学两个学科的认知神经科学，等等。近年来，神经影像技术也逐渐渗透到营销学领域。

传统的营销学研究往往把消费者的内心比喻为"黑箱子"[1-2]，表明人们无法准确地知道消费者脑中真实的想法。苹果公司创始人史蒂夫·乔布斯曾经说过："有些人说：'消费者想要什么就给他们什么。'但那不是我的方式。我们的责任是提前一步搞清楚他们将来想要什么。我记得亨利·福特曾说过，如果我最初是问消费者他们想要什么，他们应该是会告诉我'要一匹更快的马！'人们不知道想要什么，直到你把它摆在他们面前。正因如此，我从不依靠市场研究。"

乔布斯并不信任市场研究，是有一定道理的：第一，消费者对于自己需求的感知是潜意识的，无法用语言表达。很多情况下消费者并不知道自己为什么购买，对自己的需求没有明确清晰的认知，因此他们的很多消费行为是无意识的或者是由潜意识驱动的。例如，很多消费者会在深夜进行网购，但是到了早上的时候才发现购买的东西并不是自己真正需要的。并且有时候消费者还会为自己在潜意识下做出的消费行为"自圆其说"，有意识地编造理由去支持他们的决策。第二，消费者会因为虚荣心或者屈从于社会规则，不愿意说出自己真正的需求。例如，进行游戏调研时，询问白人玩家会不会喜欢黑皮肤的游戏主角，他们往往会说"主角是谁无所谓，只要游戏好玩"，以显示自己没有种族歧视，但是事实上很多白人玩家不会购买以黑人为主角的游戏。而当调研人员进一步追问他们为什么不购买那款游戏产品的时候，他们就会以"游戏不好玩"等功能性的理由来合理化自己的行为。同样的事情也会发生在以女性为主角的电影或者游戏中。[7-8]例如，早期的特斯拉汽车非常昂贵，一些消费者是为了炫耀才购买的，但是由于在意周围人评判自己的虚荣心，便用其"非常环保"作为借口。[9]

还有其他情况可能导致市场研究无法真正反映消费者的需求，比如消费者对品牌的忠诚超越了对口味的需求。20世纪80年代，可口可乐公司为了推出一种新款可乐，做了大量的市场调研，包括双盲口味测试和用户访谈等。虽然调研的结果表示消费者更喜欢新可乐，但是这款"新"产品在1985年4月推出市场之后销量惨淡，甚至受到了大量消费者的批评。这导致可口可乐公司不得不在同年7月紧急宣布"回归经典口味"，"新可乐"仅仅推出不到3个月便夭折了。[10]这一事件也引起了很多神经科学家的注意，2004年，McClure等人在著名的神经科学杂志 Neuron 上发表了轰动全世界的神经营销研究（参考链接案例6-6），传统的营销学测量方法（如自我报告、问卷法等）的精确性也因此受到了质疑，神经营销学应运而生[1,3]。

神经营销学又称消费者神经科学，结合一系列前沿的神经影像技术如脑电图、事件相关电位、功能性核磁共振等，神经营销学的研究可以打开消费者大脑这个"黑箱子"，通过探测消费者在消费过程中的大脑活动，获取大脑如何对商品信息进行加工、消费过程中的情绪状态等数据，解释消费者的行为动机以及预测消费者未来的消费行为，为企业开展营销活动提供支持。在实践应用中，神经影像技术可以帮助企业在产品开发阶段根据消费者需求设计产品，提升产品体验；也可以在产品开发完成之后，帮助企业洞察消费者的兴趣偏好，推动企业设计更具个性化的广告方案以吸引消费者的注意，进一步提升产品的销售额与消费者的购买体验。[1,4-6]

第四节　主流神经营销、神经影像技术的介绍和应用

在神经营销的应用与研究中，最关键的仍然是对人类大脑活动的探测。目前国际范围内用来探测大脑活动的技术与仪器有很多种，每种技术与仪器都有不同的功能和应用

的侧重点，本节主要介绍一些在国际上应用比较广泛的技术、仪器以及相关的案例。

一、眼动（Eye-tracking）

在人们做出决策行为之前，且还没有发生自主意识时的"注意"十分重要，但很多情况下，人们本身无法察觉到自己的"注意"过程，它往往发生在认知深度处理之前。"注意"可以影响人们的决策结果，从心理学的角度来说，"注意"会改变认知过程；从营销学的角度来说，"注意"会影响人们如何观看广告、如何进行消费决策。目前来说，测量"注意"最方便、最客观的方法之一就是测量人们的眼球运动，这一需求推动了眼动仪的产生。

眼动仪是一种能够跟踪、测量眼球位置及眼球运动信息的设备。眼动的本质是人注意力资源的主动或被动分配，一般而言，注意力会集中在更有用或更有吸引力的信息上。当用户在浏览产品界面或与产品互动时，可以运用眼动追踪的方法收集详细的技术信息，并记录用户看过和没有看过的位置，以及停留的时间。当用户读取文本和图像时，眼动追踪可以记录眼睛注视和扫视的过程，并完整地判断出眼睛浏览和停留的位置。这种技术可以清晰地呈现用户的眼睛看过哪些位置，以及没有看过哪些位置。

眼动研究和眼动设备的发展十分迅猛，最近几十年来，眼动研究广泛运用于不同的测量仪器，并且已经拓展到视觉科学、人机交互科学、心理学、广告学、管理学等多个基础科学领域。[2,11-14] 除了基础研究之外，眼动测量在工业界的应用与实践中，同样具有广泛且重要的价值，可以应用于用户体验研究（可参考链接案例6-1）、游戏开发和汽车驾驶甚至飞机驾驶等项目上。例如，监测用户健康信息，协助产品App设计者进行交互式设计（可参考链接案例6-2）。

不同品牌的眼动仪设备及其相应的配套软件系统，都可以精准地跟踪并获取被试的眼动数据，并使用特定的量化指标，例如注视时间、注视顺序和回视次数等眼动指标，对目标吸引的"注意"进行分析，并且可以通过生成直观的图形（如注视密度图）或者视频（如回放注视轨迹）等方式展示结果（可参考链接案例6-1）。

腾讯设计师Henry Huang在他的文章中写道："在互联网时代，网站设计、手机App界面设计等都会对用户体验和消费行为产生重要影响，许多大型网站的设计都会考虑数据上报的功能。例如，在某一个网络页面，各个链接的点击事件具有数据上报功能，分析这些后台点击量数据，可以得出用户在网站页面各个链接的点击分布和热点等结果，从而为网站内容和设计的优化提供客观的参考数据。不过有时候，网站产品经理或设计师会想了解用户在网站页面的浏览轨迹、对各区域内容的关注度等情况。为了解决这个需求，他们如果仅从后台数据分析点击情况，将无法得出全面结论，后台数据很难真实地还原、呈现用户的历史浏览轨迹，也无法记录用户看到链接但没有产生点击的情况等。"Henry Huang的这段话表明，依靠传统的系统数据上报功能了解用户的浏览行为，是存在一定局限的。而眼动仪的应用将有助于解决这个痛点，帮助网站产品经理或设计师深入了解用户的浏览轨迹与行为，优化网站或App的开发和设计。

【链接案例 6-1】眼动仪揭示消费者在使用 Google 进行搜索时的眼动轨迹

2014 年，Mediative 网站发布了一份基于用户使用 Google 进行搜索时的眼动跟踪报告，研究发现，人们浏览网页时的眼动轨迹是随着时代的变化而变化的。

早在 2005 年，有研究发现，人们在使用 Google 的时候是以独特的"三角形"模式进行内容浏览的，用户会先从搜索结果页面的左上角开始定位第一个内容，在视线向下移动到第二个内容之前用户会进行水平式的阅读，但这个动作不会持续很长时间，便开始继续往下阅读。这个集中凝视活动的区域被称为 Google 的"金三角"（见图 6-2）。该研究得出的结论是，如果企业的内容或者广告不在"金三角"内，搜索者看到它的概率就会大大降低。

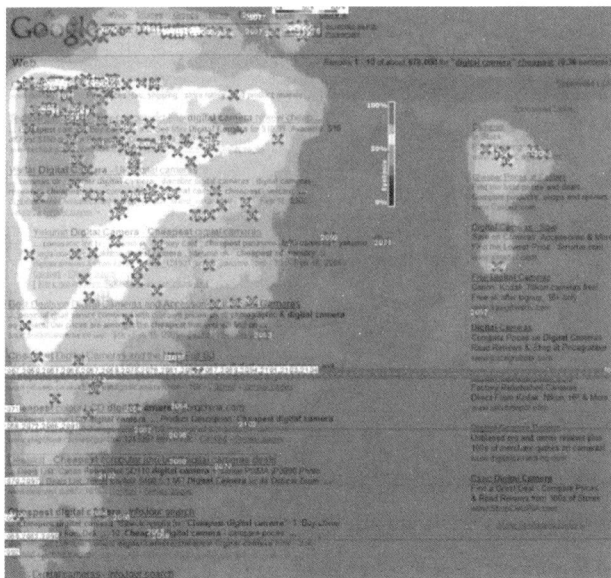

图 6-2　Google 搜索的黄金三角①

但是到了 2014 年，新的研究则发现，排名靠前的自然搜索结果不再总是出现在搜索者期望的左上角，而是更加倾向符合用户垂直浏览的习惯（见图 6-3）。因此，在相关的内容展示界面，有必要将内容进行垂直化的排列。近年来，随着移动设备的普及，用户的浏览方式、搜索习惯变得更加"垂直化"，用户倾向采取寻找所需内容的最快路径。与之前相比，用户更加习惯快速地、垂直式地浏览多个搜索结果，并且在浏览每个搜索结果时所花费的时间更少。

---

① MAYNES R. Eye Tracking in 2014: How Users View & Interact with Google SERPs［EB/OL］.（2014-10-22）［2023-09-15］. https://moz.com/blog/eye-tracking-in-2014-how-users-view-and-interact-with-todays-google-serps.

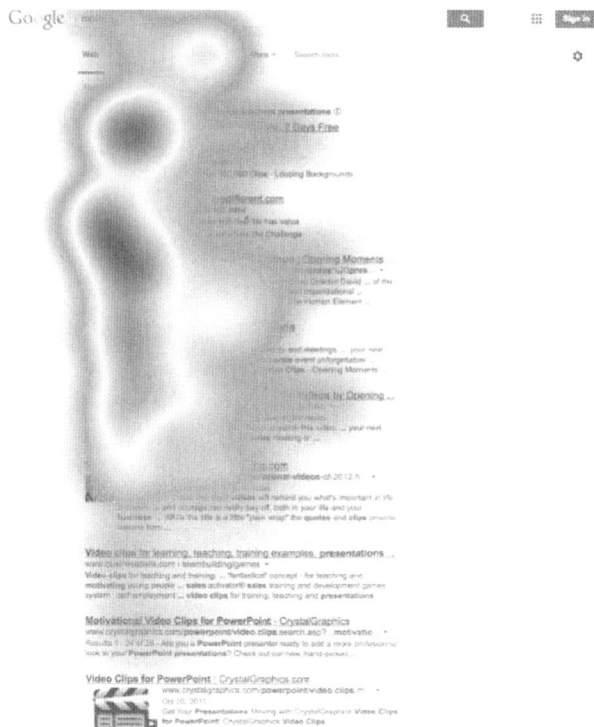

图 6-3 垂直浏览方式①

【链接案例 6-2】手机前置摄像头捕捉用户眼动轨迹

2021 年，Google AI Blog 公布的最新研究结果表明，通过使用机器学习技术，哪怕仅仅只是使用智能手机的前置摄像头，也能够准确地捕捉用户的视线。这种低成本的眼动追踪，将有助于发展视觉、无障碍、医疗保健以及消费等领域的新应用。还有研究者讨论了将该技术用于精神疲劳方面的研究，只要获取用户几分钟的注视数据，就能准确侦测精神疲劳。[14]

在传统的眼动研究中，一般采用专业公司生产的眼动仪器（台式眼动仪或便携式眼动仪）以及与仪器配套的软件系统。配备了专门的眼动测试系统的设备价格并不便宜，虽然比 EEG、fMRI 等仪器要便宜，但对于普通的小公司而言仍是难以负担的价格。而在该研究中，Google Research 团队利用新开发的注视模型，应用 MIT GazeCapture 数据集训练的前馈卷积神经网络 ConvNet，通过脸部侦测的演算法标记出用户眼睛的区域，并将剪裁的影格传输到 ConvNet 进行处理。

① MAYNES R. Eye Tracking in 2014: How Users View & Interact with Google SERPs［EB/OL］. (2014-10-22)［2023-09-15］. https://moz.com/blog/eye-tracking-in-2014-how-users-view-and-interact-with-todays-google-serps.

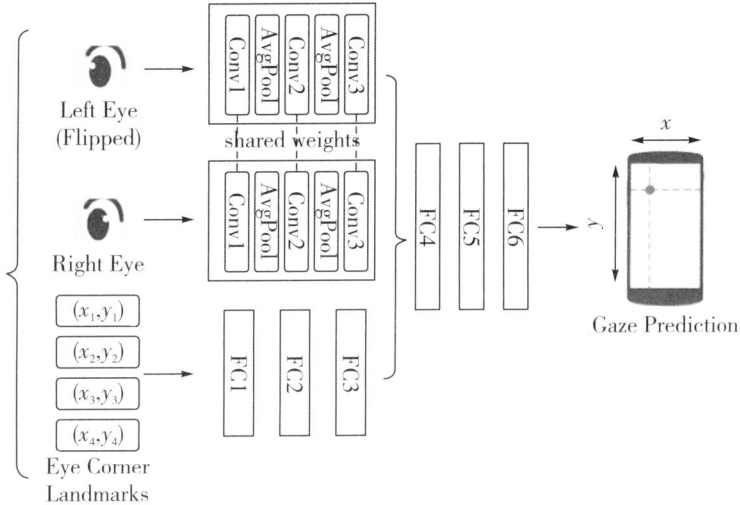

图 6-4　基于眼球运动数据和前馈卷积神经网络 ConvNet 构建眼动注视模型[14]

无论是当手机放在支架上时，还是由用户手持手机靠近脸部时，手机眼动追踪模型的准确度甚至可以媲美最新的眼动仪（见图 6-5）。比起专门的眼动追踪硬件，在智能手机上执行注视模型并使用单个前置 RGB 镜头，成本可降低约 100 倍；更重要的是，该应用更具扩展性。使用智能手机进行眼动追踪，研究人员更容易复制并且验证过去神经科学和心理学对于眼动的研究，包括标准眼动任务和自然图像理解。尽管智能手机的注视热图，比专门的眼动仪分布更广，也就是说看起来更模糊，但热图分布与画素等级和物体等级高度相关。Google 提到，以上结果表明，新技术可针对复杂画面进行缩放注视分析，分析结果可以应用于自然与医疗图像领域。

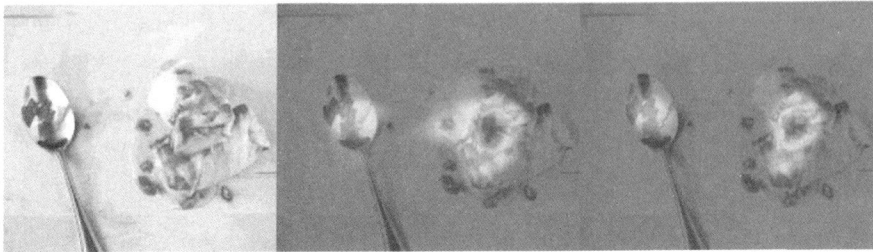

图 6-5　手机眼动追踪模型的准确度可以媲美最新的眼动仪[14]

Google 还发现，智能手机的"注视"数据可以用于检测阅读理解困难。研究的参与者在阅读测试中，在能够正确回答问题时，花费在阅读与正确答案相关的段落上的时间一般较多，但随着理解难度的增加，参与者会花费更多的时间在不相关的文章段落中。

研究人员指出，花费在正确答案相关段落的注视时间，是理解程度的预测指标。

此外，Google 还用新的眼动追踪技术研究精神疲劳。注视侦测是检查警觉性和健康状况的重要工具，已经在医药、睡眠领域，以及医疗手术和飞行等重要任务环境中得到了广泛的关注和研究。传统的疲劳研究通常比较主观且耗时，不利于相关研究的进一步发展。而研究人员如果利用智能手机进行注视侦测，以此来研究用户的精神疲劳，这样就可以追踪疲劳的发生和发展，有效提升研究效率。研究人员使用机器学习模型，只要收集参与者几分钟的注视数据，就能够可靠地预测精神疲劳。在非疲劳的对象中，参与者的视线会依循圆形的轨迹运动（见图 6-5 右），而疲劳者的视线则会高概率地出现误差与偏差（见图 6-5 中）。该研究结果表明，智能手机的注视侦测可用于侦测精神疲劳。

不仅如此，智能手机的注视数据还可以用来筛检和监控健康状况，比如自闭症谱系障碍（Autism Spectrum Disorder）、阅读障碍和脑震荡的情况。在无障碍的使用情境中，言语和运动能力受损的患者，也可以通过手机的注视侦测来进行交互与筛查。不难想象有了这样的系统，一些中小型企业在设计网站或者手机 App 的时候，就可以利用成本相对来说比较低的手机智慧眼动捕捉系统，实现与用户之间的交互设计，以此帮助企业设计出体验更好的界面与 App 程序。

二、脑电图（Electroencephalogram，EEG）

脑电的本质是神经元集群的电活动，一个神经元所产生的电位是微小的，但是当一大群神经元共同活动时会产生足够大的电位，能够被放置在头皮的电极检测到。脑电图是记录电极信号和参考电极信号之间的电位差的电压图形。

例如，在食品相关的行业中，分析消费者的大脑在面对与食物相关的东西时的情绪反应以及对食物的偏好，对于探讨消费者的生理反应而言是十分重要的。[15-16] 当面对刺激、名字、食物外观、食物气味和味道时，消费者的脑电波会敏感地发生变化（可参考链接案例 6-3）。[17] 脑电波的变化会反映出消费者的情绪变化，特别是一些消费者自己不愿意承认的情绪，并且这些情绪会影响其消费决策。消费者对食品的生理和情绪反应，与他们对消费品的接受度和由此带来的幸福感密切相关。[16] 通过脑电图测量大脑活动，测量结果可以应用于食品消费者及其感官反应的研究，能为企业提供有用且详细的数据，帮助企业了解消费者对食品的反应，并使企业以此为依据进行食品的开发和营销管理。

【链接案例 6-3】脑电图技术帮助乐事进行薯片包装设计

乐事是美国的薯片品牌，创立于 1932 年，是菲多利（Frito-Lay's）公司旗下的一个休闲类食品品牌。1956 年，乐事公司成为全美第一的快餐食品公司。1958 年，其销售收入超过 5 000 万美元。1959 年，乐事公司的产品超过 40 种，员工超 3 000 人。

1965 年，乐事所在的菲多利公司并入百事可乐公司形成百事公司，自此乐事成为百事旗下的品牌。百事公司是世界公认最大的食品饮料公司和最成功的消费品公司之一。2003 年至 2005 年，百事公司连续三年荣登《财富》杂志消费食品行业"全球最受赞赏公司"和"美国最受赞赏公司"排行榜榜首；在 2004 年《商业周刊》评选的全球 100 强品牌中，百事以 120.66 亿美元的品牌价值位列第 22 位；2007 年，百事公司位列年度"全美最受赞赏公司"的第 19 名和"全球最受赞赏的 10 家企业"之一；在 2009 年公布的《财富》杂志全球 500 强名单中，百事公司名列第 175 位。1993 年，乐事作为全球知名品牌登陆中国，通过不断的研发创新，缔造出带有中国美食特色的中国风味薯片，并向亿万中国消费者传播其品牌理念，成为中国家喻户晓的零食品牌。

回顾乐事薯片历年来的包装，可以发现，在 1965 年至 1996 年期间，公司相继使用过两个 Logo，均为红白相间的英文字母 Lay's。而 1996 年，乐事推出了第三代 Logo，从这里开始，乐事在 Logo 中增加了红色的飘带和黄色的圆球元素。时至今日，消费者还能在乐事的一些产品中看到这个 Logo。2003 年年底，乐事推出了第四代 Logo，"Lay's"文字的阴影由蓝色变成了灰色渐变，整体由扁平化向立体化过渡。直到 2007 年，乐事的 Logo 完全变成了 3D 立体的感觉，文字"Lay's"也开始采用全新的字体，并给红色的飘带镶嵌了金色边框。有趣的是，中文 Logo 和英文 Logo 的"Lay's"还有一定的区别，这可以从品牌发展历史图中看到，中文"y"的尾部是收起来的，而英文的"y"尾部直接伸向左侧，和"L"左右对称（见图 6-6）。这些立体化、对称的设计其实都属其次，乐事 Logo 的一个主要的变化是哑光的设计，这一设计灵感主要源于乐事进行的神经营销研究。乐事在销售产品的过程中发现将自己的薯片销售给男性消费者非常容易，但是销售给女性消费者则相对比较困难，因此乐事公司开展了神经科学方面的研究。

图 6-6 乐事薯片的 Logo 设计变化

根据乐事公司的研究成果，女性在面对食物的时候，更容易感受到与健康和身材相关的愧疚感。并且根据消费者面对不同包装和不同 Logo 的脑电图结果，闪亮的标志和包装袋更容易使他们产生前面所描述的愧疚感。说到"闪亮"，消费者很容易从乐事的前几代 Logo 中感受到，加之闪亮的包装袋，它们无一例外地营造出一种光芒四射的即视感。从研究结果来看，乐事原来的设计很可能间接影响到了销量，因此乐事在进行研究后不久便推出了哑光的 Logo（见图 6-6，2019 版 Logo）和包装袋。

此外，乐事还在薯片包装设计的更新方面下足了功夫。在以往旧的乐事薯片包装上，一般会有乐事标志性的大 Logo，加之几片散落的薯片，传递着分量和口味信息（见图 6-7）。但乐事通过聘请 Neurofocus 公司利用脑电图和生物特征分析对消费者的大脑活动进行研究，发现消费者对于"健康"类似的字眼与信息更为青睐。由此，乐事决定在包装上显示薯片中的健康成分，比如，用一个土豆进行切片并渐变成薯片，以此来显示其原材料的健康性，而众所周知，这样的包装在今天已经十分常见。而且相较于旧包装重视性价比的信息展示（如"超大装"），现在乐事公司更倾向于用文案来表现薯片的"健康"属性，比如针对在消费者心中"薯片＝油炸＝不健康"的固有观念，乐事公司将类似于"轻焙"这样看似更健康的处理方式作为产品的主要卖点（见图6-8）。

图6-7　旧的乐事薯片包装

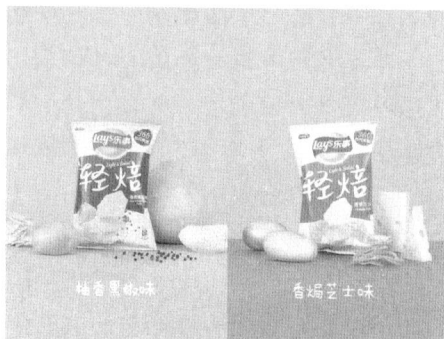

图6-8　乐事"轻焙"薯片包装

【链接案例6-4】EEG 在产品设计和广告中的应用

Frito-Lay（菲多利）是百事公司旗下的子公司，以销售零食和休闲食品为主要业务，深受美国青少年欢迎，其标志性产品如乐事薯片、奇多奶酪（Cheetos）等都牢牢占据美国零食市场的主导地位。

2008 年，为了扩大旗下的一款零食产品——奇多奶酪的市场，Frito-Lay 聘请了一家神经营销公司，调查消费者对"奇多奶酪"食品的反应。[18] 此前人们普遍认为，消费者不喜欢吃完奶酪之后残留在手指上的橙色奶酪粉末。然而，脑电图的测试结果显示，当消费者的手指因为残留的奶酪粉末而变成橙色时，他们表现出了强烈的积极反应——"一种令人眼花缭乱的颠覆感和混乱感"。

基于此观点，Frito-Lay 在 2009 年发起了一个名为"橙色地下"的广告活动。[18] 在时长 30 秒的电视广告中，品牌吉祥物 Chester Cheetah 鼓励观众和消费者利用"奇多奶酪"做出一些可以称得上是恶作剧的颠覆性行为，包括把橙色的奶酪放进装满白色衣服的烘干机搅动、放进在飞机上打鼾的邻座乘客的鼻孔里，等等。

Frito-Lay 向测试小组成员询问他们对"把橙色的奶酪放进装满白色衣服的烘干机中搅动"这则广告的看法，得到了被试负面的反馈，不少人认为"这是卑鄙的恶作剧"。但是对同一小组进行的脑电图测试结果显示，他们对这则饱受"争议和批判"的广告显示出了积极的反馈，其实他们是喜欢这个广告的。就像大多数人不愿承认甚至没有意识到自己吃奶酪的时候喜欢手指沾到橙色的奶酪粉末一样，他们也不想承认自己喜欢一个蔑视社会规范的广告，不想在小组其他成员面前显得心胸狭窄且邪恶。

可见，利用脑电图等神经营销工具，可以揭示消费者隐藏的情绪反应和期望，解码消费者的潜在动机和需求，并影响消费者的购买决定。"橙色地下"系列广告使 Frito-Lay 的销售额增长了 30%，并获得了 2009 年的奥美广告大奖。

三、事件相关电位（Event-related Potentials，ERP）

事件相关电位是基于脑电图的一种技术性叠加，它的生理原理和 EEG 是一样的。ERP 是指根据外部事件，例如刺激的呈现或者反应，将一系列实验刺激中所得到的 EEG epoch 取出，进行叠加平均，这样的处理去除了与目标事件无关的大脑活动的变异，可以找出嵌埋在海量 EEG 信号中的微弱变化，并且反映出与特定刺激相关的感觉、运动或者认知活动。诱发电位的一个重要的特征是可以为神经活动的探测提供精确的时间记录，反映出神经活动如何随着时间变化发生改变，其时间分辨率极高，可以探测到事件发生之后几十毫秒内的脑电活动。但是，事件相关电位技术的空间分辨率比较低，比起揭示产生电活动的大脑位置和结构，ERP 更适合探讨关于认知过程的时间进程问题[19-21]，也可以精细地应用于其他领域，如语音测试、测谎，以及探测消费者偏好（可参考链接案例 6-5）等。

【链接案例 6-5】事件相关电位预测消费者偏好

ERP 有很高的时间分辨率，因而在分辨消费者早期的脑活动方面很灵敏，也十分适合应用于消费者偏好和选择等相关的营销研究。例如 Telpaz 等人发表在 *Journal of Marketing Research* 的研究中[22]，研究人员首先记录了消费者在看到不同产品时的事件相关电位活动，此时，参与者没有做出任何实际的选择，也没有执行任何其他的运动反应。之后让消费者评价对该产品的喜好程度，从 1~5 进行打分，评价完产品偏好之后，让消费者选择自己想要哪一个产品（见图 6-9）。研究发现，消费者偏好较低的产品会引发较高的 N200 成分（见图 6-10）和较高的 Theta power 波段（见图 6-11）；而 Theta power 波段的活动可以在消费者不做任何动作的时候，用来预测消费者对于产品的偏好，当 Theta power 波段的活动上升时，消费者的偏好下降；预测能力取决于 Theta power 波段的大小。在 5 个最受欢迎的产品和 5 个最不受欢迎的产品中，N200 成分高表示消费者不喜欢该产品，并且此时的 Theta power 波段也比较高。

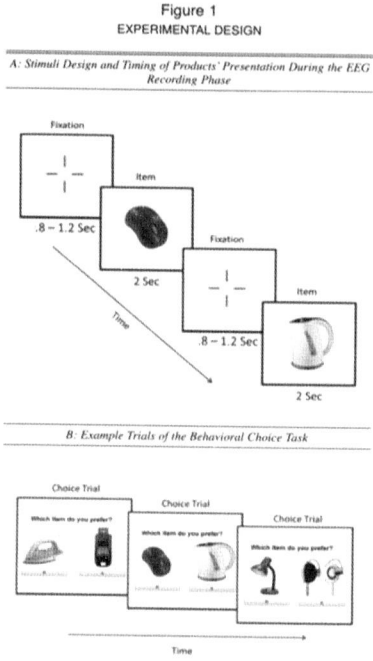

图 6-9 实验设计[22]

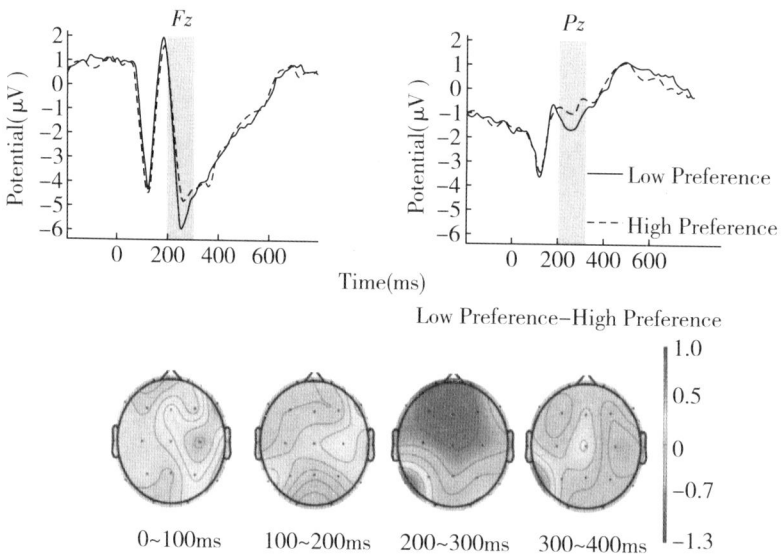

图 6-10 N200 成分变化与对比[22]

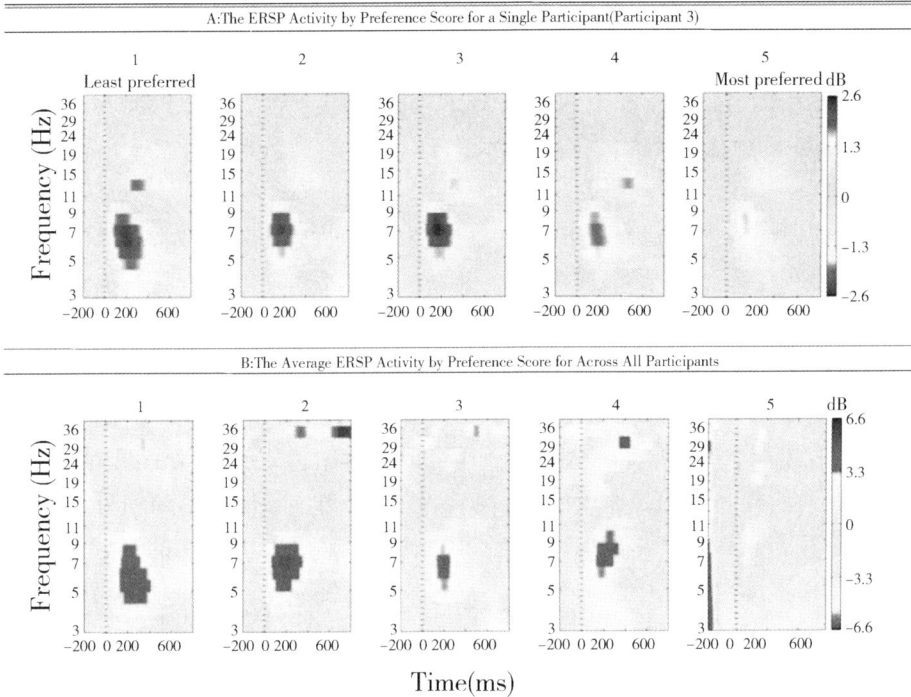

A:The ERSP Activity by Preference Score for a Single Participant(Participant 3)

B:The Average ERSP Activity by Preference Score for Across All Participants

Time(ms)

图 6-11　Theta power 波段变化与对比 [22]

四、功能性核磁共振成像（Functional Magnetic Resonance Imaging，fMRI）

功能性核磁共振成像是近年来认知神经科学研究以及神经营销实践中使用最多的技术手段（见图 6-12），它不同于低空间分辨率的 EEG/ERP，也不同于单细胞记录或者多点阵列电极等技术，之前的这些技术很难进行多点记录，物理记录范围无法涵盖全脑。而 fMRI 具有较高的空间分辨率，而且可以对大脑灰质活动进行全脑、全局的观测，同时 fMRI 具有非侵入性、无放射性等特征，可以便利地应用在健康人类个体的脑活动观测中。

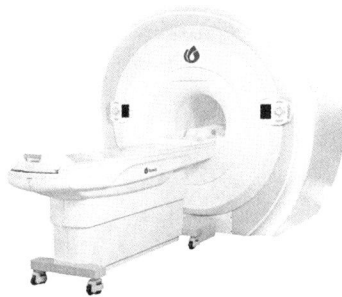

图 6-12　功能性核磁共振成像设备

然而，虽然 fMRI 是目前主流的研究技术，但它还是有着不可忽视的缺陷。fMRI 是基于血流信号的神经影像技术，由于血流的调控比较慢，而神经元活动是毫秒级别的，因此 fMRI 要在好几秒之后才能发现它的提升，并且在 6~8 秒后才能达到巅峰，具有一定的迟滞性。fMRI 虽然具有较高的空间分辨率，但是其时间分辨率比较低，因此不适合应用于脑认知研究中的时间进程研究。

基于 fMRI 的神经营销实验始于 2004 年，McClure 等人对可口可乐和百事可乐的研究发现，消费者对品牌的记忆是其形成品牌感知的一大重要因素，品牌记忆有着传递价值的功能，并影响消费者感知、享受产品的方式，而这主要与海马体（Hippocampus）和背侧前额叶（Dorsolateral Prefrontal Cortex）这两个脑区有关（参考链接案例 6-6）；Chan 等（2018）的研究通过对 fMRI 数据进行模式分析和机器学习建模，找到了个体对于品牌形象的多通道神经表征[23]。另外，观测大脑活动可以预测销售成绩，但是不能预测被试的喜好程度与评价。而在其中发挥作用的关键脑区就是腹侧纹状体（Ventral Striatum），它的活动可以不受社会或者经济学的影响，毫无顾虑地反映出人们真实的喜好的活动，比口头报告更加能够预测出音乐单曲的销量[24]。另外，腹侧纹状体的活动还可以预测消费者对电影内容的自由回忆以及电影销售票房。[4]

【链接案例 6-6】应用 fMRI 对可乐进行的神经营销研究

基于 fMRI 的营销学研究案例可以从一个神经营销领域有名的实验说起，那就是贝勒医学院的 McClure 等人进行的"可乐"实验，该研究结果曾发表在著名的 *Neuron* 杂志上[6]（见图 6-13）。实验邀请了 67 名被试，给他们品尝两种不同品牌的可乐饮料——可口可乐（Coca-Cola）和百事可乐（Pepsi），并且在被试品尝可乐的时候，用 fMRI 设备扫描他们的大脑。实验结果表明，当不告诉被试可乐品牌信息的时候，大家觉得两种可乐都很好喝，对于可乐的评价并没有区别，并且两种品牌的可乐都会激活大脑的奖赏区。而在另一组实验中，两组被试要先表明自己更喜欢哪种品牌的可乐，然后分别给予被试两种饮料，一种是标记品牌的，一种是未标记品牌的，但是事实上他们被给予的都是同一种可乐。当告诉喜欢可口可乐的被试他们喝的是可口可乐的时候，他们大脑的记忆系统（海马区域）和前额叶区域会被激活，并且他们会表示可口可乐更好喝，但是在未标记组中则没有这种激活效果（见图 6-14）。这个研究表明，消费者的偏好不仅仅与奖赏区的激活有关，也与前额叶和其他脑区对于奖赏区的调控有关。品牌是调控消费者偏好的重要因素，品牌记忆是消费者感知品牌的重要因素之一，承担着价值传递的功能，并影响消费者感知和享受产品的方式。

Neural Correlates of Behavioral Preference for Culturally Familiar Drinks

Samuel M. McClure,[1,2] Jian Li,[1] Damon Tomlin,
Kim S. Cypert, Latané M. Montague,
and P. Read Montague*
Department of Neuroscience
Menninger Department of Psychiatry
and Behavioral Sciences
Baylor College of Medicine
1 Baylor Plaza
Houston, Texas 77030

Summary

Coca-Cola® (Coke®) and Pepsi® are nearly identical in chemical composition, yet humans routinely display strong subjective preferences for one or the other. This simple observation raises the important question

neural responses, and the modulation of both by non-odor or nonflavor stimuli—that is, the sensory problem. Ultimately, such sensory discriminations and the variables that influence them serve to influence expressed behavioral preferences. Hence, there is another large piece of the problem to understand. For modern humans, behavioral preferences for food and beverages are potentially modulated by an enormous number of sensory variables, hedonic states, expectations, semantic priming, and social context. This assertion can be illustrated with a quote from Anderson and Sobel (2003) profiling the work of Small et al. (2003) on taste intensity and pleasantness processing:

"A salad of perfectly grilled woodsy-flavored calamari paired with subtly bitter pale green leaves of curly endive and succulent petals of tomato flesh in a deep, rich balsamic dressing. Delicate slices of

图 6-13　首次应用 fMRI 对两种品牌的可乐进行的神经营销研究[6]

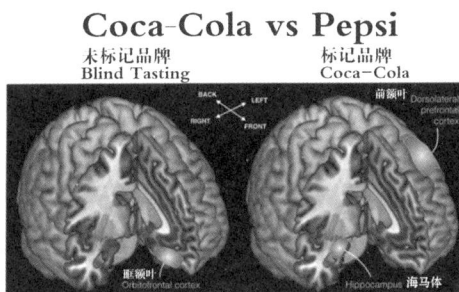

图 6-14　未标记品牌与标记品牌对大脑的影响差异对比[6]

【链接案例 6-7】葡萄酒口味与定价的 fMRI 研究

fMRI 相关技术也可以应用到定价领域。2008 年，Plassmann 等人对葡萄酒口味与定价进行研究并发现，让被试品尝不同标价下的同一款葡萄酒，被试认为高价标示的葡萄酒口味更佳，尽管其成分与低价的完全一样。脑成像结果显示，被试的 OFC 奖赏区域对于高价葡萄酒的反应更强（见图 6-15）。这个研究说明，消费者的体验不仅仅由产品的内部因素决定，还可以被外部因素所改变，不同的市场策略可以改变产品体验的神经表征。

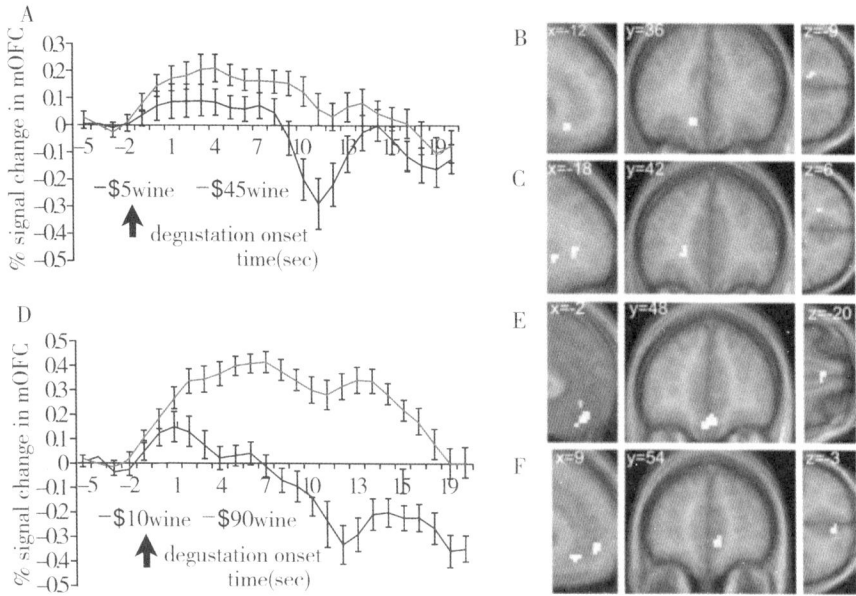

图 6-15　葡萄酒口味与定价的 fMRI 研究①

五、脑磁图（Magnetoencephalography，MEG）

大脑内部神经元之间最重要的通讯载体是电流，而在自然界中，电与磁是深度耦合的信号，可以说有电流通讯的地方就有磁场，这也说明了人的大脑周围是存在磁场的，

① PLASSMANN H, O'DOHERTY J, SHIV B, et al. Marketing actions can modulate neural representations of experienced pleasantness［J］. Proceedings of the national academy of sciences, 2008, 105(3): 1050-1054.

这种磁场被称为脑磁场。但这种磁场的强度很微弱，要用特殊的设备（例如脑磁图仪），才能测知并记录下来。脑磁图通过记录大脑神经活动在头皮外产生的磁场来进行脑活动成像，具备超高的时间分辨率和较高的空间分辨率，是一种重要的无创脑功能成像技术。[25]

脑磁图是反映脑磁场变化的图形，这与脑电图反映脑的电场变化不同。脑电图不仅容易受过多电活动的干扰，还受颅骨的影响，电信号在经过颅骨的时候会急剧地衰减，导致在头皮外进行脑电信号的记录，其信号的信噪比较低。而脑磁图可以不受颅骨衰减电信号的影响，比脑电图具有更高的时间分辨率和空间分辨率，对脑部损伤的定位诊断比脑电图更为准确，且图像清晰易辨。另外，该技术也可以用于对脑部疾病的诊断。对于脑认知科学的研究而言，脑磁图是一种崭新的研究手段。[26]

然而，目前由于脑磁图设备的造价极高，以及该设备庞大且不易移动，脑磁图在营销学和管理学的应用场景有限，存在较大的发展空间。

六、近红外脑功能成像（Functional Near-infrared Spectroscopy，fNIRS）

核磁共振设备虽然具有极高的空间分辨率，但是其价格昂贵，这对于研究院或者学校而言是一笔较大的费用负担，因此只有少数研究机构能够独立运行核磁共振设备进行学术研究，而大部分研究机构只能借用医院的设备，并且通常需要顾虑到医院日常对病患的诊断，所以设备可用于基础研究的时间会大大缩短。同时，核磁共振设备需要人躺在狭小的扫描腔体内，长时间保持纹丝不动的状态，否则会极大地影响数据的质量。并且因为研究对象（例如病人、消费者）不是处于自然的状态下进行思考和行为的，所以会大大降低研究的真实性和生态效度，而场景的真实性对于消费者及营销研究又是极其重要的（参考链接案例6-8），这种特殊性限制了核磁共振设备在相关研究中的应用。另外，封闭而严苛的扫描环境、极低的噪声许可，也使得核磁共振设备在低龄儿童脑功能研究的应用方面存在较大的阻碍。

而与此同时，一项新的脑成像技术产生了，那就是近红外脑功能成像。近红外脑功能成像技术是一种利用近红外光在人体的光学窗口，实现非侵入式人体血红蛋白浓度检测的脑神经影像技术。与传统的脑神经影像技术相比，其具有非侵入性、低成本、可穿戴、抗干扰等优点。随着其可靠性和准确度不断提升，近红外脑功能成像技术在神经学研究和临床领域受到人们越来越多的关注，为自然情景下的脑部检测以及脑机接口的发展提供了新的可能。[27]fNIRS的成像原理和fMRI相似，测量的都是脑活动过程的血流活动，但是相比于fMRI，fNIRS可以降低核磁共振设备的成本，极大地提高研究的生态效度，并且fNIRS设备的体积小，具有可移动性，可以在自然的交互情景中使用，比如学校的课堂、户外消费（参考链接案例6-8）、汽车驾驶、飞机驾驶等场景，甚至还可以允许多名被试进行面对面交谈，做一些简单的肢体动作，而不会降低信号记录的信噪比。因此，近红外脑功能成像在神经营销领域有着广泛的应用。

【链接案例6-8】资生堂利用fNIRS技术开发口红产品

fNIRS设备的主流厂商大多来自日本，并且日本的fNIRS设备应用技术也比较成熟，因此日本企业更加乐意应用fNIRS设备进行产品研发和营销，其中一个典型的企业就是资生堂（Shiseido）。它是日本著名的化妆品品牌，品牌名称源自中国古籍《易经》中的"至哉坤元，万物资生"，含义为孕育新生命，创造新价值。如同品牌名称一般，资生堂是一家极富艺术内涵、拥有强大科技创新能力的公司，它将东方的美学及意识与西方的技术及商业实践相结合，用西方先进技术诠释含蓄的东方文化。自1872年在日本创立第一家西式调剂药房以来，资生堂经过140余年不断创新和变革，逐渐成长为世界高品质化妆品品牌之一。

资生堂将fNIRS用于口红开发中，相比EEG和fMRI，fNIRS有更好的抗噪能力，可以忍受被试更频繁的头动。资生堂的研究中心创新地利用fNIRS的测量方法，可以在顾客给自己涂抹化妆品时测量她们的脑血流反应，实时、客观地判断顾客是否喜欢该口红。研究中，有25名女性消费者参加并且试用了6款不同的口红样本。研究发现，当消费者使用口红小样，感觉产品不符合预期，例如口红太软或太硬时，消费者大脑额叶的脑血流会出现明显的变化。对于不同感觉的口红，消费者的价值评价和购买意愿都显著地与右侧的前额叶有关（见图6-16）。[28]这一研究发现有助于资生堂更好地识别消费者需求，持续优化和改进产品，提升消费者的购买体验。

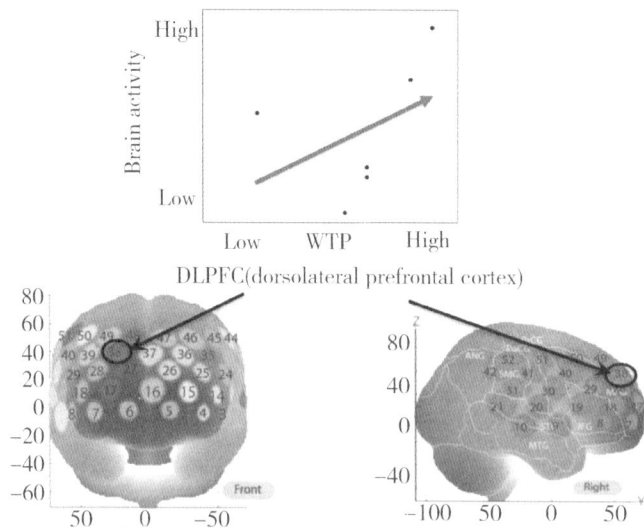

图6-16　资生堂利用fNIRS技术开发口红产品

（图片来源：资生堂官网。）

第五节 当前主流神经影像技术手段的性能对比

对于神经营销的应用而言，最重要的环节就是神经影像技术的应用。虽然神经影像技术经过几十年的发展，已经演变出许多不同类型的探测技术，但是每一种探测技术都有其适用的范围和局限性（见表6-1）。到目前为止，还没有一项技术是全能的，它们都无法做到对大脑活动的全面探测，因此针对不同类型的需求，应用不同的技术是非常关键的。

表6-1 主流神经影像技术手段性能对比表

	眼动	EEG/ERP	MEG	fMRI	fNIRS
造价花费	低	低	非常高	高	中等
设备的移动性	可移动	可移动性较差	不可移动	不可移动	可移动
噪声	安静	安静	安静	很大	安静
适合年龄段	从儿童到成人	从婴幼儿到成人	从儿童到成人	部分婴幼儿到成人	从婴幼儿到成人
幽闭环境	否	否	是	是	否
对人体的侵入性	否	否	否	否	否
对于运动的敏感性	中（好于fMRI和MEG）	中（好于fMRI）	高（对于头动非常敏感）	高（对于头动非常敏感）	中（可以忍受一定的运动）
头发对信号采集是否有影响	否	否	否	否	是
实验准备时间	快	电极帽准备时间较长（特别是对于高分辨率的设备）	快	快	光源检测器准备时间较长，要排除头发的影响
是否允许携带磁性物品	允许	允许	不允许	不允许	允许
测量方法和原理	眼球的运动	电生理信号（头皮上的电压变化）	生物磁信号（头皮上的磁场变化）	脱氧血红蛋白的相对变化（BOLD）	基于血红蛋白的光学属性，测量大脑中氧吸收的变化

（续上表）

	眼动	EEG/ERP	MEG	fMRI	fNIRS
空间分辨率	较低，不能探测脑活动	2~5厘米（仅限于皮层）	毫米（皮层上，深部区域不精确）	毫米	毫米（皮层深度有限）
时间分辨率	毫秒	毫秒	毫秒	大约1~5秒	秒
是否可测量静息态	是	是	是	是	是
是否可以测量睡眠状态	是	是	是（有环境限制）	是（噪声明显，有环境限制）	是
对于个体生理噪声的敏感性及处理	对于头动和眨眼比较敏感	对眨眼和肌肉电活动敏感，要根据特定算法估计噪声	对眨眼和肌肉电活动敏感，要根据特定算法估计噪声	对于呼吸和心跳比较敏感	对于呼吸和心跳比较敏感
同步性分析	可以	可以分析同步性和去同步性	可以分析同步性和去同步性	可以分析脱氧血红蛋白的激活和去激活	可以分析氧合和脱氧血红蛋白的激活和去激活
是否可追溯信号位于大脑的源位置	否	是，深度有限	是，深度有限	是，信号源较为精确	是，深度有限
溯源限制	不能进行	有，部分组织的导电属性的不确定性	有，对于头部组织的电属性缺乏敏感性	对于部分组织缺乏敏感性	部分组织的光学属性的不确定性

　　眼动设备，是神经营销研究可以利用的众多技术中成本最低廉的设备之一，它有很好的便携性，可以便利地穿戴在消费者的身体上。眼动测试中所应用到的算法也已经发展得非常成熟，被广泛地集成到了各种可穿戴设备上，例如 VR 眼镜和 AR 设备等。然而，眼动设备本质上探测的是眼球运动，更多反映的是消费者的注意，并没有探测到大脑的活动，无法探测到消费者更为复杂的动机和更深层次的情绪活动。

　　就 EEG/ERP 而言，其优点是造价成本比 fMRI 和 MEG 等设备更低廉，同时具有小巧、可便携性、可移动性等特点，可以应用于很多移动消费场景，例如脑机接口、可穿戴设备等。但是，其缺点也很明显，EEG/ERP 的信噪比相对较低，由于人体组织（头皮、颅骨、血管等）的阻碍，神经元的高频动作电位在传输至头皮的过程中会极大地衰减。同时，EEG 信号是复杂信号，本身包含大量来自环境（例如，肌肉的电活动）的噪声，也极易受到噪声的影响，例如仅仅是眨眼、肌肉紧张等细微的动作都会影响 EEG 信号，所以 EEG 信号的空间分辨率比较低。目前的 EEG 设备主要用于探索皮层神经元活动，例如更靠外部的外侧前额叶、外侧针叶、顶叶，而很难探测到大脑深部的活动，例如杏仁核、丘脑、内测颞叶等。

fMRI 是目前主流的神经影像技术，在神经营销的研究中也有广泛的应用，但它还是有着不可忽视的缺陷。因为 fMRI 不是直接探测大脑的电化学活动，而是探测与神经活动相关的新陈代谢变化。具体而言，fMRI 是基于血流信号的神经影像技术，但血流的调控较慢，fMRI 需要在好几秒之后才能发现血流的提升变化，并且在 6~8 秒后才能达到巅峰，而神经元活动是毫秒级别，由此导致 fMRI 的时间分辨率较低。

fNIRS 相比于核磁共振和脑电图这种主流应用的成像技术而言，也有着不可忽视的缺陷。fNIRS 与核磁共振成像原理相似，测量的都是脑血流的信号。脑血流的信号是神经活动的间接信号，电信号才是神经元活动的原始信号，而脑血流对神经活动的反应远远慢于电活动，这也导致 fNIRS 和 fMRI 的时间分辨率都比较低，无法探测神经元毫秒级别的神经活动，意味着人们认知和决策早期阶段的活动无法被设备探测到。此外，相比于 fMRI，fNIRS 的空间分辨率也比较低，和 EEG 一样无法探测到大脑深部的组织活动，只能探测脑皮层表层的神经活动。

综上所述，不同的神经影像技术有着不同的特点，本章对比总结了当前主流神经影像技术手段的性能，详细内容如表 6-1 所示。

【章末案例】

韩璧丞与他的神经科技公司 BrainCo

韩璧丞，哈佛大学脑科学博士，也是强脑科技"BrainCo"公司的创始人。韩璧丞曾创业过两次，2011 年毕业后，他来到美国工作，先后创立了两家公司，第一家公司做无针头胰岛素针，利用高压把药剂大分子喷进皮肤里；第二次创业则研发了一款分流筛药的装置，结果以失败告终。在做项目时，韩璧丞对脑监测设备产生了兴趣，2012 年，他还做出了一个原型机器。两次创业失败后，韩璧丞深感自己对脑科学领域了解甚少，于是他选择了继续深造，攻读哈佛大学脑科学专业的博士学位。

读博期间，韩璧丞发现，相关的脑健康、脑检测技术早在实验室中得到检验，却迟迟未能在生活中得到普及。同时，传统医院的脑检测项目费用十分高昂，还要佩戴复杂的设备，有时候就连医生也难以完全解释清楚仪器上的波形。广阔天地，大有作为，韩璧丞萌生出一个想法：让人类大脑与外部电子设备连接交互。最初两次创业的失败并未打击韩璧丞的心态，反而让他越挫越勇。为了将想法转化为产品，韩璧丞卖掉了在西雅图的房子，和哈佛大学的同学及教授在波士顿创立了 BrainCo 公司，主攻脑机接口（Brain Computer Interface，BCI）方向。脑机接口，指在人或动物大脑和外部设备之间创建直接连接，以实现脑与设备的信息交换。

以美国科学促进会（American Association for the Advancement of Science，AAAS）、美

国国家研究委员会（National Research Council，NRC）和英国皇家学会（The Royal Society）为首的国际科学机构已将基于脑科学研究的教育改革纳入国家专项教改计划，并将其作为评价和检验教育效果的参考标尺，渗透到具体的教学内容和教学过程中[29]。

2016 年，"中国脑计划"启动，"脑科学与类脑研究"被正式纳入"十三五"规划的"科技创新 2030—重大项目"。2018 年，*Nature* 杂志发表"Beijing Launches Pioneering Brain-science Center"一文[30]，标志着备受瞩目的"中国脑计划"正式落地，脑认知原理与脑智开发、类脑计算与脑机智能、脑疾病障碍诊治等内容被确定为未来中国脑科学研究发展的主体方向。

近年来，随着脑科学的迅猛发展，脑科学的应用场景不断扩大，各国正在逐步推动脑科学领域的商业化，助力脑科学形成新的经济增长点。国际上，脑科学的发展正处在革新的十字路口，即从强调个体细胞的结构与功能，逐渐过渡到强调特定的脑功能神经连接通路和网络结构的解析以及模拟[31]，未来的研究将致力于人类脑神经全基因组关联研究，建立神经连接组学的标准，通过积累大数据，研发一系列新技术，包括各种神经影像技术、脑机接口、神经科学生物银行、功能性移植脑刺激、虚拟现实及远程监控技术等[31-33]。

BrainCo 总部位于美国波士顿，中国区总部位于浙江杭州，在北京和深圳均拥有分部。经过几年的发展，BrainCo 目前拥有的独家技术已涵盖硬件及软件产品，其产品包括头环设备和电路板等硬件产品，基于专注力的核心算法及教育应用系统、基于神经反馈原理的各类训练教程以及产品外观设计等软件产品。

BrainCo 推出的其中一款具有代表性的产品是 Focus（赋思）头环。除了基本的硬件设备外，Focus 系列头环还拥有与之配套的 App，以便用户在使用其产品时，能观测到自己的脑电波信号以及注意力指数。App 也提供了一些注意力训练教程，用户能够跟着这些教程学习如何保持自己的注意力。该头环的核心技术为神经反馈技术，该技术基于脑数据控制训练、操作化条件反射和大脑活动模式，对大脑功能进行调节，并在此基础上优化大脑运作模式，其本质是一种神经增强技术[33]。该技术在神经反馈系统中，通过脑电波（EEG）传感器，在脑电波发生的点位进行脑电波的实时连续采集，采集得到的数据经过处理之后，可以揭示出人们的注意力状态。

BrainCo 的头环自推出后很快就接到了来自教育领域的一笔订单，但也引发了很大的争议。金华一所学校，采用了专门检测脑电波的 BrainCo 头环，让小学生在上课的时候佩戴该头环，与此同时，老师和家长可以通过 App 同步监测学生上课时的注意力状态。不少人质疑该学校的做法是给孩子戴上了"紧箍咒"，相关舆论发酵之后，金华市教育局立即责令相关学校停用该款头环。有教育专家认为将这类与脑科学相关的产品给学生佩戴，是一种反人性的教育实验，涉及伦理道德方面的问题。还有专家表示，目前脑电图技术还不够成熟，无法准确地将神经多样性等重要变量考虑在内，即每个人的大脑情况存在差异，对测试结果有较大影响。因此，把这种产品运用到教育领域，可能会对学生个人的学习情况或需求产生误导。另外，神经反馈训练能治疗学习障碍这一说法缺少足够的证据支持，产品的有效性还需要通过更多的研究或临床试验来证明。这样的结果似乎说明，普罗大众对这种与脑科学相关的产品的接受度还不是很高，消费市场的培育有待展开，并且在进行相关产品的推广时仍需考虑社会伦理道德问题，企业需要结合消费者的接受度与需求，制定更加科学的市场营销策略。

案例讨论： 通过阅读本案例，你觉得 BrainCo 这样的神经科技公司在运营过程中会出现什么样的风险和危机？如何利用脑科学技术和知识帮助类似的高科技公司应对这些风险？如何帮助公司进一步提升消费者对脑科学的认知？如何提升神经科技公司的品牌价值？

思考题

1. 为什么人脑这个"黑箱子"对于营销和管理学这么重要？
2. 举例说明企业为什么需要神经营销。是不是没有神经营销也可以？
3. 基于本章介绍的几种主流的神经营销和神经影像技术，请你谈一谈每一种技术适用的场景与范围。你认为哪一种技术对于企业来说最具性价比？并谈一谈为什么。

参考文献

［1］马庆国，王小毅.认知神经科学、神经经济学与神经管理学［J］.管理世界，2006（10）：139-149.

［2］汪蕾，杨一恺，郑杰慧，等.基于消费者神经科学视角预测消费者行为：现状、挑战与未来［J］.管理工程学报，2020，34（6）：1-12.

［3］ARIELY D, BERNS G S. Neuromarketing: the hope and hype of neuroimaging in business［J］.Nature reviews neuroscience, 2010(11)：284-292.

［4］BARNETT S B, CERF M. A ticket for your thoughts: method for predicting content recall and sales using neural similarity of moviegoers［J］.Journal of consumer research, 2017, 44(1)：160-181.

［5］陈艳，陈邑早，王圣媛.管理学与神经科学交叉研究的态势、基础与热点［J］.财经问题研究，2020（11）：32-41.

［6］MCCLURE SM, LI J, TOMLIN D. Neural correlates of behavioral preference for culturally familiar drinks［J］.Neuron, 2004, 44(2)：379-387.

［7］DROUMEVA M.Sounding out Sexism in Video Games［EB/OL］.（2018-11）.https://www.ted.com/talks/milena_droumeva_sounding_out_sexism_in_video_games.

［8］VERHCEVEN P.Sexism in gaming［EB/OL］.（2014-01-12）［2023-09-15］.https://www.youtube.com/watch?v=WA2kHVMak0E.

［9］GRISKEVICIUS V, TYBUR J M, VAN DEN BERGH B.Going green to be seen: status, reputation, and conspicuous conservation[J].Journal of personality & social psychology, 2010, 98 (3): 392-404.

［10］The Coca-Cola Company.New Coke: The Most Memorable Marketing Blunder Ever? [EB/OL].[2023-09-15].https://www.coca-colacompany.com/company/history/the-story-of-one-of-the-most-memorable-marketing-blunders-ever.

［11］贾佳，王逸瑜，蒋玉石，等.基于眼动的创意广告重复效应研究［J］.管理学报，2017, 14（8）: 1219-1226.

［12］LABERGE S, BAIRD B, ZIMBARDO P G.Smooth tracking of visual targets distinguishes lucid REM sleep dreaming and waking perception from imagination[J].Nature communications, 2018, 9(1): 1-8.

［13］LI S X, GUI D Y, ZU Y F, et al.Good slang or bad slang? embedding internet slang in persuasive advertising[J].Frontiers in psychology, 2019, 10: 1251.

［14］VALLIAPPAN N, DAI N, STEINBERG E, et al.Accelerating eye movement research via accurate and affordable smartphone eye tracking［J］.Nature communications, 2020, 11 (1): 4553.

［15］TAMMELA L I, PÄÄKKÖNEN A, KARHUNEN L J, et al.Brain electrical activity during food presentation in obese binge-eating women［J］.Clinical physiology & functional imaging, 2010, 30(2): 135-140.

［16］WEXLER A, THIBAULT r.Mind-reading or misleading? assessing direct-to-consumer electroencephalography（EEG）devices marketed for wellness and their ethical and regulatory implications[J].Journal of cognitive enhancement, 2019, 3(1): 131-137.

［17］LINFORTH R S.Developments in instrumental techniques for food flavour evaluation: future prospects[J].Journal of the science of food and agriculture, 2000, 80(14): 2044-2048.

［18］NOBEL C.Neuromarketing: tapping into the "pleasure center" of consumers [EB/OL].(2013-02-01).https://www.forbes.com/sites/hbsworkingknowledge/2013/02/01/neuromarketing-tapping-into-the-pleasure-center-of-consumers/.

［19］黄宇霞，罗跃嘉.情绪的ERP相关成分与心境障碍的ERP变化［J］.心理科学进展，2004（1）: 10-17.

［20］GUI D Y, GAN T, LIU C.Neural evidence for moral intuition and the temporal dynamics of interactions between emotional processes and moral cognition［J］.Social neuroscience, 2016, 11(4): 380-394.

［21］GUI D Y, LI J Z, LI X L, et al.Temporal dynamics of the interaction between reward and time delay during intertemporal choice[J].Frontiers in psychology, 2016, 7: 1526.

［22］TELPAZ A, WEBB R, LEVY D J.Using EEG to predict consumers' future choices[J].Journal of marketing research, 2015, 52(4): 511-529.

［23］CHAN H Y, BOKSEM M, SMIDTS A. Neural profiling of brands: mapping brand image in consumers' brains with visual templates[J].Journal of marketing research, 2018, 55(4): 600-615.

［24］BERNS G S, MOORE S E. A neural predictor of cultural popularity[J]. Journal of consumer psychology, 2012, 22(1): 154-160.

［25］盛经纬, 高家红. 脑磁图仪的前世今生与未来 ［J］. 物理, 2021, 50（7）: 463-469.

［26］WATKINS M W, SHAH E G, FUNKE M E, et al. Indications for inpatient magnetoencephalography in children: an institution's experience ［J］. Frontiers in human neuroscience, 2021, 15: 1-18.

［27］崔少阳. 高分辨率可穿戴近红外脑成像设备研究与应用 ［D］. 上海: 上海交通大学, 2020.

［28］SHISEIDO.Shiseido successfully develops cosmetics evaluation method using cerebral blood flow measurement[EB/OL].(2019-08-06).https://corp.shiseido.com/en/news/detail. html?n=00000000002729.

［29］BOWERS J S.The practical and principled problems with educational neuroscience ［J］.Psychological review, 2016, 123(5): 600-612.

［30］CYRANOSKI D.Beijing launches pioneering brain-science centre[J].Nature, 2018, 556: 157-159.

［31］中国神经科学学会"神经科学方向预测及技术路线图研究"项目组. 脑科学发展态势及技术预见 ［J］. 科技导报, 2018, 36（10）: 6-13.

［32］罗建功, 丁鹏, 龚安民, 等. 脑机接口技术的应用、产业转化和商业价值 ［J］. 生物医学工程学杂志, 2022, 39（2）: 405-415.

［33］王亚鹏. 神经反馈训练及其在孤独症儿童中的应用 ［J］. 教育生物学杂志, 2022, 10（2）: 148-154.

第七章　人工智能赋能营销管理

近年来，得益于海量数据和强大算力，以深度学习为代表的人工智能模型在计算机视觉、语音和自然语言处理等领域都取得了巨大的突破，在某些特定的任务上甚至超越了人类水平。例如，以微软亚洲研究院何恺明博士为代表的团队在 2015 年训练了深度神经网络模型，该模型在 ImageNet 图像分类任务上的准确率首次超越了人类水平。[1] 2016 年 3 月，由谷歌 DeepMind 开发的 AlphaGo 以四胜一负的成绩战胜了韩国职业围棋九段李世石，其升级版 AlphaGo Master 于 2017 年 5 月以三场全胜的成绩战胜了中国职业围棋九段柯洁。① 2022 年 10 月，由 DeepMind 推出的人工智能系统 AlphaTensor 发现了一种新型的矩阵乘法，能够将计算速度提升 20%。② 2022 年吸引全球关注的人工智能生成内容（Artificial Intelligence Generated Content，AIGC）技术可以生成与人类水平相当的文本内容（例如，由 OpenAI 开发的 ChatGPT 可以和人顺畅聊天③），甚至可以生成能获得绘画比赛奖项的画作（例如，通过 AI 绘图工具 Midjourney 创作而成的获奖作品《太空歌剧院》④）。上述的现实案例为人工智能赋能营销实践提供了丰富的想象空间。例如，基于 AIGC 技术批量生成营销文案和图像，提高营销从业者的生产效率。

在人工智能技术迅猛发展的同时，人工智能相关的产业和经济规模也日益壮大。2022 年 7 月，工业和信息化部在"新时代工业和信息化发展"系列发布会的主题为"推动制造业高质量发展　夯实实体经济根基"的第一场会议中表示，我国人工智能核心产业规模超过 4 000 亿元，企业数量超过 3 000 家。⑤ 2022 年 9 月 14 日，国际数据公司（International Data Corporation，IDC）在 2022 年第二版《全球人工智能支出指南》中指出，2021 年全球人工智能 IT 总投资规模为 929.5 亿美元，2026 年预计增至 3 014.3 亿美元，五年复合增长率约为 26.5%。其中，2026 年中国人工智能投资规模有望达到 266.9 亿美元，全球占比约为 8.9%，位列全球第二。⑥ 根据 IDC 的《全球半年度人工智能跟踪报告》，2021 年全球人工智能软件、硬件和服务的收入总计 3 833 亿美元，比 2020 年增

---

① 百度百科. 阿尔法围棋［EB/OL］. https://baike.baidu.com/item/%E9%98%BF%E5%B0%94%E6%B3%95%E5%9B%B4%E6%A3%8B/19319610.

② 核子可乐，凌敏. 50 年悬而未决的矩阵乘法难题，被 DeepMind 的新式算法攻克了［EB/OL］.（2022-10-10）. https://www.infoq.cn/article/LpieFzxmWGNMVUyLO7Bi.

③ 机器之心. 爆火的 ChatGPT 太强了！写代码、改 bug，网友：可取代 Stack Overflow 了［EB/OL］.（2022-12-05）. https://mp.weixin.qq.com/s/iFrmpYov_ NnGRxL4qggK8w.

④ 甲子光年. AIGC 爆火背后，钱都被谁赚走了？［EB/OL］.（2011-11-01）.https://mp.weixin.qq.com/s/OaV4FGYbvW9ZUS6_ 61yVdA.

⑤ 工信微报. "新时代工业和信息化发展"系列发布会开启　第一场聚焦"推动制造业高质量发展　夯实实体经济根基"［EB/OL］.（2022-07-27）. https://baijiahao.baidu.com/s?id=1739457921602943732&wfr=spider&for=pc.

⑥ IDC. 2026 年，预计中国人工智能市场 IT 支出规模将超 266 亿美金［EB/OL］.（2022-09-14）. https://www.idc.com/getdoc.jsp?containerId=prCHC49683622.

长 20.7%。特别值得关注的是，2022 年全球人工智能解决方案的市场价值接近 4 500 亿美元，并将在未来五年持续增长。[①]

自 2016 年起，先后有近 40 个国家和地区将推动人工智能发展上升到国家战略的高度。[2]例如，欧盟在《升级 2020 新工业战略》中将推动人工智能发展列为重要的工作；美国成立了国家人工智能倡议办公室；日本在 2021 年 6 月发布的"AI 战略 2021"中提出推动人工智能领域的创新创造计划。为抢抓人工智能发展的重大战略机遇，构筑我国人工智能发展的先发优势，加快建设创新型国家和世界科技强国，早在 2017 年 7 月，国务院就公布了《国务院关于印发新一代人工智能发展规划的通知》。[3]通知中指出，经过 60 多年的演进，特别是在移动互联网、大数据、超级计算、传感网、脑科学等新理论新技术以及经济社会发展需求的共同驱动下，人工智能加速发展，呈现出深度学习、跨界融合、人机协同、群智开放、自主操控等新特征。人工智能作为新一轮产业变革的核心驱动力，将进一步释放历次科技革命和产业变革所积蓄的巨大能量，并创造新的强大引擎，重构生产、分配、交换、消费等经济活动各环节，形成从宏观到微观各领域的智能化新需求，催生新技术、新产品、新产业、新业态、新模式，引发经济结构重大变革，深刻改变人类生产生活方式和思维模式，实现社会生产力的整体跃升。另外，2020 年 11 月发布的《中共中央关于制定国民经济和社会发展第十四个五年规划和二〇三五年远景目标的建议》明确指出，经济和社会的发展要瞄准人工智能等前沿领域，实施一批具有前瞻性、战略性的国家重大科技项目，并促进人工智能同各产业深度融合，推动先进制造业集群发展，构建一批各具特色、优势互补、结构合理的战略性新兴产业增长引擎。[4]为落实《新一代人工智能发展规划》，统筹推进人工智能场景创新，着力解决人工智能重大应用和产业化问题，全面提升人工智能发展质量和水平，更好支撑经济和社会高质量发展，2022 年 7 月 29 日，科技部、教育部、工业和信息化部等六个部门联合印发了《关于加快场景创新　以人工智能高水平应用促进经济高质量发展的指导意见》（以下简称《指导意见》）的通知。[5]《指导意见》中指出，要鼓励制造、物流、金融、商务等重点行业深入挖掘人工智能技术应用场景，在消费领域积极探索无人货柜零售、无人超市、智慧导购等新兴场景，还要鼓励普通高校在人工智能学科专业教学中设置场景创新类专业课程，激发人工智能专业学生的场景想象力，提升学生场景创新素养与能力。

综上所述，考虑到人工智能技术对经济社会发展的巨大潜力，党中央、国务院高度重视人工智能技术和相关产业的发展，将其放在了国家发展战略的高度上，各部委也出台了多项促进人工智能发展的政策并推出了多项重要举措。因此，在营销专业的课堂教学中也应该引入人工智能相关的内容，促进营销专业的学生了解人工智能技术的现状和发展趋势，为他们将来从事人工智能相关的营销实践工作打下基础。本章第一节对人工智能的概念、范畴、现状以及发展趋势等进行简要介绍；第二节通过三个案例介绍人工

---

① IDC. 全球 2022 年人工智能支出将达到 4 500 亿美元 ［EB/OL］. （2022-09-18）.https://www.163.com/dy/article/HHHJD9IR0552C3W2.html.

智能技术如何赋能营销实践，主要包括批量自动生成广告页面、对销售人员的智能化管理、电商平台自动下单补货等；第三节先对人工智能技术在营销研究中的应用进行介绍，然后通过两篇和声音、图像等非结构化数据相关的学术论文来具体介绍在营销研究中如何运用相关的技术；最后，章末案例进一步介绍人工智能技术如何赋能制造业。

第一节　人工智能简介

本节，我们分别对人工智能的概念和范畴、人工智能的现状和发展趋势等进行简要介绍。本节主要参考了包括林子筠等（2021）[6]、Benaich 和 Hogarth（2022）[7]、阳翼所著的《人工智能营销》[8]等文献。需要特别指出的是，人工智能所涉及的领域非常广泛，并且发展极为迅猛，对这一部分感兴趣的读者，在读完本节后，我们建议进一步参考相关文献并查阅最新的资料，以了解更详细和前沿的信息。

一、人工智能的概念和范畴

人工智能的概念起源于著名的图灵测试（Turing Test）。图灵测试是英国计算机科学家艾伦·图灵于 1950 年发表的《计算机器与智能》（*Computing Machinery and Intelligence*）中提出的思想实验：如果一台机器能够通过电传设备与人类展开对话而不被辨别出其机器身份，那么称这台机器具有智能。① 图灵测试的目的是测试机器能否表现出与人一样的智能水准，即"机器能够像人一样思考吗?" 1956 年，达特茅斯会议（Dartmouth Conference）② 正式提出"人工智能"这一概念。人工智能促进协会（Association for the Advancement of Artificial Intelligence，AAAI）将人工智能定义为"对作为思维和智能行为基础的机制的科学理解及其在机器中的具体实现"。③

林子筠等基于 Stuart Russell 和 Peter Norrig 在《人工智能：一种现代化的方法》一书中关于 AI 的定义的四个类别"类人思考、类人行为、理性思考和理性行为"，从类人视角和理性视角分别给出了 AI 的定义。前者认为 AI 是机器模仿人类智能行为的能力，尤其是与人类思维相关的"认知"功能，包括解决问题和学习等，后者认为 AI 研究是对"智能体"的研究，而"智能体"是能够感知周边环境并采取行动，以最大化目标实现可能性的任何设备。林子筠等指出，这两种视角并不是互相排斥的，而是各有侧重、相辅相成的。Benaich 和 Hogarth 在 2022 年度的人工智能现状报告（State of AI Report 2022）中把人工智能定义为"一门目标为创造智能机器，而不是自然人类和动物所表现出的智

---

① 百度百科. 图灵测试［EB/OL］. https://baike.baidu.com/item/% E5% 9B% BE% E7% 81% B5% E6% B5% 8B% E8% AF%95/1701255.

② 百度百科.达特茅斯会议[EB/OL].https://baike.baidu.com/item/% E8% BE% BE% E7% 89% B9% E8% 8C% 85% E6% 96%AF%E4%BC%9A%E8%AE.达特茅斯会议.

③ AAAI. 关于 AAAI ［EB/OL］. https://aaai.org/about-aaai/.

慧的学科"，并进一步将通用人工智能（Artificial General Intelligence）定义为一个用于描述未来智能机器的术语，这些机器可以在所有具有经济价值的任务中全方位匹敌并超越人类的认知能力。明显地，Benaich 和 Hogarth 对 AI 的定义更倾向于理性视角，更多地从机器完成任务的范围和能力来界定 AI。结合 AI 在营销实践和研究中的应用现状和前景，本书更倾向于林子筠等对 AI 的定义。原因在于，类人视角的定义与消费者行为相关的实践和研究更契合，而理性视角的定义更多地适用于营销战略或模型相关的实践和研究。

二、人工智能的现状和发展趋势

关于 AI 的现状，Benaich 和 Hogarth 在 2022 年度的人工智能现状报告中从研究现状、行业、政治、安全、预测等领域进行了详细的阐述。接下来，我们将从研究现状、行业应用和发展趋势等领域进行重点介绍。

（一）研究现状

现有的研究表明，影响人工智能技术发展和性能的三大难题分别是：算力、算法和数据。近年来，随着计算机技术的发展和互联网的普及，这三大难题已经基本解决。在算力方面，GPU 和 TPU 极大提高了处理大规模图像和文本数据的能力；在算法方面，以深度学习模型为代表的算法在自然语言理解和计算机视觉等领域取得了巨大的进步；在数据方面，互联网的发展、存储成本的降低和技术的进步提供了海量的数据。在丰富算力、先进算法和大规模、高质量、特定应用场景的海量数据的加持下，目前人工智能专家能够训练超大规模的深度学习模型，并得到非常理想的结果。在自然语言处理领域，Google 公司开发的 BERT（Bidirectional Encoder Representations from Transformers）在很多自然语言处理任务上都超越了当时的最高水平，并对学术研究和业界实践产生了深远的影响。[9] 截至 2023 年 1 月 5 日，BERT 在 Google Scholar 上的被引量数据惊人，达到了56 353次。OpenAI 于 2020 年训练的生成预训练变换模型 GPT-3（Generative Pre-trained Transformer 3）包含 1 750 亿个参数。[10] GPT-3 是一个自回归语言模型，目的是利用深度学习生成人类可以理解的，并且无法与真人写作区分开来的自然语言，例如评论、文章等。特别地，营销领域学者研究了 GPT-2 在大幅降低与内容营销相关的生产成本的潜力，并且通过实证数据表明，经过人工改进后的机器生成文本在许多人类感知维度上与搜索引擎优化专家创建的文本几乎没有区别。[11] 在计算机视觉领域，早在 2015 年，由微软亚洲研究院的何恺明博士等训练的深度神经网络模型在 ImageNet 图像分类任务上的准确率就超越了人类水平。截至 2023 年 1 月 5 日，何恺明等人发表的计算机视觉领域划时代论文 Deep Residual Learning for Image Recognition [12] 在 Google Scholar 上的被引量达到了148 610 次。特别值得关注的是，营销领域学者也把何恺明博士提出的深度残差卷积神经网络的预训练模型应用到营销相关的图像分析中。例如，哈佛大学商学院的 Shunyuan Zhang 教授在研究 Airbnb 上房东的笑脸和经济回报之间的关系时，就用该模型识别房东人脸图像中笑的程度。[13] 本章第三节将会介绍更多关于计算机视觉的深度学习模型及其在营销研究中的应用。

（二）行业应用

目前，人工智能技术已经被广泛地应用于金融、零售、电子商务、物流、教育、医疗、制造、无人驾驶等领域。在营销领域，人工智能技术被应用于批量自动生成广告、电话客服/销售人员的智能化管理、电商平台的智能补货、智能定价、无人零售超市等。考虑到人工智能技术基本以月为单位进行快速迭代和更新，并且人工智能技术可以快速投入商业应用，因此，我们要预测人工智能技术和商业实践的发展趋势无疑是困难的。作为市场营销专业的学生，我们只需谨记人工智能技术的发展和突破为经济和社会发展提供了无限的想象空间。例如，普华永道预计，到 2030 年，人工智能将为全球经济贡献约 15.7 万亿美元，其中商业自动化以及使用人工智能辅助现有劳动力对生产力提升的贡献为 6.6 万亿美元。同时，我们需要时刻关注人工智能技术的发展，并不断思考如何把最前沿的人工智能技术应用于营销实践。

（三）发展趋势

阿里达摩院预测生成式 AI 将会是 2023 年十大科技趋势之一。[①] 2022 年火爆整个互联网和创投圈的 AIGC 技术在未来几年有望生成更大规模和更高质量的文本、图像内容和创意作品等。此前，AIGC 相关技术上的进展主要有以 DALL-E 2、Stable Diffusion 为代表的扩散模型和基于 GPT-3.5 的 ChatGPT 等。这项技术在自动生成更高质量的营销文案和图像，进而大幅提高营销内容的生产效率上也有很大的想象空间。国泰君安分析师陈筱预测，未来五年，AI 绘画在图像内容生成领域的渗透率将达到 10%～30%，相应地将有600 亿元以上的市场规模。而到 2030 年，AIGC 市场规模或将超过万亿人民币。[②] 某大型公司设计部门的一位插画师对 AIGC 的评价是 "目前，AI 绘画基本可以满足国内大部分的商业需求。只需要能力比较强、审美比较好的设计师或者是插画师做一点修改"。

第二节　人工智能赋能营销实践

在本节中，我们将分别通过以下三个案例：批量自动生成广告页面、销售人员的智能化管理、电商平台自动下单补货，来介绍人工智能技术如何赋能营销实践。在本书第五章，我们已经基于网络资料对人工智能赋能营销实践做了一些简单的介绍。与第五章相比，在本章的案例中，我们将更为深入地介绍一些相关的细节。

一、批量自动生成广告页面

消费者对产品或服务的偏好通常具有异质性特征。[14] 例如，有些消费者喜欢大屏幕

---

① 量子位. 达摩院 2023 十大科技趋势发布：人类通用手 AI 的想象从来如此具体 [EB/OL]. (2023-01-11). https://mp.weixin.qq.com/s/kAYzsBBrtPNwH9ROafiphA.

② 量子位. 又一巨头宣布入局 AIGC，一口气开源数个模型，还道出了它的表现之道 [EB/OL]. (2022-12-16). https://mp.weixin.qq.com/s/HZjxDhaMqqgM92puoedJvg.

手机，而有些消费者喜欢小屏幕手机；有些消费者喜欢樱花粉的手机外壳，而有些消费者喜欢黑色的手机外壳。同样地，不同的消费者对广告的反应也不相同。[15]因此，广告主需要对有不同偏好的潜在消费群体制作并投放不同特征的广告，但电视和印刷广告等传统的广告形式很难做到这一点。随着移动互联网技术的发展，消费者渐渐养成通过电商平台购物的习惯，使得电商平台上积累了大量和消费者浏览、点击、购买等行为相关的数据，这为电商平台借助大数据技术识别不同消费者的偏好提供了非常好的数据基础，也为电商平台基于人工智能技术生成"千人千面"的个性化广告以更好地向潜在消费者传递产品信息提供了广阔的应用前景。

【链接案例 7-1】 阿里鹿班智能设计平台①②③

每年"双 11"，淘宝、天猫等电商平台上的设计师都会开启疯狂的加班模式：做海报、改文案、换商品、调设计……每个设计师对接几个运营人员，以流水线方式进行烦琐的高度重复性的广告设计工作。每年"双 11"期间，他们要完成上亿张海报。2015年，阿里正式在商品推荐上实现"千人千面"，当年"双 11"过后，阿里内部萌生了希望营销导向的广告资源位设计也能实现"千人千面"的想法。据阿里智能设计实验室负责人吴春松表示，基于阿里商业生态中蕴含的真正大数据、强大的算法能力和计算能力，在2016 年 7 月，阿里开始组建阿里智能设计实验室，致力于开发人工智能设计平台——鹿班。通过一段时间的积累，鹿班设计平台已经具备了可大规模设计、可自我学习成长、可开放接入三大特性，并且其设计水平已经非常接近专业设计师设计的效果。2016 年"双 11"期间，鹿班把"双 11"站内投放广告以"千人千面"的形式呈现。以前的"双11"，每个分会场只需根据主题投放 1 张图片素材，2016 年的"双 11"分会场需要根据主题和消费者特征进行个性化呈现，平均每个分会场需要投放 3 万张图片素材，整个"双 11"期间累计生产了 1.7 亿张素材。假设人类设计师完成一张图需要耗时 20 分钟，以上巨大的工作量则需要 100 个设计师不吃不喝连续做 300 年才能完成。但鹿班平均每秒钟就能完成 8 000 个海报设计，一天可以制作 4 000 万张海报，在短短几天内就可以轻松完成设计任务。除了个别模板还需人工设计以外，鹿班平台基本承接了此项目绝大部分的工作量。从商业效果来看，这种模式让资源位的点击率翻了一倍多，设计效能得到大幅提升。

鹿班平台是一套可以通过自我学习达到设计认知层面的机器，其水平已经达到了阿里内部 P6 水准。开发人员为它设计了一套可以快速学习设计风格并且不断成长的闭环系统，包括"风格学习—行动器—评估网络"三大核心模块。机器从大量设计文件中学到设计风格后，由行动器根据设计需求生成设计结果，生成结果的好坏由"评估网络"来给予反馈。下面的图7-1、图 7-2、图 7-3 来源于"AI 设计师'鹿班'进化史：每秒制作 8 000 张'双 11'海报，

① 阿里技术. 阿里鲁班智能设计平台［EB/OL］.（2009-01-08）. https://www.aiuai.cn/aifarm804.html.
② 阿里云开发者. AI 设计师"鲁班"进化史：每秒制作 8 000 张"双 11"海报，没有一张雷同！［EB/OL］.（2017-11-08）. https://mp.weixin.qq.com/s/_IOdMk8CJbZkeYO9CDDgZQ.
③ 一秒做出 8 000 张海报设计的"鲁班智能设计平台"是怎么工作的？［EB/OL］. https://www.uisdc.com/alibaba-luban-ai-work.

没有一张雷同!"①。

1. 风格学习

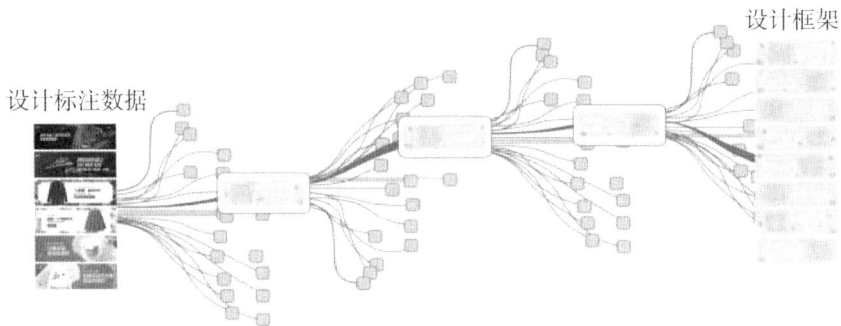

设计标注数据、输入深度序列规划网络，输出空间+视觉的设计框架

图7-1　鹿班风格学习

鹿班先将大量设计素材的设计数据进行结构化标注（这也是大多数深度学习模型必要的前期准备工作），然后经过一系列的神经网络学习，输出"空间+视觉"的设计框架。框架设计中，首先通过人工标注的方式，让机器理解该幅设计由哪些元素组成。往上一层，还需要通过设计的经验知识定义一些设计的手法和风格，手法指的是这些元素为什么可以这么构成。最上面一层是风格，当这些元素构成之后，首先判断它从美学或者视觉角度看是什么感受，让机器知道它是用什么组成。下一步是准备设计的原始文件，比如一系列花朵和设计方法，将其输入深度学习网络中。从技术上理解，它是一堆空间特征和视觉特征构成的模型；从设计师的视角来看，它相当于在做一组设计之前设计师脑中大概的框架印象。

2. 行动器

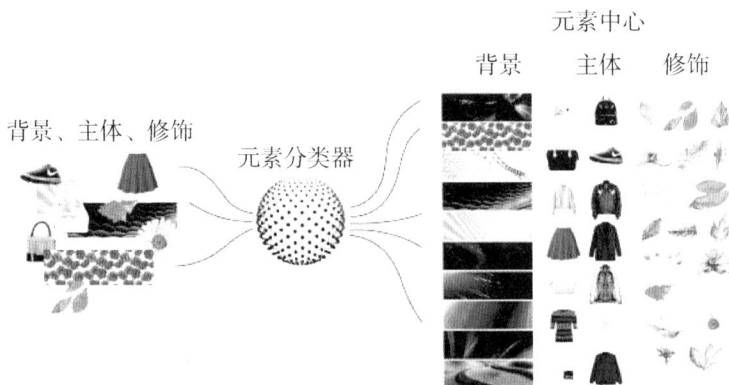

批量输入元素，由元素分类器进行学习，按照视觉特征和类型分类

图7-2　鹿班行动器

---

① 阿里云开发者. AI设计师"鲁班"进化史：每秒制作8 000张"双11"海报，没有一张雷同！[EB/OL]. (2017-11-08) https://mp.weixin.qq.com/s/_IOdMk8CJbZkeYO9CDDgZQ.

行动器的主要作用是根据需求从风格学习模块中选择设计原型，并从元素中心中选取元素，规划出多个最优生成路径，完成图片设计。同时，整个过程也是一个强化学习的过程，行动器会在不断试错中变得更聪明、更智能。此过程完成后，行动器将输出多个设计图，并最终交给"评估网络"对输出产品进行评分。

（3）评估网络

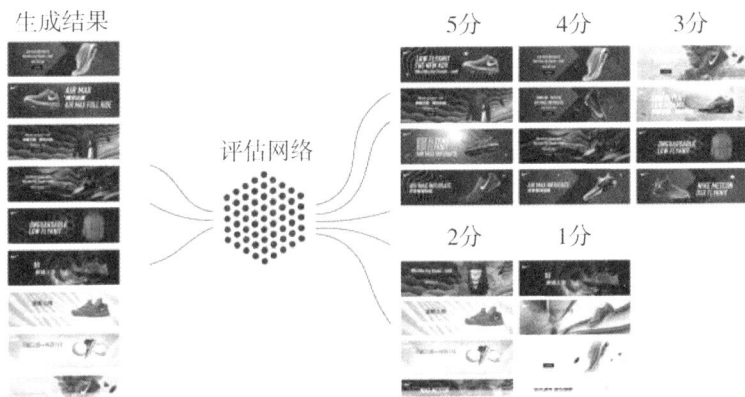

智能生成的结果由评估网络进行打分，并反馈给神经网络

图7-3　鹿班评估网络

评估网络的工作原理是输入大量的设计图片和评分数据，经过训练后，让机器学会判断设计的好坏。鹿班的基础是来源于设计师的设计模板素材和元素素材，因此会有两个设计师角色每天去训练鹿班，一个负责帮助鹿班习得最新的风格（风格学习），让鹿班不断进化，不断掌握更好的设计技巧。另一个则是对鹿班设计出来的成果进行评估（评估网络），告诉鹿班什么样的设计才是好的。

鹿班的背后，是阿里的设计师和算法工程师在领域研究、数据链路、算法框架三个板块所做的大量功课，并解决了缺少标注数据、设计的不确定性、无先例可循这三大挑战，最终开发了这一智能化的广告制作平台，极大提升了广告设计的效率，为"千人千面"的广告投放系统提供了方法基础。

随着以深度学习为代表的人工智能技术的发展，加之消费者对精准营销、个性化营销的实际需求，业界涌现出越来越多的基于人工智能技术的智能广告设计制作平台。例如，宣称"利用人工智能在2分钟内制作商标、视频、横幅与模板"的Designs. AI（https://designs. ai/cn）。此外，业界也涌现了很多基于自然语言处理技术的智能化营销文案生成工具，极大地提高了产品或服务等营销推广软文的写作效率。例如，宣称"提供几个关键词，我们会利用我们世界一流的人工智能和丰富的知识，立即把它们变成完整的文章和营销内容"的Hypotenuse AI（https://zh. hypotenuse. ai）。值得关注的是，营销研究表明，与传统人工编写的搜索引擎优化内容相比，人工改进的基于自然语言处理技术自动生成的搜索引擎优化内容，不仅具有更高效率，而且两者在许多人类感知维度上几乎没有区别。[16]传统的搜索引擎优化项目高度依赖于搜索引擎营销专家创作的内容，并且创作这些内容既耗时又昂贵。因此，该研究为基于人工智能技术提高营销内容创作的效率，并降低与内容营销相关的创作成本提供了研究支撑。

尽管基于大数据和人工智能技术的广告智能设计平台可以大幅降低设计人员的工作强度，但这种批量方式生产的广告也有缺点。例如，批量自动生成广告在提高广告内容制作效率的同时，也产生了内容庸俗化、共情能力弱以及公共性弱化等负面效应。① 具体而言，在追求广告效果的激励下，自动生成的广告内容更倾向于采用引人注目的标题、夸张的语言、出格的视觉效果来提高用户点击率，这强化了以短期效果为导向的智能广告生成模型，使得广告庸俗化现象越来越明显，导致广告的艺术品质与沟通能力不断降低。长此以往，可能会使得用户对批量自动生成广告产生抵触的情绪，从而弱化"千人千面"的效果。更其者，市面上出现了很多打着智能化外衣的"傻瓜文案生成器"②。这些文案生成器生成的大多是典型标题党、废话连篇的营销号式文章，有着"开篇提出问题、抛出观点论证、最后简单总结"的统一结构。虽然在逻辑上没什么问题，但省略了最核心的事件过程描述，因而为大众所诟病。

考虑到批量自动生成广告在提高制作效率上的优点，以及内容庸俗化等潜在缺点，结合 Reisenbichler 等人（2022）在 Marketing Science 期刊发表的关于智能化生成搜索引擎营销文案的研究，未来基于智能化的广告和营销文案生成平台或工具，要尽可能利用人工智能等技术提高效率，也要尽可能避免其潜在的不利因素，争取在保证质量的前提下提高效率。我们相信，随着人工智能技术的发展和相关营销研究与实践的深化，将来的智能化营销一定大有可为。

二、对电话客服/销售人员的智能化管理

想象一下，如果你正在管理一个由 10 个销售代表组成的团队，每个人每天花费 4 个小时在电话沟通上，你有办法对这 40 个小时的通话进行分析吗？进一步地，假如你是某个大公司的客服部门主管，公司拥有数百个人工电话客服，每个客服每天要接数小时的客户来电，你有办法对这些通话进行分析以提高客服的绩效吗？事实上，基于语音识别技术，我们可以较为准确、快速地把语音转换为文字，就像大家在微信中常用的"把语音转换为文字"功能一样。基于自然语言处理（Natural Language Processing，NLP）技术，我们可以对转换后的通话文本进行自动化分析。

业界已经有非常成熟的语音识别平台，即把语音转换为文本的人工智能平台。例如

---

① 新华报. 智能化广告："千人千面"却缺乏共情［EB/OL］.（2022－06－16）. http://news. xhby. net/zt/cmgc/202206/t20220616_7583752. shtml.

② 广告案例精选. 文案生成器火了，广告人会失业吗?［EB/OL］.（2020－04－21）. https://www. digitaling. com/articles/283744. html.

讯飞听见（https://www.iflyrec.com）和百度 AI 开放平台的语音识别模块（https://ai.baidu.com/tech/speech）等。讯飞听见是安徽听见科技有限公司旗下产品，依托科大讯飞深耕自然语言处理、声纹识别、语音识别等核心技术，形成了以语音转文字为核心的智慧办公服务平台。其音频快速转写为文字的准确率最高可达 97.5%，一小时的音频最快 5 分钟即可出稿，并保证全过程的隐私安全。百度 AI 开放平台的语音识别模块采用国际领先的流式端语音语言一体化建模算法，可将语音快速准确识别为文字，该平台的中文普通话识别准确率高达 98%。不仅如此，近年来，我国在利用自然语言处理技术进行文本分析方面也取得了非常大的发展，业界推出了很多优秀的平台。例如百度 AI 开放平台的语言理解模块（https://ai.baidu.com/tech/nlp_basic），该模块提供了全面、领先的 NLP 语言理解技术，涵盖词、短语、句子等不同粒度的底层能力，可以进行观点抽取、情感倾向分析、短文本相似度、词向量表示等方面的分析。目前，文本分析技术被广泛地应用于营销学术研究[17-18]和营销实践中。

结合语音识别和自然语言处理这两个技术，公司可以较为容易地从客服电话沟通记录中识别出：①顾客打电话经常咨询的问题是什么？从而公司可以针对这些问题形成官方指导手册，方便客服高效率地解决顾客的问题。②顾客打电话经常抱怨的问题是什么？从而公司可以从"倾听顾客声音"中获悉自身产品或服务的不足，进而投入资源进行优化和解决，以提高顾客满意度。结合第五章中介绍的 Hauser 教授的从用户生成内容中识别顾客需求的研究，公司同样可以用相同的方法从顾客电话咨询和抱怨中识别顾客需求。③客服人员沟通中是否有违规行为，是否按照指导手册进行沟通？从而公司可以快速识别出需要进一步培训的客服。④什么样的语音特征和话术能提高电话客服的绩效（例如增加说服力[19]、提高顾客满意度等）？从而可以帮助公司招聘具有相应语音特征的客服，以及制作相应的话术指导手册。从上面的讨论可知，对客服电话进行语音和文本分析具有重要的应用价值。

【链接案例 7-2】利用人工智能算法进行销售语音对话分析①

销售对话分析是管理销售过程的重要手段，可以帮助公司了解销售人员销售能力、复制最佳销售方式、发现新的需求与机遇、协同市场推广团队优化推广效果等。传统的销售电话分析大多是销售主管或者比较有经验的销售人员定期监听销售人员的电话沟通录音，然后记录问题并进行指导，有时候会通过一些培训会议以提升整个销售团队的话术能力。这种方法存在效率低下、覆盖面不足、时效性差、难以进行基于数据统计分析的决策等缺陷。而利用语言识别和自然语言处理等人工智能技术对销售对话进行分析则可以很好地解决这些问题和不足。

利用人工智能技术对销售对话进行分析包含两个步骤：①用语音识别工具将语音转

---

① 集简云. 如何利用 AI 人工智能进行销售整理：利用 AI 算法进行销售语言对话分析 [EB/OL].（2021-10-18）. https://zhuanlan.zhihu.com/p/104838369.

换为对话文本；②用自然语言处理技术对文本内容进行分析，提取文本中的关键信息并分析沟通双方的意图。其中，第一步可以通过如讯飞听见或百度 AI 开放平台的语音识别模块快速准确地实现；第二步可以通过百度 AI 开放平台的语言理解模块或者公司基于自身业务需求定制的文本分析工具实现。

利用人工智能技术进行销售对话分析具有速度快、时效性强、准确性高等突出优势，同时，分析结果可以实时发送回企业的数据库系统或智能决策系统中进行基于数据分析的智能决策。从应用场景来看，利用人工智能技术进行销售对话分析的使用场景包括：①自动判断销售人员的需求挖掘能力。例如，在用户提到指定的使用场景后，判断销售人员是否展开指定话术内容挖掘用户需求。②自动判断销售培训内容是否得到执行，以及在新的销售培训完成后，销售人员是否在指定场景中使用了新培训的内容。例如，销售人员是否对产品功能和产品优势进行介绍，以及面对客户提出的问题是否使用了正确的回答方式。③快速分享优质销售对话内容，提升团队销售能力。④提取用户需求并返回到企业数据库系统中。例如，利用 CRM 系统和客户服务系统补全用户信息。⑤自动判断销售线索质量并返回到市场推广系统中。例如，判断销售线索中的目标客户需求、客户体量规模、可能的成交时间等销售线索质量，以便市场推广团队能够及时评估各推广渠道效果并调整推广策略。⑥自动提取对话中的关键信息并保存到 CRM 系统中。例如，可以将全部的对话文本内容保存到 CRM 系统中，以便后续跟进销售人员了解客户的需求，提高成交率；CRM 系统也可以提供文本搜索能力，帮助销售人员找到目前无人跟进但满足某些需求条件的客户，从而提升销售线索成交率。⑦自动判断需求和竞争的变化趋势，以便及时调整营销策略。具体而言，人工智能技术通过自动统计用户提及某个产品服务需求和竞品名称的次数，帮助企业判断未来需求与竞争的变化。

上面的案例提到了利用人工智能算法进行销售语音对话分析的原因及其优势，也给出了 7 个潜在的使用场景，但缺乏具体的应用实践和数据支撑。好在基于语音识别和自然语言处理技术进行销售或客服电话分析的思路比较简单直接，因此，该案例对具体实践依然具有一定的价值。

三、电商平台智能补货

随着国内供应链和物流行业的快速发展壮大，中国的消费者目前已经习惯了今天在电商平台上下单，明天在家或办公室拆快递的购物体验。那么，对于拥有数亿活跃用户、近千万个品类的电商平台来说，是如何满足用户这种被"宠坏"的购物体验的呢？接下来，我们通过京东集团戚永志博士分享的"人工智能驱动的京东端到端补货技术建设实践"，从一个侧面来简要介绍电商平台的智能补货业务。

【链接案例7-3】 人工智能驱动的京东端到端补货技术建设实践①

2022年，京东平台的活跃用户大约为5.52亿，自营商品超过900万种，涵盖家电、数码、快消等所有品类，对接了超过20万家供应商。整个网络规模非常庞大，基本使用了物流的全部仓库。京东财报显示，其一系列的供应链优化动作，使存货周转期达到了30.1天。对标行业来看，京东平台的补货效率处于非常领先的水平，93%以上的自营订单实现了24小时到达。这源于京东在以下两个方面的努力：一是业务人员的操盘，二是技术服务的加持。

智能补货面临的首要挑战是销量预测。京东的自营商品有900多万种商品，有1300个仓库在八大RDC（Regional Distribution Center，区域分发中心）。八大RDC乘以900多万种商品，即需要预测将近一亿的数量，规模非常大。在整个预测系统非常成熟后，为了保证预测的普适性，业务人员会按照每天、每SKU（Stock Keeping Unit，最小存货单位）、每RDC输出对未来91天的预测结果，从而服务于下游的智能补货系统。补货更多地是要把整个商品从供应商运输到京东大仓，每天大概有数千万件商品的采购输出，通过供应商自动下单、自动入库，实现整个流程的自动化。当商品进入京东大仓后，要把货物快速地分配到前端物流中心（Front Distribution Center，FDC），在京东内部完成调拨，目前调拨的自动化率高达90%，自动化水平非常高。

京东的智能预测平台的底层有两个核心能力：第一个是大数据的能力；第二个是成熟的机器学习和深度学习技术。为了使智能预测平台具有更好的适配性，京东会把一些业务的信息传输到智能预测平台，以业态信息为例，大家电是计划驱动的业态，时尚产品是期货的业态，中小件快消品是需求驱动的业态，在使用智能预测平台时需要把不同的业态考虑到预测模型中。另外，不同的影响因子对最终效果的影响很大，比如促销因子、季节性因子，京东会把各类因子单独建模，以便支撑多种多样的业务形态。预测主要有三个类别：一是财务预测；二是销量预测，销量预测是实现自动补货的基础，预测平台每天输出千万行以上的预测建议，以及千万行以上的采购行为；三是单量预测，更多是服务于物流，做采购的入库计划，配置产能。

精准预测面临的难点主要包括：①客群日益丰富，例如，Z世代、面向企业、面向政府和面向消费者；②要考虑不同商品的生命周期，一个商品从引入到成长到成熟到衰退，整个过程的销量特性差异非常大；③目前电商平台营销活动特别多，每个营销活动都会使得销量出现一些尖峰，例如某商品平时只有一两件的长尾需求，但营销促销活动期间会产生海量爆发的需求。预测平台对平稳序列的预测准确度比较高，但对非平稳序列的预测难度非常大，因此，如何把尖峰预测得更准，对京东来说是一个非常大的挑战。为此，京东对这些难点进行分解，用时序模型、机器学习模型、新品模型等将这些问题加以解决。最后，预测平台通过整合京东的数据平台、特征库、模型组件及模型库、标

---

① DataFun. AI驱动的京东端到端补货技术建设实践［EB/OL］.（2022-04-23）. https://aijishu.com/a/1060000000319585.

准输出及评估来构成整个预测框架，然后基于该框架进行相关预测。

在准确预测产品销量的基础上就可以进行精准补货了。对于像京东这样有900多万种商品的电商平台来说，把人工补货变成自动补货的目的在于：商品种类很多，如果人工补货，效率非常低，工作量很大，并且很难做到精细化；而基于人工智能构建的智能补货系统在补货时，可以针对每个SKU做差异化预测，并给出差异化的参数，使补货效果更好。企业通过这种方式，能把线下人工补货，变成自动补货。想把补货做好，一定要把库存拆解得更加清晰，针对不同的库存层次，匹配不同补货策略和模型算法。目前京东主要是基于安全库存模型，对现有的库存进行拆解。基于库存模型的拆解步骤如下：首先是周转库存，周转库存在理想情况下，只需要覆盖两次补货间隔的量就可以，但是很多时候由于供需的不稳定性，供给会发生很大的变化，需求波动也很大，如果只准备周转库存，会造成断货的风险；其次是安全库存，为了避免周转库存引起的断货风险，引入安全库存满足消费者的需求变动，不同的安全库存对应着不同的服务水平，比如现货率达到97%，增加的安全库存要远大于95%的水平；最后是策略库存，策略库存是应对一些特殊场景的，比如大促销备货场景，像"618"和"双11"期间，整个节奏受到供应商产能的影响非常大，也会受物流入库的产能限制，因此很难在"618"和"双11"前几天把货物采购完备，在这种情况下，就要有节奏地把货物引入，这部分库存就是策略库存。为了应对这些挑战，京东引入两种常见的补货策略，即常规补货和大促补货。常规补货更多地服务于安全库存和周转库存；大促补货主要应对"618"和"双11"期间巨量的突发销量需求。

在传统补货方式的基础上，京东从2020年开始推出多端补货，传统补货的核心逻辑是先做预测，再结合补货模型下达采购订单。这种方式的劣势是环节很多，每一个环节都会有一个误差累积，使预测效果变差。因此京东在考虑把预测和补货决策两个环节变成一个环节，直接给出最优化的建议，通过这种方式进一步提升补货的效果。实现这个理念的第一步是得出历史上每一次补货行为的最佳补货经验量是多少，通过监督模型去回算历史上每个采购单最佳的补货精度是多少。然后作为一个训练样本给到大模型，通过深度学习训练的方式给出最佳建议。为了检验端到端补货模型的效果，京东在实际的落地场景中选了三个具体的品类做线上实验，实验效果非常不错，周转和现货量都有所改进，无论对于常规品还是畅销品，都能达到比较好的效果。

从上面的案例介绍可以看出，京东基于传统预测模型和端到端预测模型的智能补货实践涉及的数据量非常庞大，模型和体系也非常复杂。在绝大多数时候，是需要一个专业的高水平的人工智能团队来完成这个项目的。对营销专业的同学来说，如果参与这个项目，我们的价值或者优势是从营销视角发现对提高模型预测准确性或者补货完成度有重要影响的因素，或者帮助IT团队的同事让智能预测和补货模型更好地落地。

第三节 人工智能在营销研究中的应用

随着人工智能技术的发展，以及在文本、图像、音频、视频等非结构化数据分析上的卓越表现，近些年营销学者把相关技术应用到营销相关的研究问题上，涌现出大量的基于人工智能技术的研究成果。营销学术期刊上也发表了很多关于人工智能在营销研究和实践中应用的综述性文献[6,19-28]，并且相关综述文献在近年来持续快速增长。

目前，营销领域关于人工智能的研究主要包含三个方向：

（1）消费者对基于人工智能技术开发的产品或服务的态度和行为。例如，Longoni 等关于消费者对医疗人工智能接受度的研究表明，消费者不愿意在"真实或虚拟的选择""单独或联合评估"等场景下使用人工智能提供的医疗保健服务。[29]并且，消费者认为人工智能提供者比人类提供者更无法解释消费者的独特特征和状况，这增强了消费者对医疗人工智能的抵制。

（2）基于二手数据，采用实证方法研究企业使用人工智能技术或产品的效果。例如，罗学明教授等人关于人工智能聊天机器人的研究表明，未公开机器人身份的聊天机器人与熟练的人工客服一样有效，在促成顾客购买方面的效率是缺乏经验的人工客服的四倍。[30]然而，在机器人与顾客对话之前披露聊天机器人的身份会使购买率降低79.7%以上。该研究对机制的探索表明，负面披露效应似乎是由人类对机器的主观感知造成的，因此，这种负面影响可以通过延迟披露时间和优化顾客之前的人工智能经验来缓解。

（3）将人工智能技术和模型等直接应用到营销研究中。例如基于深度学习模型从图像、文本、音频、视频中提取有理论意义和实际价值的变量，然后研究并关心这些变量之间的关系等。

本章将聚焦在第三种类型的研究上，即如何把人工智能技术和模型应用到营销研究中。

随着存储技术和移动互联网的发展，消费者在电子商务、社交媒体等各种网络平台上生产或消费了海量的图像、文本、音频、视频等非结构化数据[31]，而传统的统计、计量等量化分析方法很难直接对它们进行分析。现在前沿的端（图像、文本等）到端（感兴趣的变量，例如图像中人脸的表情、文本的情感倾向等）的深度学习模型可以直接对非结构化数据和感兴趣的变量进行建模，并且很多模型的精度都比较高，甚至超越人类的水平。例如，2015年，由微软亚洲研究院的何恺明等研究者训练的深度神经网络模型在 ImageNet 图像分类任务上的准确率首次超越了人类水平。[12]本章接下来将基于 Lu 等人（2022）的这篇文献来简要介绍营销研究中常用的用于分析非结构化数据的模型。[32]其中表7-1和表7-2分别给出了一些"有用的音频图像视频分析工具"和"营销研究中常用的应用程序接口（API）"。考虑到人脸在营销实践中的重要性，例如印刷广告上的人脸对广告效果有重要影响，直播中博主的人脸对观看人数有重要影响，等等，表7-3给出了"营销研究中常用的人脸情绪识别工具"。考虑到本书的使用对象之一是编程经验不算丰富的营销专业的学生，我们提供这些表格的目的只是向大家简要介绍和营销相关的一些人工智能技术和平台，而不是具体教大家如何使用这些技术。因此，在本书中，我们只在第九章详细介绍 Face++的人脸识别 API 和百度 AI 开放平台的文本情感倾向分析 API。在其他章节中，对营销领域之外的人工智能技术，一般不做深入探讨。

表 7-1　有用的音频图像视频分析工具[32]

工具/平台	有用的工具箱/库	数据类型	介绍	网址链接
MATLAB	图像处理工具箱；计算机视觉工具箱；模式识别和机器学习工具箱；深度学习工具箱；音频工具箱	音频/图像/视频	用于图像和音频处理、分析、可视化和算法开发；用于音频处理、语音分析、声学测量	https://www.mathworks.com
OpenCV		图像/视频	OpenCV（Open Source Computer Vision Library）是一个开源的计算机视觉和机器学习库，拥有超过 2 500 种经典和最先进的计算机视觉和机器学习算法，具有 C++、Python、Java 和 MATLAB 接口	https://opencv.org
ImageJ/Fiji		图像/视频	ImageJ/Fiji 是一个用于多维图像数据的开源图像处理程序，专注于科学成像	https://imagej.net/ImageJ
Octave	Octave-forge 图像工具包	图像	Octave-forge 图像工具包提供了图像处理、特征提取、图像统计、空间和几何变换、形态学运算、线性滤波等功能	https://octave.sourceforge.io/image/index.html

（续上表）

工具/平台	有用的工具箱/库	数据类型	介绍	网址链接
Python	Python 图像库（Pillow 8.2）scikit-image pyAudioAnalysis pyannote-audio	音频/图像/视频	用于图像和音频数据处理的Python 算法库	https://pypi.org/project/Pillow https://scikit-image.org https://github.com/tyiannak/pyAudioAnalysis/wiki https://github.com/pyannote/pyannote-audio
PyTorch		音频/图像/视频	PyTorch 是一个用于开发深度学习模型的开源机器学习框架	https://pytorch.org
TensorFlow		音频/图像/视频	TensorFlow 是一个用于开发深度学习模型的开源机器学习框架	https://www.tensorflow.org/?hl=zh-cn
Keras		音频/图像/视频	Keras 是一个 Python 深度学习 API	https://keras.io
Caffe		音频/图像/视频	Caffe 是一个深度学习框架	https://caffe.berkeleyvision.org
Dlib		图像/视频	Dlib 是一个包含机器学习和计算机视觉算法的现代 C++ 工具包，具有 C++ 和 Python 接口	http://dlib.net
Praat		音频	Praat 是一种通用语音工具，具有独立的用户界面并与脚本一起使用；它支持编辑、分段和标记以及韵律操作	http://www.praat.org

（续上表）

工具/平台	有用的工具箱/库	数据类型	介绍	网址链接
SpeechBrain		音频	SpeechBrain 是基于 PyTorch 的一体化语音工具包，具有语音识别、说话人识别、语音增强、多麦克风信号处理等功能	https://speechbrain.github.io

表 7-2　营销研究中常用的应用程序接口（API）

应用程序接口	数据类型	介绍	网址链接	代表性文章
Google Cloud Vision	图像	借助 AutoML Vision 从图像中发掘有价值的信息。Google Cloud Vision 通过 REST 和 RPC 这两个 API 提供功能强大的预训练机器学习模型，可以为图像分配标签，并将其快速归入数百万个预定义的类别；还可以检测图像中的对象和人脸、识别印刷体及手写文本，并在图像目录中纳入有价值的元数据	https://cloud.google.com/vision	Li and Xie（2020）
Azure Cognitive Services Computer Vision	图像	通过使用计算机视觉（Azure 认知服务的一部分）在应用中嵌入云视觉功能，提高内容的可发现性；可以实现自动化文本提取、实时分析视频并创建更多人可以使用的产品；可以使用可视化数据处理，以对象和概念标记内容、提取文本、生成图像描述、调节内容并了解人们在物理空间中的运动	https://azure.microsoft.com/en-us/products/cognitive-services/computer-vision/#overview	
Clarifai	图像	Clarifai 为构建 AI 驱动的软件解决方案提供了领先的平台。Clarifai 支持完整的 AI 开发生命周期，包括数据集准备、模型训练和部署。Clarifai 专门研究用于理解非结构化图像、视频、文本和音频数据的深度学习模型。它们通过对象分类、检测、跟踪、地理定位、视觉搜索和自然语言处理帮助客户解决复杂的案例	https://www.clarifai.com	Zhang and Luo（2022）

（续上表）

应用程序接口	数据类型	介绍	网址链接	代表性文章
QA5	音频	使用语音分析进行情绪检测、个性和风险评估	https://www.nemesysco.com	Wang, et al.（2021）
Praat	音频	Praat 是一款跨平台的多功能语音学专业软件，主要用于对数字化的语音信号进行分析、标注、处理及合成等实验，同时生成各种语图和文字报表	https://www.fon.hum.uva.nl/praat	
Audacity	音频	Audacity 是一款跨平台的音频编辑软件，用于录音和编辑音频，是自由、开放源代码的软件	https://www.audacityteam.org	
Face++	图像	Face++作为新一代人工智能开放平台，为开发者提供人脸识别、人像处理、人体识别、文字识别、图像识别等 AI 能力	https://www.faceplusplus.com.cn	
百度 AI 开放平台	文本/图像/视频/音频	百度 AI 开放平台提供全球领先的语音、图像、NLP 等多项人工智能技术，开放对话式人工智能系统、智能驾驶系统两大行业生态，共享 AI 领域最新的应用场景和解决方案	https://ai.baidu.com	

资料来源：作者整理。

表 7-3 营销研究中常用的人脸情绪识别工具

工具	介绍	网址链接	代表性文章
Affectiva	Affectiva 是行业领先的 Emotion AI，可以检测细微的人类情绪、复杂的认知状态、活动、交互和人们使用的对象。该工具是通过应用机器学习、计算机视觉以及现实世界数据的采集和标注等方面的专业知识开发的。Affectiva 的媒体分析部门帮助媒体、娱乐和市场研究公司更深入地了解消费者和观众如何与其内容、产品和服务互动	https://www.affectiva.com	Teixeira, et al.（2014）[33]

（续上表）

工具	介绍	网址链接	代表性文章
Amazon Rekognition	Amazon Rekognition 提供预先训练和可定制的计算机视觉功能，可从图像和视频中提取信息和获得洞察力。其人脸检测和分析模块可以检测图像和视频中出现的人脸，并识别每张人脸的属性，如睁开的双眼、是否佩戴眼镜、高兴的置信分数和笑的置信分数等	https://aws.amazon.com/cn/rekognition/	
FaceReader	FaceReader 是一个强大的自动化系统，可以获得有关面部表情的准确可靠数据。它快速、灵活、客观、准确且易于使用。它可以分析实时视频或静止图像	https://www.noldus.com/facereader	Jiang, et al. (2019)[34]
Azure Cognitive Services Face API	可以将面部识别嵌入应用程序中，以获得无缝且高度安全的用户体验。功能包括在图像中感知面部特征和属性（例如面罩、眼镜或面部位置），以及通过与用户的私人存储库匹配或通过照片 ID 识别人员	https://azure.microsoft.com/en-us/products/cognitive-services/face/#overview	Lin，et al (2021)[35]
Face++ 情绪识别	检测人脸情绪，支持愤怒、厌恶、恐惧、高兴、平静、伤心、惊讶七类情绪识别	https://www.faceplusplus.com.cn/emotion-recognition/	
百度 AI 人脸检测与属性分析	准确识别多种人脸属性信息，包括年龄、性别、表情、情绪、脸型、头部姿态、是否闭眼、是否配戴眼镜和口罩、人脸质量信息及类型等。分析检测到的人脸情绪，并返回置信度分数，目前可识别愤怒、厌恶、恐惧、高兴、伤心、惊讶、嘟嘴、鬼脸、无情绪共9种情绪	https://ai.baidu.com/tech/face/detect	

资料来源：作者整理。

表7-2 的数据类型列中，我们只列出了在营销研究中用相应 API 最常分析的数据类型，但像 Clarifai、百度 AI 开放平台等除了可以对图像进行分析外，还可以分析视频、文本、音频等数据。

Face++（https://www.faceplusplus.com.cn）是旷视（https://www.megvii.com）旗下的人工智能开放平台，其提供的 API 涵盖人脸识别、人像处理、人体识别、文字识别、图像识别等。旷视拥有规模领先的计算机视觉研究院，其研究团队获得了多项人脸检测和属性分析软件著作权，以及四十多项世界级计算机视觉领域赛事冠军，并创下了 COCO（计算机视觉领域权威的国际竞赛之一）三连冠的记录，是国内人工智能领域领先的独角兽公司。Face++的人脸识别 API 可以从人脸图像中提取出年龄、性别、笑容、男性和女性视角下该人脸的颜值、情绪（包括愤怒、厌恶、恐惧、高兴、平静、伤心、惊讶七类基本情绪）、视线、人脸关键点（包括脸颊、眉、眼、口、鼻等人脸五官及轮廓）等属性，甚至还可以提取出皮肤颜色、肤质、双眼皮、眼袋、黑眼圈、皱纹、痘痘、斑点等皮肤状态特征。相关技术除了可以应用到基于人脸识别的身份验证（例如刷脸通行、刷脸支付等）之外，还可以应用到美颜、虚拟试妆等实践场景中。特别地，Face++的人脸识别 API 被广泛地应用于前沿的心理学和营销学等学科的学术研究中。例如，Kosinski 基于 Face++人脸识别 API 得到的人脸关键点来计算脸部宽高比（Facial Width-to-Height Ratio），这是在社会心理学领域关于人脸的研究中常用的脸部客观特征。[36] 在本书的第九章，我们将提供调用 Face++人脸情绪识别 API①的详细流程和 Python 代码，并通过一个简单的案例来介绍如何把 Face++的人脸识别结果应用到实践或学术研究中。

百度 AI 开放平台是全球领先的人工智能服务平台，该平台可以提供涵盖文本、图像、音频、视频等非结构化数据的智能分析，平台也涵盖了各种一站式 AI 学习、开发和应用的模块，例如 AR 和 VR 以及深度学习模型的训练和部署（百度飞桨、百度 EasyDL 等）等。此外，该平台还提供了很多行业应用场景和案例，例如本章章末案例中介绍的"百度飞桨 EasyDL 赋能智能制造"。其人脸属性分析和情绪识别 API 能准确识别多种人脸属性信息，包括年龄、性别、表情、脸型、头部姿态、是否闭眼、是否配戴眼镜和口罩、人脸质量信息及类型等，并可识别愤怒、厌恶、恐惧、高兴、伤心、惊讶、嘟嘴、鬼脸、无情绪 9 种情绪。从研究文献看，Yang 等人基于其人脸属性分析 API 得到的照片上的人脸颜值，研究了携程平台上导游的颜值和提供的服务量之间的关系。[37] 其文本情感倾向分析 API②能针对通用场景下带有主观描述的中文文本，自动判断该文本的情感极性类别并给出相应的置信度，其中情感极性分为积极、消极、中性三类。在本书的第九章，我们将提供调用百度 AI 开放平台文本情感倾向分析 API 的详细流程和 Python 代码，并通过一个简单的案例来介绍如何把百度 AI 开放平台的文本情感倾向分析结果应用到实践或学术研究中。

接下来，我们介绍两篇营销领域的关于声音和图像的研究。第一篇是基于人工智能技术从音频中提取出压力和极端情绪等特征，然后研究它们和众筹网站上的众筹项目绩效之间的关系。第二篇是基于人工智能技术从图像中提取出是否有人脸等特征，然后研究这些特征和用户在社交媒体上发布帖子的点赞量和转发量之间的关系。在众多基于人工智能赋能营销研究的学术文献中，我们挑选出这两篇作为案例进行介绍的原因是：①这两篇论文无论从营销实际价值还是学术意义来看都非常重要；②这两篇论文的核心作者都是营销领域知名的年轻华人学者。

---

① 旷视. 情绪识别［EB/OL］. https://www.faceplusplus.com.cn/emotion-recognition/

② 百度大脑 AI 开放平台. 情感倾向分析［EB/OL］. https://ai.baidu.com/tech/nlp_Apply/sentiment_classify.

【链接案例 7-4】声音研究（Wang，et al）[38]

说服（Persuasion）尝试无处不在。例如，公共卫生组织试图说服人们戒烟和接种疫苗，非营利组织试图说服捐赠者向其捐款，销售人员、视频广告等试图说服消费者尝试新产品或重复消费等（Van Zant & Berger，2020）。大多数说服研究都集中在人们所说的内容（即使用的词汇或语言）上，但对他们说的效果则知之甚少。除了使用的词汇或语言外，沟通者还可以调节他们的副语言或语音的声学特性，例如音高或音量。沟通者可以大声或轻声说话，使用高音或低音，或改变其他声音特征。人们通过声音的声学特征来表达他们的态度和想法，并且可以在尝试说服期间以增强说服力的方式调整他们的声音（Van Zant & Berger，2020）。

声音特征，例如语速、音调、音量和语调，会影响对说话者特征和性格的感知。例如，较低音调的声音被判断为说话者更有力/强壮、有能力、真实、善解人意和值得信赖。与此相关的是，更快的说话者通常被认为更流利、更有能力、更有社交吸引力、更真实和更有说服力。为了检验声调如何影响在线众筹中的说服力，Wang 等人（2021）在其研究中使用了最先进的音频挖掘技术来测量 www.kickstarter.com 网站上众筹视频中说服者的声调（vocal tone）。将声调维度与现实世界的众筹结果联系起来，以此深入了解声调对接收者行为的影响。该研究的核心假设是，成功的说服尝试与表示专注、低压力和情绪稳定的声调有关。与刻板印象内容模型一致的这三个声调维度在说服中很重要，因为它们使得接收者从中推断说服者的能力。这些假设使用大规模的 Kickstarter 数据进行实证检验，然后在不同的类别中对结果进行复现。此外，两个对照实验提供的证据表明，能力感知调节了三种声调对说服尝试成功与否的影响。该研究识别出了说服尝试成功的关键指标，并表明音频挖掘技术可以在消费者行为学术研究中发挥重要作用。

从这个关于声音的前沿研究中，我们可以学到两点：

（1）从音频中提取基本的声音特征相对容易，大多数软件都可以实现，并且可以提取到很多的声音特征。例如，QA5 软件、Praat（https://www.fon.hum.uva.nl/praat/）等借助强大的人工智能软件从音频数据中提取声音特征。本研究中与说服者声音特征有关的关键自变量通过 QA5 软件测量。三个用于检验理论假设的变量包括：① 焦点：QA5 中的集中度，表明说话者如何专注于任务；② 压力：表示说话者听起来有多紧张；③ 极端情绪：表示整体情绪活动的极端程度。

QA5 提供的其他声调变量包括：① 内容：表示说话者听起来有多愉悦或高兴；② 兴奋度：表示说话者听起来兴奋程度有多积极或消极；③ 愤怒：表示说话者听起来有多愤怒；④ 想象活动：表示说话者听起来就像他们在想象而不是回忆信息的程度。

（2）结合二手经验数据和一手实验室数据来验证声音特征在众筹中的作用。该研究的研究主题来自众筹网站的实践，用众筹网站上的二手经验数据可以直接检验声音特征的外部效度；而用一手实验室数据则可以检验声音特征影响众筹绩效的作用机制，即不仅知道声音特征对众筹绩效有影响，还知道为什么会有影响。在第五章的"文本分析案例"中，Packard and Berger（2017）也是使用了二手经验数据和一手实验室数据来检验语言对口碑的影响。[39]需要特别指出的是，在同一个研究中采用多个不同的数据源在近些年的营销研究中越来越普遍。[40]

【链接案例 7-5】 图像研究（Li&Xie，2020）[41]

一图胜千言（A picture is worth a thousand words）是一个英文成语，指的是一张静态的图片就可表达一个复杂的概念，或者与一个主题相关的图片有时比起详细的解释更能够有效地描述相应主题。社交媒体上有大量用户或企业生成的图像。例如，很多消费者都会在微博、微信、Instagram、X（曾用名 Twitter）上发布关于自己或所用产品服务的图片，以分享自己的人生经历，或对某些公司的产品或服务或吹捧或讨厌的经验。很多公司在这些社交媒体上也有自己的官方账户，会时不时地发布一些关于公司产品或服务的信息，起到和潜在消费者沟通的目的。作为在网络中成长起来的 Z 时代，在网上冲浪时挂在嘴边的、和图片有关的口头语就有"有图有真相，没图你说个啥"。那么，在社交媒体上的图像，真的有一图胜千言的作用吗？

从社交媒体参与度的角度，Li 和 Xie（2020）对这一问题进行了部分回答。这篇文章主要研究了如下两个问题：①有图片的社交媒体帖子比没有图片的帖子更受欢迎吗？②为什么具有某些特征的图片能引起更高的参与度？为了回答上述两个问题，她们使用从 X 和 Instagram 上收集的关于航空公司和运动型多功能汽车品牌的社交媒体帖子，实证检验了图像内容对社交媒体参与度的影响。研究结果表明，在考虑了包含图像内容的选择偏差后，图像内容对 X 上两个产品类别的用户参与度都具有显著且稳健的正面作用。此外，高质量和专业拍摄的图片一致地提高了两个产品类别在两个平台上的参与度。然而，图片中含有人脸和图像与文本匹配只可以在 X 上引起更高的用户参与度，在 Instagram 上则没有。

从这个关于图像的前沿研究中，我们可以学到以下三点：

（1）这篇论文的选题对互联网时代的人来说应该是比较熟悉的，即什么因素会影响 Instagram、X、微博上的帖子获得较高的点赞（Like）和转发（Share）等。这在营销实践上具有巨大的研究价值，如果能找到这些影响因素则相当于掌握了流量密码，在流量即力量的社交媒体时代会给广告主和品牌方带来很大的收益。哪怕对市场营销专业的学生来说，可能也会想到这个选题，但如何像这篇论文一样，把一个具有实践价值的选题基于严谨的学术规范做出来，并上升到营销理论的高度，则是一个比较大的挑战。

（2）虽然现在已经有很多功能强大的图像分析软件和工具包，也有很多基于深度学习模型的开源框架，但图像分析对大多数营销专业的本科生甚至研究生来说都是一个巨大挑战。那么，如何让前沿的图像分析技术更好地服务于自己的研究呢？这篇论文给我们做出了一个非常好的示范。在这篇论文中，作者直接采用了 Google Cloud Vision 结合人工编码的方式从图像中提取所需的变量。Google Cloud Vision 是一个易于使用的应用程序接口，可以帮助开发人员了解图像的内容和特征。其图像识别功能是基于最新的深度卷积神经网络模型 Inception-V3，该模型的性能已在 2012 年 ImageNet 大规模视觉识别挑战赛（2012 ImageNet Large Visual Recognition Challenge）中得到验证，它击败了当时最先进的模型，包括 AlexNet、Inception（GoogLeNet）和 BN-Inception-V2。它的高准确率和响应速度也得到了多个行业评论的验证。对大多数市场营销专业的本科生甚至研究生来说，营销知识是我们的核心竞争力，而有关图像分析的所有前沿技术是服务于我们研究和实践的工具。因此，我们完全可以用大公司或人工智能公司开发的人工智能产品来满足我们的图像分析、文本分析、语音分析等需求。这样做的优势如下：一是这些工具都是经过专业的人工智能团队开发出来的，质量比较可靠；二是可以节省大量的数据标注、模型训练和调整的时间，让我们把有限的精力用在提出和解决营销相关的问题上。

（3）人工智能不是万能的，很多时候我们并不一定能直接基于人工智能技术提取图像或文本等非结构化数据中的变量，或者提取的准确性达不到要求。那么，我们还是需要依赖人工的方式来提取这些变量。例如，这篇论文中三个与图像相关的变量——图片质量（观看者感知的图片在亮度、色彩、清晰度、视觉平衡和图片焦点方面的内在质量）、业余照片（非截屏图像是否由业余摄影师拍摄）和图片相关性（图像是否与推文的文本内容相关）——是通过人工编码的方式获取的。当然，用现在的眼光来看，我们可以基于标注良好的数据（图片质量高低、是否业余照片、图文相关性的高低）来微调一个预训练好的深度学习模型，从而建立照片和这些变量之间的关系，并用该模型来预测新照片在这些变量上的取值。例如，在 Cao 等人关于图像和文本内容一致性的研究中，作者就自己训练了一个深度学习模型[42]。但微调深度学习模型是一个特别耗时和需要经验的工作。如果需要分析的图像数量不是特别多，则可以像这篇文章一样直接用人工的方式对所有图像进行编码。但如果要分析的图片数量特别大，用人工编码的方式在时间和成本上都不可行，也没有可用的 API，则只能自己训练或者微调一个深度学习模型。例如，2017 年的一个关于 Airbnb 上的房间照片的哪些特征对房间租赁有影响的研究中，哈佛大学的 Shunyuan Zhang 教授就自己训练了一个图像分类深度学习模型[43]。

在此，我们给营销专业的本科生包括研究生一个建议：了解一些人工智能的知识，知道它们能做什么，然后在自己需要时，可以咨询懂人工智能的人，看能否用现有的人工智能产品（例如百度 AI 平台、Face++、Google Cloud Vision 等）满足自己的需求。如果能满足，则可以在自己的项目中直接用这些产品；如果不能满足，再寻求专业人士的帮助或者自己上手学习。随着人工智能技术的发展，相信在不久的将来，市场营销研究中的很多关于图像、文本、音频、视频分析的需求都可以通过人工智能产品来满足。

本章简要介绍了人工智能的概念、范畴、现状以及发展趋势，并通过三个案例介绍了人工智能技术如何赋能营销实践。具体来说，我们对人工智能技术在营销研究中的应用进行了较为详细的介绍，通过和声音、图像等非结构化数据相关的学术文献来具体介绍在营销研究中如何运用相关的技术。考虑到人工智能技术对经济社会发展的巨大价值，以及对营销实践和研究的广泛推动，我们建议市场营销专业的同学在未来的学习和工作中时刻关注人工智能技术的发展，并积极思考如何把其应用到具体的营销实践中，以提高营销实践的效益。

【章末案例】

百度飞桨 EasyDL 赋能智能制造①②

你相信一家并没有人工智能算法工程师的初创企业，竟然只用 20 个小时就开发出了一套基于人工智能的质检模型，还凭此拿下了世界 500 强食品工厂的订单吗？这件听上去非常不可思议的事情竟然是真的。这个行业佳话正是由上海哲元科技与百度飞桨EasyDL③零门槛人工智能开发平台联合创造的。事情的起因是这样的：2022 年初，某世界 500 强企业食品工厂的冰激凌生产车间面临一个质检难题：冰激凌生产包括制作蛋卷皮、灌料、喷涂巧克力涂层、包装等环节，整个流程可能涉及十多种质量缺陷需要检测。随着质检工序和流程的增加，依靠传统的人工质检方式，存在质检漏洞多、人力成本高、安全风险大等问题。工厂过去常用的人工质检方式，往往只能安排专职工人用肉眼检查最后一道工序，即确认塑封盖是否正常覆盖到冰激凌上面。其他工序由于都在自动化的生产线上，人工无法干预，这无疑成为巨大的质检漏洞。即使是最后一道工序的人工质检，其人力成本依然高昂。而且人并非机器，面对重复枯燥的肉眼检查，长时间工作极易产生疲劳，打一个盹就可能造成大量漏检甚至安全意外，进而给企业带来不可忽视的损失。

这些烦琐重复的工作，不正是人工智能所擅长的吗？基于对制造业的了解，哲元科技很快有了清晰的解决思路。但对这家刚刚成立 2 年的初创企业而言，要解决上面的问题面临着很多挑战：项目时间紧迫、算法人才缺失、质检产线精度和效率要求极高等。经过不断摸索、总结失败经验，哲元科技最终找到了解决方案——借助百度飞桨 EasyDL赋能智能制造。在哲元科技未配备专业算法工程师的情况下，利用飞桨 EasyDL 在 20 小时内，完成冰激凌全流水线质检人工智能模型的开发，并设计出一套高性能的软硬一体方案：10~20 毫秒响应时间，覆盖几十种缺陷类型，每秒可检测近 100 个产品……最终该公司靠着它打败大名鼎鼎的海归博士团队，与厂商达成长期合作。对比人工质检，智能质检模型实现了"快、全、省、安、优"的整体效果提升。

那么，帮助哲元科技在短时间内开发出性能卓越的智能质检方案的百度飞桨 EasyDL是什么？飞桨 EasyDL 作为零门槛人工智能开发一站式平台（见图 7-4），助力传统 IT 工程师无须写代码即可完成人工智能开发。从数据采集、标注，到模型训练、调试、部署，都是可视化界面，按步骤说明操作即可。其丰富的技术方向与模型类型包括图像分类、

---

① 哲元科技，飞桨 EasyDL. 助力世界 500 强企业打造"灯塔工厂"，探索智能制造星辰大海 [EB/OL]. (2022-01-21). https://ai.baidu.com/support/news?action=detail&id=2745.

② 量子位. 上海张江×百度飞桨打了个样，AI 赋能这事儿可算有"参考答案"了 [EB/OL]. (2022-09-14). https://mp.weixin.qq.com/s/vabpcYrNHevt1o3MGakiYg.

③ EasyDL 零门槛 AI 开发平台 [EB/OL]. https://ai.baidu.com/easydl.

物体检测、图像分割、文本分类、文本匹配、语音识别、声音分类等。同时，飞桨 EasyDL 结合企业的使用反馈，功能迭代升级特别快，场景落地碰到的很多问题都会被快速解决。此外，这套模型的适用性也特别强，基于飞桨 EasyDL 的物体分割预训练模型，采集不超过 2 000 张照片这样的少量数据进行标注，就能训练出高精度模型。

图 7-4 百度飞桨 EasyDL 的一站式模型定制①

    哲元科技联合创始人张强对这次基于飞桨 EasyDL 的成功经验深有感触，"其实现在一线制造业对人工智能应用的需求特别大，但不少企业存在一些刻板印象，甚至误以为搞人工智能都要高级专家团队，还要买很先进很贵的硬件设备。飞桨 EasyDL 颠覆了那些误解，真正实现了零门槛、低门槛，给了我们机会"。初创企业哲元科技运用百度飞桨 EasyDL 零门槛打造智能质检解决方案，助力世界 500 强冰激淋厂商建设"灯塔工厂"的故事，折射出飞桨 EasyDL 已经成为科创企业的新商机，更是传统大企业提速智变的新机遇。智能质检仅仅是我国制造业应用人工智能的冰山一角。未来，飞桨 EasyDL 或将赋能、支持更多转型企业，助力加快打造中国智造新范式，为制造强国战略贡献关键的人工智能力量。

    案例讨论：你认为哲元科技成功的因素有哪些？请结合你的企业实习经历或者对制造业的了解，思考哲元科技取得成功的模式可以复制吗？根据你对人工智能的了解，你觉得人工智能可以赋能哪些传统制造业？请像案例中所讲述的一样，首先提出制造业遇到的问题，然后讨论得出一个解决方案。

---

① EasyDL 零门槛 AI 开发平台［EB/OL］. https://ai.baidu.com/easydl.

思考题

1. 请你就人工智能技术未来的发展谈谈你的看法，思考人工智能是否能取代人类？

2. 你了解哪些关于人工智能赋能营销管理或实践的例子？它们运用了哪些人工智能技术或产品，运用的效果如何？这对你理解人工智能赋能营销实践有何帮助？

3. 请举一个你认为可以用人工智能技术改进效率的较为细分的行业或领域。其中会用到哪些人工智能技术，为什么人工智能可以赋能这一行业或领域，采用人工智能技术后预期的效果如何？

4. 结合你常用的 App 或网站上的文本、图像、音频、视频等数据，你能提出哪些可以用人工智能技术对这些非结构化数据进行分析的研究问题？你觉得可以用人工智能技术改善这个 App 或网站的用户体验吗？

5. 请问人工智能生成内容技术可以用于哪些营销相关的商业实践？

参考文献

［1］ HE K, ZHANG X, REN S, et al. Delving deep into rectifiers: surpassing human-level performance on imagenet classification[C] // Proceedings of the IEEE international conference on computer vision, 2015.

［2］ 中国信息通信研究院. 人工智能白皮书［R/OL］.（2022－04）. http://www. caict.ac.cn/kxyj/qwfb/bps/202204/t20220412_ 399752.htm

［3］ 国务院关于印发新一代人工智能发展规划的通知［EB/OL］.（2017－07－08）. http://www.gov.cn/zhengce/content/2017－07/20/content_ 5211996.htm.

［4］ 中共中央关于制定国民经济和社会发展第十四个五年规划和二〇三五年远景目标的建议［EB/OL］.（2020－11－03）. http://www.gov.cn/zhengce/2020－11/03/content_ 5556991. htm.

［5］ 科技部等六部门关于印发《关于加快场景创新以人工智能高水平应用促进经济高质量发展的指导意见》的通知［EB/OL］.（2022－07－29）. http://www.gov.cn/zhengce/zhengceku/2022－08/12/content_ 5705154. htm.

［6］ 林子筠，吴琼琳，才凤艳. 营销领域人工智能研究综述［J］. 外国经济与管理，2021，43（3）：89－106.

［7］ BENAICH N, HOGARTH I.State of AI report 2022[EB/OL].（2022－11－11）［2023－09－15].https://www.stateof. ai./2022.

［8］ 阳翼. 人工智能营销［M］. 北京：中国人民大学出版社，2019.

［9］ DEVLIN J, CHANG M W, LEE K, et al. BERT: Pre-training of deep bidirectional transformers for language understanding[C/OL].（2019－05－24）.https:// arxiv. org/abs/1810.

04805.

　　［10］ BROWN T, MANN B, RYDER N, et al.Language models are few-shot learners[J]. Advances in neural information processing systems, 2020(33):1877-1901.

　　［11］ REISENBICHLER M, REUTTERER T, SCHWEIDEL D A, et al.Frontiers: supporting content marketing with natural language generation[J].marketing science, 2002, 41(3):441-452.

　　［12］ HE K, ZHANG X, REN S, et al.Deep residual learning for image recognition[C] // Proceedings of the IEEE conference on computer vision and pattern recognition, 2016:770-778.

　　［13］ ZHANG S, FRIDEMAN E, ZANG X, et al.Serving with a smile on Airbnb: analyzing the economic returns and behavioral underpinnings of the host's smile[EB/OL].(2021-01-12). http://papers.ssrn.com/.

　　［14］ AlLENBY G M, ROSSI P E.Marketing models of consumer heterogeneity[J].Journal of econometrics, 1998, 89(1-2):57-78.

　　［15］ XIAO L, DING M.Just the faces: exploring the effects of facial features in print advertising[J].Marketing Science, 2014, 33(3):338-352.

　　［16］ REISENBICHLER M, REUTTERER T, SCHWEIDEL D A, et al.Frontiers: supporting content marketing with natural language generation[J].Marketing science, 2022, 41(3):441-452.

　　［17］ HUMHREYS A, WANG R J H.Automated text analysis for consumer research[J]. Journal of consumer research, 2018, 44(6):1274-1306.

　　［18］ BERGER J, HUMPHREYS A, LUDWIG S, et al.Uniting the tribes: Using text for marketing insight[J].Journal of marketing, 2020, 84(1):1-25.

　　［19］ VAN ZANT A B, BERGER J.How the voice persuades[J].Journal of personality and social psychology, 2020, 118(4):661.

　　［20］ 徐婕, 肖莉. 一画胜千言: 图像数据在营销领域的应用 [J]. 外国经济与管理, 2022, 44 (9): 51-69.

　　［21］ 张雁冰, 吕巍, 张佳宇.AI 营销研究的挑战和展望 [J]. 管理科学, 2019, 32 (5): 75-86.

　　［22］ 朱国玮, 高文丽, 刘佳惠, 等. 人工智能营销: 研究述评与展望 [J]. 外国经济与管理, 2021, 43 (7): 86-96.

　　［23］ DAVENPORT T, GUHA A, GREWAL D, et al.How artificial intelligence will change the future of marketing[J].Journal of the academy of marketing science, 2020, 48(1):24-42.

　　［24］ DE BRUYM A, VISWANATHAN V, BEH, Y S, et al.Artificial intelligence and marketing: pitfalls and opportunities[J].Journal of interactive marketing, 2020(51):91-105.

　　［25］ GUHA A, GREWAL D, KOPALLE P K, et al.How artificial intelligence will affect the future of retailing[J].Journal of retailing, 2021, 97(1):28-41.

　　［26］ HUANG M H, RUST R T.A strategic framework for artificial intelligence in marketing [J].Journal of the academy of marketing science, 2021, 49(1):30-50.

［27］KOPALLE P K, GANGWAR M, KAPLAN A, et al.Examining artificial intelligence (AI) technologies in marketing via a global lens: current trends and future research opportunities [J] .International journal of research in marketing, 2022, 39(2) : 522–540.

［28］MA L, SUN, B.Machine learning and AI in marketing-connecting computing power to human insights[J] .International journal of research in marketing, 2020, 37(3) : 481–504.

［29］LONGONI C, BONEZZI A, MOREWEDGE C K. Resistance to medical artificial intelligence[J] .Journal of consumer research, 2019, 46(4) : 629–650.

［30］LUO X, TONG S, FANG Z, et al.Frontiers: machines vs. humans: the impact of artificial intelligence chatbot disclosure on customer purchases[J] .Marketing science, 2019, 38 (6) : 937–947.

［31］GREWAL R, GUPTA S, HAMILTON R.Marketing insights from multimedia data: text, image, audio, and video[J] .Journal of marketing research, 2021, 58(6) : 1025–1033.

［32］LU S, KIM H J, ZHOU Y, XIAO L, et al.Audio and visual analytics in marketing and artificial empathy[J] .Foundations and trends in marketing, 2022, 16(4) : 422–493.

［33］TEIXEIRA T, PICARD R, EI KALIUBY R.Why, when, and how much to entertain consumers in advertisements? A web-based facial tracking field study[J] . Marketing science, 2014, 33(6) : 809–827.

［34］JIANG L, YIN D, LIU, D.Can joy buy you money? The impact of the strength, duration, and phases of an entrepreneur's peak displayed joy on funding performance[J] .Academy of management journal, 2019, 62(6) : 1848–1871.

［35］LIN Y, YAO D, CHEN X.Happiness begets money: emotion and engagement in live streaming[J] .Journal of marketing research, 2021, 58(3) : 417–438.

［36］KOSINSKI M.Facial width-to-height ratio does not predict self-reported behavioral tendencies[J] .Psychological science, 2017, 28(11) : 1675–1682.

［37］YANG F X, LI Y, LI X, et al.The beauty premium of tour guides in the customer decision-making process: an AI-based big data analysis[J] .Tourism management, 2022(93) : 1–15.

［38］WANG X, LU S, LI X I, et al.Audio mining: the role of vocal tone in persuasion[J] . Journal of consumer research, 2021, 48(2) : 189–211.

［39］PACKARD G, BERGER J.How language shapes word of mouth's impact[J] .Journal of marketing research, 2017, 54(4) : 572–588.

［40］BLANCHARD S J, GOLEDNBERG J, PAUWELS K, et al.Promoting data richness in consumer research: how to develop and evaluate articles with multiple data sources[J] .Journal of consumer research, 2022, 49(2) : 359–372.

［41］LI Y, XIE Y.Is a picture worth a thousand words? An empirical study of image content and social media engagement[J] .Journal of marketing research, 2020, 57(1) : 1–19.

［42］CAO J, LI X, ZHANG L. Is relevancy everything? A deep learning approach to understand the coupling of Image and text[DB/OL] . Semantic Scholar, 2021. https: //cpb−us−e2. wpmucdn. com/sites. utdallas. edu/dist/8/1090/files/2022/02/cao − j − is − relevancy − everything−a−deep−learning−Approach−to−understand−the−coupling−of−image−and−text. pdf.

[43] ZHANG S, LEE D, SINGH P V, et al. What makes a good image? Airbnb demand analytics leveraging interpretable image features[J] . Management science, 2021, 68(8) : 5644 − 5666.

第四编　高科技营销实务

第八章 高科技产品营销实务

当今世界，各种新技术层出不穷。消费市场涌现出众多高科技产品，从空调、冰箱、彩电、微波炉等传统家电，到如今的智能手机、数码产品、智能家居、新能源汽车等。高科技产品已渗透至人们的衣食住行，成为人民经济社会的重要组成部分。与传统产品不同，高科技产品具有高技术、高风险、高收益的特点，其生命周期、市场环境以及营销方式与一般产品存在较大差异。虽然这些高科技产品代表着先进技术和高附加值，能为消费者带来更好的消费体验和使用价值，但在将高科技产品引入消费者市场的阶段，技术与市场之间却存在巨大的"鸿沟"。例如，物联网技术、区块链技术、溯源技术、AR技术等对于专业人士来说耳熟能详，但对于普通消费者却显得高深莫测。考虑到使用传统营销方式进行高科技产品营销的经济效益越来越低，许多企业把自己对高科技产品的理解强加于非技术专业的普通消费者身上，出现营销诉求与消费者脱节的现象，导致营销失败。

如何利用营销手段帮助高科技产品顺利跨越"鸿沟"进入主流市场、抢占消费者心智、提升消费者对高科技产品的接受度和购买意愿，是本章讨论的重点内容。具体而言，本章重点介绍了消费级软件、互联网平台、高科技消费电子产品、新能源汽车等四种高科技产品及其营销实务。这四类产品在消费者日常生活中较为常见且运用广泛，具备高科技产品特性，在市场营销实践中具有代表性。因此，本章结合以上四种高科技产品讨论其营销实务具有重要的实践意义。

第一节 消费级软件产品的营销

对于新时代的消费者而言，软件并不是一个陌生的产品，因为人们无时无刻不在使用软件产品进行生活、娱乐和工作。软件产品按照不同的需要和标准有多种分类方法，本书从市场营销学视角，根据软件面向的对象和用户市场，将软件产品划分为消费级软件产品和工业级软件产品。本节将重点围绕消费级软件产品及其营销实践展开介绍。

一、消费级软件产品概述

本节讨论的消费级软件产品是为了满足个人和家庭消费者使用需求而设计的与人们生活、学习、工作和娱乐相关的软件产品。随着互联网技术快速发展，计算机以及移动终端普及率快速增长，网络用户规模不断扩大，市场对消费级软件的需求迅速上升，我国应用软件行业加大了在消费级软件领域的开发力度，中国消费级软件市场增长速度处于全球领先水平。常见的消费级软件产品包括：网络游戏软件、音乐播放器软件、杀毒软件等。

（一）消费级软件分类

根据消费级软件的功能，可以将消费级软件划分为多媒体类软件、跨端数据管理类软件以及数字文档类软件。

1. 多媒体类软件

多媒体类软件将承载信息的文本、图形、音频、视频、动画等进行集成，并通过计算机进行综合处理和控制。这类软件具有种类多样、功能齐全的特点，可用于生成、创作、编辑、播放、分享、转换各类电子文件，例如音乐、照片和视频等。因此，多媒体软件被广泛应用于娱乐、生活和工作等领域，如网易云音乐、腾讯QQ、杀毒软件等。

（1）技术特点。从多媒体软件产品的技术特点来看，多媒体交互、图像处理、流媒体和多媒体监控等技术是该类软件的基本技术支撑，这些技术使多媒体软件在集成、协同、实时、交互等性能方面较强。其中，多媒体交互技术可以为用户带来更好的人机交互体验；图像处理技术用于处理和分析图像内容，例如，图像的拼接及融合、人脸的美颜美化和检测识别等；流媒体技术主要应用在视频点播和直播，比如优酷、腾讯视频、爱奇艺等国内各大视频网站和快手、抖音等直播平台；多媒体监控技术主要应用于安防领域，例如，个人财产安全、交通安全、银行安保、酒店管理等。

（2）未来发展趋势。随着多媒体相关技术的发展应用，多媒体软件产品将呈现网络化、智能化和嵌入化的发展趋势，进入科研、办公自动化、远程教育等领域，与语音识别、自然语言理解、机器翻译、图形的识别和理解、机器人视觉及人工智能等深度融合。

2. 跨端数据管理类软件

跨端数据管理类软件是为满足移动智能终端用户数据管理、迁移以及恢复等需求而设计的消费级软件，具体可分为数据恢复类、数据擦除类和跨端转机类。

（1）技术特点。随着互联网、计算机技术的发展，移动智能终端用户开始重视信息安全，因此，跨端数据管理软件应运而生，此类软件能够有效提升用户信息的完整性、真实性、可靠性和保密性。根据跨端数据管理软件的功能应用特点，不难看出，这类软件涉及数据恢复、数据同步、敏感信息防泄露等技术，能够实现数据校验修复、数据防漏加密、数据控制等功能。

（2）未来发展趋势。目前，数据恢复技术不只面向个人和终端设备，还为企业用户数据提供全方位的保障和一体化的数据恢复解决方案。未来，跨端数据管理类软件将在云数据中心、全生命周期管理、智能隐私保护等方面大有可为，实现全方位、智能化数据管理。

3. 数字文档类软件

数字文档类软件广泛应用于学习和工作领域，常见的有Office办公软件、WPS软件、PDF类软件等。

（1）技术特征。金山、微软、Adobe、福昕等是数字文档类软件的代表性企业，其中，微软和Adobe是数字文档软件标准的制定者，得到全球用户的青睐和信任，具有较高的市场地位。从数字文档软件的技术标准来看，Office 系列数字文档标准、iWork 数字文档标准、PDF 数字文档标准是数字文档软件最为基础的技术标准，支撑着数字文档软件的功能实现。

（2）未来发展趋势。随着办公、交流的电子化和跨端化发展，用户在处理数字文档时所使用的操作设备从单一 PC 端向多种智能终端发展。未来的数字文档软件将呈现出高兼容性、交互性、生态完备性和开放性等发展趋势。

（二）消费级软件产品基本特征

消费级软件产品具有高技术门槛，直接面向消费者，应用范围广，市场需求大，产品更新迭代速度快，需求个性化等基本特征。

1. 高技术门槛

软件行业本身就属于技术密集型的高科技行业，对技术具有较高的要求。同时，软件产品的技术创新能力、研发体系、技术团队是决定软件公司竞争优势和未来发展潜力的关键因素。因此，消费级软件行业具有较高的技术门槛，没有在市场上领先的核心技术，很难在软件行业立足。

2. 直接面向消费者

与工业级软件不同，消费级软件产品是直接面向消费者的软件产品，即消费级软件产品的使用对象为个人或家庭消费者。

3. 应用范围广，市场需求大

消费级软件种类繁多，如即时通信、电商、外卖、游戏、多媒体等软件，应用范围和用户覆盖范围广，市场需求大。

4. 产品更新迭代速度快

消费级软件行业对消费者体验极为关注，为迎合市场需求，行业更新迭代速度较快，新产品不断涌现，呈现多元化发展特征。

5. 需求个性化

消费级软件用户主要为个人服务，随着消费观念的进步，我国消费者对消费级软件的新颖度、流畅度、差异化、个性化等要求不断提高。因此消费级软件注重消费者的个性化需求，并基于消费者的个性化需求进行产品设计和营销。

（三）消费级软件产业链结构

伴随着云计算、互联网、大数据、人工智能等技术的快速发展，全球信息产业技术创新进入新一轮加速期。中国消费级软件迎来了跨越式发展的战略机遇期，产业市场竞争力不断增强。数字化时代，云计算、大数据、人工智能等新一代信息技术渗透至经济、社会、生活的方方面面，为消费级软件的发展提供了良好的外部环境和必要的内部动能，软件产业服务化、融合化、智能化趋势更加明显。

消费级软件的产业链（见图 8-1）上游包括开发所需计算机、服务器、移动智能设备等硬件设备提供商，操作系统、数据库等软件供应商，软件、工具、平台等提供商，以及网络服务提供商；产业链下游包括线上渠道商、网上直销销售平台、线下渠道商，其中线上渠道商主要涉及线上商城、应用商店（如 App Store、Google Play 等）、联盟代理商等。如万兴科技主要通过自建电子商务平台、第三方电子商务平台及与第三方支付服务商合作的方式将自主研发的软件产品销售给终端用户。

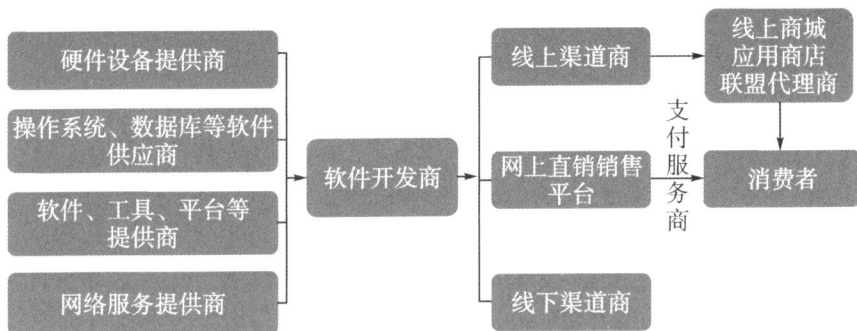

图 8-1　消费级软件产业链

资料来源：前瞻产业研究院整理。

二、消费级软件行业环境

（一）软件行业市场现状

消费级软件属于软件和信息技术服务业（以下简称软件业），被称为新一代信息技术的灵魂，是数字经济发展的基础，也是制造强国、网络强国、数字中国建设的关键支撑。[1]因此，软件业的发展对于加快建设现代产业体系具有重要意义，是国家重点支持和鼓励的行业。

1. 中国软件行业现状

当前，数字化生产力成为经济社会新发展时期的主要标志，而软件在数字化进程中起支撑作用。具体而言，软件作为数字化时代的产物，是实现经济社会数字化、网络化、智能化发展的助推器，能够为经济社会发展赋能、赋值、赋智，开辟更广阔的发展空间。

（1）市场规模不断扩大。在人工智能、云计算和大数据等信息技术的推动下，我国信息技术行业发展势头迅猛，软件业务市场规模在 2017 年已达 5.5 万亿元，其中信息技术服务收入占比最高，达到了 53.3%。同时，软件业从业人数平稳增加，全行业从业人数接近 600 万人。"十三五"时期，面对错综复杂的国际环境和艰巨繁重的国内改革发展稳定任务，我国软件和信息技术服务业稳中求进，规模质量效益全面提升。根据工业和信息化部数据，我国软件业发展呈现稳步向好态势，盈利能力日益凸显，目前软件业务收入已突破十万亿元。截至 2022 年年底，全国软件行业的企业数量已超 3.5 万家，软件业务收入达到 108 126 亿元，同比增长 11.2%，软件业利润总额超 12 648 亿元，同比增长 5.7%。

（2）软件企业国际实力凸显。近年来，软件行业的龙头企业不再满足于国内的经营发展，纷纷将目光投向海外市场，利用国内外创新要素和市场资源迅速在海外市场进行布局，软件企业的国际实力日益凸显。截至 2022 年年底，我国软件业务在海外市场的收入达到 524.1 亿美元。龙头企业的国际市场地位稳步上升，例如，阿里云入选 Gartner 全球数据魔力象限，位列世界前三；腾讯和阿里巴巴跻身全球企业市值前列，具有较高的国际影响力。

（3）国际市场竞争力稳步提高。2020 年第一季度，抖音海外版 TikTok 全球下载量再破新高，累计超过 30 亿次，成为全球单季度下载量最大的应用，多次登上美国、印度、德国、法国等地 App Store、Google Play 总榜首位。此外，消费者熟悉的微信、支付宝也在国际市场竞争中持续发力，已有超 10 亿的全球用户下载并使用微信国际版、支付宝等软件。目前，TikTok、微信和 QQ 成功跻身全球社交软件市场份额的前五名。金山 WPS 为了进一步扩大国际市场规模，推出 46 个语言版本，覆盖全球 220 多个国家和地区，海外终端月活跃用户超过 1 亿。以上软件供应商在海外市场的成功显示出国产消费级软件的国际竞争力正日益增强。

2. 软件行业高质量发展面临的挑战

近年来，虽然我国软件和信息技术服务业产业规模迅速扩大，国际实力不断提升，取得了显著成就，高质量发展生机勃勃，但也存在诸多挑战。首先，软件产业链供应链脆弱，容易受到外部冲击的影响，存在断裂风险，且价值链地位低，产业附加值有待提高；其次，产业基础薄弱、持续性创新能力不足，存在技术短板，产业国际竞争力亟待提升；再次，软件与其他领域融合的广度和深度还不够，这限制了数字化发展进程；最后，软件发展环境仍需改善，存在"重硬轻软"现象，软件价值失衡问题尚未得到根本解决，软件人才供需不平衡，知识产权保护意识需要进一步强化。

为实现软件行业的高质量发展，国家针对上述挑战提出了以下关键措施。第一，推动软件产业链升级，提升产业链价值和现代化水平，保持软件产业链的竞争力和可持续性；第二，加强软件技术创新和研发能力，为软件行业高质量发展提供基础保障，具体可从加大研发投入、鼓励原始创新、培养吸引高水平软件人才等方面着手，建立协同联动、自主可控的产业创新体系；第三，进一步拓展国际市场，积极参与全球价值链，在全球业务的交流合作中学习先进经验和技术，不断提升国际竞争力；第四，重视数字化发展趋势下用户的新需求，促进软件与实体经济深度融合，为用户提供更多元化的数字化解决方案，从而加快推进数字化转型趋势，使需求引领供应、供应创造需求的模式达到更高水平；第五，完善协同共享产业生态，重点支持市场主体的发展壮大，建立更完善的产权法律框架和体系，加强软件知识产权保护，最终形成多元、开放、共赢和可持续的产业生态系统。

（二）消费级软件行业运行特点

随着"互联网+"战略的推进和移动互联网的普及，消费级软件所属的软件行业在发展运行过程中呈现如下特点。

1. 向服务化转型

消费级软件市场复杂多变，受用户需求偏好和技术水平的影响较大。用户体验对于消费级软件企业至关重要，用户会因为软件界面、功能特点、服务响应速度等因素选择或放弃某一款软件。目前，我国软件行业服务化进程已进入快车道，软件企业逐渐从以销售软件产品为主向提供综合软件服务转变，将软件技术与信息技术服务结合，不断提高软件产品质量、用户体验和服务水平，实现软件、技术和服务的一体化。

2. 行业细分化和专业化

为满足不同行业的需求，软件行业逐渐细分为不同的子行业，各行业对软件的需求不同，导致软件开发思路和功能出现差异化。同时，消费级软件市场竞争日益激烈，若想在激烈的市场竞争中脱颖而出，获得更多用户的青睐，就必须向用户提供差异化的产品或服务。这要求软件企业提高软件专业化水平，满足客户不断升级的需求。

3. 多平台支持

互联网、大数据、人工智能等技术推动了软件行业的创新和发展，软件行业与互联网的结合越来越紧密，网络成为软件开发、部署、运行和服务的主要平台。目前，人们的学习、生活、工作越来越多样化和复杂化，消费级软件通常需要在多个操作系统和设备上运行，例如桌面电脑、移动设备、智能电视等。因此，消费级软件产品的跨平台兼容性和移动端适配性变得至关重要。

4. 数据隐私安全性

在网络化环境下，用户个人信息在各类消费级软件中进行处理、存储和运输，网络空间安全问题变得更为突出，数据的安全性和隐私保密性成为用户关注的焦点。软件行业需要采取各种措施和技术手段，不断提高信息安全保障能力，以保护国家经济、社会和个人的信息安全。

5. 体系化与更迭性

消费级软件行业的产品和服务呈现体系化发展，不同的软件和技术相互渗透。随着一体化软件平台体系的演进，软件企业进一步加快了硬件与软件、应用与服务的一体化整合。市场竞争不再是单一的产品竞争，而是基于平台体系的产业链竞争。另外，消费级软件的更迭速度快，需要定期迭代和更新，以修复漏洞、添加新功能、提高性能等，持续的软件维护和改进优化对于提高用户满意度和忠诚度至关重要。未来软件行业将进一步围绕主流软件平台体系构造产业链，形成产业生态系统。

（三）消费级软件行业经营模式

消费级软件行业的经营模式与传统行业存在差异，主要体现在特有的销售方式和盈利模式两个方面。

1. 行业特有的销售方式

消费级软件产品存在线下实体销售和互联网线上销售两种销售模式。但软件产品与一般商品不同，其功能的实现依托互联网相关技术，也依附于电脑、移动智能终端等电子产品。因此在销售形式上与一般的产品存在差异，消费级软件产品的实体销售模式类似于传统商品的线下销售模式，一般是将软件产品刻录到光盘或制作成软件包装盒，委托代理商、分销商、零售商进行销售，或在实体店面销售，但这种销售方式的缺点在于流转环节较多、销售成本高、产品销售周期长、用户体验差。

互联网线上销售则很好地弥补了线下销售的缺陷，在这种销售模式下，消费者可以通过互联网设备即时获取、下载和安装软件产品，大大缩短了产品销售周期，用户的购买体验和使用体验得到优化。互联网线上销售模式为消费级软件产品带来了更多便利和灵活性，加速了软件产品的发布和更新，能够更好地满足市场需求。这也是为什么该模式成为消费级软件主流的销售模式，在现代软件销售市场占据主导地位的原因之一。

2. 行业特有的盈利模式

消费级软件行业是知识密集型的高新技术行业，比其他行业更依赖于创新技术驱动和快速迭代，使得消费级软件行业在软件产品研发阶段的投入更大。目前，消费类软件行业采用多种盈利模式实现收益，License（注册码）模式、SaaS（软件即服务）模式和Advertising（广告）模式是最主要的三种盈利模式。

License 模式是消费级软件产业最传统也是最主流的盈利模式。在该模式下，用户通过购买软件许可证来获得软件的使用权，在这个过程中涉及一次性许可费用。一次性许可费用是由软件功能和许可数量决定的，用户支付了一次性许可费用就会获得软件永久或一段时间内的使用许可。这种模式一般适用于桌面应用程序和专业软件，例如操作系统软件、办公软件、图像软件等。

SaaS 模式是一种类似于订阅制的模式，用户不用购买软件的许可权，而是根据订阅计划和使用量，向软件公司支付费用。在 SaaS 模式下，用户通过互联网访问并使用软件，且该模式支持跨平台使用，可以实时更新和升级，对用户而言更灵活、便利。这种模式常见于云存储软件、客户关系管理软件和在线协作软件等。

Advertising 模式通常用于免费的消费级软件，软件公司向用户免费提供软件产品和服务，通过为广告商发布广告获得收益。因此，这种模式要求软件程序具有一定的用户量基础，以便广告商获得足够的曝光和点击量，广告商会根据用户的点击浏览和交互情况向软件公司支付费用。微博、小红书、抖音等社交媒体，在线搜索引擎和免费游戏等常使用这种盈利模式。

（四）消费级软件行业的政策利好

为推动软件行业的发展，国家先后颁布了一系列法规政策。2020 年 7 月，国务院在《关于印发新时期促进集成电路产业和软件产业高质量发展的若干政策的通知》中指出，要不断优化软件产业发展环境，深化产业国际合作，提升产业创新能力，加强知识产权保护，提高发展质量。同年 12 月，《关于促进集成电路产业和软件产业高质量发展企业所得税政策的公告》的发布明确了企业所得税减免的具体政策。[2]其他利好政策如表 8-1 所示。

表 8-1　软件行业相关利好政策内容

时间	政策	内容
2012 年 4 月	《关于进一步鼓励软件产业和集成电路产业发展企业所得税政策的通知》	经认定，符合条件的软件企业，在 2017 年 12 月 31 日前自获利年度起计算优惠期，免征前两年的企业所得税，第三年至第五年按照 25% 的法定税率减半征收，至期满为止
2016 年 12 月	《软件和信息技术服务业发展规划（2016—2020 年）》	鼓励软件产业与各行业领域进行深度融合，开发关键应用软件、行业解决方案和集成应用平台，推动软件企业进行创新，不断提升服务型制造水平，为中国制造 2025、"互联网+"行动计划等提供支撑服务
2020 年 5 月	《2020 年深入实施国家知识产权战略加快建设知识产权强国推进计划》	改革完善知识产权政策，深化知识产权领域"放管服"改革，推进业务服务、政务服务和信息服务"一网通办"
2020 年 7 月	《关于印发新时期促进集成电路产业和软件产业高质量发展的若干政策的通知》	优化集成电路产业和软件产业发展环境，深化产业国际合作，提升产业创新能力和发展质量[3]
2020 年 12 月	《关于促进集成电路产业和软件产业高质量发展企业所得税政策的公告》	明确对有关企业所得税进行减免，国家鼓励的重点集成电路设计企业和软件企业，自获利年度起，第一年至第五年免征企业所得税，接续年度减按 10% 的税率征收企业所得税

资料来源：前瞻产业研究院整理。

三、消费级软件市场竞争格局

在全球竞争市场中，一些大型科技巨头如苹果（Apple）、谷歌（Google）、微软（Microsoft）、脸书（Meta）等公司占据竞争主导地位，也有许多新兴的创业公司涌现，专注于特定领域和应用。消费级软件市场在不同的应用领域和地区可能存在不同的竞争格局，且消费级软件市场的竞争格局会随着新技术、新趋势和新市场参与者的出现而快速变化。

（一）中国消费级软件市场竞争结构

当前，全球软件市场的国际分工体系已经形成，全球范围内的不同地区在软件产业链的不同层次上扮演着不同的角色。该体系主要以美国、欧洲、印度、日本、中国等国家和区域为主，这些区域之间形成了相互依赖的国际软件产业分工体系，实现了全球软件市场的供应链和价值链的高度整合，有助于各国充分发挥各自的优势，提高软件产业的全球竞争力。随着软件行业的迅猛发展和全球数字化转型的持续推进，各类型消费级软件投向市场，导致我国消费级软件市场较为复杂，市场竞争主要呈现出以下三大特征。

1. 大型软件开发商占据市场主导地位

虽然消费级软件拥有较大的市场容量，但随着软件行业细分化程度的加深，各细分市场的竞争愈发激烈。大型软件开发商相较于其他公司拥有更多的技术和资金优势，使其能够在特定领域和产品类别中占据主导或垄断地位。例如，腾讯旗下的 QQ 和微信是国内最流行的即时通信类软件，腾讯较早地进入了通信市场，凭借研发技术和创新能力，为用户提供高质量的产品和服务，拥有庞大的用户基础，在该细分领域取得主导地位。

2. 中小企业专注个性化产品开发

中小企业通常专注于满足用户的个性化需求，主要从事相对细分领域的个性化产品开发，这有助于它们在细分市场中获得竞争优势。具体而言，中小企业常借助大型软件开发商的平台资源，其产品一般是对大型软件开发商基础性产品的功能补充或差异化的二次开发。这有助于避免与主导地位企业产品的直接竞争，在市场中寻找自己的产品定位，发展技术专长，为用户提供独特的产品功能和解决方案，在特定细分领域形成技术领先优势。

3. 市场存在进入壁垒

消费级软件行业虽然充满发展机会，但也存在较多的进入壁垒，这些壁垒会让新进入者面临更多的困难。第一，技术壁垒。开发消费级软件需要具备一定的技术能力，具体包括编程技术、用户界面设计技术、信息安全技术、网络通信技术等，同时，用户不断升级的需求，对软件企业的技术创新能力提出了更高的要求，新进入者在短时期内面临较高的技术壁垒。第二，用户使用习惯的壁垒。用户对软件的使用习惯会使其形成思维定式，一旦用户长期使用某一软件，在转换到另一软件时需要付出学习时间成本，这对于新进入者而言也是面临的一大难题。第三，网络效应壁垒。某些消费级软件依赖于网络效应，随着用户数量的增加，产品变得更有价值。已经在市场上建立了大用户基础的公司具有更明显的优势，因为新公司需要时间来吸引足够的用户。第四，人才壁垒，消费级软件行业需要具备高级技术知识和编程技能的开发人员，人才的技术能力、市场营销与用户洞察水平、全球化视野以及战略管理思维对于软件企业至关重要。

（二）消费级软件技术发展趋势

近年来，中国政府不断加大对软件行业的扶持力度，随着技术的不断进步与创新，未来软件行业技术将呈现平台化、智能化、服务化以及融合化的发展趋势。

1. 技术平台化

平台化是软件和软件产品发展的新方向。随着互联网的普及，云计算、大数据和物联网技术将进一步推动软件和信息技术、服务技术向网络化发展，互联网成为数据集成和软件开发的一体化平台，使设备、应用程序和服务能够更紧密地连接和协作，满足用户灵活部署、协同应用的需求。在平台化的发展趋势下，软件行业的产业链将以平台建设为核心，消费级软件的竞争不再是单一产品的竞争，而是平台间的竞争。

2. 技术智能化

人工智能和机器学习技术的广泛应用将使软件变得更智能，智能软件将能够自动识别、高效提取、智能分析更复杂的海量数据，赋予信息系统自适应能力，基于及时、精准的需求洞察能力和高效的资源配置能力，为用户提供更个性化、智能化的体验。

3. 技术服务化

服务是消费级软件行业市场竞争的关键，因此，消费级软件在未来需要更加注重服务导向的功能开发和技术创新。目前，软件行业的产品研发和营销服务以用户需求为导向，软件技术服务化成为主流，以便为用户提供更加优质的服务和产品体验。另外，消费级软件技术的服务化也有助于提高软件系统的灵活性、可管理性和可维护性。

4. 技术融合化

消费级软件不同领域的技术将不断融合，为用户提供更全面的一体化解决方案，为软件行业发展提供更多的空间和可能性。例如，物联网、人工智能和大数据分析的融合将推动智能终端产品的发展，更好地连接和服务软件用户。消费级软件技术融合化已经改变了商业和产业的运作方式，加强了软件技术与产业发展的融合度。目前，传统企业在产业互联网洪流下，也纷纷入局软件技术融合生态，创造新的互联网产业体系，不断升级产品服务和经营模式。

消费级软件技术的平台化、智能化、服务化以及融合化发展，将继续推动产业的数字化转型，创造更多的价值，并为全球经济带来新的机遇。

四、消费级软件的营销管理

当前我国常见的消费级软件包括社交软件、音乐播放器软件、购物软件、网络游戏软件、杀毒软件，本书将重点介绍前两种消费级软件及其营销管理。

（一）社交软件及其营销

社交软件是为满足人们社交需求而设计的软件产品，旨在连接和促进用户之间的社交互动，并允许用户分享信息、交流互动、建立社交网络。

1. 常见社交软件产品

随着互联网移动化、社交化发展，沟通方式逐渐由电话转向微信等社交软件。目前，国内主流社交软件包括微信、QQ、微博、抖音、小红书等。根据腾讯 2023 年第二季度财报，微信和 WeChat 的合并月活跃用户数量（Monthly Active User，MAU）达到了 13.27 亿，稳坐社交软件第一宝座，微信小程序月活跃用户突破 11 亿，QQ 的月活跃账户达到 5.75 亿，2022 年小程序的商品交易总额（Gross Merchandise Volume，GMV）同比增长 34%。社交软件的竞争格局基本上已经达到了稳定的状态，要在消费者端社交类产品的市场中占据一席之地存在较大的困难。随着 Z 世代人群的崛起，社交需求更加多元化、个性化，涉及学习、娱乐、生活、购物、交友和工作等方面的社交需求，各领域产品间的竞争十分激烈。

2. 社交软件用户分析

（1）社交软件用户画像。准确分析和描绘用户画像有助于社交软件开发者更好地了解目标用户群体，以便为用户定制软件功能、内容和体验。社交软件主要以获取信息、交友娱乐和互动分享为目的，帮助用户建立社交网络关系，其最核心的功能是社交属性。从用户年龄来看，目前各个年龄段的用户都已成为社交软件的使用群体，其中，年轻学生群体仍然是主流。社交软件的多样化使用场景和人机交互功能使用户可以随时随地在社交软件分享和社交，得到越来越多用户的喜爱和使用。随着互联网和社交媒体的发展，我国社交软件市场中同类竞品众多，加上社交软件转换成本较低，用户一旦对目前使用的软件不满意，就很可能选择其他社交软件产品。因此，社交软件企业想要在市场竞争中脱颖而出，提高用户忠诚度，就必须及时洞察用户需求和用户画像，分析用户痛点，开发符合用户期望的独特功能，制订更有针对性的营销策略、用户服务和产品改进计划，强化用户体验设计。

增强软件使用过程与用户生活经验和自我认知的一致性是用户体验设计的关键目标。具体而言，用户在使用社交软件产品时，会根据自身经历建立起生理和心理的自我感受，如果软件的用户体验设计和用户日常生活经验认知保持一致，可以极大减少用户的学习成本和排斥心理，使其感到舒适和自信，从而提升用户熟悉度和接受度。[4]互联网时代，社交软件的目标用户基数大，几乎所有人都需要使用社交软件。满足人与人之间的互动交流是社交软件最基本的要求，根据互动交流的对象可以将社交分为熟人社交、陌生人社交、社群社交。对于不同类型的社交，用户的使用目的、使用心理和功能要求各有不同。

（2）用户需求分析。移动互联网新时代，消费模式逐渐社交化，流量思维向用户思维转变，以"货"为中心向以"人"为中心转变，产品营销更加注重缩短用户决策周期、扩大品牌选择面、刺激用户消费。因此，了解不同场景下的用户需求对于社交软件开发和营销具有非常重要的作用。

在熟人社交场景下，用户使用社交软件与朋友、家人、同学等相识对象沟通和联系，目的是沟通信息和联络感情，维系熟人之间的社交互动和情感联系。这类社交场景对软件产品的基本功能需求主要体现在：即时文字聊天、语音视频通话、图片与视频分享、群聊等。如果企业想在竞争激烈的社交软件市场中脱颖而出，占领一席之地，仅仅满足用户的基本功能需求是远远不够的，还需要不断创新，进一步挖掘用户需求，为用户提供更丰富独特的产品功能和最佳的用户体验，例如社交动态分享、社交游戏、个性化推荐、位置共享、发红包等，这些以满足用户期望为中心的功能设计达到了更好的用户体验效果。[5]

对于陌生人社交场景，用户期望与感兴趣的陌生人建立联系，打破尴尬，认识新的朋友，建立积极的社交互动关系。因此，软件开发商在为陌生人社交场景下的用户设计软件产品时，需要考虑的问题是，如何让陌生人之间迅速打破尴尬，进行积极的沟通。例如，致力于打造"社交元宇宙"的Soul软件，为丰富陌生人之间的聊天话题和内容，推出了灵魂匹配功能、群聊派对功能，丰富陌生人之间的聊天话题和内容，有效打破沟通壁垒。

而在社群社交场景中，用户社交的目的在于交流彼此共同感兴趣的话题，即用户之间的共同兴趣点是连接的基础。因此，社群内容和话题的相关性对于吸引和保留用户至关重要，能够有效增加用户黏性。以摄影分享型社交软件乐乎（LOFTER）为例，用户可以在乐乎平台上随意晒图，分享生活，关注感兴趣的内容生产者与其形成粉丝关系，也可以加入各种兴趣圈子，这种一对多的社交关系降低了用户在社群社交场景的压力，为用户提供一个以用户兴趣为中心、无打扰、无社交负担的互动环境，给用户带来更好的社交体验。

3. 社交软件营销优势

社交软件的用户基础庞大，具有高互动性和参与度，因此，各类企业纷纷入驻社交软件平台，利用社交软件开展营销活动。社交软件营销依靠用户使用量以及活跃度成为当下最受欢迎的主流营销模式，具有以下优势。

（1）社交发展空间大。当前国内外主流的社交类 App，如 Meta、X、微博、抖音等，是主打陌生人交友、实现彼此之间的情感交流互动、体验虚拟社交的平台。所以说，从用户情感交流的特定需求和细分市场的特点来看，社交软件行业具有很大的发展潜力。

（2）用户数据匹配精准。随着互联网智能技术和大数据算法的发展，社交软件变得更加智能化和个性化，对用户群体的划分不再局限于年龄、性别、兴趣爱好等基本特征，还会利用机器学习和大数据分析等技术，从价值观、星座、性格等方面对用户进行智能化精准匹配，帮助用户找到志同道合的伙伴和符合他们期望的社交圈子，提升用户留存率和活跃度。

（3）泛娱乐化的环境趋势。从直播行业诞生开始，社交软件的泛娱乐化发展趋势愈发明显。社交软件行业将直播、AR、VR、游戏等元素融入社交场景中，社交形态变得更加丰富和多样。社交软件的泛娱乐化发展促进了社交软件市场生态圈的迅猛发展，功能得以不断完善，用户的活跃度和互动参与感得到进一步提升。

4. 社交软件营销策略

2018 年前后，主打"跟随灵魂找到你"的 Soul 横空出世，灵魂匹配的概念吸引了大量用户。用户在用过陌陌、探探之后进入了审美疲劳期，对于整天左滑右滑的交友模式感到厌倦。Soul 的灵魂匹配模式根据用户的性格和爱好匹配网友，十分新颖有趣，让人们眼前一亮，不少用户因此纷纷转战 Soul。Soul 的出现是社交软件的一大里程碑，并影响了后续其他社交软件的发展方向。

Soul 在短短几年时间内超越了陌陌、探探等社交软件，多次登上微博热搜，其营销策略值得借鉴。

（1）在各大平台投放营销文案。Soul 善于在各大平台投放营销文案以吸引目标用户的关注，取得了很好的营销效果，例如"还孤单一个人吗，快来 Soul 银河寻找那个 TA""匿名灵魂聊天，寻找你的灵魂伴侣"。通过这些极具创意和内涵的广告文案，Soul 准确地向用户传达品牌内容，同时塑造了品牌形象，达到了推广宣传的效果。

（2）极具创意的线下活动和展览。2020年11月，Soul在上海举办了"灵魂奇境"艺术展，展览以"人类的灵魂终将共振"为主题，强调情感共鸣和心灵连接的概念，设有多个融合科技和美感的数字装置，将人类精神世界以艺术方式再现，为参观者提供一个观照内心的全新视角。这一主题在当代社会引起了广泛共鸣，因此吸引了大批年轻人入场观看。Soul的产品定位是为用户提供一个让心灵自由交流、相互鼓舞的平台，而举办的这个展览正是Soul产品定位的现实体现。当代年轻人工作生活节奏快，有很多积累的情绪问题来不及正视和解决，Soul希望引导人们从艺术中审视心灵、了解心灵，呼唤当代人对自身和他人心理健康的关注。Soul的"灵魂奇境"艺术展将品牌的理念与情感共鸣、社会群体痛点相结合，是社交软件营销创新的典型案例。在2021年中国创新营销峰会中，Soul凭借"灵魂奇境"艺术展获得了创新营销案例奖。[6]

（3）以用户现实需求主导社交新潮流。作为基于心灵沟通的社交平台，Soul一直关注Z世代的精神诉求和文化趋势，以年轻人感兴趣的形式，传递积极向上的价值理念。2020年，Soul联合WABC上海艺途公益基金会相继开展慈善画展和"错袜日"线上公益活动，呼吁社会关注患有精神障碍的特殊人群，同时以创新的活动形式吸引更多年轻人参与公益，让"随手公益"理念深入人心，推动公益事业年轻化、大众化、生活化。Soul借助大数据和去中心化技术，让用户可以根据性格、兴趣等精准匹配心灵契合的好友和感兴趣的内容，在友善轻松的社交氛围中深度交流、缓解孤独。

Soul发布的《Z世代社交报告》揭示了Z世代的社交需求和态度，超过70%的Z世代认为自己的社交圈子有限，绝大部分用户希望通过社交软件扩大朋友圈，结识更多的人，还有相当一部分年轻人认为，传统在线社交平台已无法满足自己的社交需求。"Soul式"无压力、还原真实心灵的社交方式，切中了Z世代的独特诉求。如今，在Soul上认识新朋友、收获新感动，已成为Z世代社交新潮流。

（4）借助元宇宙的热度进行产品营销。Soul在2021年与安慕希携手解锁社交元宇宙新玩法，发起了一场以元宇宙为主题的整合营销传播活动，从多个维度展示快消品，包括品牌标志、产品、包装、传播等，为Soul建立了令人深刻的品牌形象。元宇宙是目前备受社会关注的概念，任何事物贴上元宇宙标签都会获得很高的流量，这是因为元宇宙能够满足年轻一代摆脱现实压力、以新身份在虚拟世界自由行进的期望。Soul正是利用了这一点，推出了"元宇宙失重乐园"模块，通过"0压"AR身份认证、压力测试游戏等社交互动来聚集新潮用户，为用户提供与虚拟身份互动的方式，使其深度参与元宇宙体验活动。此外，Soul打造的线下主题地铁为用户提供了进入虚拟世界的通道，吸引更多好奇的消费者加入，从而提高营销活动的可见度和覆盖面，达到更好的营销效果。

（二）音乐播放器软件及其营销

目前，我国音乐类软件市场竞争激烈，呈现出规范化、差异化、平台化、产业化的趋势。QQ音乐、酷我音乐、酷狗音乐、网易云音乐、咪咕音乐在音乐播放器类软件市场上占据了较大市场份额，是国内市场上主流的五大音乐App，普遍具有歌单、个性化推荐、歌曲排行榜、听歌识曲、音乐短视频等相关的板块和功能，基本可以满足普通用户的需求。同时，各大音乐类软件也各具特点，下面以网易云音乐为例进行介绍。

网易云音乐是网易公司开发的一款音乐流媒体软件产品，为用户提供音乐发现、播放和分享服务。网易云音乐注重用户体验，凭借产品和功能设计得到了用户的高度评价，并借助一系列口碑营销活动，在竞争激烈的数字音乐市场中脱颖而出并快速发展。[7]

1. 网易云音乐软件特征

（1）个性化推荐。网易云音乐利用推荐算法分析用户的历史听歌数据，根据用户的听歌喜好和行为进行个性化推荐。为突出个性化推荐功能，网易云音乐推出了"私人FM""每日推荐""相似推荐""发现人"等功能。具体来看，网易云音乐的"私人FM"和"每日推荐"功能利用个性化推荐算法为用户提供精准的歌曲推荐，推荐的依据是用户在网易云平台听歌的历史数据和偏好，通过这个方式推荐的歌曲基本符合用户喜好；"相似推荐"功能则是根据用户播放的歌曲，向其推荐风格相似的音乐，这不仅可以满足用户的口味，也能提升用户体验；而"发现人"可以看到好友和附近的人在听哪些歌曲，从而找到在音乐品味方面"志同道合"之人，帮助他们建立音乐社交圈，并形成社群，用户可以在这些社群中分享和讨论音乐，进行互动和个性化表达。个性化推荐不仅为用户提供了优质的音乐体验，还增强了用户黏性。

（2）注重情感共鸣。网易云音乐的乐评和互动功能是网易云音乐社交特征这一关键特征的具体体现，也是网易云音乐的突出优势。在乐评区，用户之间的互动较为频繁，每首歌曲都有很多的用户评论，网易云音乐还区分了热门评论和实时评论。音乐分享是网易云音乐用户另外一种社交互动方式，用户可以将喜欢的音乐分享给网易云音乐平台的其他用户，也可以通过跨平台的对外分享机制，将歌曲分享至更广泛的社交网络，例如微信、微博。写乐评和分享音乐的过程中，用户之间可以基于共同的音乐兴趣进行互动交流，分享音乐建议、表达个人情感，引发情感共鸣。

（3）用户参与度高。用户参与度高使网易云音乐在众多音乐软件中占据领先地位，是网易云音乐取得成功的重要因素之一。除了上面提到的乐评和分享功能，网易云音乐的"电台"板块也进一步增强了用户参与度。该板块包括电台分类和电台推荐，根据音乐类型、主题风格进行分类和针对性推送，用户可以与电台主播、明星嘉宾以及其他收听者一起互动，分享音乐，参与各种线上音乐活动。

2. 网易云音乐软件营销

（1）跨界营销。网易云音乐为提高品牌曝光度和知名度，开展了多项跨界营销活动。在选择跨界合作对象时，网易云青睐传统优势品牌，这不仅可以为传统品牌注入新的活力，还可以为网易云音乐带来更多的曝光。例如，网易云音乐与农夫山泉合作，推出了限量款"乐瓶"，音乐与饮品的跨界联合获得了大量消费者的关注，为网易云音乐带来了新的用户群体；携手游戏"第五人格"推出"你的荣格心理原型"活动，该活动结合了音乐和游戏元素，吸引了众多游戏爱好者和音乐爱好者参与。网易云音乐的跨界营销策略是其能够在音乐软件市场保持活力和竞争力的重要营销手段。

（2）口碑效应。口碑营销是一种通过消费者口口相传对产品和服务进行宣传和推广的营销策略。与广告营销、跨界营销、KOL（关键意见领袖）营销等相比，口碑营销具有成本低、可信度高、效果好等突出优势。网易云音乐通过社交搭建用户的社交圈，鼓励用户体验营销活动，并在社交媒体上进行分享，利用口碑效应扩大营销活动的影响力，建立品牌声誉。例如，网易云在 2021 年联合复旦大学举办的毕业季营销活动正是其口碑营销的典型案例。在毕业生离校之际，网易云音乐在复旦大学校内亮起 24 盏特殊路灯，每一盏路灯都结合了一句网易云乐评，将大学四年的故事浓缩在一句句乐评中。该活动挖掘了毕业生的情感需求，成功将"乐评"打造成一个场景化、能够不断延展的品牌IP，获得以复旦为主的高校圈层认可，学生纷纷前往打卡分享，活动形成了良好的口碑。同时，活动也引起人民网关注，带动几十家媒体跟进报道，相关话题连续登陆微博热搜，短时间内实现全网品牌曝光，吸引了更多互动。

（3）内容营销。内容营销通过创造有价值、有吸引力的内容获得消费者的关注，进而推广产品和服务。网易云音乐不断利用内容营销提高品牌知名度和关注度，也助力自身发展成为极具影响力的音乐软件品牌。例如，2021 年夏天，突如其来的暴雨和疫情，让郑州这座城市按下了暂停键，网易云音乐决定在郑州回归正常生活的"重启"之时，策划"还郑州一个七夕"营销活动。用乐评编写成《爱情词典》，将精心挑选的 20 条用户评论写在郑州"连心里"红墙上，通过这条通向民政局最浪漫的爱情之路，弥补郑州人民没有过上七夕节的遗憾，也向那些在爱情里徘徊的人传递温暖与勇气。该活动获得相关政府部门点赞，多家官方媒体自发报道，传递了网易云音乐温暖的品牌形象，也提升了品牌资产"乐评"的 IP 价值和行业美誉度，促进了品牌在生活场景中的渗透。[8]

第二节　互联网平台的营销

互联网平台在现代经济社会中扮演着重要的角色，互联网平台常常走在技术和创新的前沿，通过不断地推出新功能、新产品和新服务来引领各个行业的发展，推动数字经济的进步。而互联网平台营销是指企业或品牌利用互联网上的各种在线平台和工具对产品或服务进行推广宣传，在互联网平台与潜在客户互动，建立品牌知名度并提高销售绩效。这种营销方式利用了互联网的广泛覆盖和用户参与度来实现营销目标，在各行各业得到了广泛应用。

一、互联网平台概述

在数字化经济背景下，互联网平台利用互联网连接、云计算、大数据分析和人工智能等技术产生并快速发展，这些技术使平台具有高度的灵活性和可扩展性，允许各类型用户在同一平台上进行交流、合作、交易和互动。

（一）互联网平台的概念

1. 互联网平台定义

互联网平台以软件为支撑，是典型的在线双边市场平台。而双边平台服务于两类具有相互需求的用户群体，并通过双边用户的交易匹配来获得收益[9]，例如打车软件平台、外卖平台、网购平台等。互联网平台的各个市场之间并不是孤立存在的，而是互相影响与支撑。以滴滴打车为例，该平台服务于乘客和司机两个群体，乘客的出行与司机的获利需求相互依赖，平台作为媒介对双方需求进行匹配，并从双方的交易中获得一定的收益。随着移动互联网技术的创新与应用，平台经济作为互联网经济发展的主要模式，深刻影响着人们的经济活动和社会行为。

2. 互联网平台特点

（1）数字化。数字化是互联网平台最基本的特点，是互联网平台成为数字经济时代重要组成部分的关键。互联网平台为消费者提供数字化的内容和服务，如在线视频、音乐、电子书、应用程序、云存储等，并对各类资源要素进行数字化处理，通过数字流动实现传输、复制和分发。互联网平台的数字化特点使其成为数字经济的核心驱动力，改变了各种行业和领域的商业模式。这些特点为创新、效率和便捷性提供了机会，同时也带来了新的挑战，如隐私和安全问题。

（2）开放性。开放性是互联网平台的重要特性，也是互联网平台成功的关键。互联网平台本质上是一个开放的电子网络，通过提供 API 和工具，以便第三方开发者创建应用程序和服务，丰富平台的生态系统。因为互联网平台的开放性，用户可以通过任何一台电子设备连接到互联网，实现资源信息的交换和共享。同时，这种开放性鼓励了平台创新和良性竞争，促进了平台的发展和技术应用。

（3）跨界可扩展性。互联网平台的数字化和开放性使互联网平台具有跨界特征，能够打破地域、时间和行业的限制。跨国界、地区、行业运营，已成为互联网平台的常态。同时，互联网平台具有良好的可扩展性，可以容纳不断增长的用户和数据。云计算技术和虚拟化使平台能够根据需要动态扩展其资源。例如，电商平台利用其跨界扩展特性，最大程度地满足多方交易主体的需求，为来自各个地区的消费者提供信息沟通和交易服务。

（4）双边网络效应。双边网络效是互联网平台的典型特征，平台中两个或多个不同类型用户之间的参与和互动能够为产品和服务带来价值，且平台价值会随用户数量的增加而增加。以双边平台京东为例，京东作为平台中介为买卖双方提供交易服务，平台用户的增加会使该平台具有更大的经济规模效应，为平台带来更多的收益。目前，平台经济已成为我国新时代经济的重要组成部分。[10]在双边网络效应下，用户规模越大的网络越有价值，互联网平台与用户之间相互吸引、相互促进。

（二）互联网平台的类型

对互联网平台进行分类需要考虑平台的连接属性和主要功能。平台的连接属性是指通过网络技术把人和商品、服务、信息、娱乐、资金以及算力等连接起来，使平台具有交易、社交、娱乐、资讯、融资、计算等各种功能。根据功能特征，可以将互联网平台划分为以下六大类：

1. 电子商务平台

电子商务平台连接的是人与商品，主要功能是为交易双方提供销售服务，促成双方的匹配和交易。典型的电子商务平台有亚马逊、淘宝、京东、美团等。

2. 社交媒体平台

社交媒体平台用于人与人之间的社交互动和信息分享，为用户提供即时通信、游戏休闲、视听服务、直播视频等产品和服务，具体的社交媒体平台包括 Meta、Instagram、腾讯 QQ、微信、微博等。

3. 信息资讯平台

信息资讯平台为人与信息建立连接，信息资讯平台是一类专门为用户提供各种信息和新闻内容的在线平台。具体的信息资讯类平台包括但不限于新闻门户类、搜索引擎类 UGC 类、视听资讯类等。例如今日头条、谷歌浏览器、百度浏览器等。

4. 生活服务平台

生活服务类平台，连接的是人与服务，旨在为用户提供各种与生活相关的服务，包括出行、旅游、家政、房地产等。具体的生活服务类平台包括但不限于出行服务类、旅游服务类、配送服务类、家政服务类、房屋经纪类等平台。如导航软件、杀毒软件、翻译软件等。

5. 金融科技平台

金融科技平台用于连接人与资金，为用户提供支付结算、在线投资、网络贷款、金融理财等服务。具体的金融科技类平台包括但不限于综合金融服务类、支付结算类、消费金融类、金融资讯类、证券投资类等平台。例如支付宝、各类证券基金等。

6. 计算应用类平台

计算应用类平台，连接的是人与计算能力，是一类专注于提供计算和数据处理服务的在线平台。具体的计算应用类平台包括但不限于智能终端类、操作系统类、手机应用（App）商店类、信息管理类、云计算类、网络服务类、工业互联网类。例如，亚马逊云计算（Amazon Web Services，AWS）、微软云计算（Microsoft Azure）、谷歌云（Google Cloud）等。

（三）互联网平台企业的竞争与平台经济发展

1. 互联网平台企业的竞争现状

互联网、大数据以及人工智能等技术为平台企业的发展提供坚实的基础，但也使得互联网平台企业的竞争变得更加激烈和残酷。[11] 一方面，互联网平台企业的市场进入门槛较低，新创企业可以相对容易地进入互联网市场。近年来，越来越多不同类型的互联网平台应运而生，参与市场竞争，而互联网平台处在一个动态化、复杂化的商业环境，面临着巨大的不确定性，任何平台都有可能被挤出市场。另一方面，用户对互联网平台的黏性较低，如果平台不能以持续性的平台吸引力和竞争优势留住用户，那么用户就会转向竞争对手的平台。另外，互联网让各类型平台可以轻松扩展到全球市场。因此，互联网平台企业需要与来自世界各地的竞争对手竞争。目前，互联网平台市场已接近饱和状态，行业竞争愈加激烈。在当前竞争激烈的市场中，如何获取并保持竞争优势已成为每个互联网平台企业必须面对的问题。

2. 互联网平台竞争优势的核心要素

数据是互联网平台竞争优势的核心要素，具体体现在以下方面。

（1）互联网平台是数据处理平台。互联网平台作为数据处理平台的关键是收集数据。数据是互联网平台运行和获利的基础，没有数据支撑的平台就没有存在的价值和意义。因此，互联网平台在投入市场的早期就会通过各种途径和手段获取用户的数据，这些有价值的数据包括用户提供的直接数据以及用户在平台上活动所产生的各种间接数据。作为数据输出者的用户不愿意为直接提供的数据支付费用，平台经营者也不存在向数据主体收取费用的动机。因而，互联网平台经济的发展初期一般不以盈利为目的，只有当互联网平台发展到一定规模后，平台才会考虑盈利问题，开始向部分会员用户收费，用以弥补免费服务所付出的成本。

同时，互联网平台需要对收集到的数据进行整合和处理。很多互联网平台会向用户免费提供服务，例如社交平台、搜索平台等，然后收集用户的数据，并将其提供给广告商以获取广告收入。数据不仅是互联网平台获利的基础，也是平台发展的基础。互联网平台的本质是数据的流动与整合平台，其不同的发展模式其实就是不同的数据利用模式。[12]互联网平台的数据整合既包括用户提供的直接数据，也涵盖大数据收集的间接数据。以社交平台网站为例，网站会对消费者提供的数据信息进行整合加工并提供给相应的销售商，销售商利用这些数据信息进行广告的精准投放。例如，阿里巴巴在非购物领域迅速扩张的原因在于其整合消费者数据并将这些数据运用于相关领域。

（2）互联网平台的相关市场是数据市场。相关市场是指经营者在特定的商品或服务领域内，不仅考虑产品的目标用户群，还考虑了与该领域相关的其他因素。传统市场一般是线性市场，每个产品都有自己的目标用户群。但在互联网平台经济中，市场的边界变得非常模糊。比如社交平台市场，其提供的产品既有社交媒体服务也有广告、电子商务等服务，这些市场并非孤立存在，而是相互影响的。互联网平台提供商可通过社交媒体市场获取数据信息，进行精准的广告与媒体投入，从而获取利润。互联网平台市场的相互依赖性源自平台的双边市场特性。具体地说，因为互联网平台同时服务两个或多个用户群体，这些用户群体之间在平台上相互影响，是一种双向互动关系。这导致了互联网平台的各个市场之间相互影响和支撑，形成一个整体的互联网平台市场。互联网平台的核心业务是收集和处理数据信息，因此数据市场是互联网平台的相关市场。以数据市场界定相关市场符合多边市场实际，不会人为地割裂相互关联的各边市场。

（3）数据是评价互联网平台市场支配地位的重要指标。对于互联网平台而言，如果平台用户与数据建立了高度关联与相互促进的关系，那么用户就不太可能轻易转换平台，这对其他新进入的平台而言是不利的，因为增加了平台的进入壁垒。也就是说，互联网平台的先发优势十分明显，对于形成规模的互联网平台而言，规模越大，用户越多，用户黏度越高，越容易形成路径依赖，双边效用就越明显。因而，在评估平台市场支配地位时，常常将市场规模作为重要参考因素。但互联网平台规模并不是评估市场支配地位的唯一指标，还需要考虑平台数据收集和处理能力。互联网平台需要对收集到的数据进行有效的数据清洗、验证和校准，以确保数据可靠。高质量的数据分析处理有助于平台更好地理解用户，并用于数据驱动的决策。因此，互联网平台数据的收集处理与整合能力是评估互联网平台市场支配地位最重要的指标之一。

3. 互联网平台经济的发展阶段

根据互联网平台经济发展情况，可以将其划分为萌芽期、高速发展期和底层架构期三个阶段。

（1）萌芽期（1989—2009 年）。我国在 1994 年正式迈入互联网时代。互联网萌芽期的标志性产物是 PC 互联网，在这个阶段，最早的互联网公司开始提供基本的在线服务，如搜索引擎、电子邮件和网上购物。这些平台的业务主要集中在信息的搜索和传递领域。互联网平台经济萌芽期的典型特点是人类活动开始由线下转向线上，我国基本搭建起具有数亿规模的 PC 互联网平台。但由于处于发展初期，知识和技术尚不成熟，互联网平台经济的市场功能单一，互动关系不紧密。以阿里巴巴为例，该平台在互联网平台经济萌芽期，围绕"人与交易"活动初步构建了互联网电商新平台，但在初级发展阶段，功能并不完善，使用者较少，且活跃度低。

（2）高速发展期（2010—2017 年）。随着 3G 技术的发展成熟和大规模商用，我国开始进入移动互联网时代。移动互联网的兴起和智能手机的广泛普及为互联网应用带来了根本性变革，尤其是对于中国这样一个拥有庞大智能手机用户的市场。我国低收入群体在这个阶段可以购买价格相对低廉的智能手机，以较低成本便捷地融入移动互联网，自此，我国互联网平台经济进入快速发展阶段。根据 CNNIC 发布的第 41 次《中国互联网络发展状况统计报告》，截至 2017 年 12 月，我国网民规模达 7.72 亿，互联网普及率达 55.8%。在互联网平台经济快速发展期，移动互联网为用户提供了随时随地访问互联网的机会，也催生了大量的应用程序和平台服务，如移动支付、共享经济平台、出行服务、社交媒体应用等。例如，字节跳动、美团、滴滴等互联网新贵就是借助移动互联网的红利，迅速成长为知名移动互联网平台，它们开发的应用程序改变了人们的生活方式和商业模式。用户可以使用智能手机搜索信息、社交、发送电子邮件、在线购物等，而无须依赖传统的台式电脑或笔记本电脑。在互联网平台经济的高速发展阶段，我国互联网平台具有用户规模庞大、平台经济实力强、运营模式生态化系统化、互动性高等特点。

（3）底层架构期（2018 年至今）。随着互联网平台的发展成熟，互联网逐渐成为经济社会的操作系统和底层构架，对经济社会发展起着决定性作用。因此，对互联网经济底层技术和基础设施进行深入探索和投资非常有必要。在这个阶段，互联网平台为用户提供了更强大的计算和数据处理能力，构建了更强大、更可靠、更高效的技术基础，以支持互联网平台的可持续增长和创新。互联网平台经济的影响力开始真正凸显，深刻改变了企业商业模式和用户消费习惯，推动了许多传统行业的数字化转型。这个阶段的典型特征包括：第一，线上线下用户无缝对接，实现更快的触达和更及时的互动；第二，赋能传统产业或政府治理，促进各产业数字化转型；第三，更精准的用户数据分析和需求洞察。

二、互联网平台营销的技术运用

互联网平台营销高度依赖各种技术工具和策略，例如互联网技术、大数据技术，以实现更精确的目标市场定位，提高用户参与度，增加转化率，为用户提供个性化的用户体验。

（一）互联网平台营销运行的基础——大数据技术

1. 大数据的本质

数据是数字时代的"石油"，主要泛指那些可以被计算机接受并能够被计算机处理的符号，既可以是数字、文字、图形，也可以是图像、声音等。数据是信息的载体，我们无时无刻不在产生和使用数据。2005 年，Roger Mougalas 提出"大数据"这一术语，但大数据概念的普及得益于维克托·迈尔–舍恩伯格《大数据时代》一书的出版。"大数据"即大量的数据，其含义较为宽泛，泛指使用传统数据处理应用软件几乎无法管理和处理的大而复杂的数据集。大数据的概念和特点在本书第五章有详细介绍，在此不再过多阐述。

2. 大数据分析技术

大数据分析技术是处理和分析大规模数据集的方法和工具，在大数据分析过程会涉及可视化分析、数据挖掘、预测分析、机器学习、自然语言处理等关键技术。

（1）可视化分析。可视化分析是展示分析过程以及分析结果的有效技术，通过图表和图形将数据可视化，更清晰、有效地传达信息，该技术有助于增强数据洞察力。

（2）数据挖掘。数据挖掘技术用于在大数据集中发现关系、趋势、异常等信息，例如，聚类分析、关联规则挖掘、异常检测、时间序列分析等。常常需要借助数学模型、机器学习算法、专家系统、模式识别等诸多工具，能够从营销的大量数据中有效提取深层次信息。

（3）预测分析。预测分析是指通过数据挖掘技术和可视化分析来获取信息并进行预测，帮助企业预防营销中可能出现的故障风险，或预测营销业绩。该技术已经成为现代营销领域中不可或缺的工具之一。

（4）机器学习。机器学习是一种使用算法让计算机从数据中学习和改进性能的技术。它包括监督学习、无监督学习、强化学习等方法，一般用于分类、回归、聚类等任务。

（5）自然语言处理。自然语言处理技术用于处理和分析文本数据。它包括文本分类、情感分析、文本生成、机器翻译等任务。

（二）大数据驱动互联网平台的精准营销

大数据驱动的互联网平台精准营销是一种利用大数据技术和分析方法来更好地理解、

定位和满足目标受众需求的营销策略。精准营销有助于提高用户体验、提高转化率和降低市场营销成本，成为当今数字时代营销的重要趋势之一。

1. 大数据是互联网平台精准营销的基础

互联网平台的精准营销是在大数据的支撑下，获取平台消费者的信息，例如年龄、性别、学历等人口统计信息和 UGC，从中分析挖掘他们的潜在需求，并利用数据技术进行精准的广告投放。精准营销可以使营销更具针对性，让营销信息精准触达消费者。其核心目标在于通过大数据技术驱动消费者高效参与，实现精准化的一对一营销。随着大数据技术的发展日趋成熟，互联网平台的营销不再只追求数据的广度，而是致力于从数据深度上挖掘更有价值的用户信息，进而实现从"一对多"营销向"一对一"个性化精准营销的转变。例如，基于大数据分析技术的"千人千面，万客万策"是互联网平台对用户提供个性化精准营销的重要手段。[13] 近年来，基于大数据分析的"用户画像"技术和个性化推荐系统开始成为各公司营销部门关注的重点。大数据之所以成为互联网平台精准营销的基础，是因为大数据能够为精准营销提供用于消费者行为分析和需求挖掘的海量数据，并为企业建立消费者数据库。

2. 基于大数据的互联网平台用户行为挖掘

互联网平台所呈现的内容和信息往往不是单一的，而是多方面、多层次的。互联网平台的数据库储存着大量的用户行为数据，面对大量的数据，传统的广撒网式的广告推送，在一定程度上造成信息超载，用户容易产生厌恶心理，难以满足其个性化需求。这给互联网平台营销提出新的挑战，平台需要转变传统方式，利用大数据技术挖掘用户行为，进而实现精准营销。用户行为数据的挖掘主要基于计算机、数理统计、云计算等技术手段，深入分析数据库中储存的用户行为数据，并通过数据整合、归纳、分析和推理，挖掘潜在用户行为数据之间的关系，预测用户行为和偏好，帮助企业做出正确的营销决策，提高营销效率。

3. 互联网平台大数据精准营销的优势

互联网平台大数据精准营销具有突出优势，这些优势可以帮助企业更有效地吸引和保留客户，提高销售量和市场份额。

首先，大数据分析技术可以帮助企业更好地了解每位消费者的需求、兴趣、偏好和购买历史，得到清晰的用户画像，并为消费者建立个性化的营销活动和定制化推广内容，实现一对一的精准投放和服务，提高广告点击率和销售转化率。其次，大数据可以帮助企业精确识别目标受众，包括潜在客户和现有客户。不同于以往大范围、无目的的投放模式，大数据精准营销可以让企业将有限的营销资源集中在最有可能产生回报的客户群体上，节约营销成本，提高广告效果和投资回报率（ROI）。最后，大数据分析可以帮助企业预测市场趋势和客户行为，提高精准营销的层次，更好地规划未来的营销策略和产品开发计划。

三、互联网平台营销发展趋势

随着互联网、大数据和人工智能等技术的飞速发展，短视频、网络直播等新应用、新业态正在重塑媒体格局和舆论生态，助推互联网平台营销的创新发展。

（一）技术驱动互联网平台全面算法化、智能化

技术创新是推动社会发展的基础变量，在互联网平台的发展过程中，技术创新对平台的竞争力和市场活力起着关键性作用。在技术创新的助推下，互联网营销呈现出边界泛化、场景精准化、布局数字化、营销全面算法化等特征。随着人工智能、大数据、5G等前沿技术不断成熟，互联网营销将迸发出新的活力，迎来更广阔的发展空间和机遇，并不断向智能化迁移。

首先，人工智能是目前最受关注的数字营销技术，逐渐成为互联网营销的基础工具，实现了营销链路的优化，互联网营销开始从"个性化"转向"人性化"。其次，大数据赋能、5G时代将带来数据的爆发式增长，营销行业的精准性将提升到新的高度，为线下广告效果无法衡量、线下流量价值难以评估等问题提供解决方案。移动互联网和大数据时代的来临，让营销进入一个全新的算法时代。最后，5G技术的商业应用将对社会产生变革性的影响，数字化布局正稳步实现，新技术将成为互联网营销的引爆器。

（二）互联网产品深度融合

数字科技引领经济发展，信息消费、新零售、新营销等热点不断涌现，多元主体在产业互联网上进行战略布局，工业互联网创新发展进入快车道，互联网产品类型不断丰富，产品融合向纵深方向发展。目前，场景技术在互联网平台营销得到广泛应用，进一步增加了线上线下的联动和互联网产品的黏合度。另外，大小屏幕联动、直播、短视频、长视频等视频表达形式将逐渐成为主流，内容表达形式的转变也将对互联网产品融合的实践重心有所影响，互联网产品的深度融合也将给互联网营销带来新的机遇和挑战。

（三）互联网平台自成生态

随着技术的进步、应用场景的丰富、开放平台的涌现，大数据技术不断应用于互联网营销创新中。大数据资源和分析技术在数据挖掘与利用、信息定位与追踪、物资调度与匹配等方面释放出极大的价值，为互联网营销的精准化、场景化、智能化发展提供了更多的可能。与此同时，互联网平台自成生态系统重塑了互联网平台营销模式和架构，在互联网生态系统中，消费者的消费行为会形成闭环[14]，并被互联网平台实时记录，例如，消费者的地区、搜索词条、浏览历史、购买记录等，这些数据的积累形成大数据，是企业的精准营销的基础条件和重要信息来源。

（四）媒介融合趋势下的平台跨界整合

5G与新基建的发展加速推进媒介融合的进程，互联网平台的跨界整合更为活跃。传统媒体在互联网浪潮的推动下逐渐发掘新商机，在与新媒体强强联手中突出重围。例如，人民日报借助"两微一抖"不但获得了数量庞大的粉丝，而且提高了用户黏性。主流媒体联手新媒体平台打造全新的直播形式，助力经济复苏和农业振兴。跨界营销不仅带来了更多的实际收益，而且同时显现出传统媒体拥抱新兴媒介的积极姿态。

四、互联网平台营销实务

与传统的营销不同，互联网平台营销具有高效率、以消费者为中心、互动性强、信息内容多样等特征。接下来以搜索引擎平台、电子商务平台、社交媒体平台、网络游戏平台为例，探讨互联网平台营销实务。

（一）搜索引擎平台营销

搜索引擎在网络营销领域具有重要的地位，在越来越多的企业营销实践中得到广泛应用，搜索引擎营销的方式也在不断发展演变。企业营销模式不是固定的，需要根据环境变化和自身情况选择合适的搜索引擎营销手段。

1. 搜索引擎平台营销原理

在互联网时代，当人们需要寻找或获取信息时，打开浏览器已成为一种习惯，而这些浏览器其实就是搜索引擎平台的入口。搜索引擎营销（SEM）利用搜索引擎开展网络营销，通过收集并分析用户的搜索习惯和行为数据，向用户推送营销信息，使营销信息被大范围地曝光、点击和浏览，能够有效促进产品销售。目前，互联网成为全球最大的信息资源库，每天都有海量的用户通过互联网检索和发布信息，而搜索引擎平台作为用户访问互联网的入口，拥有巨大的用户流量，成为互联网平台营销的主要方式之一。

搜索引擎平台营销的特点是成本低、见效快、针对性强。企业可以根据目标客户的习惯，定义关键词，进行精准投放。搜索引擎平台营销可以分为基于搜索引擎技术的免费自然搜索和搜索结果返回时的付费设置。简单来说，第一种是免费的，而第二种是付费的。目前大多数搜索引擎广告采取付费的方式，只要关键词设置合理，扣除无效的点击，一般都能获得较高的投资转化率。

2. 搜索引擎平台营销模式

在具体的企业营销实践中，搜索引擎平台营销模式包括登录分类目录、搜索引擎优化、关键词广告和竞价排名、网页内容定位广告。

（1）登录分类目录。这种模式可分为免费分类目录和收费分类目录。免费登录分类目录是通过搜索引擎平台为用户提供可直接登录访问的目录，这是最传统的网站推广手段，最初的搜索引擎平台的定位是帮助用户从海量信息中获取所需信息，因此完全免费开放。收费登录分类目录需要用户先向网站缴纳一定费用，才可以获得被网站收录的资格。与一般分类目录类似，这种付费登录搜索引擎的效果日益降低，不再适用于当前营销环境。

（2）搜索引擎优化。搜索引擎优化是一种提高网站设计质量，适应搜索引擎计算法则，并利用百度等技术性搜索引擎进行推广的营销手段。在这种模式下，用户可以通过已登录的网站链接自动发现并登入相关网站，不需要自己再登录搜索引擎。

（3）关键词广告和竞价排名。关键词广告作为一种收费型搜索引擎营销模式，将广告与特定的关键词或短语相关联，以便在用户搜索相关关键词时显示广告。不同的搜索引擎采用的关键词广告展示方式也有差异，例如，百度将付费关键词的检索结果展示在搜索结果列表最前面，谷歌则将其列示在页面的专用位置。而所谓的竞价排名是按照"价高者得"的原则，付费越高者排名越靠前，一般采取按点击付费的方式进行竞价排名。与关键词广告类似，竞价排名方式可以对用户的点击情况进行统计分析，并根据分析结果和市场情况随时更换关键词以增强营销效果。

（4）网页内容定位广告。网页内容定位广告是在关键词广告模式下进一步延伸发展而来的，在这种类型的营销模式下，用于发布广告的载体不仅包括搜索结果的网页，还可以是搜索服务合作伙伴的相关网页。这可以进一步增加广告的传播范围和营销效果。

（二）电子商务平台营销

电子商务平台营销是通过电子商务平台营销推广产品或服务，利用各种营销策略和技术手段来吸引潜在客户，提高销售和推广品牌。随着技术的不断发展，电子商务平台营销策略也在不断演变，以适应市场趋势和客户需求。

1. 电子商务平台类型

随着移动互联网的发展，社会经济和人们日常生活已经离不开电子商务，电子商务平台也从销量的时代进入了大数据的时代。根据买卖双方的性质和运行方式的不同，可以将电子商务平台划分为 B2C 平台（Business-to-Consumer）、B2B 平台（Business-to-Business）、C2C 平台（Customer-to-Customer）、O2O 平台（Online-to-Online）、B2T2B 平台（Business to Third Party to Business）等类型。

（1）B2C 平台。B2C 是国内最早出现的电子商务模式，企业通过互联网平台向个人消费者销售产品或服务。在 B2C 平台上，销售方直接将产品或服务置于平台上，并提供产品或服务的相关信息和接口吸引消费者选购。当前，B2C 平台仍是多数企业进行网上销售的选择，如天猫、淘宝、京东、苏宁等。

（2）B2B 平台。B2B 平台是企业与企业之间通过互联网进行产品或服务交换的平台，即进行电子商务交易的供需双方都是商家。B2B 平台可以加快企业之间的交易速度，从而减少成本的损耗。典型的 B2B 平台有阿里巴巴、环球资源、慧聪等。

（3）C2C 平台。C2C 平台是直接为个人提供电子商务活动平台的网站或应用软件，其实质是为买卖双方提供交易场所。C2C 平台与 B2C 平台的主要区别在于，C2C 平台实现的是消费者与消费者之间的互动交易行为。拍拍、闲鱼、eBay 等交易平台都属于 C2C 平台。

（4）O2O 平台。O2O 平台是一种线上（Online）网店、线下（Offline）消费的电商模式，其将线下交易与互联网结合，让互联网成为线下交易的前台。具体而言，消费者在 O2O 平台上查看商品信息，通过线上途径挑选和购买线下的商品和服务，并到线下体验产品服务，该平台的特点把信息流和资金流放在线上进行，把物流放在线下，通过这种方式将线上的消费者带到线下门店。团购、闪购、排队网等属于典型的 O2O 平台。

（5）B2T2B 平台。B2T2B 平台是中小企业依赖第三方提供的公共平台而开展的电子商务活动，定位是为企业搭建高效的信息交流平台。第三方电子商务平台基于交易和服务规范，主要为双方提供信息认证、交易匹配、费用支付、物流配送等服务。

2. 电子商务平台营销模式

大数据时代的到来，使电子商务和企业得到更快速的发展，通过大数据精准的数据抓取，电子商务平台可以针对不同的用户提供个性化营销，深度挖掘和利用大数据的信息优势，以实现更长远的发展。在企业营销应用中，电子商务平台具有以下几种营销模式。

（1）网络广告。网络广告营销是一种通过互联网和在线媒体渠道来推广产品、服务或品牌的广告策略。作为数字营销的一部分，网络广告具有多种形式，例如，文本广告、图像广告、视频广告。发布网络广告是电子商务平台营销的基本模式，也是最直接的手段，在当前社会为企业所广泛应用。随着网络广告的革新，各种新型的广告形式不断涌现。新型广告由于克服了标准条幅广告承载信息量有限、交互性差等缺点，可以获得相对较高的点击率。但网络广告的点击率在反映营销效果方面存在不足，网络广告对那些仅浏览而没有点击广告、占浏览者总数99%以上的访问者同样会产生作用，网络广告的点击率并不能完全代表其效果。因此，企业在评估网络广告效果时除了参考点击率之外，还需要关注用户浏览量、停留时长等指标。

（2）病毒营销。病毒营销并非真的以传播病毒的方式开展营销，而是通过用户的口碑进行宣传，信息如同病毒一样传播和扩散，利用快速复制的方式向数以百万计的受众传播。病毒营销以其大范围迅速传播优势成为电子商务平台主流的营销模式，越来越多的企业开始采用病毒营销模式开展营销活动。病毒营销的经典范例是 Hotmail. com。Hotmail 是互联网免费电子邮件提供商之一，其利用病毒式的传播方法，在短短1年半的时间里快速吸引了超千万的注册用户，且以每天超过15万新用户的速度发展。现在几乎所有的免费电子邮件提供商都采取类似的推广方法，以求迅速打开市场。

（3）信息发布。信息发布既是网络营销的基本职能，也是电子商务平台营销最实用的方式。企业可以在各种电子商务平台发布营销信息，吸引和影响潜在客户。例如，在电子商务平台发布新产品信息、促销活动等。同时，企业可以利用电子商务平台浏览商业信息，收集用户数据。但需要注意的是，企业在发布营销信息前应明确目标受众，了解他们的需求、兴趣和偏好，并据此设计有吸引力、有价值的内容，只有这样才能发挥信息发布该模式的最大营销效果。例如，小米在其官方网站和电子商务平台上发布新款智能手机的信息，通过宣传视频、技术规格和性能介绍来吸引消费者的兴趣。亚马逊在举办 Prime Day 活动期间，也会通过电子商务平台展示大量折扣商品，刺激消费者的购买决策。

（4）会员制营销。会员制营销是一种常见的营销策略，广泛应用于电子商务和其他行业，旨在通过吸引和维护会员来增加用户忠诚度、提高客户参与度，并提供个性化的服务和特权。作为电子商务网站最为有效的营销手段之一，会员制营销被国内外众多企业广泛采用。虽然国内的会员制营销还处在发展初期，但是已经可以看出电子商务企业对此表现出的浓厚兴趣以及该营销方式旺盛的发展势头。例如，京东早在2015年便推出了 PLUS 会员，淘宝于2018年推出 88VIP 会员，均收获了一大批会员用户。

（5）个性化营销。个性化营销的内容主要包括用户定制自己感兴趣的信息内容、选择自己喜欢的网页设计形式、根据自己的需要设置信息的接收方式和接受时间等。电子商务平台的个性化营销依赖于数据分析、人工智能和机器学习等技术，在电子商务平台向用户展示个性化的内容、推荐的个性化的产品或服务等，能够更精确地满足个体用户的需求和期望。在开展个性化营销时，往往存在用户隐私敏感性问题。个性化营销通常需要大量的个人数据，包括用户的浏览历史、购买记录、地理位置、兴趣爱好等。这些数据的收集和存储可能引发隐私担忧，因为用户担心他们的数据会被滥用或泄露。因此，企业在利用个性化营销模式时，需要处理用户隐私问题，遵守隐私法规，提高个人信息使用的透明度，尊重用户的知情权。确保个人信息收集的合规性和用户信任是开展个性化营销的前提保证。亚马逊正是个性化营销的典范。它根据用户的搜索历史、购买历史和浏览行为，在用户主页、产品页向用户提供个性化的产品推荐。

（三）社交媒体平台营销

社交媒体平台是为满足用户社交互动和信息分享需求而提供的社交型平台，具有传播速度快、范围广、成本低、受众多等特点，因此在平台营销领域受到品牌主的青睐。目前，各种类型的社交媒体平台迅猛发展，为人类的生活、学习和娱乐带来了深刻的影响，例如，主打社交的微信、主打发现新鲜事物的微博、主打视频社交的抖音、主打知识问答的知乎等。企业在选择营销平台推广产品时需要充分考虑平台特性是否合适，选择最优的社交媒体进行营销推广能够使营销传播效果最大化。社交媒体平台的营销成本低，且能够为高价值的目标受众设置广告曝光次数，精准、广泛地触及目标受众。

1. 社交媒体平台营销步骤

根据《数字 2023：全球概况报告》，截至 2023 年，全球已有 47.6 亿人使用社交媒体平台，各大企业也纷纷入局社交媒体平台营销，在社交平台上进行产品或服务的推广。在社交媒体平台营销时，可按照如下步骤进行。

（1）制定目标。社交媒体平台营销的第一步是明确创建企业账号的目的以及推广的预期结果。目标包括确切的时间、预期的利润和投资额。例如"一年投资 2 000 美元，将网站转化率提高 45%"。

（2）挑选推广平台。在为公司挑选社交平台时，需要进行多方评估，根据企业类型、产品、定位和目标受众做出最合适的选择。在选择平台时，必须进行主要市场的分析，研究目标客户的需求，并了解竞争对手所使用的社交平台。

（3）创建和设计粉丝页。几乎所有的社交平台都会提供创建企业账号的功能，如微博、微信、Meta、Instagram 等。平台为企业提供了一套工具，比如创建品牌化的视觉元素，包括粉丝页头像、标题和页面说明等，帮助企业吸引受众、管理内容、获取分析数据以及推广品牌。

（4）撰写粉丝页内容。企业账号并非只是一个静态的页面，企业必须定期在上面发布内容、保持一致的风格（视觉和文字），还可以交替发布信息性和娱乐性的广告内容。内容的质量是关键，尽量避免可能冒犯某些人群的话题。最好在目标受众最活跃的期间发布帖子，因此发布内容的时间点需根据准备好的内容计划和时间表完成。

（5）吸引受众。吸引受众需要全面的投入。包括准备要发布的帖子，回复评论、评价甚至是批评，创建广告，跟踪和分析指标，调整策略，等等。

2. 社交媒体平台营销模式

社交媒体平台营销模式多种多样，企业可以根据品牌的需求和目标来选择适合的模式。以下是一些常见的社交媒体平台营销模式：

（1）自媒体营销。自媒体营销是一种利用自己或他人的自媒体平台（微信公众号、微博、Meta 等）来进行推广和宣传的营销策略。传统媒体的覆盖面广，注重满足大众的共同需求，倡导"众乐乐"的理念。而自媒体奉行"独乐乐"的理念，侧重于受众的定制化需求。在自媒体时代，观众更容易与那些分享相似价值观和兴趣的自媒体创作者建立联系。这种共同的价值取向可以使观众产生共鸣，因为他们感到与内容创作者之间存在共同之处，这有助于建立更强大的情感连接。品牌可以利用自媒体营销的优势潜移默化地影响用户，让其成为品牌的忠诚拥护者，并形成"粉丝群体"，从而带动"粉丝经济"的发展。例如，Airbnb 使用社交媒体平台来展示各种不同类型的住宿、旅行目的地和旅行故事。他们鼓励用户分享使用 Airbnb 的经历，并通过 UGC 来增加社区感。

（2）泛媒体营销。泛媒体泛指传统媒体以外的传播媒介，体现了多样化的信息传播媒介和途径。比如小米手机除了以微博为主要的营销平台之外，几乎遍及了其他各种社交平台，涵盖常规的微博、百度贴吧、视频分享网站，还有 QQ 空间等平台。小米在每一个平台的营销侧重点也有所差别，根据平台以及受众特征发布差异化的内容，吸引不同的用户。百度贴吧是用户了解小米手机最快捷的平台之一，拥有超过 700 万粉丝的小米吧，几乎每分钟都有帖子更新，贴吧中的用户自发地进行交流、分享、讨论。社交平台在拉近了品牌与消费者距离的同时，有助于品牌与粉丝形成紧密的联系，逐渐形成品牌社群，进而提升消费者的品牌忠诚度。

（3）社会化营销。社会化营销是一种利用社交媒体平台，如微博、微信、论坛等，发布富有吸引力的宣传内容来推广产品或服务的策略，这些内容的表现形式可以是图片、文字和视频。社会化营销的主要渠道是社交媒体平台，这些平台具有庞大的用户基础和强大的互动性。例如，微博、微信等平台为品牌和企业提供了与受众互动和建立联系的机会。目前，很多企业都在利用微博发布营销信息，小米手机就是积极利用微博这一平台成功吸引了众多粉丝，极大提升了小米手机在消费者心目中的形象和品牌影响力。

（四）网络游戏平台营销

网络游戏简称"网游"，通常以个人电脑、平板电脑、智能手机等作为游戏的载体。网络游戏市场规模高速发展，深刻影响了人们的日常娱乐生活。当人们在玩《英雄联盟》或者《王者荣耀》时，会因为段位升级而鏖战通宵；在玩《阴阳师》、Fate 等卡牌类游戏时，会因为想要集齐某些角色而"肝"到天亮。市面上的各种热门游戏，在吸引玩家方面都有着不同的"爽"点，正是这些特点，让玩家不仅愿意耗费大量时间，还不惜大力"氪金"以获得更好的游戏体验。

1. 网络游戏平台营销特点

如果能将游戏的吸引力转嫁到品牌或者产品，很可能有机会创造销售奇迹。因此，越来越多的企业为了将品牌营销做到游戏般"上瘾"的效果，开始利用网络游戏平台进行营销。网络游戏平台营销具有以下特点。

（1）品牌嵌入。品牌借助游戏进行营销时，品牌标志、口号、产品等品牌元素通常会被有意识地突出。玩家在游戏中会频繁接触到这些元素，通过游戏来进行品牌传播和渗透，从而增加品牌的曝光度。

（2）趣味性。任何游戏要想获得玩家的喜爱，都需要做到好玩，所以在趣味性和游戏体验上必须投入资源和创意。只有好玩才会有更多的人对其产生兴趣，并让玩家长久地沉迷于其中。

（3）互动性。在游戏中，新手教程、签到奖励、信息提示、反馈建议、各类小活动等，其实是游戏方与玩家互动的形式。这些看似无关紧要、形式化的东西，都能够营造出游戏氛围和风格，让玩家更好地沉浸在其中。

2. 网络游戏平台类型

按照游戏在本地设备上无载体，网络游戏平台可分为客户端游戏平台、网页游戏平台两种。移动游戏在以上两种平台异军突起。

（1）客户端游戏平台。客户端游戏，简称端游，是一种需要在电脑或移动设备上安装游戏软件才能运行的游戏。而客户端游戏平台则是一种提供下载和安装游戏客户端应用程序的在线平台。这些应用程序通常安装在用户的电脑或移动设备上，使他们能够在本地设备上运行游戏。

（2）网页游戏平台。网页游戏平台是一种允许用户在网页浏览器中玩游戏的在线平台。这些游戏通常不需要用户下载或安装，而是通过互联网浏览器直接访问和运行。最早的网页游戏"猫游记"打开了网页游戏的市场，自此网页游戏踏上高速发展的阶段。网页游戏操作简单、程序可以随时更改，因此广告主在网页游戏平台可以根据广告宣传主题灵活地更改植入内容。

（3）近年来，随着移动设备的性能有了较大的提升，一些以往只能在家用游戏机或电脑才能运行的网络游戏类型，得以在手机、平板电脑等本地设备上游玩。注重轻度娱乐、时长短、操作要求较低的移动游戏逐渐受到人们的欢迎。顾名思义，移动游戏是运行在移动设备（如手机、平板电脑）上的游戏，包括移动客户端游戏和移动网页游戏。移动游戏的类型、主题和玩家群体的扩展，为网络游戏平台营销提供了更加多元化的机会。

3. 网络游戏平台营销模式

（1）植入营销模式。植入营销模式是指将品牌或产品信息融入游戏场景、情节、人物形象、道具等与游戏相关的事物中，让营销活动与游戏融为一体。植入营销作为一种营销手段，在使用时必须遵循品牌形象与游戏形象契合的原则，兼顾品牌、游戏玩家、游戏内容之间的关联性。如果使用不当，在游戏中随意表现产品和品牌信息则会导致用户游戏体验不佳，甚至对品牌方产生厌恶心理，得不偿失。网络游戏平台植入方式包括场景植入、产品植入、促销信息植入、模拟体验植入和电子商务融合植入。

①场景植入。场景植入是一种将广告和产品嵌入游戏、电影、电视节目等媒体内容的场景中，以引起观众的注意并提高品牌知名度的营销方式。用户通过场景来认知产品，

在不同的场景下，用户对产品的体验存在差异，能否基于用户熟悉的场景连接产品卖点与用户需求是决定场景价值的关键。例如，《荒野行动》游戏的玩具车上贴有网易云音乐、网易严选等产品的广告；《反恐精英》在游戏地图中植入游戏开发商维尔福软件公司的广告牌。

②产品植入。产品植入是将产品以游戏道具的形式植入，提升用户对公司产品的体验，增加用户与品牌接触的机会。例如，可口可乐将其可乐饮品作为药水植入《魔兽世界》游戏、耐克球鞋植入《灌篮高手》游戏，为产品带来了更大的曝光度和话题讨论度。

③促销信息植入。促销信息植入是指网络游戏运营商与广告主合作制定促销策略，将现实中品牌方的优惠券、打折卡、代金券等促销方式植入游戏中的促销券。例如，在《吸乐无穷》游戏中玩家可以通过游戏获得肯德基的优惠券和积分，并到现实门店中使用；在《宠物王》的游戏中打怪物就有机会获得从怪物身上掉下来的必胜客打折券或者免费吃比萨的福利。

④模拟体验植入。模拟体验植入是指在游戏中可以让玩家模拟体验到使用产品的真实感受。例如，在《天天飞车》游戏中，上海通用将其旗下的四款经典车型植入游戏供玩家体验。

⑤电子商务融合植入。电子商务融合植入将线上线下完美结合，玩家在游戏过程中便可随时购买中意的产品，使消费者在游戏中完成从浏览到购买的整个过程。

（2）定制类营销模式。通过定制游戏有针对性地对产品或品牌进行营销推广是网络游戏平台营销的一种常见模式，专门为传播品牌、宣传产品而开发游戏，游戏为企业营销活动而服务。在定制游戏中进行广告植入时，需要明确广告的目标，例如提高品牌知名度、增加产品销售、促进用户互动等。明确的目标有助于制订合适的广告策略和度量广告效果的指标。这种模式需要建立在一定品牌知名度的基础上，一般是用于某个产品或品牌的短期营销活动，因此，"创意"尤为重要。具备创意的定制游戏能帮助品牌脱颖而出，达到意想不到的传播效果。所以，创意要体现出品牌的特点，通过环节、场景、道具的设置将产品的属性与游戏的本身相结合，让消费者在游戏过程中更好地记住该品牌。

（3）R&V 真实虚拟交错性营销。R&V 是一种整合现实（Reality）和虚拟（Virtuality）资源的真实虚拟交错性营销方式。无论是真实世界在虚拟世界中"重生"，还是虚拟世界在真实空间的还原，这种现实与虚拟的交错都会给用户带来强大的冲击与震撼。AR 与基于位置的服务（Location Based Services，LBS）技术能够将虚拟网络游戏体验和玩家的线下活动随时联系起来，为玩家提供更好的游戏体验，将品牌营销活动更好地与虚拟游戏结合，提高营销效果。例如，杭州天畅网络科技有限公司与旅游景点飞石岭联合开发了一个仿真的全三维飞石岭游览地图，并在网络游戏《大唐风云》中进行植入，给玩家提供网络旅游体验，让玩家有身临其境的感觉。

第三节　高科技消费电子产品的营销

高科技消费电子产品作为集成了先进技术和功能的电子设备，主要用于娱乐、通信、信息处理、生活便利等领域。这些产品通常拥有先进的硬件、软件和通信功能，为用户提供更多的便利和娱乐体验。与一般的电子产品不同，高科技消费电子产品由于具有较高的科技含量，在投向市场时往往存在"鸿沟"，其营销方式和需要考虑的问题会更加复杂。因此，探讨高科技消费电子产品的营销实务具有重要的现实意义。

一、高科技消费电子产品

高科技消费电子产品是指用于商业目的并且采用高科技或高科技手段生产的知识密集型、高技术含量、高附加值的创新型电子产品，其产品生命周期呈现棘轮效应。高科技消费电子产品的开发有三种形式：自我开发、引进开发、协作开发。典型的高科技消费电子产品有：无人机、智能可穿戴设备、智能家居、智能音箱、平板电脑等。

（一）高科技消费电子产品特点

与非高科技类的电子产品相比，高科技电子产品具有以下特点。

1. 高技术含量

高科技消费电子产品通常集成了最新的先进技术，例如高性能的处理器、传感器、显示屏、摄像头和通信技术等。这类产品需要结合多学科知识，对硬件和软件进行技术创新，以提供极具科技含量和卓越性能的消费电子产品。

2. 高投入

核心技术是高科技企业竞争优势的最佳体现，高科技消费电子产品需要投入大量资源用于产品的研发和设计，以确保其产品在技术领域保持领先地位，并提供满足客户需求的创新解决方案。这会让高科技企业在前期投入大量资金、人力和资源，例如，技术研发投资、原材料购买、高科技人才引进、知识产权和专利保护等。

3. 高风险

研发高科技产品可能涉及新技术和功能创新，技术的失败或不足可能会导致产品性能不佳或无法满足市场需求。因此，高科技产品在生产过程中存在较高的技术风险，除此之外，高科技产品还存在市场风险、品质安全风险、管理风险、资金风险、市场接受度风险。

4. 高收益

高科技产品的高风险也意味着高收益，高科技产品通常具有较高的技术含量和创新性，这使得它们在市场上具有竞争优势，企业可以在市场中形成技术垄断，从而获得高收益。

5. 高竞争程度

高新技术企业之间的竞争往往更加激烈，因为高新技术领域的产品和服务通常依赖于技术的不断突破和创新，企业之间为了在技术上保持领先地位和垄断地位，会竞相加大研发和创新投入，争夺市场份额。

（二）高科技消费电子产品市场分析

高科技消费电子产品具有高投入、高风险的特点，因此，在对高科技消费电子产品进行市场分析时，要充分考虑产品在细分市场中的可区分性、可防卫性①、可盈利性、可执行性等。

1. 客群分析

高科技消费电子产品在研发投入之前，需要针对产品目标客群进行一系列详尽的调查分析，进而对产品市场前景做出预期判断。客群分析是一项关键的市场研究活动，有助于企业更好地了解他们的目标受众，从而更精确地制订营销策略。在高新技术领域，理解目标受众的特点和需求尤为重要，因为这些技术通常复杂且不为普通消费者所熟悉。在进行客群分析时，可从年龄、学历层次、收入、家庭人口结构、消费能力、消费行为习惯等方面入手。根据消费者对高科技产品的行为表现，可以将消费者分为五个大类：创新者、早期采用者、早期大众、后期大众和滞后者。

（1）创新者。创新者作为技术的狂热追随者，他们对新技术、新产品非常感兴趣，是市场上最早尝试推出的高新科技消费电子产品的群体，也是最有能力对高科技产品进行早期评价的人，这类消费者是高科技产品营销计划的首要目标。高科技企业通常会让这类群体率先试用产品并提供反馈意见，他们的反馈对于产品的改进和市场验证非常重要。

（2）早期采用者。早期采用者是有远见的，是会紧随创新者之后尝试新产品的消费者。与创新者不同，这类群体从这项技术带来的战略突破中获得价值。他们具有一定的创新意识，但相对于创新者更加谨慎。他们可以帮助产品进一步扩大市场份额。没有早期采用者的推动，很多高科技产品很难被市场所接受。

（3）早期大众。早期大众往往是实用主义者，对价格非常敏感，在购买前需要反复比较不同品牌产品的服务和技术。对于高科技产品，早期大众会在产品已经得到初步认可和市场推广后才会考虑采用，他们更加注重产品的实用性和性价比。早期大众是一个非常庞大的用户群体，在高科技产品营销推广中的地位不可忽视。

（4）后期大众。后期大众是保守主义者，对于高科技产品有一种本能的抗拒，这类人群会较晚采用新产品。他们通常需要更多的时间来接受和适应新技术，可能在产品进入成熟期后才会购买，并且倾向于选择知名度高的大企业品牌。他们属于市场利润较低的一端，因为这些顾客不会为高科技产品支付很高的价格。

（5）滞后者。滞后者是怀疑主义者，是市场上最后才会采用新产品的群体，他们通常对新技术持怀疑态度，只在迫不得已的情况下才考虑采用。若想征服怀疑主义者，高

---

① 可防卫性：即企业是否具有先驱优势。具有先驱优势的企业第一个进入市场，可以形成先驱影响力，使竞争对手不易进入这些细分市场或不能马上效仿。

科技企业可能需要付出更多的努力，制订一个极其周全的销售策略。

2. 竞争对手分析

高科技消费电子产品市场上经常会出现几家高科技企业的产品同时在市场上销售的情况。竞争因素一方面来自新老产品的共存性，另一方面来源于竞争企业产品的替代性。一款高科技消费电子产品投放市场后，其他竞争对手为维持自身竞争优势和地位会奋起反击，模仿对方的产品和技术，部分低科技产业也会在其产品中融入一部分高科技，以增强竞争能力。所以，一种新的高科技消费电子产品入市不久后就可能会遭到改进型产品的"偷袭"。这方面较典型的例子是日本索尼公司的"随身听"。索尼公司通过市场研究和技术创新最先研发并生产了"随身听"，创造了新的产品类别，但善于学习的松下公司采取技术模仿策略，迅速推出了与索尼类似的"随身听"产品，与索尼公司进行竞争。因此，生产高科技消费电子产品的企业不仅要在进入市场前进行详细的竞争对手分析，在进入市场后同样要实时关注竞争对手的动态，准备随时应对变幻莫测的市场竞争。

二、高科技消费电子产品营销面临的挑战——跨越鸿沟

高科技消费电子产品通常具有先进的技术和复杂的功能，让消费者理解和使用这些技术可能需要时间和努力。因此，高科技消费电子产品在早期市场营销推广过程中面临巨大障碍和挑战——跨越鸿沟。能否顺利跨越鸿沟并进入主流市场，决定了高科技消费电子产品的成败。

（一）高科技消费电子产品营销的挑战

当前，大量的新知识产品，尤其是高科技消费电子产品出现，但消费者知识水平、判断能力有限，难以对最新的科技动态做出适时把握，可能不会那么容易接受高科技消费电子产品。因此，在高科技产品营销实务中，存在诸多的挑战。

1. 产品知识体系庞大，消费者认知难度大

大部分消费者对最新科技产品的实用性和市场化情况缺乏一定的了解，不可能掌握所有的新知识、新技术或新成果。因此，对高科技消费电子产品的实用性和价值持怀疑态度，难以及时做出理性判断和购买选择。对于这类具有庞大知识体系的产品，消费者需要一个学习和了解的过程，包括科技背景、高科技消费电子产品特点和功能等，不断提高自己的知识水平和科技素养。为缩短消费者了解学习的时间，高科技企业可以通过一系列营销活动向消费者传达高科技知识和产品信息，引导其快速学习高科技消费电子产品的背景知识，潜移默化地改变他们的需求动机，在消费者学习过程中施加营销者的影响。

2. 市场接受度低，消费群体局限

高科技消费电子产品在完整的生命周期中，会先后被技术狂热者、有远见者、实用主义者和保守主义者、落后者所接受。其中，技术狂热者和有远见者构成了产品的早期市场，实用主义者和保守主义者构成产品的主流市场。高科技消费电子产品刚刚投入市场时，只有少数技术狂热者和有远见的消费者选择购买，市场接受度低。由于早期市场

和主流市场的人群特质存在巨大差距，有很多高科技消费电子产品虽然征服了早期市场的人群，但始终无法征服主流市场的人群，难以进一步推广到其他消费人群。

3. 仿冒与逆向选择

"劣币驱逐良币"是一个经济学问题，指的是由于信息不对称，优质产品不被承认而退出市场，只留下劣质产品的现象，经济学家将这种情况称作"逆向选择"。对于高科技消费电子产品，知名品牌的产品价格一般比较昂贵，出于价格与实用性的考虑，消费者往往偏爱仿冒品，导致优质的高科技消费电子产品销售严重受挫，不得不退出市场，而那些稍次品和仿冒品却凭借"高性价比"成为主流产品。

为确保产品成功进入市场并赢得客户的认可，企业在高科技消费电子产品营销中需要应对这些挑战，制定战略，不断创新，并积极与客户互动，以确保产品能够满足市场需求。

（二）跨越鸿沟的途径

高科技消费电子产品在早期市场中跨越鸿沟的核心是发展完整、成熟的整体产品，集中火力瞄准单一的空白细分市场。

1. 选择攻击点

瞄准主流市场中的一个高度具体的空白目标市场，即蓝海市场，作为攻击的前沿阵地。

（1）识别目标客户。在识别目标客户时，需要评估进入市场所需资源及市场大小是否适合企业发展，选择自身实力所能覆盖的市场。聚焦为谁创造价值、谁是目标客户、有何未被满足的需求、客户是否愿意消费等问题。

（2）研判竞争格局。充分评估目标市场的竞争状况及自身与竞争对手的实力差距，选择与自身实力接近或弱于自身的企业竞争，避开实力雄厚的市场领导者。关注是否存在竞争者、竞争者数量、对手所处的竞争地位等。

2. 制订作战策略

以要占领的目标来细分市场，以要占领这个细分市场所需的价值主张为基础，确定自身的产品定位。根据产品定位选择合适的竞争对手，创造出一种有利于企业的差异化优势。基于竞争的价值定位，在目标客户的大脑中创造出独一无二的价值主张，占领心智，即你的产品是当前状态下最佳的购买选择。要关注提供和传递什么样的价值、与竞争对手的区别、是否可以解决客户痛点等问题。

3. 组建作战队伍

为了使高科技消费电子产品更好地征服实用主义者，可以与整体产品开发的合作企业和同盟企业共同组建一支强大的作战队伍。

（1）开发整体产品。实用主义者并不会青睐最优、最出色的核心产品，而是偏爱更好的整体产品。换言之，就是企业核心产品性能要优于其他产品，如果不能提供相兼容软件等辅助性产品及配套服务，会削弱整体产品的竞争力，同样无法获得顾客的青睐。

（2）建立战略同盟。当企业自身的实力不足以开发整体产品，往往只能提供核心产品时，需要依靠外部的合作伙伴或同盟企业联合开发整体产品。

4. 集中火力发起进攻

找到一个能够以顾客为导向的销售渠道，并制订以销售为导向的定价策略，顺利进入主流市场。

（1）分销渠道。确保销售渠道与目标顾客相匹配，在减轻销售渠道为企业承担业务支持压力的同时，保证将出色、完整的整体产品交付给主流市场中的目标顾客。

（2）定价。针对不同的客户类型，采取与之相适应的定价策略，主要包括价值基准定价（Value-based Pricing）、成本基准定价（Cost-based Pricing）和竞争基准定价（Competition-based Pricing）。制定合理的价格，避免定价过高而难以获取实用主义者顾客。如果制定的价格较高，需要给出证据，说明本产品与替代产品相比所具有的差异化优势，以证明当前价格的合理性。定价也不宜过低，以免所获利润难以支撑起销售团队的运营成本，甚至在顾客心中形成一种"低价低质"的印象，损害品牌形象。

5. 建立并发展根据地

通过上述四个步骤，企业快速抢占市场份额，进而发展成为该细分市场的领导者。当拿下该细分市场并建立起本方的"根据地"时，便可以开始向下一个目标细分市场进军。

三、高科技消费电子产品营销的策略和趋势

随着高科技消费电子产品行业的快速发展和不断演变，高科技消费电子产品市场竞争愈发激烈。目前，虽然现有的高科技消费电子产品营销策略取得了一定的营销效果，但一个成功的营销策略需要持续创新和改进，才能保持先进性和活力。因此，企业需要不断了解市场动态和发展趋势，积极地应对不断变化的消费需求和新技术。

（一）高科技消费电子产品的营销策略

根据高科技消费电子产品的生产特点和市场特性，可以制订出相应的营销策略，包括客户教育、大学计划、产品赠送和技术培训。

1. 客户教育

由于高科技产品通常具有复杂的功能和高科技含量，因此对消费者进行教育非常重要。为消费者提供使用指南、在线支持和培训课程，让他们更快地了解高科技消费电子产品，并形成基本的产品认知。在这个阶段，利用教育手段抢占消费者心智是营销的关键。例如，苹果公司推出了一个名为"Today at Apple"的客户教育计划，旨在帮助消费者更好地了解和使用苹果的高科技产品，如 iPhone、iPad 和 Mac 电脑。该计划提供了各种免费的工作坊、课程和活动，提高了消费者忠诚度，为苹果品牌树立了积极的形象。

2. 大学计划

高科技消费电子产品在生产研发和功能特征方面具有特殊性，因此，它面向的是特定的潜在目标客户群体，即具有一定技术知识储备和学习能力的群体。而大学生作为掌握各类高新技术的主体人群，是高科技消费电子产品的主要潜在客户，并且与大学进行

合作的成本较低，因此，大学计划这一营销策略能够取得战略性的成效。近年来，建立具有战略意义的大学计划是高科技企业常见的营销策略，例如，国际商业机器公司（IBM）、思科（Cisco）、摩托罗拉（Motorola）、微软（Microsoft）、英特尔（Intel）等高科技企业与全球各地的大学建立了合作伙伴关系，与大学研究机构合作开展科研项目，在加速科学研究和技术进展的同时，也促进了高科技产品的营销推广。[15]

3. 产品赠送

对传统产品来说，产品赠送是一种促销手段，但高科技消费电子产品的产品赠送营销策略具有独特意义。一方面，通过赠送产品或服务，高科技企业可以建立用户的忠诚度，提高用户产品黏性。用户在获得额外价值的同时，也更倾向于在未来选择同一品牌或供应商的产品。另一方面，用户通常更愿意分享获得额外价值产品的体验，这有助于建立良好口碑并吸引新用户，用户的口碑和推荐对于高科技消费电子产品的销售至关重要。

4. 技术培训

技术培训是传统产品营销经常采用的营销服务手段，通过培训，用户可以更好地理解产品的潜在价值。对于高科技消费电子产品而言，用户在完成技术培训后，可能会发现产品具有的功能或应用能够满足他们的具体需求，从而提高了产品的实际价值和购买意愿。同时，企业通过技术培训可以与用户建立更亲密的关系，提高用户对企业和产品的信任感。例如，全球领先的高科技公司微软，推出了认证培训计划，包括在线课程、实验室培训、认证考试等。该计划能够帮助用户更好地使用其产品，提高产品采用率和满意度，并在市场上建立品牌声誉和忠诚度。技术培训也有助于提高产品的采用率和客户满意度。

（二）高科技消费电子产品的营销趋势

在不断变化的高科技消费电子产品市场，高科技消费电子产品的营销呈现如下趋势。

1. 市场不断细分

在高科技消费电子产品营销中，市场细分趋势愈发明显。随着市场竞争日趋激烈，高科技消费电子产品的市场细分向更加细化、差异化的方向发展，比如按情感、个性等标准进行市场划分。诺基亚曾相继推出了针对"青春一族""白领丽人""商务贵族"等不同细分群体的手机，满足消费者差异化的需求。

2. 高质量服务

随着技术发展成熟，高科技消费电子产品的差异逐渐缩小，高科技企业日益重视产品的售后服务，以期通过体贴周到的服务形成差异化的竞争优势。例如，海尔推出"海尔会员俱乐部"活动，为消费者提供会员积分免费换购8大类和60余种小类产品、10余类家电免费清洗服务、12小时快速服务响应等服务，共筑温馨大家庭。海信电视服务系统也曾在春节前夕发起"春风行动"，在春节期间为消费者提供及时到位的服务，每位享受海信免费登门服务的消费者，将得到海信服务人员赠送的精美"福"字贴画两张。高质量的服务对于提高消费者的满意度和忠诚度至关重要，因此，高科技企业应该将高质量服务作为建立良好客户关系和维护品牌声誉的重要手段。

3. 缩短销售渠道

较长的销售渠道对高科技消费电子产品营销不利，会出现信息反馈不及时、供货速度缓慢等问题，导致高科技消费电子产品难以适应快速变化的市场需求，最终丧失竞争优势。因此，直指最终顾客是高科技消费电子产品营销的有效方式之一。首先，直销通过缩短销售渠道，降低销售成本，进而提高销售效率。其次，缩短销售渠道，企业与用户直接进行互动交流，以便及时了解用户的需求并为其提供定制的解决方案，提高用户满意度。最后，通过直接与用户互动，企业可以更快地获得有关市场需求和产品反馈的信息，从而更好地调整产品和营销策略。在缩短销售渠道方面，戴尔电脑做出了很好的示范。起初戴尔发现很多人想买电脑却苦于不会使用，就把电脑拿到街上直接卖给顾客，同时向他们讲解如何使用电脑，由此开始了其独特的经营之路。随着购买的人越来越多，戴尔还利用电话销售开发用户来源。

4. 概念炒作打头阵

高科技消费电子产品的概念炒作是一种特殊却又常见的营销策略，旨在通过宣传产品技术创新、未来前景、独特功能或概念来吸引媒体和公众的关注。高科技消费电子产品在正式推向市场之前，或推向市场初期，一般都会以概念为宣传炒作的切入点，为产品的营销"铺路搭桥"。比如，在家电市场，各个家电企业不仅热衷于价格竞争，还不断推出"绿色空调""健康电视"等新概念，争相利用概念炒作营销提高产品附加值，引起消费者的广泛关注，给消费者留下比较深刻的印象，减少新产品推出的阻力和风险。

第四节　新能源汽车的营销

新能源汽车（New Energy Vehicles，NEV）是一种使用非传统车用燃料或新型车载动力装置的汽车，它综合了车辆动力控制和驱动方面的先进技术，旨在减少对传统燃油的依赖，降低对环境的不利影响。根据不同的动力类型，新能源汽车可以分为普通混合动力汽车、纯电动汽车、插电式混合动力汽车以及增程式电动汽车四类。与传统内燃机汽车相比，新能源汽车利用清洁能源（如氢气、锂离子、太阳能等）且具有高效的能源利用效率，能够有效减少城市污染。在国家政策的引导和支持下，中国新能源汽车产业迅速发展。截至2022年，中国已经连续8年稳居全球新能源汽车产销量第一位。围绕新能源汽车开展营销具有重要的现实意义。

一、新能源汽车的产业发展概述

各国政府出台了一系列政策来鼓励新能源汽车的发展，推动了新能源汽车市场的增长。新能源汽车市场不仅在发达国家增长迅速，也在新兴市场崭露头角。中国成为全球最大的新能源汽车市场，并在电动汽车领域取得了重大突破。

（一）新能源汽车的产业发展路径和模式

新能源汽车产业经历了多个阶段的发展，从研究试验到商业化推广，再到智能化和碳中和，不断演进和壮大。分析新能源汽车产业发展路径和商业模式有助于开展相应的营销活动。

1. 国内外产品发展路径对比

（1）国外新能源汽车产业发展路径分析。实际上，全球新能源汽车产业的发展并不是一帆风顺。虽然世界上第一辆电动车早于 19 世纪就已在美国问世，但由于电动技术、能源开发技术造成的内驱力不足和内燃机汽车广受热捧的外部环境，电动汽车经历了一段沉寂期。直到 20 世纪初期，巨大的人口规模导致能源供应紧张，全球气候变暖、环境持续恶化，人们逐渐意识到传统内燃机汽车大规模增长的潜在危机，因此产生了以新能源汽车代替传统内燃机汽车的需求，新能源汽车产业顺势而生，开始在全球范围内快速发展。

①美国。美国在新能源汽车的技术研发和政策支持方面一直走在世界前列，以优化汽车燃料结构、确保能源安全、降低石油依赖为立足点和出发点，积极推动新能源汽车的发展。早在克林顿、布什政府时期，美国就为扶持和推动新能源汽车的发展颁布了一系列政策措施。奥巴马上台后，以充电式混合动力汽车为发展重点，利用多项举措带动新能源汽车快速增长，例如政府采购与示范运行、立法规范、退坡补贴、税收抵扣、积分机制等。具体而言，美国在 2010 年将发展新能源汽车置于国家战略层面，并设定了明确的目标，计划到 2015 年美国道路上有 100 万辆插电式电动汽车。2016 年，美国政府发布关于"加快普及电动汽车"的计划，强调政府与企业的合作，进一步推广电动汽车并加强充电基础设施建设。2021 年，基于美国《基础设施建设》条例，美国政府对新能源汽车行业的投资高达 1 740 亿美元，资金主要用于完善新能源汽车产业链、提高销售折扣和税收优惠力度，计划到 2023 年在全美建设 50 万个充电桩。2022 年，美国政府更是大刀阔斧地推行 Build Back Better（3B 法案），该方案的落地能够更好地催化和引爆美国新能源汽车市场，预计到 2030 年零排放汽车渗透率达到 50%，2050 年基本实现碳中和。

②日本。日本汽车工业发展以提升产业竞争力为核心，近年来，日本高度重视动力电池技术的开发，以"谁控制了电池，谁就控制了电动汽车"为宗旨，走官产学研结合路线，并采取多项举措推动新能源汽车的发展。例如，优化产业结构、实行绿色税制、提高购车补贴和分层次建设充电设施等。2010 年，日本政府发布《新一代汽车战略》，提出混合动力电动汽车与纯电动汽车市场占有率的远景目标，计划到 2020 年达到 20%至50%，实际上这一目标在 2013 年就已经实现，表明日本在新能源汽车领域呈现积极的快速发展态势。2014 年 6 月，为了推动氢燃料电池技术的发展和应用，政府出台《氢燃料电池战略规划》，将政策重点从混合动力汽车转向燃料电池车，明确提出建设"氢社会"的目标。日本在《氢能燃料电池发展战略路线图》中规划了一个十年目标，即燃料电池汽车保有量达到 200 万辆，并进一步采取基础设施建设、发布补贴激励政策、推进政府示范项目、促成国际合作等措施。[16] 2019 年，日本政府加大了购买电动汽车的补贴力度，

购买者最多可获得 80 万日元的资助金额，具体而言，将插电式混合动力汽车的补贴从 20 万日元提高到 40 万日元；燃料电池汽车补贴上限从 225 万日元提高到 250 万日元，通过减少新能源汽车的购车成本，鼓励更多人购买这些环保车型。到 2021 年，日本政府发布《绿色成长战略》，计划到 21 世纪 30 年代中期，纯电动汽车和混合动力汽车的市场份额将逐渐增加，直至新车销售全部变为纯电动汽车和混合动力汽车。

③德国。德国是全球著名的汽车制造强国之一，也是较早对电动汽车（主要包含纯电动汽车和插电式混合动力汽车）发展进行支持的国家。德国早在 2009 年发布的《国家电动汽车发展计划》中，将纯电动汽车作为发展重点，计划到 2020 年德国纯电动机车保有量达到 100 万辆，2050 年基本实现新能源汽车普及，德国政策还设立了"国家电动汽车平台"，以协调和推动电动汽车的发展，确保计划的实施。与美国、日本，以及荷兰、挪威等国家在消费环节提供高额抵税优惠或补贴不同，德国前期的电动汽车支持政策主要集中在对研发活动和示范运行的支持方面。2013 年，德国政府投入 20 亿欧元，用于资助电动汽车核心技术研发，重点关注电池技术、驱动技术、循环利用、整车技术等研发领域。为突破电动汽车市场化困境，德国政府在 2015 年出台了电动汽车财政补贴计划，加大了对电动汽车购买环节的支持力度，从具体补贴额度来看，插电式混合动力汽车的补贴金额为 3 000 欧元，而购买纯电动汽车可获得 4 000 欧元的补贴。2017 年，德国电动汽车市场增加 117%，实现全球最高增长率。到 2022 年，德国更是推出了新能源汽车"组合拳"政策，持续为新能源汽车发展加码，例如，新能源汽车的购买补贴提高了 50%，并进一步扩大补贴范围，部分购买二手新能源汽车的消费者也可以获得补贴。

（2）国内新能源汽车产业发展路径分析。

①发展战略。新能源汽车是我国政府在新兴产业和可持续发展领域的重点规划对象，在新能源汽车产业发展过程中，主要包括新能源、智能化、物联网等高科技内容。与美国、日本等国家相比，我国新能源汽车发展起步较晚，但采取了积极的政策措施，现已进入新能源汽车发展的快车道。在战略层面，我国新能源汽车产业发展战略包括以纯电动汽车为主、其他车型为辅的混合车型战略、以"互联网"为依托的智能汽车发展战略，补贴制和准入制政策并行的发展战略。

②技术路线。我国在新能源汽车领域的工作重点是推动纯电动汽车和插电式混合动力汽车的产业化，促进非插电式混合动力汽车的推广，并加大基础设施建设力度，包括充电站和充电网络等。同时，鼓励中国汽车制造商研究开发新能源汽车专用平台，成立产业技术创新联盟，以实现新能源汽车技术的创新和共享，提升我国汽车产业整体技术水平。

③发展目标。产业化取得重大进展、燃料经济性显著改善、技术水平大幅提高、配套能力明显增强、管理制度趋于完善等目标是我国新能源汽车产业发展的核心和关键。

我国目前的新能源汽车发展规划主要包括短期具体目标和长期远景目标。其中，2025 年短期目标表现为：新能源汽车在整个汽车市场的份额占到 20% 左右，纯电动车平均电耗降至 120 千瓦时/千米。2035 年长期目标为：纯电动汽车成为新销售车辆市场的主流选择，高度自动驾驶实现规模化和商业化应用，公共领域乘用车实现全面电动化，逐步推进氢燃料供给体系建设。[17]为实现上述目标，国家部署了五项重点任务，即提高技术创新能力、构建新型产业生态、推动产业融合发展、完善基础设施、深化开放合作。

2. 新能源汽车商业模式

商业模式（Business Model）存在于任何一个经济组织中，其本质内涵是企业获取利润的内在逻辑。商业模式的定义及其要素复杂多变，但都围绕客户价值、关键资源、关键流程和盈利模式这四个基本要素展开。新能源汽车的商业模式是一个复杂的系统，旨在满足消费者需求的同时实现企业可持续盈利，即消费者价值和企业价值最大化，综合利用企业内在条件和外在因素，构建具有独特核心竞争力的商业模式。[18]在新能源汽车产业的发展变革过程中，产品商业模式也在不断创新，形成了以下几种典型的商业模式。

（1）整车销售模式。整车销售模式是新能源汽车市场的一种传统销售方式，类似传统汽车的销售，主要面向个人消费市场，消费者需支付购买整辆新能源汽车的全部费用，包括电池费用。虽然政府为购买者提供了补贴，新能源汽车企业也承担了部分成本，使新能源汽车的购置价格接近于传统汽车，但由于新能源汽车存在充电时间长及电池的使用寿命短等问题，消费者对购买新能源汽车有较多的顾虑，吸引力大打折扣。

（2）租赁模式。租赁模式包括整车租赁和融资租赁。其中，整车租赁模式允许消费者租用新能源汽车，不用购买就可以拥有新能源汽车的使用权。租赁通常以月度或年度租金计费，这种模式减轻了消费者购车的负担，适用于那些对新能源汽车信任度低、不希望拥有新能源汽车或者需要短期使用新能源汽车的消费者。而融资租赁是一种兼具灵活度和高效性的新型信贷消费模式，在新能源汽车领域，融资租赁具体又包括三种模式：直接租赁、售后回租和委托租赁。在直接租赁模式下，车主向租赁公司租用新能源汽车，拥有使用权，并按租赁合同支付租金；售后回租允许车主先购买，然后将其出售给租赁公司，再通过租用方式继续使用；委托租赁是委托租赁公司代表车主与销售方签订租赁协议，由租赁公司拥有所有权，车主通过支付租金使用汽车。深圳普天新能源就是典型的融资租赁模式，结合了"车电分离、融资租赁、实时监控"三大功能支持电动公交车辆的推广和使用。总的来说，租赁模式有助于减轻消费者的购车负担，为租赁公司提供了新的商机，使制造商、融资方、用户方的优势与资源都得到了充分发挥。

（3）定向购买模式。定向购买模式为新能源汽车提供了针对性销售方式，面向的目标客户包括个人消费者、企业、科研单位和高校。定向购买模式的优点主要体现在：一方面，可以减少充电基础设施的建设压力，定向购买的消费者用车路线和用途单一固定，因此充电地点相对稳定，只需要在固定地点设置充电桩就可以满足大部分消费者的充电需求；另一方面，有助于缓解续航里程短、充电难问题，定向购买的车主更容易规划充电时间和地点，充电需求更可控。

（4）整车共享模式。该模式也被称为"点对点"或"P2P"共享汽车模式，是由共享汽车运营平台购买新能源汽车，并设立专门的网点停车，消费者仅需向运营平台的App提供个人信息并支付押金后，就可以使用汽车。整车共享模式具有以下优点：首先，监管效率高，在该模式下运营平台可以通过 App 和后台实时掌控共享汽车的车辆状况；其次，车辆取还灵活方便，汽车使用者可随时随地寻找附近的停车处和车辆信息，选择多样，不需要在特定停车站点取还车辆；最后，汽车的保养维护由运营平台负责，减轻了车主的压力、节省时间成本，同时，由专业的运营平台统一对汽车进行清洁、维护和故障修复，更为高效。但该模式也存在充电桩覆盖率较低、规模或面积较小等问题，亟需相关部门解决和改善。

3. 产业政策

我国一直大力支持新能源汽车的发展，新能源汽车产业自 2009 年被列入战略性新兴产业的七大重点领域之一，在示范推广方面经历了前期、中期和后期 3 个主要阶段。[19]在前期，确立了"十城千辆"目标，仅在少数城市进行试点，主要采取税收优惠和财政补贴政策，政策激励幅度相对较小；到中期，示范推广城市达到近百个，政策激励大幅度增加；进入后期，由于财政补贴等优惠政策很有可能会对车企技术创新存在"挤出效应"，造成技术创新的低端锁定，甚至出现"谋补骗补"等不良现象[20]，因此，政府开始加强市场准入监管。本书将新能源汽车的产业政策归纳为扶持性政策和准入性政策。

（1）扶持性政策。

①税收优惠。根据国家政策规定，新能源汽车企业如果获得了高新技术企业认证，就可享受 15% 的企业所得税优惠，减轻车企税负压力。对于纳入中央财政补贴范围的新能源汽车企业，不再向其所取得的中央财政补贴征收增值税，且对符合条件的新能源汽车免征车船税。[21]

②财政补贴。在补贴方面，中央政府统筹安排中央财政资金，用于支持和鼓励新能源汽车及零部件企业进行技术创新和产业升级。具体包括以下三个措施：一是直接补贴，按季预拨、年度清算，这些补贴作为激励措施，在很大程度上推动了新能源汽车产业发展；二是设置积分交易和奖惩办法，以企业平均燃料消耗量为裁量标准，通过考核评估企业平均燃料消耗量，对新能源汽车给予优惠；三是加大基础设施建设补贴，自 2018 年起，政府将地方购置补贴资金用于支持充电基础设施建设和运营，不断改善充电设施条件，提高新能源汽车的可用性和便利性。

③低息贷款。为鼓励新能源汽车产业发展，政府加大了对新能源汽车企业的金融支持力度，建立信贷管理和贷款评审制度，向新能源汽车企业提供低息贷款，降低企业的贷款利率和贷款条件，从而减少新能源汽车企业的融资成本，有助于它们更好地发展和扩大规模。

（2）准入性政策。

①技术标准。建立严格的技术标准是政府对新能源汽车产业采取的一项重要政策举措，有助于提高汽车产品质量、保障消费者权益，促进新能源汽车产业健康可持续发展。具体而言，政府强调，整车及零部件等相关企业应建立内部技术标准体系和产品质量责任制度，加强产品技术标准的管理。另外，政府进一步提高了技术准入门槛，只有符合相关国家标准和行业标准，拥有足够技术研发能力和质量管理水平的企业才能进入新能

源汽车产业。

②环境标准。严格的环境标准在新能源汽车产业中至关重要，能够有效减少环境污染、提高能源利用效率，并推动可持续发展。政府在环境标准方面采取了以下政策：第一，制定了燃料消耗目标值标准，实施乘用车企业平均燃料消耗量管理，企业需要检测和报告汽车的平均燃料消耗量，确保严格落实政府环保规定；第二，建立了完善的动力电池梯级利用和回收管理体系，确保废旧电池能够得到有效回收和再利用，减少电池废物对环境的污染。

（二）我国新能源汽车的市场现状

近年来，国家大力推进充电基础设施建设，充电桩数量逐年增加，充电设施的普及程度不断提高，中国的新能源汽车市场规模得以持续增长。

1. 我国新能源汽车的市场规模

新能源产业是一个新兴产业，目前正处于高速发展阶段。近年来，新能源汽车在中国的销量增长已超过燃油车，中国已成为全球最大的新能源汽车市场。如图 8-2 所示，中国的新能源汽车销量从 2016 年的 29.8 万辆增至 2020 年的 120.1 万辆，年复合增长率为 41.7%；2021 年，新能源汽车市场呈现出更强劲的增长势头，市场占有率为 13.4%，销量达到 352.1 万辆，同比增长近 1.6 倍。另外，根据思瀚产业研究院的统计数据，2022 年，新能源汽车产销量分别达到 705.8 万辆和 688.7 万辆，同比保持大幅增长，市场渗透率提高至 25.6%，较 2021 年提升 12.1 个百分点，整个新能源汽车行业快速增长。截至 2023 年，我国新能源汽车产销量蝉联全球第一，成为全球汽车产业电动化转型的重要驱动力。

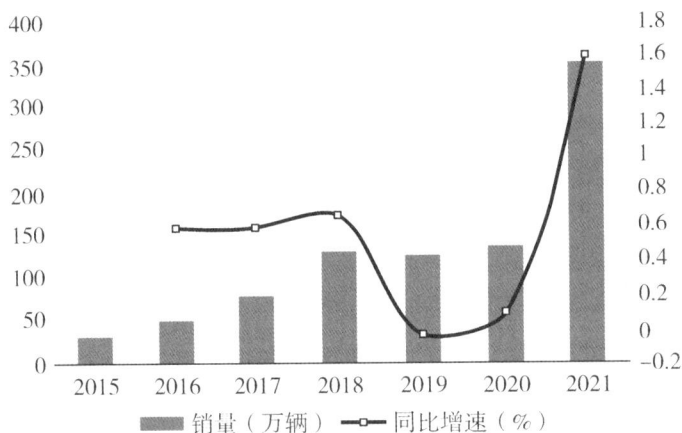

图 8-2 2015—2021 年中国新能源汽车销量及增速情况

资料来源：中国汽车工业协会，前瞻产业研究院整理。

如表 8-2 所示，在 2021 年新能源汽车销量中，新能源乘用车销量为 333.4 万辆，同比增长 167.5%。其中纯电力乘用车销量为 273.4 万辆，插电式混合动力乘用车销量为 60

万辆。另外，2021 年的新能源商用车销量为 18.6 万辆，同比增长 54%。其中，纯电力商用车销量为 18.2 万辆，插电式混合动力商用车销量为 0.3 万辆。另外，根据思瀚产业研究院的统计数据，2022 年，我国纯电动汽车销量提升至 535.31 万辆，同比增长 84.55%，占新能源汽车销量的 77.73%；插电式混合动力汽车（含增程式）销量 151.58 万辆，同比增长 150.55%，占新能源汽车销量的 22.01%。燃料电池汽车处于产业化发展初期，2022 年销量仅 3 400 余辆，占比极低。根据中国汽车工业协会预测，2023 年中国新能源汽车销量有望超过 900 万辆，同比增长 30% 以上，渗透率将达到 32.6%。根据《2030 年前碳达峰行动方案》，2030 年新增新能源、清洁能源动力的交通工具比例达到 40% 左右。

表 8-2　2021 年中国新能源汽车销量结构

	2021 年销量（万辆）	同比增速（%）
新能源乘用车	333.4	167.5%
纯电动	273.4	173.5%
插电式混合动力	60.0	143.2%
新能源商用车	18.6	54.0%
纯电动	18.2	57.1%
插电式混合动力	0.3	−24.2%

资料来源：中国汽车工业协会，前瞻产业研究院整理。

2. 我国新能源汽车的产业布局

（1）区域竞争格局。由于经济发达地区人口虹吸能力较强，人口数量和人口流量较大，对新能源汽车的需求也较大，许多大城市采取了号牌限制政策严格限制传统燃油汽车的上路数量，但对新能源汽车的政策更为宽松，号牌抽签相对容易。因此，目前我国新能源汽车的主要销售地区为北京、上海、深圳、广州等经济发达的一线城市。

如图 8-3 所示，2020 年中国新能源汽车区域销量前十城市的销量占全国新能源汽车总销量的 39.57%。其中，上海市是我国新能源汽车销量最多的城市，也是全国唯一一个新能源汽车销量超过 10 万辆的城市。进入前十的城市还有北京、深圳、广州、天津、杭州等，但第十名与第一名的销量相距甚远，排名第十的柳州市，其新能源汽车的销量为 2.37 万辆。

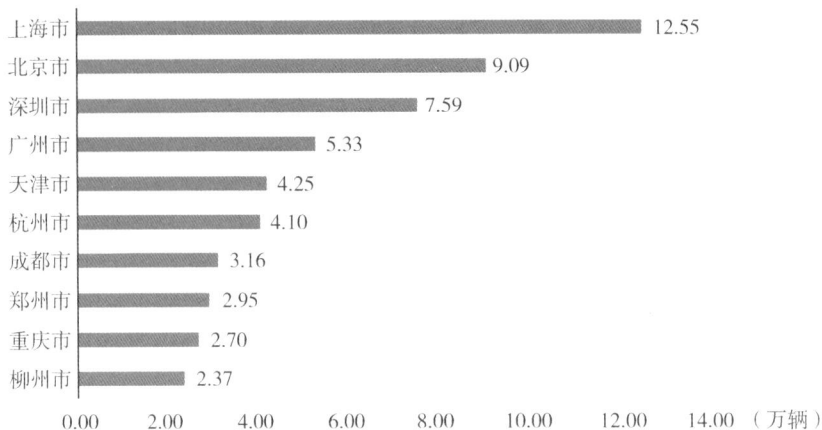

图 8-3 2020 年中国新能源汽车区域销量 TOP10 城市

资料来源：全国乘用车联合会，前瞻产业研究院整理。

（2）企业竞争格局。比亚迪一骑绝尘。2020 年，在我国新能源汽车企业销量前十名中，本土汽车制造企业比亚迪实现 18.32 万辆的销量，成为我国新能源汽车销量最多的企业，随着比亚迪刀片电池技术的不断发展，目前比亚迪在新能源汽车领域的龙头地位开始显现。全球电动汽车龙头企业特斯拉在我国销量排第二位，其销量不敌比亚迪的主要原因在于大多数车型价格偏高，而平价车型 Model 3 的刹车系统问题尚未得到解决。

在 2020 年中国新能源汽车企业销量前十名的排行榜上，第 3~10 名仍为我国本土汽车制造企业：上汽乘用车、广汽埃安、长城汽车、奇瑞汽车、蔚来汽车、理想汽车、吉利和小鹏汽车。从销量差异看，我国新能源汽车企业销量的阶梯性较为明显，排名第十位的小鹏汽车销量为 2.70 万辆，较排名第一的比亚迪少 15.62 万辆。以上 10 家企业的具体销售数据如图 8-4 所示。

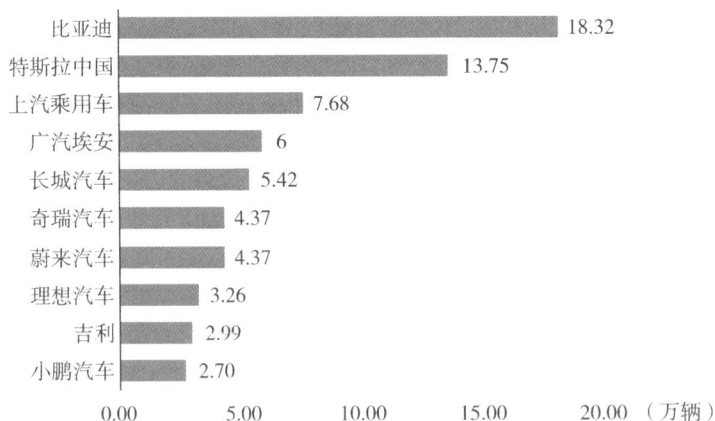

图 8-4 2020 年中国新能源汽车企业销量前十名

资料来源：全国乘用车联合会，前瞻产业研究院整理。

3. 我国新能源汽车的发展趋势

在我国"十四五"规划中，政府已经将新能源汽车产业列为战略性新兴产业，并对其未来发展进行明确规划和政策支持。国务院办公厅在 2021 年印发的《新能源汽车产业发展规划（2021—2035 年）》中提出了明确目标，降低纯电动乘用车平均电耗，在 2025 年降至 12.0 千瓦时/百千米，进一步推动纯电动汽车成为新销售车辆的主流，实现公共领域用车全面电动化。在以上政策的推动和支持下，我国新能源汽车具有非常好的未来发展前景。

目前，我国本土新能源汽车品牌呈现多元化发展，纯电动汽车生产企业蔚来、小鹏、理想将在不同领域占有市场，而我国本土的传统车企也将顺应汽车发展的趋势，逐渐向新能源汽车方向转型。同时，新能源汽车相较于传统燃油车电子化程度更高，为我国汽车自动驾驶创造了更好的条件。根据中国汽车工业协会数据，2020 年我国汽车销量达到 2 531.1 万辆，根据往年数据和未来我国经济发展趋势来看，到 2026 年我国新能源汽车销量预计能达到 718 万辆（如图 8-5 所示）。

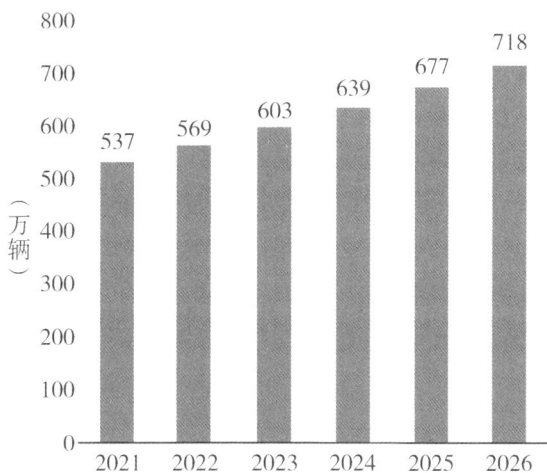

图 8-5　2021-2026 年中国新能源汽车销量预测

资料来源：前瞻产业研究院整理。

（三）我国新能源汽车的基础设施建设现状

根据《新能源汽车产业发展规划（2021—2035 年）》，到 2025 年，我国新能源汽车新车销量占比将提高到 20%左右，2035 年国内纯电动汽车保有量有望达到 1.2 亿辆，这对充电基础设施和电力供应提出了更大的需求。按照"源网荷储"（包含电源、电网、负荷、储能的整体解决方案）运营思路，充电网络在调节电力负荷、改善电能质量等方面具发挥重要作用。因此，新能源汽车产业发展必须高度重视基础设施的建设。目前，我国充电基础设施建设在充电桩规模、充电技术、标准体系、产业生态、产业政策等方面均取得显著进展和成效，走在了世界前列。但我国新能源汽车产业在取得一定成就的同时，也存在一些亟待解决的问题。

1. 充电桩建设类型单一，后期运营维护不稳定

目前，国内主流电动汽车以交流慢充为主、直流快充为辅的方式进行充电，一些汽车制造商出于成本和定位的考虑，对以短途运输为主的纯电动汽车仅保留交流充电接口，取消直流充电接口。[22]另外，由于我国目前的充电桩类型相对单一，可能会出现缺乏直流充电桩而导致某些新能源汽车无法充电的尴尬局面。再者，电动汽车在充电桩进行充电时经常发生安全问题，充电站的后期运营和维护不稳定。

2. 充电设施分布相对集中，质量良莠不齐

国内新能源汽车的充电桩建设一般集中在一、二线城市和东部省份，比如北京、上海、深圳、广州等地区，这些地区适宜新能源汽车的运行，消费者对电动汽车的认可度较高，并且当地经济发展水平较高，用车的需求较大。而农村地区通常缺乏完善的配套设施，使得新能源汽车渗透率较低。即使在大中型城市，公共充电桩分布不均匀问题也十分严重，缺乏足够的充电设施。要解决新能源汽车充电基础设施问题，必须由政府、企业、社区和车主合作，确定合理的建桩位置和电力增容，提高电压安全技术，提供后期维护，确保充电设施的全面覆盖和高质量运行，为新能源汽车市场发展提供基础设施保障。

3. 监管措施和政策环境有待进一步优化

充电基础设施的建设需要政府的监管和政策支持，由政府根据市场环境需要制定相关政策，促进充电基础设施的建设和发展。但目前我国部分充电桩缺乏充电保障预案，在节假日期间，使用高速公路充电桩需要长时间排队。另外，充电桩的监管体系和管理机制尚不健全。充电基础设施建设是新能源汽车发展的关键环节，为此有必要进一步加强顶层设计，明确相关责任，建立健全监管制度和管理体系，助力电动汽车行业高质量发展。

二、新能源汽车的产业技术创新

近些年来，随着"中国制造2025""战略性新兴产业规划"等政策的出台，高新技术产业的创新发展受到了广泛关注，而新能源汽车产业融合了传统制造业和高新技术产业双重特点，更是成为重点关注对象。已有研究指出，新能源汽车产业的创新发展具有不确定性和高度复杂性，因此，为发挥创新引领和辐射作用、实现全局协调发展，必须加快培育新能源汽车产业的创新集聚区。[23]而技术创新路径、技术创新模式、产业技术创新能力等是推动新能源汽车产业技术创新的关键要素。

（一）技术创新路径

研究新能源汽车产业的技术创新路径是当前学术界和实业界的一项重要任务，它有助于完善我国的产业创新理论、指导新能源汽车产业实现稳定可持续发展。本书借鉴Tushman等人的双元性创新来理解新能源汽车的技术创新路径。[24]结合产业现状，本书认为新能源汽车产业技术创新的双元路径应通过制度、市场和组织的双元性管理来实现。

1. 政府层面的双元性制度

政府为新能源汽车产业技术创新提供政策引导和市场调控相结合的双元性制度。已有研究指出，高研发投入、知识密集和技术突破性是新能源汽车产业的典型特征，因此，在该产业发展过程中，政府可以通过设立国家级技术创新中心、合理安排政策制度、加强产学研一体化合作等方式实现产业创新驱动。[25]因此，在促进新能源汽车产业发展的制度层面，政府的政策引导和市场的自由竞争应相辅相成。这种双元性制度有助于平衡政府的引导作用和市场的自由竞争，促进新能源汽车产业的健康成长。

2. 产业层面的双元性市场

从新能源汽车产业本身来看，产业创新对其发展至关重要，是保持竞争力和可持续增长的动力源泉。产业应构建研发和应用深化并重的双元创新市场，以产业创新过程为主线，打造具有核心技术优势和国际影响力的新能源汽车品牌。需要注意的是，研究开发与应用深化的协同问题是构建产业双元性市场面临的一大挑战，这要求企业消除技术引进、技术消化和技术转移之间的不协调，进一步完善产业协同发展体系。

3. 企业层面的双元性组织

新能源汽车企业不仅要重视技术创新，还要在组织管理方面保持灵活性和规范性，打造规范管理和柔性调整灵活变通的双元性组织，为生产销售业务的顺利进行提供保障。这意味着，一方面，新能源企业应鼓励创新管理文化，为员工提供创新的机会和支持；另一方面，为了更好地整合内外部资源，应积极构建网络化组织架构，与供应商、合作伙伴、研究机构等建立紧密的合作关系，共同推动技术和业务创新。

（二）技术创新模式

对于新能源汽车产业技术创新模式，本书从产业联盟角度，选取广东省、北京市、浙江省三个最具代表性的产业联盟，对其技术创新模式进行分析和总结。

1. 广东省：以整车技术为核心，产学研相结合

广东省电动汽车省部产学研创新联盟共包含7家企业，这些企业的联盟产品覆盖了乘用车、商用车、专用车等多个领域，在产品线上实现优势互补，在整车技术和研发领域拥有丰富的经验和资源。通过合作，不仅可以共享技术、研发设施和人才，加速创新和产品开发，还有利于降低生产成本，提高生产效率，获得规模效益。

与其他联盟相比，广东省电动汽车省部产学研创新联盟高度重视产学研合作，企业、高校和研究机构均衡搭配是其显著特点，对产学研合作具有很好的促进作用。高校和研究机构通常在前沿科研方面具有强大的优势，他们可以为企业提供先进的技术和研究成果，使企业和高校、研究机构能够充分运用、整合各自的资源和优势，加速技术创新和产品开发。例如，广汽集团与华南理工大学"科技战略合作协议"的签订，标志着广汽集团产学研取得了突破性进展，两家机构通过深度合作，联合开发了质子交换膜燃料电池模块和车载重整制氢系统，这些创新成果拥有多项发明专利，达到国际先进水平。

2. 北京市：以整车企业为龙头，多主体协同发展

北京新能源汽车产业联盟以北汽股份和北汽福田两个整车企业为龙头，这两家企业各自在不同类型的汽车制造和研发方面拥有丰富的经验和技术。北汽股份主要业务是乘用车的整车设计、研发、制造和销售，产品覆盖轿车、SUV、MPV 等乘用车。而北汽福田则专注于商用车业务，是中国品种最全、规模最大的商用车企业，产品包括重卡、中轻卡、轻卡、皮卡等。这两家企业合作的优势在于，能够整合不同领域的专业知识和资源，在新能源汽车发展中实现优势互补。

除了两大龙头企业，北京新能源汽车产业联盟中也有其他技术领先的新能源汽车企业，这些企业在联盟中通过合作，掌握更多关键技术资源，实现和获取自主技术，提升了联盟整体的技术创新能力。同时，该联盟吸引了 AECOM、伊顿等多个国际知名零部件企业，为联盟注入新的发展活力，进一步提高联盟内部的知识共享和经验学习效果，并通过国内外企业的竞争激发创新意识和竞争动力。

3. 浙江省：以关键零部件为核心，以政府创新平台为支撑

浙江省电动汽车产业技术创新战略联盟坚持市场导向，在零部件生产方面具有突出的产业优势，利用政府及相关机构的技术创新平台实现技术资源的高效整合。具体而言，该联盟以市场和消费者需求为导向，能够更好地满足消费者的期望，推出符合市场需求的产品和解决方案，并逐步发展成为浙江省乃至全国范围内的领先企业，代表性企业包括浙江吉利、方正电机等。联盟吸引了很多零部件企业加入，零部件是新能源汽车产业技术创新的原动力和基础支撑，为浙江省新能源汽车产业提供了良好的发展空间。浙江省电动汽车产业技术创新战略联盟的技术创新模式有助于联盟企业快速适应市场变化，提高技术创新效率。

（三）技术创新能力

经过多年的持续研发和创新努力，我国新能源汽车企业产业创新能力得以快速提升，相关技术体系趋于完善，在全球范围内崭露头角。

1. 影响新能源汽车产业技术创新能力的因素

（1）创新资源投入能力。新能源汽车产业进行创新所需的技术实力和资源条件，包括新能源汽车生产机构、生产运营所需设备、相关人员以及经费等因素。

（2）创新转化能力。新能源汽车的技术创新成果必须转化为新能源汽车产品，成功地进入市场，在市场中占领一席之地，并形成生产力，这才是创新的根本目的。

（3）创新经济支撑能力。产业经济发展水平对技术创新能力有很强的促进作用，特别是对于新能源汽车这类经济实力强、竞争水平高的产业，创新经济支撑能力越强，产业技术创新能力也越强。

2. 新能源汽车产业技术创新能力

新能源汽车开发需要的电池技术、电动机控制技术、充电技术、智能互联技术等逐渐走向成熟，为新能源汽车产业的进一步发展创造了有利的条件，注入了新鲜血液，提供了不竭的动力。产业的发展离不开技术创新，新能源汽车产业技术创新能力的提升值

得高度重视。由于我国新能源汽车产业起步相对较短，其技术能力的发展创新仍存在诸多制约因素：一是产业结构问题，新能源汽车产业的发展需要建立全新的供应链，包括电池生产、电机生产、充电设施制造等，与传统汽车产业存在质的区别，因此，原有支持系统和产业结构无法适应当前新能源汽车的发展，需要突破传统产业结构的限制；二是产业发展环境还不成熟，具体体现在配套基础设施建设不完善、消费者认知落后、企业要素整合存在较多制约因素，这些环境问题阻碍了新能源汽车产业的技术创新；三是核心技术缺失，与全球先进技术领先国家相比，我国现阶段在新能源汽车生产研发技术方面存在一定的滞后性，缺乏国际化创新人才，这是影响我国新能源汽车产业高质量发展的关键制约因素。未来，我国需要对以上制约因素各个击破，才能进一步推动新能源汽车产业的技术创新和可持续发展。

三、新能源汽车的营销管理体系

新能源汽车的营销管理体系是一个复杂的体系，涵盖了市场开拓、产品推广、销售渠道、售后服务等多个方面。企业需要灵活调整其营销管理体系，以适应市场的变化和挑战。

（一）新能源汽车市场现状及发展趋势

随着消费者接受度的提升和产业环境的逐步改善，我国新能源汽车市场呈现出快速发展势头。近年来，以新能源乘用车为主导成为我国新能源汽车市场新的发展趋势。深入了解和分析新能源汽车的市场变化和趋势对营销管理实践具有重要意义。

1. 新能源汽车市场现状

目前，我国新能源汽车的市场渗透率不断提高，市场进入扩张期。2020年，我国新能源乘用车销量达到117万辆，占新能源汽车总销量的85.6%。新能源汽车在2022年的销量再创新高，这也意味着新能源汽车市场渗透率在持续攀升。总体来看，高低端车型持续发力是我国新能源汽车发展的主要动力。具体而言，低端车型专注于打开农村和城市的通勤代步市场，例如，价位在10万元以内的五菱宏光MINIEV、宝骏E100等；中高端车型具备更加鲜明的品牌形象和突出的性能，得到更多发达城市消费者的青睐，例如，特斯拉Model 3、蔚来ES6/ES8、理想ONE等。另外，新能源汽车市场逐渐向特定区域集中，例如，《中国新能源汽车城柳州范本大数据报告》的数据表明，纯电动乘用车在柳州和三亚等三线城市的市场渗透率最高。

2. 新能源汽车市场发展趋势

（1）后市场规模快速增长。近年来，我国汽车后市场持续快速发展，随着消费市场的不断升级更新，汽车产业链发展重点逐渐由制造环节向后市场转变，销售利润也主要来源于后市场。目前，汽车后市场正大力发展多元化的销售渠道，包括线下零售店、线上电商平台、汽车维修店等，在互联网技术赋能下为消费者提供更优质的产品和后市场服务。"十四五"期间，我国汽车后市场由发展的初级阶段逐步走向成熟，通过企业品牌化、管理信息化、经营连锁化和服务智能化等，汽车后市场将迎来更具竞争力和可持续性的未来。

（2）品牌升级趋势明显。在激烈的新能源汽车行业市场，产品的质量、性能、电池寿命、续航性、充电速度等是决定新能源汽车制造商能否立足的基本因素。随着居民可支配收入和消费水平的提高，消费者不再满足于产品基本特征和性能，开始注重汽车的品牌形象和附加价值。因此，新能源汽车企业应根据自身品牌定位，对产品品牌和产品级别进行双升级。为拥有换购、增购需求的消费者提供更高级的产品和服务。

（3）产品需求个性化。现阶段，年轻一代消费者，特别是 95 后，在选择和购买产品时注重个性化，对汽车产品的需求和消费观念也发生根本性变化，更加关注外观设计、科技配置、互联互通、环保可持续、个性化定制等，愿意为个性化产品和智能化配置付出额外的费用，形成追求高 "兴价比①" 的新消费形态。

（二）新能源汽车的购置补贴及其影响

新能源汽车的购置补贴是政府为推动新能源汽车发展而采取的一项政策措施，旨在鼓励消费者购买和使用新能源汽车，以促进清洁能源和环保交通的发展。这些补贴通常以一定金额的财政资金补贴或税收减免的形式发放给购车者。

政府对新能源汽车实行的购置补贴策略可以划分为起步期、快速推进期和稳步发展期三个阶段。在起步阶段，为了扩大汽车消费、推动新能源汽车产业化，财政部等部门于 2009 年发布了《关于开展节能与新能源汽车示范推广试点工作的通知》，提出以财政补贴鼓励公交、出租、邮政等公共服务领域积极推广并使用新能源汽车，并在北京、上海等 13 个城市开展了示范试点工作。快速推进阶段，在前期示范推广取得了初步进展的基础上，财政部等部门于 2013 年发布《关于继续开展新能源汽车推广应用工作的通知》，指出 2013—2015 年坚持推广新能源汽车应用工作，对先进示范城市给予奖励，并对购买新能源汽车的消费者发放补贴，为其承担一部分购买费用。到目前稳步发展阶段，各级政府和相关部门仍在持续推进新能源汽车购置补贴的政策制定和实施工作，2020 年 4 月，《关于完善新能源汽车推广应用财政补贴政策的通知》明确表明，对新能源汽车的补贴政策将延长到 2022 年底。2020 年 9 月，《关于延续新能源汽车免征车辆购置税政策的公告》将新能源汽车的免征车辆购置税政策延长至 2023 年底。

购置补贴政策为我国新能源汽车行业的发展带来了积极影响。从 2016—2018 年，我国新能源汽车达到了年均 56% 的市场增速。2019—2020 年，由于全球经济环境和疫情影响，市场增速稍有下降，但在 2021 年之后又恢复到高增长状态。购置补贴政策在为新能源汽车推广布局带来显著成效的同时，也存在一些问题，出现了低端产能过剩而优质产能供应不足的现象[26]。另外，2023 年之后，购置补贴政策的退场意味着新能源汽车行业正在从初始生长阶段进入稳定成长的新阶段，未来的市场竞争会更加多元，竞争不仅涉及价格层面，也将涉及技术创新等层面。本书认为，购置补贴政策的退场将更好地促进行业竞争、国际竞争，让更优质的车企能够脱颖而出，为消费者提供更好的产品。

---

① 兴价比：购买商品或服务时，根据兴趣度、高兴度、时兴度来衡量所付出的价格是否合理。

（三）市场积分政策

为缓解能源与环境压力，减少汽车行业的碳排放，2017 年 9 月，我国发布了《乘用车企业平均燃料消耗量与新能源汽车积分并行管理办法》，即"双积分政策"。该政策对车企的传统能源汽车平均燃油消耗量积分（CAFC）和新能源汽车积分（NEV）制定了标准和要求。具体而言，每辆汽车的 CAFC 积分取决于其燃油效率，如果车企生产和销售的汽车平均燃油消耗量低于规定的标准，就可以获得积分；如果平均燃油消耗量高于标准，车企将会有负积分。而 NEV 积分与电池容量和纯电续航里程等因素息息相关，车企销售的新能源汽车越多，就能获得更多的 NEV 积分。这些积分可以用来抵消 CAFC 中的负积分，从而帮助车企达到整体的燃油消耗标准。双积分政策规定，新能源企业当年度产生的 CAFC 积分和 NEV 负积分必须在积分核算报告发布后 90 天内完成抵偿归零，未完成的企业将面临行政处罚。在双积分政策下，企业可以采取购买 NEV 正积分（购买策略）、关联企业转让（关联策略）和投资生产新能源汽车（投产策略）获得 NEV 正积分抵偿负积分。[27]

"双积分政策"的实施对中国的节能与新能源汽车产业产生了显著的影响，取得了一系列积极效果。该政策鼓励车企生产更加节能和环保的汽车，迫使它们提高汽车燃油效率，降低尾气排放。这有助于减少对化石燃料的依赖，降低空气污染，改善环境质量，同时，推动了新能源汽车产销规模的快速增长和健康发展。为了满足更严格的 CAFC 和 NEV 积分要求，车企被迫进行技术创新，包括研发更高效的动力系统、轻量化材料以及提高车辆空气动力学效率等措施。这种竞争压力促进了汽车行业的技术进步。自积分管理机制启动以来，已完成三次积分交易和抵偿工作，积分交易规模逐年提升。据统计，从 2016—2020 年，新能源积分累计交易规模增长迅速，共计 471 万分，油耗积分转让积分达到 426 万分。积分交易总金额在这几年内达到 43 亿元，其中新能源积分的交易资金累计达到 32 亿元。这表明汽车制造商逐渐提高了满足政策要求的能力，同时政策的影响也逐渐扩大。未来随着双积分政策考核力度的加强，积分交易规模将不断扩大，有望持续推动新能源汽车产业的增长。[28]

表 8-3　2016—2020 年度乘用车企业双积分核算情况

核算年度	乘用车企业数量（家）	乘用车产量/进口量（万辆）	油耗正积分（万分）	油耗负积分（万分）	新能源正积分（万分）	新能源负积分（万分）
2016 年	124	2 449	1 175	143	99	
2017 年	130	2 469	1 238	169	179	
2018 年	141	2 314	993	295	404	
2019 年	144	2 093	643	511	417	86
2020 年	137	1983	437	1 171	437	107

（四）新能源汽车大数据挖掘及其应用

在新一轮科技革命和产业变革背景下，全球汽车产业正迎来"电动化、智能化、网联化、共享化"革命，随着新能源汽车、物联网和人工智能技术的蓬勃发展，新能源汽车和大数据的结合必将成为加速新能源汽车发展的关键，大数据将是未来新能源汽车的"新引擎"。[29] 在经济下行、汽车销量萎缩的形势下，车企对于数据价值的需求变得尤为强烈，只有拥有真实的数据，才能掌握用户最真实的需求，这直接影响车企的产品部署。而在汽车行业，对大数据最为渴求的，是新能源汽车市场。环保与政策将推动新能源汽车发展进入快车道，然而面对未来即将到来的市场爆发，当前给予新能源车企参考的数据依然匮乏。为此，国家成立新能源汽车大数据联盟推动大数据在新能源汽车领域的运用。

1. 新能源汽车大数据联盟

新能源汽车国家大数据联盟（National Big Data Alliance of New Energy Vehicles，以下简称"联盟"）于 2017 年 7 月 18 日正式成立，主要发起单位有北京理工大学、一汽、长安、上汽、宇通等。该联盟的定位是成为新能源汽车大数据共享的纽带和桥梁，以整合和开发新能源汽车数据资源为主要目标，通过大数据挖掘和分析工作满足政府、企业和公众的数据需求，致力于将新能源汽车数据转化为有用的信息和洞察，以支持决策和创新。

2. 利用大数据挖掘用户需求

互联网公司利用大数据和人工智能技术来分析用户的行为和偏好，并对用户进行喜好推送、定制化服务和用户关系网络管理等。在大数据时代，新能源汽车行业与互联网结合紧密，未来"人—车—路"智能网络的实现离不开互联网技术的加持。新能源企业可以利用大数据和人工智能技术收集用户数据信息，并根据这些数据进行用户行为分析和需求挖掘，更好地把握市场发展趋势。同时，这个过程实现了消费者与企业的深度价值共创，制造商可以通过建立用户社群、提供在线支持和反馈渠道来提高产品质量、改善用户体验。

四、智能汽车营销管理

智能网联汽车作为多产业融合发展的产物，可以有效带动互联网、车联网、大数据、新能源汽车等多个产业融合协同发展，正逐步成为汽车行业未来的主要竞争领域和重要的经济增长点。从系统工程的角度来看，智能网联新能源汽车可分为"三横三纵"技术架构，"三横三纵"是指开发平台、地图平台、云控平台三个平台和传感/执行、高性能计算、网联安全三个核心技术。[30] 数据与数据驱动技术是智能网联新能源汽车最鲜明的特征，将为新能源汽车提供无限可能性，进一步提高驾驶的安全性、舒适性和效率，同时减少对环境的不利影响。随着技术的不断发展，这些车辆将越来越智能化，为用户提供更多便捷、智能和可持续的出行方式。例如，数据驱动的智能算法在自动驾驶技术中发挥着关键作用。通过传感器和摄像头采集的实时数据，以及先前的驾驶经验数据，车辆可以识别和理解周围环境，制定驾驶决策，从而实现自动驾驶功能。

（一）智能网联汽车

智能网联汽车（Intelligent Connected Vehicle，ICV），又称智能化联网汽车、智能互联汽车，结合了先进的车辆技术、信息通信技术（Information and Communications Technology，ICT）和人工智能等技术，能够与其他车辆、基础设施和云端服务器进行高效、实时的通信和数据交换，以提高汽车的安全性、便利性、燃油效率和舒适性。

1. 智能网联汽车发展现状

智能网联汽车的发展趋势向好，并且在节能、环保等方面已经取得了质的飞跃，将智能网联汽车作为未来产业发展的制高点已经成为当前中国汽车的努力方向。目前国家已经成立了智能网联汽车产业发展专项委员会，各大汽车企业也纷纷建立智能网联汽车产业创新联盟。政府、企业和研究机构的深度合作，将在协调政策、技术研发、标准制定和市场推广等方面大有可为，推动智能网联汽车的创新发展，迈向更智能、更安全、更环保的未来。

不仅如此，许多国家出台了一系列智能网联汽车的产业支持政策。但目前这些政策存在以下两方面的问题：一方面，政策主要处于道路测试及应用示范阶段，对于整体技术路径、商业运营模式、职责分工和配套设施体系还没有清晰的规划；另一方面，各国对智能网联汽车的产业支持各有侧重，尚未形成业界公认的体系化政策模式。[31] 总之，智能网联时代为汽车营销和服务带来了机遇的同时，也带来了全新的挑战。如何应对和解决汽车行业营销与服务的困境成为当前汽车行业发展的重要内容。

2. 智能网联汽车营销

（1）树立品牌服务意识。建立和传播独特的品牌文化可以帮助企业在消费者心目中树立强大的品牌形象，提高品牌忠诚度，并吸引更多的消费者。在智能网联时代，消费者接收信息变得更及时和全面，这对于汽车行业的营销而言有利有弊：一方面，消费者通过互联网平台能够及时关注和接收到智能网联汽车的营销信息和产品优点，提高了营销触达效率；另一方面，良莠不齐的各种信息增加了消费者信息处理的负担和压力，使消费者无法快速做出准确的判断，容易产生非理性决策，导致消费市场环境混乱。为解决这一问题，企业需要以汽车本身的产品特点和品牌调性为核心，对产品和品牌做出更多剖析，开展汽车品牌文化建设，让品牌拥有独特的文化内涵。同时，企业营销人员要重视服务营销，在营销工作中渗入品牌理念，能够以具象化与运营化的模式进行营销与服务引导，从行业角度带动营销与服务质量的提升。[32]

（2）重视产品在营销与服务中的作用。消费者在进行汽车的购买选择时通常会看重汽车的性能和设计。因此，在汽车行业的营销管理工作中，突出人性化设计是非常重要的。在向消费者展示和介绍时，可以重点突出车内的人性化特性，如舒适的座椅、宽敞的内部空间、智能控制系统、个性化定制选项等。也就是说，产品的优势点不仅需要在产品本身上呈现，还要通过营销向消费者强化，在营销实践中重视产品介绍相关的内容。[33] 营销管理者需要关注如何为消费者展现汽车产品，充分体现智能网联汽车的性能，以促进其营销推广。

（3）加强汽车营销与服务的专业人才培养。随着消费者需求的变化和技术的进步，传统的汽车营销和服务模式逐渐滞后。在智能网联的时代背景下，汽车作为一种极为注重服务的产品，在营销时企业需要以服务为重点，通过服务营销，为消费者带来更好的用户体验，抢占消费者心智。因此，考虑到汽车行业体系的复杂性和专业性，有必要继续推动汽车营销与服务相关专业知识的学习和培训，推动高校培养相关的专业人才。随着汽车产品质量和自身性能的不断提高，汽车产品的人性化、个性化、智能化、网联化将持续推进，汽车产品的固有属性也将不断增强，那么，汽车行业的营销管理知识自然也会发展到新的高度。

（二）汽车产业与 ICT 产业的融合

汽车产业与信息通信技术（ICT）产业融合是当前汽车行业的重要发展趋势，华为轮值董事长徐直军在"第五届国际汽车关键技术论坛"上发表了"迎接汽车产业与 ICT 产业的融合"的演讲。这一融合发展趋势将会彻底改变汽车的定义和功能，智能网联电动汽车将成为人类社会新的革命性发展引擎。

1. 华为正式入局两个产业的融合发展

一直以来，华为所从事的 ICT 产业和汽车产业被认为是相对独立、截然不同的两个产业。ICT 行业致力于实现人类社会沟通的自由，而汽车行业实现了人类社会出行的自由。时至今日，网联化、自动化、共享化、电动化（英文首字母缩写为 CASE），是当前汽车行业的新发展趋势，而 ICT 技术对于汽车行业将愈加重要。两个行业融合将会产生化学反应，不仅会影响汽车产业和 ICT 产业，更会让人类社会发生巨大的改变。

（1）战略地位。华为公司愿意把终端产业链及生态与汽车行业共享。利用 ICT 技术成为面向智能网联汽车的增量部件供应商，是华为入局产业融合的战略定位。

（2）业务范围。华为公司早期业务主要围绕车联网领域中的车载通信模块，近年来，华为的汽车业务正在由汽车零部件生产与销售向汽车销售业务拓展。回顾公司在智能汽车领域中的布局，可以看出华为在智能电动汽车领域中的产品布局随着组织架构的变化发生了相应变化。

（3）具体方案。华为公司提出了汽车产业与 ICT 行业融合发展的具体方案：第一，提供强大的连接系统和 MDC（移动数据中心），将汽车连接到高速的 4G、5G 网络，以计算平台或智能驾驶子系统实现车辆的互联互通，目前华为已经为众多车厂提供该方案；第二，在华为云上提供自动驾驶云服务 Octopus（八爪鱼），为开发者提供了丰富的工具和资源用于数据处理、训练、仿真、测试等，加速自动驾驶技术的研发部署；第三，HUAWEI HiCar "人—车—家"全场景互联解决方案，将汽车、家庭和智能终端生态系统结合起来，车辆变成了第三生活空间，允许用户在车内控制家庭设备、访问云服务和享受多媒体内容[34]。

2. 华为合作模式

（1）与车企合作，向车企提供智能汽车软硬件产品。华为目前已与几十家车厂展开合作，向他们提供智能汽车软硬件产品。该合作模式类似传统 Tier1（一级供应商）或 Tier2（二级供应商）厂商，华为直接向车企或 Tier1 提供智能汽车软硬件智能化产品。截至目前，华为的多款智能化软硬件产品已应用于多家车企的多款车型中。华为向国内主流车企提供智能座舱、智能驾驶、智能网联、智能电动和智能车云等五大业务领域的智能化部件，主要包括 HiCar、通信模块、DriveONE 三合一/多合一电驱动系统、车云服务等。[35]

（2）向车企提供平台化产品及服务。此种合作模式主要是指华为基于自研的智能驾驶、智能座舱、智能电动、智能车云等平台，以及对应的智能驾驶（AOS）、鸿蒙座舱（HOS）、智能车控（VOS）等操作系统，向车企提供平台化的产品及服务。一方面，车企或第三方供应商可以基于该平台化产品进行上层应用软件的开发。另一方面，车企可以借助华为销售渠道，开拓潜在消费者。截至 2020 年年底，华为已在全球建立了 5 000 多家体验店，年接待用户数超过 8 000 万。赛力斯华为智选 SF5 车型，是赛力斯与华为进行深度合作推出的 SUV，赛力斯将借助华为的销售渠道改善公司运营成本并优化销售网络。

（3）提供 HI 全栈智能汽车解决方案。2020 年 10 月，华为发布智能汽车解决方案品牌 HI，提供全栈智能汽车解决方案。"HI"是指"Huawei Inside"，华为不仅向车企提供智能化部件，还与车企联合设计、开发汽车，向车企提供五大智能汽车解决方案。在这一过程中，华为发挥技术优势，车企发挥整车优势。截至 2023 年，华为已与北汽新能源、长安汽车达成 HI 模式的合作，推出了北汽狐阿尔法 S 全新 HI 版、长安阿维塔两款车型。

（4）提供华为智选模式。2021 年，华为推出智选模式，即深度参与产品定义、整车设计以及渠道销售，在产品造型、内外饰设计及品牌营销方面赋能车企的一种全新模式。截至 2023 年，华为智选的合作产品主要有赛力斯的 SF5、问界 M5/M7 等车型。随着业务的拓展，华为陆续与奇瑞、江淮等多家车企开展合作。并且，华为与北汽极狐的合作也有变化，继 HI 模式之后，也计划推出智选模式合作车型。

（三）传统车企的转型困境与思考

在新能源市场蓬勃发展以及碳中和背景下，各大传统车企纷纷开始了转型升级之路。

1. 传统车企转型方向

网联化、自动化、共享化和电动化是全球现代汽车工业发展的必然趋势（见表 8-4），传统车企将围绕"新四化"进行快速反应、布局与探索。

表 8-4　传统车企"新四化"转型方向、主要内容与趋势

转型方向	主要内容	主要趋势
网联化	网联辅助信息交互	2018 年中国车联网用户 2 705 万，占比达到 25%，预计 2025 年车联网国内用户渗透率达到 76%，至 2030 年实现全面渗透
	网联协同感知	
	网联协同决策与控制	
自动化	智能传感	2019—2026 年，自动驾驶汽车市场价值预计复合增长率将突破 40%，2030 年中国自动驾驶汽车渗透率将达 20%
	智能驾驶	
	人机交互	
共享化	出行服务	中国共享出行渗透率预测到 2025 年达到 8.1%，共享出行总支出年复合增长率为 29.9%，渗透率将出现翻倍增长
	分时租赁	
	配套服务	
电动化	电力驱动	2017—2021 年，中国电动车销量复合增长率超 30%，预估 2030 年电动车渗透率将达到 40%
	清洁能源	
	结构简化	

资料来源：中大咨询研究院整理研究。

2. 传统车企转型困境：上汽"灵魂论"

上汽集团董事长陈虹提到的"灵魂论"反映了传统汽车制造商在与科技公司的合作转型中所面临的一些挑战和担忧。该问题的核心是：车企和科技公司，谁将主导智能汽车的"话语权"？

例如，华为、谷歌、苹果等科技公司在自动驾驶、人工智能、互联网连接等方面积累了丰富的技术和经验。这些公司通常能够为传统车企转型升级提供一体化的解决方案，使新能源汽车变得互联互通和智能化。然而，如果传统车企过于依赖第三方科技公司，可能会导致其失去对核心技术的控制，降低他们在产业链中的地位。要解决这个困境，汽车制造商必须努力提高自身在关键领域的技术研发能力，以确保能够在智能汽车领域拥有更大的话语权。总的来说，智能汽车领域的竞争将在汽车制造商、科技公司和其他相关企业之间持续演化。合作和竞争都将是这个领域的主要特征，而最终的胜利者可能是那些能够找到合适平衡的企业，他们既能够借助外部技术实现创新，又能够保持对核心技术的掌控。

【章末案例】

比亚迪玩转跨界营销

作为国内新能源汽车龙头企业，比亚迪成立于 1995 年，公司创立之初主要经营锂电池生产和手机代工业务。经过八年的发展，比亚迪在 2003 年正式进军汽车制造与销售领

域，开始了民族自主品牌汽车的发展征程。[36]目前比亚迪已在西安、北京、深圳等地建立汽车产业基地，其整车制造、模具研发、车型开发等业务均达到了国际领先水平，产业布局日渐完善并已迅速成长为中国新锐品牌。比亚迪是中国"起得最早"的新能源汽车品牌，面对环境压力，公司利用在电池技术领域的研发优势，寻求新能源作为可替代燃料，提出"三大绿色梦想"，倡导绿色出行，利用科技创造福人类。作为高科技绿色产品，比亚迪新能源汽车一路高歌猛进，迅速抢占了消费者心智。那么，比亚迪是如何打开新能源汽车市场的呢？虽然，目前比亚迪已经成功掌握品牌"流量密码"，2023年10月，新能源汽车月销量首次突破30万辆，同比增长38.37%，环比增长5.0%。但在此之前，比亚迪也经历了一段品牌营销的低谷期。自比亚迪创立以来，其品牌意识、用户体验以及营销战略广受诟病，即使到了2019年年底，比亚迪汽车的商标设计和外形设计仍然被消费者吐槽毫无美感和新意，延续着传统的内饰堆砌路线，用户体验不佳。在蔚来、特斯拉积极引入现代技术建立品牌互动服务网络时，比亚迪还在固守4S经销模式，偏向硬广、软文等传统营销方式，缺乏创新意识，导致比亚迪业绩不断下滑，与同期的蔚来、特斯拉相比，还存在很大的差距。

在短短几年内，比亚迪从毫无竞争优势的企业，成长为新能源汽车行业的领跑者。除了洞察先机、掌握先进技术等因素之外，其跨界营销的成功起到了关键作用。[37]2021年，ChinaJoy展落下帷幕，比亚迪以"觉醒！刀客魂"为主题首次登陆展会，试水跨界营销。展会上展出的比亚迪海豚车型融合海洋美学设计理念，由比亚迪最新的e平台3.0打造。这台比亚迪海豚采用的是国风漫画涂装，而且请到了Cosplay（角色扮演）演员助阵。中控台配备自适应可旋转悬浮式中控平板，搭配三辐式多功能方向盘，科技感满满。在动力方面，比亚迪海豚搭载最大功率为70千瓦的永磁同步电机，最高时速为150公里/小时，并配备磷酸铁锂电池包。海豚一经亮相，便以科技感、海洋美学、国漫风格赢得大众喜爱，尽显比亚迪新能源汽车的魅力。[38]

不仅如此，比亚迪注意到Z世代对游戏的喜好，在车内设计了"游戏台架"，在5G技术的加持下，联合咪咕云游戏平台开辟了全新的车载空间游戏场景，以充满电竞元素的灯光效果营造出动感十足的游戏氛围，为用户模拟了在真实用车环境下的沉浸式游戏体验。

比亚迪打破汽车与动漫、游戏领域的圈层，让品牌具有年轻化色彩，吸引了大批Z世代消费者的关注，在网络上掀起讨论热潮。随着热度攀升，比亚迪利用泛娱乐生态文化体系，从结构上发力，聚焦年轻化群体，首次将产品进行拟人化，打造了属于自己的独立原创IP——《刀行天下》漫画。这不仅为比亚迪品牌赋予了独特标识，还丰富了用户体验，由消费者注意进化为消费者记忆，成功占据Z世代消费者的心智，抢占了年轻消费者市场。

另外，在高科技运用方面，比亚迪可谓别出心裁，最大化地展现了该品牌在车机系统和车联网技术的研发能力和领先地位。基于移动互联、智能AI、语音识别、车联网以及大数据等最新技术，比亚迪打造DiLink智能网联系统，链接了百余款生态产品，涵盖音频、视频、出行、美食、旅游等各个方面[39]，旨在构建开放型智能汽车平台，形成人—车—生活—社会智慧互联的网络链条，满足消费者日常生活所需，为消费者提供智能出行新体验。

比亚迪新能源汽车作为高科技产品，它的成功离不开品牌营销思维的创新。现阶段，比亚迪在高科技产品营销方面已经迈出了重要一步，其未来的发展令人期待。

案例讨论： 结合案例内容，你认为比亚迪新能源汽车的跨界营销能够成功的原因是什么？未来比亚迪还可以从哪些方面布局新能源汽车营销战略？

思考题

1. 根据高科技产品的特点，你能否为本章所介绍的其他三种高科技产品（消费级软件、互联网平台、高科技消费电子产品）设计营销方案，并阐述理由。
2. 你认为高科技产品营销应遵循哪些基本原则？
3. 在利用营销手段帮助高科技产品跨越市场"鸿沟"时，企业可以采取哪些策略赢得老年人市场？

参考文献

[1] 谢兰兰，王颖婕. 全球软件市场发展新动向：产业、贸易和发展趋势 [J]. 全球化，2019 (11)：58-70，134-135.

[2] 穆晓菲. 十张图了解 2020 年中国消费类软件第一股：万兴科技为什么火？[EB/OL]. (2021-1-14). https://www.qianzhan.com/analyst/detail/220/210114-71c83e10.html.

[3] 周永生，刘思思，吴艳，等. 产业投资基金对半导体产业企业研发的影响 [J]. 金融理论与实践，2023 (3)：71-81.

[4] 百度用户体验部. 体验·度：简单可依赖的用户体验 [M]. 北京：清华大学出版社，2014.

[5] 彭莉，童凯. 基于社交软件的有效营销模式探析 [J]. 商讯，2019 (3)：42-43.

[6] 金融界. 把握 Z 世代社交脉搏，Soul 荣获中国创新营销大奖 [EB/OL]. (2021-01-11). https://baijiahao.baidu.com/s?id=1688566347194020845&wfr=spider&for=pc.

[7] 何欣茹. 网易云音乐营销推广策划：打造音乐演出及播放平台 [D]. 杭州：浙江大学，2014.

[8] 网易云音乐. 网易云音乐上线"红墙情书"：还郑州一个七夕 [EB/OL]. (2021-

09—16）．https://www.digitaling.com/projects/175258.html？plat＝ios.

［9］雷辉，熊丹．双边平台投资行为对竞争市场均衡的影响研究［J］．经济管理，2018，40（4）：134-151.

［10］桂云苗，武众，龚本刚．竞争环境下双边平台增值服务质量投资竞争研究［J］．中国管理科学，2021，29（5）：65-76.

［11］邱玉霞，袁方玉，石海瑞．模式创新与动态能力联动：互联网平台企业竞争优势形成机理［J］．经济问题，2021（10）：68-76，94.

［12］曹阳．数据视野下的互联网平台市场支配地位认定与规制［J］．电子知识产权，2018（10）：89-97.

［13］杨扬，刘圣，李宜威，等．大数据营销：综述与展望［J］．系统工程理论与实践，2020，40（8）：2150-2158.

［14］卑立新，焦高乐．互联网商业环境下创业企业技术创新与商业模式创新的迭代式共演研究［J］．管理学刊，2021，34（3）：89-104.

［15］誉林青容．基于高科技产品特征的市场营销策略［J］．生产力研究，2007（2）：127-128.

［16］孙腾，冯丹，胡利明．国内外新能源汽车发展的差距及提升路径探讨［J］．对外经贸实务，2018（6）：29-32.

［17］左世全．解读《新能源汽车产业发展规划（2021—2035）》［J］．智能网联汽车，2020（6）：21-23.

［18］王颀，尹珍丽．经济新常态下我国新能源汽车行业商业模式探索［J］．广西质量监督导报，2021（1）：172-173.

［19］JI S，ZHAO D，LUO R，et al.Evolutionary game analysis on local governments and manufacturers' behavioral strategies：impact of phasing out subsidies for new energy vehicles[J]. Energy，2019(189)：1-16.

［20］YANG D X，QIU L S，YAN J J，et al. The government regulation and market behavior of the new energy automotive industry ［J］. Journal of cleaner production，2019（210）：1281-1288.

［21］王溪，熊勇清．中国新能源汽车政策"抑扬结合"的特征及对创新激励绩效的影响：基于"扶持性"和"准入性"政策视角［J］．科学学与科学技术管理，2021，42（11）：39-55.

［22］欧阳婷．加强新能源汽车充电设施基础建设的政策支持研究［J］．营销界，2021（29）：30-31.

［23］刘雅琴，余谦．新能源汽车产业技术创新网络的时空演化与创新集聚［J］．大连理工大学学报（社会科学版），2020，41（6）：36-44.

［24］TUSHMAN M L，O'REILLY III C A. Ambidextrous organizations：managing evolutionary and revolutionary change ［J］. California management review，1996，38（4）：8-30.

［25］田善武，许秀瑞.新能源汽车产业技术创新路径研究：双元性创新的视角［J］.现代管理科学，2019（9）：29-31.

［26］戴慧.新能源汽车补贴政策效果回顾及未来调整建议［J］.价格理论与实践，2021（9）：28-30，50.

［27］柴强飞，肖忠东，周光辉.双积分政策下传统能源车企的策略选择研究［J］.管理工程学报，2022，36（1）：124-133.

［28］陈蒙来，吕力，李曜明.双积分政策对新能源汽车发展的支撑作用研究［J］.汽车实用技术，2021，46（23）：168-172.

［29］佘承其，张照生，刘鹏，等.大数据分析技术在新能源汽车行业的应用综述：基于新能源汽车运行大数据［J］.机械工程学报，2019，55（20）：3-16.

［30］赵文博.双碳战略下的智能网联新能源汽车［J］.智能网联汽车，2022（1）：7-9.

［31］孙超，黄愉文，张凯，等.智能网联汽车产业政策趋势分析及发展思考［J］.城市交通，2022，20（1）：52-58.

［32］金陵.大数据时代下的智能网联汽车发展探究［J］.华东科技：学术版，2017（2）：325.

［33］冯霞.智能网联时代汽车营销与服务专业发展困境及解决路径［J］.南方农机，2019，50（2）：23-24.

［34］徐直军.开启汽车产业与ICT产业融合新篇章［J］.智能网联汽车，2019（3）：49-52.

［35］中信证券.智能汽车行业深度报告：华为与智能汽车的2025年投资机遇分析［EB/OL］.（2021-07-24）.https://baijiahao.baidu.com/s?id=1706133788386964807&wfr=spider&for=pc.

［36］吕江涛.百万比亚迪：从新能源汽车的先行者到领跑者［J］.中国经济周刊，2021（10）：88-89.

［37］吕江涛.跨界营销"出圈"，"00后"比亚迪抓住了年轻人的心［EB/OL］.中国经济周刊.（2021-12-09）.https://baijiahao.baidu.com/s?id=1718660544881230812&wfr=spider&for=pc.

［38］侯卓铠.正式开启预售，比亚迪海洋车系的首款车型"海豚"来了［EB/OL］.界面新闻.（2021-08-13）.https://baijiahao.baidu.com/s?id=1707986182832265870&wfr=spider&for=pc.

［39］孟春晓.营销视野，比亚迪玩转跨界营销 成功树立国漫IP［EB/OL］.（2021-08-04）.https://baijiahao.baidu.com/s?id=1707082107933917010&wfr=spider&for=pc.

第九章　高科技赋能营销的实务

目前，以大数据、5G、人工智能、神经科学等为代表的高科技正与各个行业深度融合，不断推动社会变革，数据与技术驱动成为大势所趋。高科技不仅能够从业务层面助力企业实现智能化升级，还能在营销层面为企业的营销管理服务。一方面，高科技被企业用于解决业务和技术痛点，帮助企业创新商业模式、提高运营效率，在复杂多变的商业环境中获得领先的竞争优势。另一方面，高科技给营销带来了新的想象力，自然语言处理、知识图谱、机器学习和大脑成像等技术可以为企业在数据处理、内容投放、效果检测等营销环节赋能。例如，百度凭借领先的 AI 技术不断升级营销生态，加速智能营销的深度进化，推出了以"人"为中心的成长力引擎，通过营销平台实现对用户的精准识别、智能连接和分层触达，从而为企业带来长久、持续的流量，也能帮助广告主更好地转化流量。"高科技+营销"的融合创新为企业发展打开了新思路，如何在实践中将高科技更好地应用于市场营销领域，发挥高科技的赋能效应成为企业需要思考的问题。

作为互联网时代的产物和顺应时代潮流的发展举措，开展高科技营销已经成为企业提升核心竞争力和创造力的重要策略。例如，美国的会员订阅制的流媒体播放平台网飞（Netflix）利用高科技营销策略从 DVD 租赁公司转变为全球流媒体巨头，是高科技赋能营销实践的典范。而未来的高科技营销将会更加注重数据的分析和利用，通过数据挖掘和分析，企业可以更好地了解消费者的需求和行为，从而提供更加个性化和精准化的营销服务。为了获取更真实的消费者行为数据，神经营销在消费者行为研究和企业营销实践中得到了广泛运用，相关企业利用神经科学技术，特别是无损伤的大脑成像技术，记录大脑对产品、品牌和广告等的反应和应答。在很多消费场景下，由于大脑对产品和品牌信息的认知和情绪加工是在无意识的情形下发生的，所以直接探测人脑如何处理产品和品牌等信息并做出消费决策，有助于企业更好地理解消费者的消费行为动因，从而更科学地制订营销策略。

在前面的章节已经介绍了高科技营销的概念、内涵以及大数据、人工智能等技术对营销管理的赋能效应。本章重点从营销实务出发，通过具体的案例和研究进展阐述高科技营销的应用。本章第一节针对"电影评论文本的情感倾向对其有用性投票的影响"这一问题介绍了基于百度的 AI 的文本情感倾向分析在营销中的应用；第二节以"B 站视频封面中人脸情绪对视频播放量的影响"为例介绍了基于 Face++ 的人脸情绪分析在营销中的具体应用；第三节介绍了几种常见的神经科学技术，并以企业神经营销实战案例详细阐述了神经营销策略的应用。

第一节　基于百度 AI 的文本情感倾向分析

在大数据时代，互联网与购物的深度融合，催生了大量具有重要价值的 UGC。大数据、自然语言处理、人工智能等技术为挖掘和分析用户生成内容提供了更加高效、智能的方式。同时，运用这些技术识别高质量的用户生成内容在市场营销领域具有重要意义。本节将基于百度 AI 的文本情感倾向（Sentiment）分析 API① 来研究电影评论文本的情感倾向对其有用性投票（Helpfulness Voting）的影响。本书附录一给出了申请百度文本情感倾向分析 API 的洋细流程和调用该 API 的 Python 代码，代码文档请登录暨南大学出版社官方网站下载。

一、文本情感倾向及其分析步骤

电影是营销研究中的一个经久不衰的主题，相关研究进展详见 Eliashberg 等人于 2006 年在 *Marketing Science* 杂志上发表的关于电影市场的综述文章。[1] 自 Mudambi 和 Schuff 于 2010 年在 *MIS Quarterly* 杂志发表关于网络评论文本和其有用性投票之间关系的经典论文后[2]，关于网络评论有用性的研究引起了营销和信息管理领域学者的极大关注和兴趣。截至 2023 年 9 月 15 日，这篇文章在谷歌学术上已经被引用了 3 629 次。对网络评论有用性研究感兴趣的读者可以下载阅读 Hong 等人于 2017 年在 *Decision Support System* 杂志上发表的综述文献。[3] 在此基础上，Agnihotri 和 Bhattacharya（2016）研究了评论文本中表达的情感倾向和其有用性投票之间的关系。[4] 其中，情感倾向是指一条文本表达的情感是积极的还是消极的，通常由一个介于 0~1 之间的值来表示积极情感的程度，越接近于 1 表示越积极。有用性投票是指有多少个人觉得某条评论有用，其取值是 0、1、2、3 等计数值，例如亚马逊网站上评论的有用性投票、豆瓣上电影短评的有用性投票等。

在具体实践中，文本情感倾向分析的步骤如下：

（1）提出问题，并阐述提出这个问题的动机及对该问题进行研究的理论意义和实践意义。

（2）收集相关数据。从学术研究的角度，在这一步应该尽可能多地收集相关数据。

（3）采用百度 AI 的文本情感倾向分析 API，对文本的情感倾向进行分析，获得每条文本的情感倾向得分。

（4）用合适的统计或计量经济模型，量化文本的情感倾向与相应的有用性投票数之间的关系。

（5）对量化分析结果进行解读，并基于分析结果对相关实践提出建议。

通常，上述步骤中（1）和（2）的次序不是固定的。很多时候，例如在网上或 App

---

① 情感倾向分析 [EB/OL]. （2023-03-23）. https://ai.baidu.com/ai-doc/NLP/zk6z52hds.

上"闲逛"时，你可能有意（基于以前读过的文献或了解的研究）或无意中发现一些有趣的问题，然后想探究一下。也就是说，在实际应用时，可能先有数据来源，然后再基于数据来源提出一个和实践相关的研究问题。

二、情感倾向分析实践

为了进一步阐述文本情感倾向分析如何赋能营销实践，本节通过一个具体的实践案例，从问题提出、数据收集到结果分析，进行全过程的演示。

首先，提出"豆瓣上电影短评的情感倾向对其有用性投票有影响吗"这一研究问题，并针对这一问题，从豆瓣上收集了由姜文于 2010 年导演的"让子弹飞"[①] 这部经典电影的相关数据。相关数据是在 2023 年 2 月 10 日进行收集的，共收集了 600 条短评数据，包括评论文本、评论星级、评论发布时间、相应评论的有用性投票数等。实际上，截至 2023 年 2 月 11 日，共有 1 646 617 人在豆瓣上对这部电影进行了评价，平均评分为 9.0，其评分超过了 99% 的喜剧片和 98% 的剧情片。豆瓣上共有 315 723 条关于该电影的短评和 5 414 条影评。特别需要说明的是，从豆瓣上收集的这些数据仅用于学术研究和教学目的。本书从大量电影评论数据中只选取了 600 条短评数据的原因在于：一是豆瓣只允许用户浏览至多 600 条短评；二是作为教材示例，600 条数据足够了。在删除重复短评文本（9 条）、没有评价星级和发布时间的短评（19 条）后，得到了 572 条有效短评数据。接下来，在文本数据分析阶段，使用百度 AI 的文本情感倾向分析 API 获取了这 572 条短评文本的情感倾向得分。

从图 9-1 可以看出，大多数短评的情感倾向聚集在两端，即要么非常消极，要么非常积极，处于中间的中性短评较少。特别地，图 9-2 左边短评的"有用性"投票数的对数（因为有的短评的有用性投票数为 0，因此在取对数前对投票数进行了+1 处理）呈现非常明显的右偏分布特征，并且有很大一部分短评（32.2%）的有用性投票数为 0。因此，不能用传统的线性回归模型，而需要用计数模型（例如泊松回归、负二项回归等）对该数据进行统计分析。进一步分析发现，有用性投票数的均值和方差分别为 100.5 和 337 496.3，其方差远大于均值，这和泊松分布的性质"方差等于均值"不符，数据存在明显的过度离势（Over-dispersion）特征。因此，选择能对存在过度离势的计数型数据进行统计分析的负二项回归（Negative Binomial Regression）模型来对数据进行统计建模和分析。日常生活中有很多计数型数据的例子，例如每天登录微信或抖音的次数、每周喝咖啡的杯数、每学期上课请假的次数等。营销实践中也存在大量计数型数据，例如，微博上某个广告的浏览数、点赞数、转发数；购物网站上某条用户评论的有用性投票数等。对计数型数据的统计分析感兴趣的读者可以参考 *Modeling Count Data*[5] 和 *Regression Analysis of Count Data*[6] 这两本著作，也可以使用 SPSS[②] 软件或 R 软件 MASS 包中的

---

① 让子弹飞 ［EB/OL］．［2023-02-11］．https://movie.douban.com/subject/3742360/.
② 梦特医数通．负二项回归分析（Negative Biaomial Regression Analgsis）：SPSS 软件实现 ［EB/OL］．（2022-01-06）．https://mengte.online/archives/2742.

glm. nb 函数进行负二项回归分析。

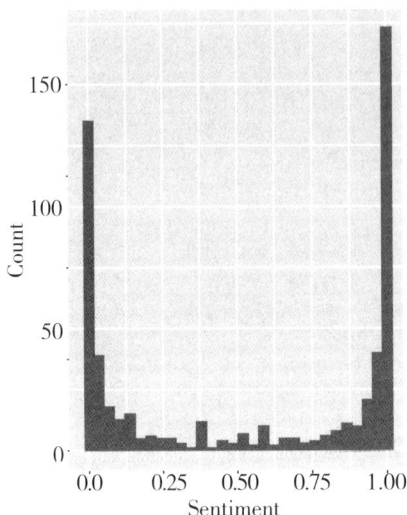

图 9-1　短评情感倾向得分的直方图

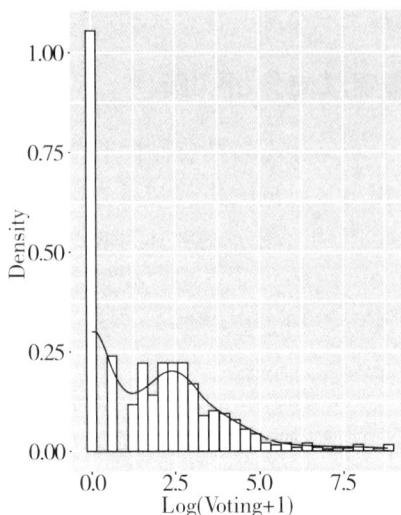

图 9-2　有用性投票数的自然对数

　　我们用三个负二项回归模型对数据进行了统计分析，其中模型 1（M1）是基准模型，只包含短评的评论星级、文本长度（即字数，包括标点符号）、发布时长（从发布到数据收集当天经历的天数）等控制变量；模型 2（M2）在模型 1 的基础上增加了短评文本的情感倾向得分（Sentiment）；模型 3（M3）又在模型 2 的基础上增加了情感倾向得分的平方项。负二项回归分析的结果如表 9-1 所示。从表 9-1 可知，模型 2 的 AIC[①] 比模型 1 的要小很多，这表明模型 2 对数据的拟合程度要比模型 1 好很多，并且情感倾向得分变量非常显著，这表明短评的情感倾向对其有用性投票数具有显著影响。从模型 2 中情感倾向得分对应的估计值小于 0 可知，在控制其他变量不变的条件下，随着短评情感倾向的增加，其获得的有用性投票数会减少。进一步地，模型 3 的 AIC 值小于模型 2 的 AIC 值，这表明模型 3 对数据的拟合程度比模型 2 更好。由情感倾向得分二次项前面的系数为负且显著，可知情感倾向得分和有用性投票数之间存在倒 U 形的二次曲线关系。图 9-3 绘制了模型 3 中情感倾向得分对有用性投票数的效应曲线，从该曲线可以看出短评情感倾向对有用性投票数的影响随着情感倾向的增加呈现先增加后减少的趋势，并且在情感倾向得分取值为 0.155〔= 1.222/（2×3.954）〕时达到最大值。

[①] 　*AIC*（Akaike Information Criterion，赤池信息准则）是衡量统计模型拟合数据优良性（Goodness of Fit）和模型复杂度的一种标准，是由日本统计学家赤池弘次创立和发展的。AIC 越小，表明模型拟合数据拟合得越好。更详细的信息请参考网页链接 https://zh. wikipedia. org/zh-hans/赤池信息量准则，或相关统计学文献。

表 9-1　短评情感倾向得分对其有用性投票数的影响

	截距	评论星级	文本长度	发布时长	*Sentiment*	*Sentiment* 的平方	样本量	*2 LL*	*AIC*
模型 1	3.744*** (0.586)	0.162 (0.100)	6.928* (2.786)	−0.026 (0.085)			572	−4 422.2	4 432.2
模型 2	4.305*** (0.548)	0.374*** (0.103)	4.487 (2.594)	−0.135 (0.079)	−2.696*** (0.252)		572	−4 331.9	4 343.9
模型 3	4.618*** (0.549)	0.285** (0.102)	6.225* (2.575)	−0.207** (0.079)	1.222 (1.340)	−3.954** (1.297)	572	−4 322.4	4 336.4

注：* p 值< 0.05；** p 值< 0.01；*** p 值< 0.001。括号中是和估计值相应的标准差。2 LL 表示 2 倍的对数似然值（Log Likelihood）。为了更好地展示分析结果，本表对文本长度和发布时长这两个变量的估计值和标准差分别乘以 1 000。

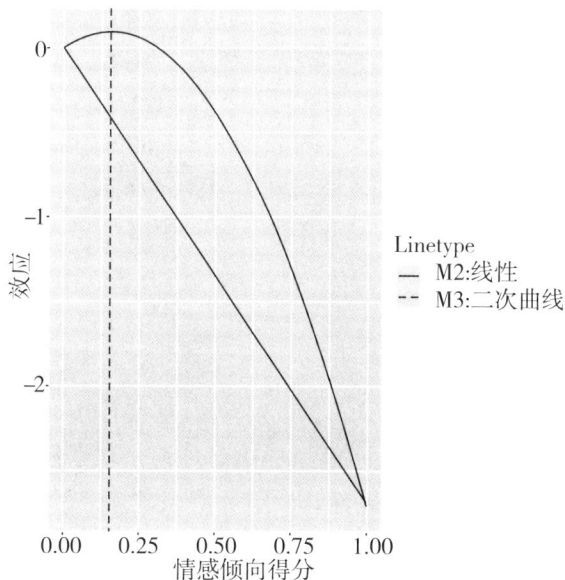

图 9-3　模型 2 和模型 3 中情感倾向得分对点赞量的效应

　　根据数据分析结果可知，在其他变量固定不变的情况下，如果想让自己发布的"让子弹飞"的短评文本获得更高的有用性投票数，可以写得稍微消极一些。特别地，情感倾向得分大约为 0.155 的短评会获得较高的有用性投票数。

第二节　基于 Face++ 的人脸情绪分析

　　人脸在形成第一印象的过程中起着重要作用。在短短的 100 毫秒内[7]，人们就可以从其脸部推断出一个人是谁，以及其年龄、情绪状态（如是否高兴）、身体状态（如是否健康）、感知判断（如是否容易接近、是否有能力、是否可信）等各种各样的信息。[8]并且，基于人脸形成的第一印象可以影响人的很多重要决策。例如，在总统选举中是否会给某个候选人投票[9]，在网络约会场景中是否愿意和某个人约会[10]，在借贷平台上是否愿意借钱给某人[11]，在 Airbnb 短租平台上是否愿意租某个房东的房子[12]。特别地，人脸在很多营销相关的决策过程中发挥了关键作用。例如，顾客会基于人脸来推断服务人员的吸引力、可信性和情绪状态等，这些都会影响顾客的满意度、忠诚度和对服务质量的评价。[13]在不同的服务场景中，人们会基于服务人员笑的强度做出对服务人员温暖和能力的评价，并根据这些评价进行相关的决策。[14]AI 面试平台 HireVue 会利用人脸感知模型来帮助 IBM、Hilton 等公司进行招聘，判断需要直接和顾客打交道的潜在服务人员是否合适。关于人脸的感知判断一直是社会心理学一个重要的研究主题，也是营销研究中的一个重要方向，对这方面感兴趣的同学可以参考 Todorov 关于人脸的专著 *Face Value：The Irresistible Influence of First Impressions* 和相关综述文献[15-16]。

人脸中的面部表情是人类表达情感状态和意图的最常用和有效的信号之一。目前，人脸情绪分析被广泛应用于营销领域，帮助企业识别、提取、量化并研究消费者对品牌、产品或服务的态度和评价。第七章的表 7-3 列出了营销研究中常用的人脸情绪识别工具，例如旷视科技的 Face++、百度 AI 人脸分析、Azure Cognitive Services 的 Face API 等。本节以 Face++工具为例，介绍人脸情绪分析在实践中的应用。本书附录二给出了申请Face++人脸情绪识别 API 的洋细流程和调用该 API 的 Python 代码，代码文档请登录暨南大学出版社官方网站下载。

一、人脸情绪分析及其步骤

情绪表达和对他人情绪的解读在人际交往中起着重要作用。社会心理学中关于情绪的理论和研究有很多[17-19]，相关理论包括情感信息理论、双系统理论、愤怒的双阈值理论、情绪感染理论、情感事件理论、情绪即社会信息理论等[20]。特别地，人们可以从人脸图像中感知出 Ekman 提出的 6 种基本情绪，包括高兴（Happiness）、悲伤（Sadness）、惊讶（Surprise）、愤怒（Anger）、恐惧（Fear）和厌恶（Disgust）。[21]近年来，营销领域出现了很多关于人脸情绪的研究。例如，视频缩略图中的负面情绪对广告效果有负面影响，而标题文本中的负面情绪却对广告效果有积极影响。[22]在直播平台上，一个面部表情愉悦的主播能让观众高兴，并能引发更多的观众行为，特别是打赏行为等。[23]但在直播零售场景下，包括高兴在内的所有六种面部表情都会对销售产生不利影响，这一违反直觉的发现表明在直播零售场景中销售人员应该板着脸进行销售。[24]

在具体实践运用中，人脸情绪分析的步骤如下：

（1）提出问题，并阐述提出这个问题的动机以及对该问题进行研究的理论意义和实践意义。

（2）收集相关数据。从学术研究的角度，在这一步应该尽可能多地收集相关数据。

（3）采用 Face++ 或其他人脸情绪识别 API，从含有人脸的图像中提取出情绪变量。

（4）采用合适的统计或计量经济模型，量化分析人脸图像中的情绪和因变量之间的关系。

（5）对量化分析结果进行解读，并基于分析结果对相关实践提出建议。

通常，上述步骤中（1）和（2）的次序不是固定的。很多时候，例如在 B 站、抖音等社交媒体或其他 App 上"闲逛"时，你可能有意（基于以前读过的文献或了解的研究）或无意中发现一些视频的封面很有趣，特别是上面的人脸表情各异，产生了"视频封面上人脸呈现的不同情绪对视频播放量有影响吗？哪些情绪的影响比较大呢？"等类似的疑问。因此，在实际研究中，并不一定是先提出问题，研究者也可能基于数据来源提出和实践相关的研究问题。

二、人脸情绪分析实践

接下来，本部份内容将基于 Face++ 人脸情绪分析 API，研究 B 站上一个 UP 主上传的视频封面中人脸的情绪对其视频播放量的影响，以此来展示如何运用人脸情绪分析技术赋能营销研究或实践。需要指出的是，由于该研究的主要目的仅是研究过程示例，因此，本书暂不用大量篇幅对理论依据、样本选择和统计分析等做详细介绍。

首先，提出研究问题"B 站视频封面中的人脸情绪对视频播放量有影响吗"。针对该问题，笔者于 2022 年 12 月 4 日从 B 站收集了知名剧情类短视频 UP 主"陈翔六点半"[①]的视频封面图像和相应视频的播放量等相关数据。截至 2023 年 2 月 9 日，该 UP 主在 B 站上的粉丝数是 218.3 万，共上传 1 842 个短视频，这些视频共获得 4 471.2 万点赞数和 11.5 亿播放量。需要特别说明的是，从 B 站收集的这些数据仅用于学术研究和教学目的。为了便于定义视频封面中人脸图像的情绪，选取其中仅有一张人脸的 219 个视频封面，对相关的数据进行统计分析。其中有一个视频的标题特别长，远超其他视频的标题长度，因此将其作为异常值剔除，最终用于示例分析的样本量是 218。接下来，通过 Face++ 人脸情绪分析 API 获取这 218 张视频封面图像中人脸的 6 个基本情绪特征，以及其他基于人脸识别技术可以得到的变量，例如性别、年龄等，然后对视频播放量数据和人脸情绪数据进行合并分析。基于 Lin 等人（2021）[23] 和 Bharadwaj 等人（2022）[24] 的研究，在分析人脸情绪时，重点关注高兴（Happiness）这个情绪维度。Face++ 输出的高兴情绪维度的得分在 0~100 之间，越接近于 100 则越高兴。从图 9-4 和图 9-5 可以看出，视频播放量存在明显的右偏特征，而其对数则和正态分布较为接近。因此，用其对数作为因变量进行统计分析，这也是实证研究中常用的变量转换方法。另外，人脸高兴的情绪基本聚集在两个极端，即要么非常不高兴（可能对应愤怒等情绪），要么非常高兴，而中间的数据点较少（如图 9-6）。

---

① 陈翔六点半[EB/OL].[2022-12-04].https://space.bilibili.com/19286458.

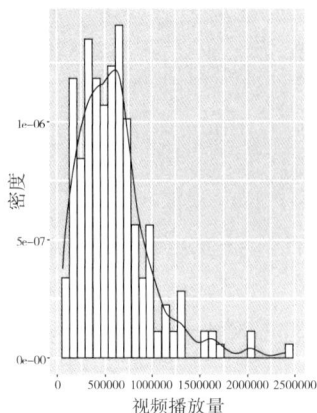

图 9-4 视频播放量

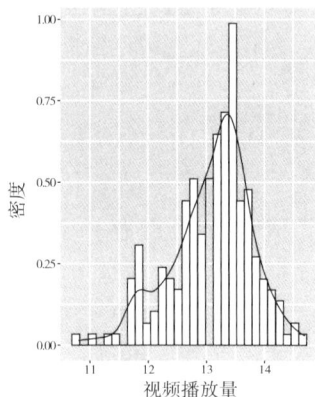

图 9-5 视频播放量的自然对数

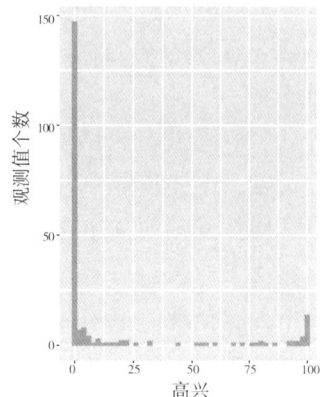

图 9-6 高兴程度的直方图

表 9-2 视频封面人脸的高兴程度对视频播放量的影响

	截距	视频上线天数	视频时长（秒）	标题长度	*Happiness*	*Happiness*的平方	样本量	R^2	*AIC*
模型 1	14.285*** (0.151)	−0.643*** (0.081)	0.609*** (0.182)	−33.462*** (8.220)			218	0.509	308.181
模型 2	14.285*** (0.154)	−0.643*** (0.081)	0.610*** (0.182)	−33.450*** (8.265)	0.018 (0.992)		218	0.509	310.181
模型 3	14.328*** (0.154)	−0.626*** (0.081)	0.594*** (0.181)	−35.011*** (8.223)	−12.233* (5.670)	0.131* (0.060)	218	0.520	307.287

注：* p 值< 0.05；** p 值< 0.01；*** p 值<0.001。括号中是和估计值相应的标准差。为了更好地展示分析结果，本表对除截距外的所有变量的估计值和标准差分别乘以 1 000。

我们用三个简单线性回归模型对数据进行统计分析，其中模型 1（M1）是基准模型，只包含视频上线天数、视频长度（秒）、视频标题长度等控制变量；模型 2（M2）在模型 1 的基础上增加了"高兴"这一情绪变量；模型 3（M3）又在模型 2 的基础上增加了"高兴"的平方项，回归分析结果如表 9-2 所示。从表 9-2 可知，三个控制变量能较好地解释视频播放量对数的变异（R^2 大于 0.500），并且这三个变量在三个模型中都非常显著。从估计结果来看，上线时间较短（即较新）、时长较长、标题较短的视频有更高的播放量。上线时间较长的视频播放量较低的原因可能是新关注的粉丝或观众没有挖掘到一些早期上传的视频（例如 5 年前上传的视频）。模型 2 中的"高兴"变量不显著，表明它对视频播放量没有线性影响。模型 3 中"高兴"和其平方项对视频播放量的影响在 0.05 水平下都显著，其中，平方项的估计值大于零，表明"高兴"和视频播放量的对数之间存在 U 形关系，并且在 46.691〔=12.233/（2×0.131）〕处取得最小值。这表明有很不高兴或很高兴人脸的视频封面都有较高的视频播放量。基于这个分析结果，可以建议该 UP 主在上传视频时尽可能挑选一些有明显高兴或明显不高兴人脸的视频封面。

第三节　神经营销实战与策略应用

大脑作为人类身体的核心部位，不仅可以操控人的肢体行为，还可以控制和指挥人类的思想活动和行为决策。因此，从神经科学的角度来看，观察人类大脑的神经活动变化，可以对其行为决策进行有效预测，这使得营销界的学者备受启发，从著名的"百事可乐和可口可乐品尝实验研究"为起点[25]，科学家利用功能性磁共振成像技术探测消费者在品尝两种汽水时的大脑活动变化，研究结果表明，当可口可乐和百事可乐的品牌标识被遮挡时，相较于前者，后者品尝起来更为可口；当品牌标识被展露时，相较于无品牌标识的情况，消费者品尝带标识的可口可乐会产生更强烈的神经活动，但对于有标识的百事可乐却无显著神经活动变化。此项实验证明了营销学中一个重要的命题，即消费者对品牌的评价和选择可能受其记忆和高级认知的影响而有所不同。[26]自此，将神经科学与消费者行为相结合成为营销学界研究的热点之一，"神经营销"也由此诞生。"神经营销"旨在从神经科学的角度，深度延展和挖掘消费行为背后的心理机制。[27]

在消费者行为研究中，基于神经科学视角，主要采取以下几种方法从不同的场景来预测消费者在广告效果、体验偏好以及产品选择等多方面的消费行为变化：①功能性磁共振成像（fMRI），常以血氧变化的磁信号预测消费者行为，在市场营销领域被认为是测试消费者神经活动变化的最佳技术之一；②脑电图（EEG），常以神经活动诱发的电信号预测消费者受到动态刺激而诱发的情绪行为变化；③眼动追踪（ET），常以消费者眼球注视位置的变化预测与消费者视觉注意力相关的消费行为；④功能性近红外光谱技术（fNIRS），常以近红外波段光谱的散射性来预测消费者注意力、情绪、认知等变化；[28]⑤面部表情识别，常以消费者面部微表情变化预测消费者对产品或服务的情绪反应。除此之外，也有技术通过消费者皮肤电反应（GSR）、心率、呼吸频率等指标来预判消费者的情绪变化反应。[29]这些技术在营销实践上的应用也为企业管理活动带来了新气象。

一、营销策略应用

基于多种神经科学技术，神经营销被广泛应用于各领域各企业的营销活动中，从传统快消、零售、广告、汽车、体育等行业，到如今各大新兴互联网服务、大数据、社交媒体营销等，均能看到神经营销的踪迹。神经营销从消费者大脑活动状态的变化着手，打开了消费者行为决策背后的"黑匣子"，是解锁消费态度、情绪、行为、决策的神秘钥匙，能够帮助企业制定更有效、更能满足消费者需求的营销策略。[30]在实践应用中，神经营销可以与广告包装设计、体验设计、产品开发等环节相结合，为企业营销提供新动能。

（一）广告包装设计与神经营销

众所周知，广告、产品包装设计、品牌标志都是影响品牌形象的关键因素。品牌首先需要吸引消费者的目光，进而才能抓住消费者的心。那么，怎么样的广告、品牌 Logo、产品包装设计才能吸引消费者的目光呢？从古至今，学界和实业界都在坚持不懈地探索这个问题。传统的方式是通过调研让消费者"说"出内心所想，进而了解消费者的需求和偏好，设计出符合消费者审美和需求的广告和产品包装，以吸引消费者的注意力。但这种方式一般是建立在消费者有意识的自我表达的基础上，因此往往会出现偏差。实际上，消费者对某一问题会存在很多"潜意识"的想法，这些"潜意识"才更贴近他们内心深处最真实的想法。因此，为了更科学、更精准地捕捉消费者的真实想法，在神经营销中，科学家采取研究脑电信号的方式，更精准地识别消费者在看到不同广告、产品包装时的实时反应和行为变化。这种不通过直接提问，而是使用计算机来进行"察言观色"，利用先进的计算机技术，捕捉消费者通过脸部表情、肢体语言、生理特征、声音等方式展现的个体信息，推理判断出其变化的心理状态的研究也被称为"人工神入"（Artificial Empathy）。

1. 广告营销策略

著名的市场调研企业尼尔森（Nielsen）通过脑电波、眼动追踪、面部表情识别等技术实时监控并捕捉消费者的大脑信号和脸部表情变化，分析其潜意识反应。从注意力、情绪变化、记忆触发等几个维度出发，例如消费者在观看广告时的情绪反应，尼尔森可以分析不同品牌广告对消费者的作用效果，从而给予企业一定的广告设计建议。[31]

2017 年，尼尔森在第十届金投赏国际创意节中，凭借其利用神经科学技术改进唯品会广告效果的案例，获得了市场研究代理组的最高奖项，并且验证了神经科学在品牌广告应用领域的有效性。具体而言，在对 2016 年唯品会的新广告"杰伦品牌篇"进行广告测试时，尼尔森利用脑电波技术分析发现，当消费者听到消极的广告信息，例如"我很担心买到假货"的负面广告词时，其大脑中反映的是一个较低的情感参与值；当消费者听到的是积极的广告信息，类似"所有你爱的品牌"的积极广告词时，其大脑反映的是一个较高的情感参与值。由此可以判断，企业在设计视频广告的广告词时，应该更多地使用积极的词句，只有迎合消费者的心理需求，才能激活其更积极的大脑信号，提升她/他的参与感，进而促使其对产品产生更高的购买意愿。[32]

除了广告语的设计和排版外，能引起消费者对产品或品牌喜好度发生变化的因素还有广告类型和广告代言人。曾经，体育产品的广告促销也应用了神经营销，实验者利用脑电图去探测消费者在体育产品推出不同促销策略时的神经心理反应，分析慈善促销策略、代言人促销策略和折扣促销策略等对消费者大脑活动反应的不同影响，以及消费者注意力和情感的变化情况，最后发现慈善和代言人这两种广告促销策略对消费者的注意力影响最大。该研究结果对体育品牌企业具有极大的策略价值，能够助力企业为体育产品促销提出更有效、更有针对性、更能吸引消费者的营销策略。[33]

2. 包装营销策略

对于产品的包装设计，企业可以在测试时让消费者观看不同的设计、不同的颜色、不同的关键词，然后测试消费者大脑皮层的活跃程度，以了解消费者对该产品包装最真实、最原始的感受，从而选取最能刺激消费者愉悦反应的包装设计，促进消费者的购买行为。[34]下面通过三个具体的企业案例介绍神经营销如何赋能产品包装营销。

［链接案例 9-1］马铃薯片品牌 Frito-Lay 的产品一直被消费者认为是油炸的、高热量的、容易发胖的垃圾食品，导致其被养生主义、健康主义人群抵制，尤其对于追求健康、好身材的女性消费者，薯片更是被列入"黑名单"，难以俘获该群体消费者的心。面对这一现实问题，Frito-Lay 品牌利用神经营销技术，去探测女性消费者对薯片的包装是如何"想"的。通过实验发现，展示"香、油炸"等属性的包装通常会引发消费者的健康罪恶感。品牌发现这一点后，在后续的薯片广告、包装设计上，都会刻意加入健康、大自然、绿色等健康向上的广告词，试图去减少消费者购买薯片时的罪恶感，以此来促进消费者对薯片的购买意愿。[35]

［链接案例 9-2］益智玩具品牌 EDUCA 也曾采用眼动追踪技术和皮肤电反应测试消费者对包装的注意力及其情绪反应。在此基础上，利用神经科学技术分析消费者对不同益智玩具包装产生的大脑活动是如何影响其购买决策，以此来优化益智玩具的包装设计。研究发现，在益智玩具的包装设计上，图形元素和温暖明亮的颜色能吸引更多的关注，且图形元素占据外包装的面积越大，对消费者的吸引力越大，同时，消费者更关注包装设计上的品牌名称而不是游戏名称。因此，对于益智玩具，在包装设计时应注意游戏图像的使用，颜色尽可能选择暖色调，突出显示益智玩具的品牌名称。[36]

［链接案例 9-3］在盛产葡萄酒的西班牙，葡萄酒公司 Gil Family Estates 也采用了神经营销的方式，利用神经科学技术测试消费者对不同葡萄酒包装产生的大脑活动水平。该实验先让消费者观看葡萄酒的包装、欣赏并品尝葡萄酒，然后通过神经科学的方法测试消费者在欣赏和品尝葡萄酒时大脑的活动变化。在这个过程中，主要使用皮肤电反应测试记录消费者的情绪唤起，通过眼动追踪捕捉消费者的视线变化，并利用脑电图来解释消费者情绪反应。最后，根据消费者大脑的"潜意识"反应去验证哪一种包装能引起消费者更高的情绪反应和参与度，进而判断产品包装的有效性，帮助企业有依据地选择更有效的产品包装，刺激消费者购买。例如，利用眼动追踪技术发现消费者在新标签上停留的时间更长，即新标签对消费者的吸引力更大，那么企业后续就可以充分利用新标签的营销优势，提高产品包装营销的有效性，创造更多的营销价值。该实验表明，消费者对产品包装的感知情绪和参与度是决定消费者品牌态度的关键，也是消费者做出购买决策的重要影响因素。[37]

从以上三个具体案例来看，企业在选择产品包装或标签设计时，可以采取脑电图、眼动追踪等神经营销方式，去捕捉消费者真实的情绪和感知变化，选择更吸引消费者注意力的设计，唤醒消费者的情绪反应，使消费者形成更加深刻的品牌印象，进而提高产品的销量。

（二）体验设计与神经营销

在"体验为王"的新消费时代，"体验"变成可以销售的经济商品。在产品中增加"体验"含量，以体验为导向设计、制作或销售产品，可以为企业带来更高的品牌价值和经济效益。那么，神经营销如何赋能产品的体验设计呢？

以餐饮行业为例，应用神经营销去探讨厨师展示一道美食的过程、餐盘设计样式、摆盘、味道等特征对消费者的刺激，分析消费者的大脑活动变化情况，可以帮助餐厅挖掘消费者的需求和偏好，更好地为消费者提供美食和服务。与广告和产品包装设计的神经营销应用类似，在餐饮行业，企业利用皮肤电反应来记录消费者在过程刺激中的情绪唤醒程度，采用眼动追踪技术去捕捉消费者在这一过程中的视线变化，并使用脑电图解释消费者面对美食服务过程或特征刺激时所产生的情感反应。通过上述神经科学技术的测试，餐厅发现不同的上菜顺序能够影响消费者的情绪强度，而特殊的美食摆盘可以加深消费者对该系列美食的特征感知。因此，根据消费者的饮食习惯调整上菜顺序，设计符合美食特色的精致摆盘，能够增强他们的美食体验感。如今，随着经济社会的飞速发展和消费水平的逐步提高，消费者愈发追求质量高、体验佳的餐厅，而神经营销在餐饮领域的应用，恰好为餐饮企业提供了巨大的价值，能够助力其更高效、精准地了解和把握消费者对美食体验或特征的偏好，让餐饮界涌现出越来越多的优质餐厅，给消费者带来更高级的美食体验。[38]

在产品开发设计上，神经科学技术也得到了广泛关注和应用，施展着高新技术时代的技术魅力。在产品设计研发阶段，通过神经科学技术去了解消费者对不同类型、不同款式产品的喜好，可以节省企业向市场投放新产品的测试成本，并精准捕获消费者的心。

在快消品领域，为了评估口红类型对消费者行为的真实影响，企业利用 fNIRS，测试口红 A 和口红 B 这两款不同口红对消费者快乐情绪的影响差异。在测试中发现，口红 A，即一款质地更软的口红能够给消费者带来更愉快的情绪反应，也就是说，企业在实验阶段就可以事先了解消费者对口红质地的偏好。在产品投放市场之前，设计出满足消费者需求和偏好的口红，这不仅可以节约企业的研制成本，也进一步提高了口红销量和企业收益，可谓一箭双雕。[39]

在汽车领域，德国的高级轿车品牌戴姆勒（Daimler）在测试消费者最喜好的汽车样式时，曾采取神经营销的方式。在消费者观看新车的样式图时，使用脑电图测试消费者大脑的活动变化，结果表明，"跑车"样式最能吸引消费者的注意力，让消费者的大脑产生兴奋的活动反应。进一步地，测试人员通过神经科学技术研究发现，消费者在看一辆车时，其大脑仿佛启动了人脸识别模式，一辆好看的汽车对人的吸引力，就如同看到美女帅哥，大脑会启动兴奋反应，正所谓"颜值即正义"。因此车企在设计汽车样式时，需要注重汽车的"颜值"，颜值在线的汽车更能刺激消费者的购买欲望。[35]

在旅游纪念品领域，曾有研究员采取眼动追踪的方式，去探测消费者对旅游地纪念品的语言和非语言感知，旨在了解消费者喜爱的纪念品的特征和定位，从而为行政旅游区制定旅游纪念品的产品定位提供一定的指导性建议。该研究员通过眼动追踪实验发现，比较受消费者欢迎的纪念品是化妆品、精油、葡萄酒和糖果等，这些纪念品都有一个共性，即具备原产地特征或原产地真实性。因此，旅游区在向消费者推出旅游纪念品时可以强调纪念品的原产地特质，使旅游纪念品具有更高的纪念意义，成为这段旅游记忆的重要载体，让消费者铭记于心。可见，神经营销在旅游行业发展和建设方面也具有较强的应用价值，可以助力旅游纪念品的产品定位策略，为旅游业的发展做出了一定的贡献。[40]

二、线上服务营销与神经营销

在如今线上业务和线上销售盛行的时代，神经营销同样广泛应用于各项线上服务中。运用神经科学技术探测消费者对在线产品购买或者在线产品体验的大脑活动变化，可以更精准地了解消费行为背后真正的机理，为优化各产品或品牌的线上营销策略或线上体验设计提出更好的建议。下面将结合三个线上服务案例，探讨神经营销在线上服务中的具体应用。

［链接案例 9-4］在银行业，为了提高业务办理的便捷度和效率，进一步减少人力成本，传统银行陆续推出了网上银行 App 服务。而什么样的网上银行 App 对消费者更有吸引力呢？为了了解这一问题，银行将神经科学技术应用于网上银行 App 的设计，探索消费者对网上银行 App 页面设计的需求和认知理解。在具体操作层面，银行利用眼动追踪技术测试消费者在浏览 App 页面时的注意力和记忆力。结果发现，网上银行 App 页面的信息结构和信息呈现方式会影响消费者的使用效率和认知理解。因此，应用神经营销技术可以更加清晰地观察到消费者的行为习惯，直观精准地捕捉到消费者在使用 App 时的需求和痛点。根据这些数据和分析结果，对 App 功能和服务进行优化，使其更加符合消费者的使用习惯和需求偏好，提高用户体验。[41]

［链接案例 9-5］目前国内外各大社交媒体平台的用户规模持续扩大，社交媒体营销逐步渗透到消费者的生活中。越来越多的企业选择通过社交媒体平台发布各类营销信息，例如 Meta 社交媒体平台，企业借助其庞大用户群体和高密度社交关系链实现信息迅速扩散和病毒式营销。其中，点击或分享吸引他人眼球的内容是社交媒体营销成功的关键。那么，到底是什么因素导致用户点击社交媒体内容呢？即社交媒体营销的关键驱动因素是什么呢？神经营销的应用为我们找到了答案，有研究员结合脑电图（EEG）和事件相关电位（ERP）技术，对 Meta 上的消费者进行了测试，从微秒级的大脑活动变化中勘测消费者的在线点击行为。通过脑电波测试发现，当 Meta 上的内容在一定频率间反复曝光时，观看此内容的用户的神经活动会增强，进而刺激并增加其参与度。但用户的这种行为反应在一定程度上取决于社交媒体上的内容，只有那些能够引起用户参与的内容才会反复刺激用户关注，并与产品进行互动。可见，神经营销在社交媒体营销中的应用，不

仅突破了传统调查方式的局限性，还可以帮助企业更精准地了解和洞察用户对社交媒体广告的态度和行为反应，分析能够提高消费者参与意愿的广告内容及其频次，进而提升广告投放的效果，避免企业耗费不必要的投放成本。这奠定了神经营销在社交媒体领域的应用基础，具有非常重要的实践意义。[42]

[链接案例9-6] 神经营销可以应用于消费者在线服务购买决策的行为预测中。如通过功能fMRI技术，分析消费者在购买服装过程中的消费决策与其大脑中的产品展示之间的联系，即检验消费者在面对使用不同视觉呈现方式的服装时，会做出什么样的购买决策。该实验采取了三种类型的在线服装视觉呈现，包含静态图片、图像缩放、视频三种类型，采取fMRI技术，测试消费者在做出购买决策时大脑活动的激活情况。最终发现，在产品评估过程中，通过大脑活动预测消费者购买决策的结果非常精准。由此可见，在网络购物情境下，商家在产品推出之前，可利用神经科学技术找到最能刺激消费者做出购买决策的产品展现方式，提升企业在线产品的展示效果。[43]

目前，神经营销已经广泛应用于各大领域，从传统线下消费者行为研究到线上消费者行为研究，从消费者的"潜意识"反应和大脑活动变化，一步步地打开消费决策的"黑箱"，解密消费者行为形成背后的心理过程和行为机理，为消费者行为研究提供了一个崭新的视角。在实践中，神经营销为各大企业品牌的消费者行为研究和营销管理赋能，让企业和品牌的发展如虎添翼。具体体现在，神经营销的应用使企业能够洞察消费者"潜意识"的大脑活动变化情况，更精准地掌握消费者真实的消费需求和偏好，从而制定恰当的品牌策略、产品定位策略、广告策略和营销策略。另外，与传统调研方式相比，神经营销技术的应用减少了消费者行为调研的时间，降低了人力、资金成本，显著提高了消费者行为调研的效率，可以帮助企业在竞争激烈的市场中赢得更多的竞争优势。

【章末案例】
应用fMRI对热线广告方案的效果进行预测

问卷和访谈已经成为众多学者在进行营销调研或者社会调查时常用的数据收集方法。一般情况下，这两类方法通过被试和被访谈者的主观回答进行数据的收集、整理和解析，但是被试和被访谈者的回答会受到多方面的影响，例如诱导性问题、幸存者偏差等。另外，在社会称许效应下，被试常常不愿意透露隐私和真实想法，会将自己的答案进行修饰，以符合社会标准。以上这些因素都会影响调研结果的客观性和真实性。[27,44] 而人的大脑却不会"说谎"，利用人脑神经反应获取的调研数据会更加客观真实。如本章前文所述，fMRI是近年来认知神经科学研究以及神经营销中使用最多的技术手段[29]，主要原因在于fMRI具有高于眼动、EEG、ERP等其他非侵入式技术的空间分辨率，可以呈现完整的大脑激活影像，清晰地展示消费者的大脑内部神经反应。[45] fMRI比问卷调查更加能够反映出广告可能产生的真实效果，这种效果不仅仅适用于商业公司，同时也适用于非盈利性质的公共机构。无论是机构还是公司，都可以根据 fMRI 的研究预测结果更好地设计广告和运营策略，从而实现营销效果最大化。

发表在 *Psychological Science* 杂志上的文章 *From Neural Responses to Population Behavior: Neural Focus Group Predicts Population-Level Media Effects*[46] 将广告的真实效果（与当地政府合作产生的实际数据）和脑神经影像数据结合起来，采用 fMRI 技术成功预测了不同广告的效果。这项研究是美国国家肿瘤研究所和洛杉矶当地的公共卫生组织合作完成的，公共卫生组织负责制作三个系列的戒烟广告，作为影响人们戒烟意愿这一实验的材料，而美国国家肿瘤研究所负责数据的收集和分析，探讨问卷调查和神经反应技术哪一个能够更加准确地预测人们对于广告的反应和后续的行为，研究思路如图 9-7 所示。

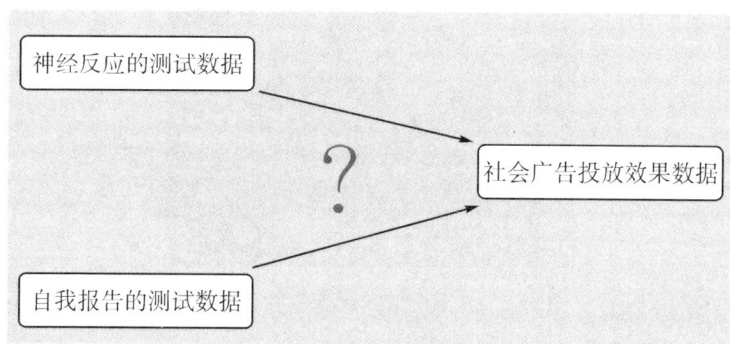

图 9-7　案例思路

研究人员从大洛杉矶地区的戒烟计划中招募了 15 位男性和 15 位女性，所有参与者都是有强烈戒烟意愿的重度吸烟者，在 fMRI 观测期间，让参与者观看旨在帮助吸烟者戒烟的电视广告。研究者选取了十个带有美国国家癌症研究所戒烟热线的广告视频，并将其分为了三个系列，这里称其为 A、B、C 系列，所有广告的内容均针对已决定戒烟的吸烟者。其中，A 和 B 系列包含三个广告，每个广告 30 秒，总共 90 秒；C 系列包含四个广告，有两个 30 秒的广告，还有两个 15 秒的广告，总共 90 秒。这三个系列的广告内容相似，都是为了宣传国家癌症研究所的戒烟热线。在不同的广告系列中，广告的说服策略不同，但都遵循一个相似的主题，例如"我们知道戒烟很难，但只要你拨打广告中的戒烟热线，我们就有办法帮助你戒烟"。

在实验研究中，采用 fMRI 对参与者的大脑神经活动进行检测。fMRI 可以利用水分子在磁场中的特性来测量神经活动引起的血液动力的改变。fMRI 的优点是空间分辨率高，可以对特定的大脑活动的皮层区域进行准确、可靠的定位，测量大脑皮层深处的神经活动。这个实验需要测量不同脑区皮层深处的神经反应，所以采用 fMRI 来进行神经活动的测量，成像数据是使用标准的采集参数在 3T 西门子扫描仪中进行采集的，并根据标准化程序进行了预处理和质量检查。

参与者在观看广告，完成 fMRI 的检测之后，还会进行三项自我评估报告调查。首先，让他们对观看过的每一个广告的预计效果进行排序；其次，将广告按照自己喜欢的程度从最不喜欢到最喜欢进行排序；最后，使用10级量表来评估每个广告的效果。fMRI数据主要收集参与者大脑内侧前额叶皮层（Medial Prefrontal Cortex，MPFC）（如图9-8所示）的神经活动信号，为了验证数据有效性，实验还采集了参与者大脑中其他几个会对广告做出反应的区域的神经元活动数据作为对照，包括视觉皮层（Visual Cortex）、运动皮层（Motor Cortex）、左前额眼动区（Left Frontal Eye Fields）、右前额眼动区（Right Frontal Eye Fields）、腹侧纹状体（Ventral Striatum）。fMRI在实验过程中以高空间分辨率的特性确保了神经活动数据测量的精确性。

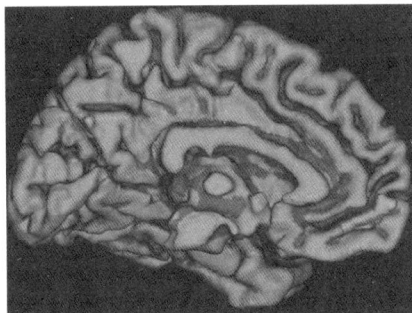

图9-8　大脑中的内侧前额叶皮层区域

图9-9、图9-10、图9-11分别为实验的结果，图9-9是根据参与者的三项自我评估报告得出的三个系列的广告的整体得分，其中柱形越高的广告代表参与者在自我评估中认为这则广告带给他们的戒烟意愿更强烈，对这则广告的效果评价越好。从参与者自我评估报告的数据结果来看，广告效果排名依次为B>A>C。图9-10是参与者观看三则广告时的内侧前额叶皮层fMRI数据结果，其中柱形越高的广告代表参与者在观看某系列的广告时，大脑的内侧前额叶皮层活跃度更高，对参与者的戒烟意愿产生更高的影响，即某系列的广告的效果越好。从内侧前额叶皮层fMRI数据的结果来看，广告效果排名依次为C>B>A。图9-11是三则广告播出后，分别给美国癌症研究所带来的戒烟咨询热线（较广告播出前水平）的增加量，反映广告实际播出后的效果，其中柱形越高的广告代表这则广告播出后，给癌症研究所带来的戒烟咨询热线增量越多、广告效果越好。从实际效果的数据来看，广告效果排名依次为C>B>A，这与内侧前额叶皮层fMRI数据的预测结果一致（如图9-12所示）。

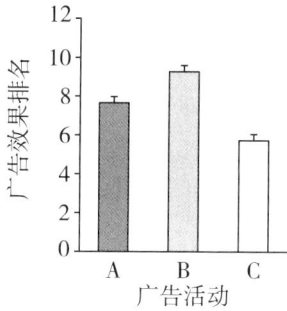

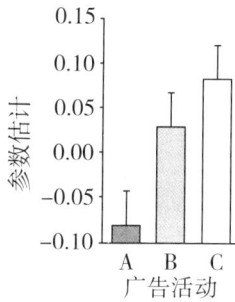

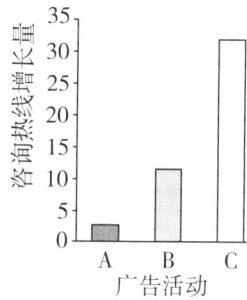

图9-9　自我评估的广告效果　　图9-10　内侧前额叶皮层活跃度　　图9-11　戒烟咨询热线增量

因变量	广告活动 A	广告活动 B	广告活动 C	
自我报告措施				
平均效能等级	7.64（0.630）	9.24（0.451）	5.75（0.502）	自我报告参数水平：
平均最爱排名	7.93（0.646）	9.21b（0.423）	5.52c（0.494）	B>A>C
平均评价等级（1~10）	2.40（0.122）	2.59b（0.111）	2.05c（0.117）	
神经活动				
平均 MPFC 参数估计	−0.08a（0.079）	0.03a, b（0.059）	0.08b（0.057）	fMRI 参数水平：C>B>A
人口反应				
按介质重量缩放	2.8	11.5	32.0	电话增量参数水平：
未按媒体重量缩放	2.3	11.5	45.0	C>B>A

图9-12　实验数据参数分析

实验进一步测量了三则广告对自我评估报告、fMRI 内侧前额叶皮层活跃度和戒烟热线增量的影响水平，从参数水平来看，fMRI 的预测结果与实际结果一致，而自我评估报告的预测结果与实际结果差异大。

总体而言，实验表明消费者对广告的自我评估报告在实验与实际执行过程中未能准确地预测广告的实际效果，无法预测消费者的后续行为。受众对于刺激（例如广告、产品外观）的响应是内隐的，自我报告则是外显的。外显的行为会受到外界社会氛围、道德、价值观和其他因素的影响，无法反映参与者真实的感受，即参与者在做出外显行为时会进行无意识的防御，导致外显行为被外界的社会因素干扰，所以可能导致自我报告的不准确。

广告的实际效果与参与者的内侧前额叶皮层测量数据预测结果一致，即参与者的内侧前额叶皮层的神经活动能更好地反映参与者观看广告时的戒烟意愿，对广告效果起到更好的预测作用。与其他几个会对广告刺激做出反应的大脑区域相比，内侧前额叶皮层的 fMRI 信号数据能够更有效地预测实际广告效应。对于机构和公司来说，设计一款产品或者广告的时候，如果仅仅是通过问卷调查来进行实际结果预测，结果可能往往是不准确的。如果资金足够的话，运用神经营销相关的技术，例如 fMRI、眼动追踪、EEG、ERP 等，可以帮助机构或公司提高产品或者广告对受众的效果。[47-50] 若资金不足，只能使用传统手段进行产品设计或者广告设计，那么就需要考虑更多的可能影响消费者感知或心理决策的内隐因素，比如问卷的问题是否会让消费者产生道德或者社会价值方面的防御性警觉，甚至广告发放时间、地点、外观设计等细微问题，尽可能地弥补无法探测消费者潜意识所产生的营销设计问题。

　　案例讨论：请结合上述案例，谈谈你对神经营销的理解，与传统调研方式相比，神经科学技术存在哪些优势和劣势？你能否参照案例，提出一个消费者行为相关的研究问题，尝试运用 fMRI 技术设计研究思路？

思考题

　　1. 在你经常使用的网站或 App 上，有哪些你认为比较有趣的文本数据？你是否能用这些文本数据来做类似于本章中介绍的豆瓣短评的分析？

　　2. 在你经常使用的网站或 App 上，有哪些你认为比较有趣的人脸数据？你是否能用这些图像数据来做类似于本章中介绍的 B 站视频封面案例的分析？

　　3. 除了本章节介绍的案例外，在实际营销实践中，神经科学技术还可以应用于企业营销的哪些方面？

　　4. 根据你对神经营销的理解，企业在实际应用神经营销策略的过程中需要注意哪些问题？

参考文献

　　[1] ELIASHBERG J, ELBERSE A, LEENDERS M A.The motion picture industry: critical issues in practice, current research, and new research directions[J].Marketing science, 2006, 25(6):638-661.

　　[2] MUDAMBI S M, SCHUFF D.Research note: what makes a helpful online review? A study of customer reviews on amazon.com[J].Mis quarterly, 2010, 34(1):185-200.

　　[3] HONG H, XU D, WANG G A, et al.Understanding the determinants of online review helpfulness: a meta-analytic investigation[J].Decision support systems, 2017(102):1-11.

　　[4] AGNIHOTRI A, BHATTACHARYA S.Online review helpfulness: role of qualitative factors[J].Psychology & marketing, 2016, 33(11):1006-1017.

　　[5] HILBE J M.Modeling count data[M].Cambridge: Cambridge university press, 2014.

　　[6] CAMERON A C, TRIVEDI P K.Regression analysis of count data[M].Cambridge:

Cambridge university press, 2013.

[7] WILLIS J, TODOROV A. First impressions: making up your mind after a 100-ms exposure to a face[J].Psychological science, 2006, 17(7):592−598.

[8] VEMON R J, SUTHERLAND C A, YOUNG A W, et al.Modeling first impressions from highly variable facial images[J].Proceedings of the national academy of sciences, 2014, 111 (32):E3353−E3361.

[9] TODOROV A, MANDISODZA A N, GOREN A, et al.Inferences of competence from faces predict election outcomes[J].Science, 2005, 308(5728):1623−1626.

[10] ZHOU Y, LU S, DING M.Contour−as−face framework: a method to preserve privacy and perception[J].Journal of marketing research, 2020, 57(4):617−639.

[11] DURATE J, SIEGEL S, YOUNG L.Trust and credit: the role of Appearance in peer-to-peer lending[J].The review of financial studies, 2012, 25(8):2455−2484.

[12] ERT E, FLEISCHER A, MAGEN N.Trust and reputation in the sharing economy: the role of personal photos in Airbnb[J].Tourism management, 2016(55):62−73.

[13] KEH H T, REN R, HILL S R, et al.The beautiful, the cheerful, and the helpful: the effects of service employee attributes on customer satisfaction[J].Psychology & marketing, 2013, 30(3):211−226.

[14] WANG Z, MAO H, et al.Smile big or not? Effects of smile intensity on perceptions of warmth and competence[J].Journal of consumer research, 2017, 43(5):787−805.

[15] TODOROV A, SAID C P, ENEGLL A D, et al.Understanding evaluation of faces on social dimensions[J].Trends in cognitive sciences, 2008, 12(12):455−460.

[16] TODOROV A, OLIVOLA C Y, DOTSCH R, et al. Social attributions from faces: determinants, consequences, accuracy, and functional significance [J]. Annual review of psychology, 2015(66):519−545.

[17] CACIOPPO J T, GARDNER W L.Emotion[J].Annual review of psychology, 1999 (50):191−214.

[18] MAUSS I B, ROBINSON M D.Measures of emotion: a review[J].Cognition and emotion, 2009, 23(2):209−237.

[19] HOUBEN M, VAN DEN NOORTGATE W, KUPPENS P.The relation between short-term emotion dynamics and psychological well-being: a meta-analysis[J].Psychological bulletin, 2015, 141(4):901.

[20] 刘小禹, 付静宇. 情绪即社会信息模型的理论及应用 [J]. 心理科学进展, 2022, 30 (1): 188−205.

[21] EKMAN P.An argument for basic emotions[J].Cognition & emotion, 1992, 6(3−4):169−200.

[22] LI Y, KIM, H J, DO B, CHOI J.The effect of emotion in thumbnails and titles of video

clips on pre-roll advertising effectiveness[J].Journal of business research, 2022(151):232-243.

[23] LIN Y, YAO D, CHEN X.Happiness begets money: emotion and engagement in live streaming[J].Journal of marketing research, 2021, 58(3):417-438.

[24] BHARADWAJ N, BALLINGS M, NAIK P A, et al.A new livestream retail analytics framework to assess the sales impact of emotional displays[J].Journal of marketing, 2022, 86(1):27-47.

[25] 施卓敏, 张珊. 神经营销 ERP 研究综述与展望 [J]. 管理世界, 2022, 38 (4): 226-240.

[26] 盛峰, 徐菁. 神经营销: 解密消费者的大脑 [J]. 营销科学学报, 2013, 9 (1): 1-17.

[27] 马庆国, 王小毅. 从神经经济学和神经营销学到神经管理学 [J]. 管理工程学报, 2006 (3): 129-132.

[28] KRAMPE C, STRELOW E, HAAS A, et al.The application of mobile fNIRS to "shopper neuroscience"—first insights from a merchandising communication study[J].European journal of marketing, 2018, 52(1-2):244-259.

[29] 汪蕾, 杨一恺, 郑杰慧, 等. 基于消费者神经科学视角预测消费者行为: 现状、挑战与未来 [J]. 管理工程学报, 2020, 34 (6): 1-12.

[30] 杜建刚, 王琳. 神经营销学研究现状: fMRI 成果评述 [J]. 经济管理, 2012, 34 (3): 189-199.

[31] 任珏静. 尼尔森消费者神经科学: 新媒体时代精准营销新工具 [J]. 传媒评论, 2015 (5): 86-87.

[32] Choco. 尼尔森, 可能正在成为最懂消费者的 "科学家" [EB/OL]. (2018-06-16)[2023-9-12].https://www. digitaling.com/articles/45856. html.

[33] IZADI B, GHAEDI A, GHASEMIAN M.Neuropsychological responses of consumers to promotion strategies and the decision to buy sports products[J].Asia pacific journal of marketing and logistics, 2022, 34(6):1203-1221.

[34] 赵冯聪颖. 神经科学: 潜意识购买研究 [J]. 新营销, 2012 (5): 27-29.

[35] 如歌. "神经营销学" 入侵你的大脑 [J]. 黄金时代, 2010 (9): 50.

[36] JUAREZ D, TUR-VINES V, MENGUAL A.Neuromarketing applied to educational toy packaging[J].Frontiers in psychology, 2020(11):2077.

[37] AGUDELO D S, LOMELLO M, RECUERDA A M, et al.Measuring the impact of packaging in wine, a neuromarketing study[J].3C empresa, 2022, 11(1):17-43.

[38] MENGUAL-RECUERDA A, TUR-VIñES V, JUáREZ-VARóN D.Neuromarketing in haute cuisine gastronomic experiences[J].Frontiers in psychology, 2020(11):1772.

[39] TANIDA M, et al.Evaluation of pleasure-displeasure induced by use of lipsticks with

near-infrared spectroscopy (NIRS) : usefulness of 2-channel nirs in neuromarketing[J] .Advances in experimental medicine and biology, 2017(977) : 215-220.

[40] YAROSH O B, KALKOVA N N.The role of souvenirs in the product positioning of the tourist region[J] .Regionologiya—regionology Russian journal of regional studies, 2022, 30(3) : 647-672.

[41] MONICA T, IULIANA C, & MIHAI T.Studying the user experience in online banking services: an eye-tracking application[J] .Studies in business and economics, 2019, 14(2) : 193-208.

[42] ZHANG J, YUN J H, LEE E J.Brain buzz for facebook? Neural indicators of SNS content engagement[J] .Journal of business research, 2021(130) : 444-452.

[43] JAI T M, FANG D, BAO F S, et al.Seeing it is like touching it: unraveling the effective product presentations on online apparel purchase decisions and brain activity (an fMRI study) [J] .Journal of interactive marketing, 2021(53) : 66-79.

[44] 李浩, 马庆国, 董欣 . 神经组织学: 概念解析、理论发展和研究展望 [J] . 管理世界, 2016 (8) : 164-173.

[45] ARIELY D, BENS G S. Neuromarketing: the hope and hype of neuroimaging in business[J] .Nature reviews neuroscience, 2010(11) : 284-292.

[46] FALK E B, BERKMAN E T, LIEBERMAN M D.From neural responses to population behavior: neural focus group predicts population-level media effects[J] .Psychological science, 2012, 23(5) : 439-445.

[47] BARNETT S B, CERF M.A ticket for your thoughts: method for predicting content recall and sales using neural similarity of moviegoers[J] .Journal of consumer research, 2017 (44) : 160-181.

[48] 贾佳, 王逸瑜, 蒋玉石, 等 . 基于眼动的创意广告重复效应研究 [J] . 管理学报, 2017, 14 (8) : 1219-1226.

[49] 刘世雄, 毕晓培, 贺凯彬 . 网络语言文案对广告注意和感知的影响 [J] . 心理学报, 2017, 49 (12) : 1590-1603.

[50] LIU S, GUI D Y, ZUO Y, et al.Good slang or bad slang? Embedding internet slang in persuasive advertising[J] .Frontiers in psycholgy, 2019(10) : 1251.

附　录

附录一

Python 调用百度情感倾向分析 API 流程

一、申请"百度情感倾向分析 API"并获取相应的 API Key 和 Secret Key

（1）打开"百度情感倾向分析 API"网址。https://ai.baidu.com/tech/nlp_apply/sentiment_classify 。

可以浏览其功能介绍、功能演示、应用场景……

（2）点击右上角"控制台"按钮，进入注册登录页面。然后根据页面提示和指引，注册并登录"百度账号"。

（3）登录成功后进入控制台页面，然后点击左上角的"**☰**"，再点击下拉菜单中的"自然语言处理"按钮。

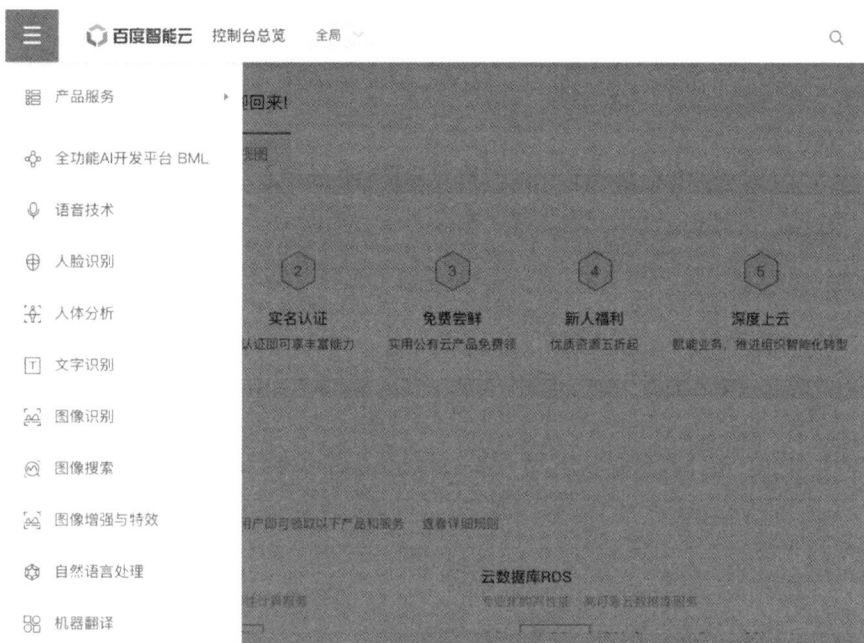

（4）进入"自然语言处理"模块后，点击中间的"创建应用"按钮。

（5）根据"创建新应用"页面提示填写信息（其中"接口选择"模块中不用进行任何选择操作，用默认的即可），然后点击页面下部的"立即创建"按钮。

（6）创建完毕后，点击"查看应用详情"按钮。

（7）在应用详情页面，拷贝"API Key"和"Secret Key"。

注意：在 Python 代码中需要通过它们来调用百度情感倾向分析 API。

二、Python 调用"百度情感倾向分析 API"

（一）参考资料

1. 使用百度 API 进行情感分析（Python）

https://blog.csdn.net/weixin_42664622/article/details/106320012

2. 百度官方接口说明

https://ai.baidu.com/ai-doc/NLP/zk6z52hds

（二）代码文件

百度 AI 情感倾向分析.ipynb

（三）步骤

1. 获取百度 API 的 ACCEESS_TOKEN

运行"In［1］"相应的代码模块，获取输出结果第 4 行中"access_token"后面的字符串。

注意：把代码中的 API_KEY 和 SECRET_KEY 换为你自己申请的，单引号不要删除。

```
In [1]: import requests

        # client_id      为官网获取的 API Key
        # client_secret  为官网获取的 Secret Key
        host_base  = 'https://aip.baidubce.com/oauth/2.0/token?grant_type=client_cr

        # API_KEY     为申请百度情感倾向分析API接口成功后获取的 API Key
        # SECRET_KEY  为申请百度情感倾向分析API接口成功后获取的 Secret Key
        API_KEY    = 'BrYr.      ▊   ▊    BWP3YS'
        SECRET_KEY = 'kO8eE▊    ▊    ▊  ▊  1LKSVK'

        host     = host_base.format(API_KEY, SECRET_KEY)
        response = requests.post(host)
        if response:
            print(response.json())
```

{'refresh_token': '25.06ca884e55d55f6836516013a061a966.315360000.20101259
50.282335-25099085', 'expires_in': 2592000, 'session_key': '9mzdDxM7zUFwn
cypZPDY6YndD9FwCDyRrySBTYQIyQFCB6tX/B0T5phH4q5TkvfDq4OwezB6jfr3WyFC+vRNUG
ce+cs8Sg==', 'access_token': '24.475c2c0_▊ ▊ ▊ ▊   .4.259200
0.1697357950.282335-25099085', 'scope': 'public nlp_simnet nlp_wordemb nl

2. 导入 Python 模块和设定 TOKEN 和 URL

运行"In［2］"相应的代码模块。

注意：要把代码中的 TOEKN 换为你自己刚刚在上一步中获取的 access_token。

3. 定义函数

运行"In［3］"相应的代码模块。

4. 代码测试

运行"In［4］"相应的代码模块。

大家可以修改 txt1 和 txt2 后面双引号中的文字，双引号不要删。

txt1 测试结果：（2，0.922812，0.0771884）。

其中 2 表示"积极"；如果是 0，则是"消极"；如果是 1，则是"中性"。

0.922812 表示积极情感倾向得分，0.077188 表示消极情感倾向得分。

5. 长文本测试 + 实践

运行"In［5］"相应的代码模块。

在大家做文本分析相关的小组项目时，可以把每一条文本拷贝到 txt 后面的"你的文本内容"中，然后只运行这段代码即可获取相应文本的情感倾向得分。

附录二

Python 调用 Face++ 人脸情绪识别 API 流程

一、申请"Face++ 情绪识别 API"并获取相应的 API Key 和 API Secret

（1）打开"Face++（旷视科技）"网址：https://www.faceplusplus.com.cn，可以浏览其功能介绍、功能演示、应用场景……

（2）点击右上角"控制台"按钮，进入注册登录页面。然后根据页面提示和指引，注册并登录。

（3）登录成功后进入控制台页面，然后点击左上角的"应用管理"按钮，再点击下拉菜单中的"API Key"按钮。

（4）点击"+创建API Key"按钮，进入创建 API Key 页面，填写信息后点击"创建"按钮创建应用。

注意："API Key 类型"建议勾选"试用（免费服务）"；"应用平台"建议全部勾选。

（5）创建成功后会返回"应用管理/API Key"页面，会看到自己刚刚创建的应用，然后拷贝相应的"API Key"和"API Secret"，注意拷贝完整（都是 32 个字符）。

注意：在 Python 代码中需要通过他们来调用 Face++情绪识别 API。

二、Python 调用"Face++ 情绪识别 API"

（1）"情绪识别"功能示例。检测人脸情绪，支持愤怒、厌恶、恐惧、高兴、平静、伤心、惊讶七类情绪识别。

网址：https://www.faceplusplus.com.cn/emotion-recognition。

（2）Face++官方接口说明。情绪识别可通过人脸检测 API 实现。除情绪识别功能外，该 API 还提供人脸检测、人脸关键点、年龄、性别、颜值评分等人脸属性分析能力。

人脸检测 API 产品详情：https://www.faceplusplus.com.cn/document/guide_docs/detect。

人脸检测 API 技术文档：https://console.faceplusplus.com.cn/documents/4888373。

网络参考资料：https://www.jianshu.com/p/d6507c5f99b0。

三、代码文件

facepp_emotion.ipynb

步骤：

（1）In［1］代码模块：导入 Python 模块。

（2）In［2］代码模块：设定访问链接，API_KEY，API_SECRET。

注意：请把代码中的 API_KEY 和 API_SECRET 换为你自己申请的，单引号不要删；把 API_KEY 和 API_SECRET 拷贝完整，它们都是 32 个字符。

（3）In［3］代码模块：定义函数。

（4）In［4］代码模块：设定人脸照片文件路径 & 获取人脸情绪得分。

注意：请把 directory 设定为自己电脑上的人脸照片文件夹的路径。

（5）In［5］代码模块：把结果保存到 excel 文件中。

输出结果"face_emotion.xlsx"会存放在程序文件所在文件夹中。